EUROPAVERLAG

Hwang Sok-yong

Die LOTOSBLÜTE

Roman

Aus dem Koreanischen von
Ki-Hyang Lee

EUROPAVERLAG

Die koreanische Originalausgabe ist 2003 unter dem Titel *Shim Chong – Yonkote Gil*
bei Munhakdongne Publishing Corporation erschienen.

Die Übersetzung und der Druck dieses Buches wurden durch die finanzielle
Unterstützung des Literature Translation Institute of Korea ermöglicht.

LTI Korea
Literature Translation Institute of Korea

MIX
Papier aus verantwortungsvollen Quellen
FSC® C019821

Vollständige Taschenbuchausgabe Mai 2021

Umschlaggestaltung und Motiv: Hauptmann & Kompanie Werbeagentur, Zürich
Aus dem Koreanischen von: Ki-Hyang Lee
Redaktion: Caroline Draeger
Layout & Satz: Robert Gigler & Danai Afrati, München
Druck: C. H. Beck, Nördlingen
ISBN 978-3-95890-373-9

www.europa-verlag.com

INHALT

DIE WIEDERGEBURT

Sie sank ins Bodenlose. In der Dunkelheit über dem Meeresgrund trieb sie wie auf einem Seidentuch, das in der Strömung auf und ab wallte. Mauerwerk kam in Sicht, und sie schien in die gähnende Öffnung eines Brunnenschachtes hineingesogen zu werden.

Ah! Rettet mich!

Der Schrei kam nicht aus ihrem Mund, er hallte allein in Chongs Kopf wider. Plötzlich hatte sie das Gefühl, mit einem gewaltigen Krachen die Eisschicht am Boden des Tunnels zu durchstoßen. Im gleichen Augenblick zog das Seidentuch sie zurück, das sie zuvor mit sich gerissen hatte. Langsam, aber stetig schwebte es mit ihr nach oben auf die Öffnung zu. Die Steinmauer glitt nun in umgekehrter Richtung immer schneller an ihr vorbei. Den Rücken durchgebogen, den Kopf im Nacken, erreichte sie mit aufwärtsgerichtetem Gesicht den freien Himmel. Und sie landete, nachdem der Schacht sie so unvermittelt wieder freigegeben hatte, recht unsanft in einer Ecke.

Durch die halb geöffneten Lider nahm sie eine Art kleinen Bretterverschlag wahr. Sie tastete mit beiden Händen ihre Umgebung ab und bemerkte bald, dass sie auf einer groben Bambusmatte lag. Plötzlich senkte sich der Boden. Chong rollte zur Seite und stieß an die gegenüberliegende Wand. Direkt vor ihr tauchte eine Tür auf. In den oberen Teil war ein rechteckiges Gitter eingelassen, durch das Luft hereinströmte. Sie stützte sich an der schrägen Wand ab, und so gelang es ihr, sich hochzuziehen und den Türknauf zu erreichen. Dieser war rund und aus Holz, ließ sich aber nicht bewegen. Chong drückte gegen die Tür, doch sie gab nur wenig nach. Sie musste von außen mit einer Kette gesichert sein. Als das gesamte Kabuff sich nun zur anderen Seite neigte, klammerte sich Chong mit einer Hand an den Griff und mit der anderen an das Gitter, durch dessen Öffnungen sie schließlich die Reling eines Schiffes erkennen konnte. Vor ihren Augen brach eine Welle am Bug und ergoss sich über das Deck. Es war dunkel. Am wolkenverhangenen Himmel bemerkte sie einige hellere Flecken. War es Morgengrauen oder die Abenddämmerung? Vor ihrem Gefängnis befand sich nur eine Art Gang. Blickte sie von links nach rechts, sah sie nur die Reling und eine Holzwand, aber keine Menschenseele weit und breit. Die Wellen, die an Bord schwappten, leckten in schaumigen Rinnsalen bis zu ihrer Tür.

Da tauchten am einen Ende des Ganges die Umrisse zweier Personen auf. Schwankend kamen sie näher und suchten immer wieder Halt an der Reling. Chong löste die Hände von Gitter und Türknauf, ließ sich zu Boden gleiten und kroch in eine Ecke. Dort kauerte sie, als das Schloss klickte. Die Tür öffnete sich, und eine steife Brise fegte ins Innere des Holzverschlags. Einer der Männer leuchtete mit einer Laterne herein, dann wandte er sich in einer unverständlichen Sprache an seinen Begleiter. Beide traten in die Kajüte, schlossen die Tür hinter sich und hockten sich nieder. Der eine trug eine runde Kappe und eine blaue, am Kragen offene Jacke. Der andere hatte einen Dutt, und um den Kopf war ein weißes Leinenband gebunden. Leise fragte er Chong: »Bist du wieder bei Bewusstsein?«

Chong blieb still, zusammengerollt in ihrer Ecke.

»Erkennst du mich nicht? Ich habe dich hierhergebracht.«

Sie musterte sein Gesicht im Schein der Laterne. Ja, das war der koreanische Händler, den sie auf dem Markt von Hwangju gesehen hatte. Der Mann mit der blauen Jacke, der Kleidung nach ein Chinese, flüsterte ihm etwas zu, und der Händler fuhr fort: »Du bist ganz durchnässt. Hier, zieh das an.« Er warf ein Bündel Kleider vor sie hin. Dann fügte er hinzu: »Wir gehen kurz raus, damit du dich umziehen kannst.«

Sie hängten die Laterne an den Knauf, dann verließen die beiden Männer die Kajüte. Erst jetzt gestattete sich Chong einen Blick auf sich selbst. Sie trug ein weißes Trauergewand. Die Sachen waren vollkommen durchnässt. Sie nestelte die Knoten der kurzen Jacke auf, dann kamen die des Rocks an die Reihe. Nur noch im Unterrock, zog sie die Knie ganz fest unters Kinn, um die Brüste zu bedecken, bevor sie das Bündel auseinandernahm. Sie schlüpfte in die schwarze Hose, die für sie wie eine Unterhose aussah, und befestigte sie in der Taille. Danach kam eine weite Seidenjacke mit stoffüberzogenen Knöpfen, deren Kragen ihr bis zu den Ohren reichte.

Der Kopf des Koreaners zeichnete sich hinter dem Gitter ab. »Was treibst du denn so lange? Beeil dich gefälligst!«

Sorgfältig strich Chong die abgelegten Kleidungsstücke glatt und betrachtete den vertrauten koreanischen Stil. Sie mühte sich gerade, Jacke und Rock zu einem perfekten Rechteck zusammenzulegen, als die Tür erneut aufging. Der Chinese beugte sich vor und riss ihr ungestüm den Stapel aus der Hand.

Doch bevor er sie herausließ, wollte der Koreaner noch etwas wissen: »Wie war noch mal dein Name?«

»Chong«, antwortete sie kaum vernehmbar.

»Und dein Familienname?«

»Shim.«

»Wie alt bist du?«

»Fünfzehn.«

»Merke dir gut, ab jetzt bist du nicht mehr Shim Chong.«

Sie hütete sich zu fragen, wer sie von nun an sein sollte.

Der Händler hob die Laterne und betrachtete das junge Mädchen eingehend. Dann sagte er: »Mach dich jetzt fertig und komm schleunigst nach.«

Die Tür wurde geöffnet, und ein heftiger Windstoß fuhr herein. Als sie sich wieder schloss, wurde es dunkel und still in der Kajüte. Mit den Besuchern war auch das Laternenlicht gegangen. Durch das Gitter sah Chong, wie sich die beiden entfernten, und mit ihnen verschwand auch das Licht. Da bemerkte sie oben an der Tür einen Metallhaken. Nach einem Moment des Zögerns zog sie daran, und eine Klappe legte sich vor das Gitter. Als sie unten eingerastet war, wurde es stockdunkel. Auf der Matte sitzend, tastete Chong den Boden um sich herum erneut ab. Ihr waren ein paar Einrichtungsgegenstände aufgefallen. Da waren zum Beispiel zwei Kopfstützen aus geflochtenen Bambusfasern. Sie dehnte den Radius ihrer Erkundungen weiter aus und erfühlte ein Schilfkörbchen, das ganz von einem Blechgefäß mit Deckel ausgefüllt wurde.

»Ein Nachttopf …«, hörte sie sich sagen.

Schnell löste Chong die Knoten ihrer Unterhose und hockte sich darauf. Lange hatte sie schon eingehalten, und so kam ein schier nicht endender, kräftiger Strahl. Als wollte alle Flüssigkeit aus ihr herausströmen. Ihr Hinterteil, das selbstverständlich etwaigen Blicken entzogen gewesen war, solange sie einen Rock getragen hatte, wurde dabei von der Hose natürlich nicht bedeckt. Und obwohl niemand anwesend war, der es hätte sehen können, schirmte sie die Pobacken mit den Händen ab.

Die Seide ihres neuen Gewands raschelte bei jeder Bewegung. Fühlte sie sich darin anfänglich noch unbehaglich, so legte sich das bald, und sie begann, die Wärme zu genießen.

Wenn ich nicht Shim Chong bin, wer bin ich dann?

Nachdem sie ihre Notdurft verrichtet hatte, ging Chong den Männern nach. Sie folgte der Krümmung des Schiffsdecks, tastete sich an der Bordwand entlang in Richtung des Hecks. Das Schlingern machte ihr das Gehen schwer. Schließlich erreichte sie eine recht große Kabine, erhellt von mehreren Lampen, die von der Decke herabhingen und mit ihren Lampenschirmen aus Stoff eine festliche Stimmung im Raum verbreiteten. Chong wurde schon erwartet, und zwar von zwei in Seide gekleideten chinesischen Kaufleuten mit runden Kappen auf dem Kopf, aus denen hinten jeweils ein langer Zopf herabhing, sowie von drei Matrosen in kurzen Jacken. An der bugseitigen Wand war ein kleiner Altar errichtet worden, auf dem an den Seiten Kerzenständer aus Kupfer standen, in denen rote Kerzen brannten. Daneben waren auf Holztellern schlichte Speisen angerichtet. Auf einem niedrigen Tischchen waren ein reisgefülltes Gefäß für Räucherstäbchen, eine Porzellankaraffe mit Schwanenhals und einige Gläser angeordnet. Jeder der Anwesenden schien genau zu wissen, was zu tun war. Der Chinese, der den koreanischen Händler zuvor begleitet hatte, brachte die nassen Kleider des jungen Mädchens. Ein Matrose breitete sie am Boden aus. Dann legte er ein puppenähnliches Strohgebilde darauf, das an der Zwischenwand gelehnt hatte. Die Vogelscheuche hatte Arme und Beine, die fest mit dem Rumpf verbunden waren. Ein Kürbis diente als Kopf, auf den Augen, Nase und Mund aufgemalt waren. Um dem Ganzen den Eindruck zu verleihen, dass es sich um ein Mädchen handelte, war der Mund besonders klein gehalten worden, und die Wangen glänzten hochrot. Der Matrose stopfte die Arme in die Ärmel von Chongs Jacke, dann wurde der Rock unter der Jacke festgebunden. Die Beine waren dermaßen kurz, dass sie das Kleidungsstück nur bis zur Hälfte ausfüllten. So angezogen, ähnelte die Puppe durchaus einem Menschen. Der koreanische Händler nahm einen Pinsel und schrieb auf das Gewand:

Dies ist die Seele von Shim Chong, geboren zu dieser Stunde,
An diesem Tag in Hwangju, Königreich Haedong.

Sein Gefährte näherte sich der Gestalt und klebte ein Amulett auf das Gesicht der Strohpuppe. Es war ein gelbes Papier, das mit einem roten Drachen und chinesischen Schriftzeichen versehen war:

Der Gott des gelben Meeres möge gnädig die Opfergabe annehmen.

Nun knickten sie die Puppe in der Mitte ein, um sie vor den Altar setzen zu können, und die Zeremonie konnte beginnen. Der Kapitän, der mittlerweile eingetroffen war, verbeugte sich drei Mal tief. Er zündete einige Räucherstäbchen an und fuhr damit drei Mal von seinem Kopf bis zur Brust auf und ab, bevor er sie in das dafür vorgesehene Gefäß steckte. Dann stellte er ein volles Schnapsglas, ein Matrose hatte es für ihn eingegossen, auf den Altar und ließ eine weitere dreimalige Verneigung folgen. Die beiden Händler traten einer nach dem anderen vor und taten es ihm gleich, während die Mannschaft im Hintergrund gemeinsam dem Gott des Meeres huldigte. Als die Feierlichkeit so weit gediehen war, begaben sich alle auf das Deck, das immer noch den Wellen ausgesetzt war. Ein Matrose ging mit der Strohfigur unter dem Arm bis zum äußersten Ende des Schiffes, dann hob er sie hoch über den Kopf. Die Anwesenden senkten die Köpfe und begannen, mit gefalteten Händen zu beten. Da warf der Matrose die Strohpuppe in die dunkle See. Sie fiel kopfüber in einen Wellenkamm und wurde augenblicklich mitgerissen.

Von einem Hahnenschrei geweckt, erwachte Chong in der Dunkelheit.

Hat mich das Schiff etwa in mein Dorf zurückgebracht?

Aber sie traute sich nicht, die Tür zu öffnen, um nachzusehen. Allein die Vorstellung, sie könne sich getäuscht haben, hielt sie davon ab. Das Schiff schaukelte nur ganz sacht, der Wind hatte sich gelegt. Chong war noch schläfrig.

Es ist erst drei Tage her, dass ich mein Zuhause verlassen musste. Mein geliebtes Tal der Pfirsiche. Aber warum ist dann alles schon so weit weg, so verschwommen?

Chong glaubt, ihren blinden Vater in seinem Zimmer husten zu hören. Ebenso das Schnarchen ihrer Stiefmutter Paingdok, die der Länge nach in der Diele liegt. Statt das Essen herzurichten, schläft sie, noch vollständig in ihr Schamanengewand gekleidet, der Jacke und dem bunten Mantel. Sie hat sich gar nicht erst die Mühe gemacht, den geweihten Säbel und die Schellen in den kleinen Schrein zurückzustellen, sondern alles ist auf dem Boden verstreut. Es ist Chong, die ihrem Vater das Essen zubereitet, und zwar aus den Opfergaben, die Paingdok von dem Ritual mitgebracht hat. Sie legt gebratenes Fleisch und Fisch beiseite, gart die rohen Speisen auf dem Herd und wärmt die Reisfladen und den kalten, weißen Reis im Kessel auf. Immer wenn sie am Feuer steht oder Pinienzweige verbrennt, muss sie an ihre Mutter denken, die kurz nach Chongs Geburt gestorben ist.

Ihre Mutter hat sie *die kleine Bodhisattwa Avalokiteshvara* genannt, zumindest laut ihrem Vater, der ihr dies immer wieder in Erinnerung bringt.

Chong sieht sich im Himmel auf einem Wolkenmeer dahintreiben. In weiter Ferne erkennt sie die Ziegeldächer des Palastes, in dem Buddha mit elf Bodhisattwas lebt. Unter dem Wolkenmeer erstrecken sich die Dörfer der Menschen.

Der Buddha Shakyamuni zeigt auf einen der Bodhisattwas und rügt ihn: »Wenn die Sitten der Männer und Frauen dermaßen verkommen sind, dann wegen deiner Versäumnisse. Kehre in Gestalt einer Frau zur Erde zurück und mache es dir zur Aufgabe, dass die Menschen auf Erden Erleuchtung finden und lehren.«

Der Buddha weist mit seiner Hand in eine Richtung, und ein hell beleuchteter Weg öffnet sich zwischen den Wolken.

Chong bemerkt, dass dieser Weg in einem strahlenden Bogen bis zu einem strohgedeckten Häuschen führt. Die Kate steht am Rande eines ärmlichen Dorfes, dessen Häuser sich dicht an dicht am Fuß eines Berges aneinanderdrängen. Die Beine angezogen, den Arm als Stütze unter den Kopf gelegt, schläft in dem Häuschen eine Frau. Diese Szene ist Chong so vertraut wie Bilder auf einem Wandschirm. Die Luft vor dem kleinen Haus ist erfüllt vom Duft indischen Flieders, und Wolken in allen Regenbogenfarben ziehen über den Himmel. Der Bodhisattwa, es handelt sich um Avalokiteshvara, gleitet auf dem Lichtbogen hinab. Er trägt ein gold- und silberdurchwirktes Himmelsgewand, um seine Körpermitte ist ein flatterndes Band geschlungen, und eine Jadekrone ziert seine Stirn. So erscheint er plötzlich vor Frau Kwag, einer Näherin, die sich während ihres anstrengenden Arbeitstages gerade ein wenig hingelegt hat. Der Bodhisattwa, dessen Ziel es ist, die Gestalt von Chong anzunehmen, erklärt ihr: »Ich bin der Bodhisattwa Avalokiteshvara des südlichen Meeres. Ich habe Fehler gemacht und muss nun als Mensch wiedergeboren werden. Meine Bestimmung ist es, bei dir zu leben. Shakyamuni hat mir auferlegt, der Welt zu dienen. Habe bitte Erbarmen mit mir und heiße mich bei dir willkommen.«

Kurze Zeit nach dieser Erscheinung gebärt Frau Kwag ein Mädchen, stirbt aber im Wochenbett. Shim, der blinde Vater der Neugeborenen, muss notgedrungen von Tür zu Tür gehen, um Milch für die Kleine zu erbitten. Bevor das Leben gänzlich aus ihr gewichen ist, hat ihm die Wöchnerin noch anvertraut: »Mein lieber Gatte, ich hätte gerne hundert Jahre in deiner Gesellschaft verbracht, aber vom Schicksal sind mir diese Tage nicht vergönnt.

Nicht dass mein Leben jetzt endet, macht mich traurig. Was mich wirklich betrübt, ist, dich, meinen geliebten Ehemann, allein lassen zu müssen. Ich sorge mich, was aus dir werden soll. Ich weiß, wie viel Mühe es kostet, sich mit dem Stock voranzutasten. Manchmal fällst du in ein Loch oder stolperst über einen Stein, und ich sehe, wie du wegen deines erbärmlichen Zustandes weinst. Als über Vierzigjährige habe ich noch ein Kind bekommen, und jetzt muss ich es verlassen, ohne es an meiner Brust gestillt zu haben. Wie wirst du dieses mutterlose Mädchen ernähren, von was wirst du ihm Kleidung kaufen, im Frühjahr, im Sommer, im Herbst und im Winter? Mein Goldschatz, der Himmel hat kein Mitleid mit mir, die Götter haben kein Herz. Ach, hätte ich doch eher ein Kind gehabt, ach, könnte ich doch länger leben. Direkt nach der Geburt zu sterben – was habe ich verbrochen, um so früh aus dem Leben scheiden zu müssen? Mein lieber Mann, höre mich an. Ich gebe ihr den Namen Chong. In der Schublade meiner Kommode findest du einen Schmuckanhänger, den ich bereits vor langer Zeit angefertigt habe, als ich in Gedanken schon eine Tochter hatte. Vergiss nicht, ihn ihr zum Geschenk zu machen, und wenn sie einmal heiraten wird, dann befestige ihn am Band ihrer Jacke.«

Schon als ganz kleines Kind führt Chong ihren Vater durchs Dorf, indem sie ihm den Taststock ersetzt. Als das Kind zehn Jahre alt ist, trifft der Vater während einer Totenwache, bei der er buddhistische Sutren vorbetet, die Schamanin Paingdok, eine Frau aus dem Nachbardorf. Noch am gleichen Abend zieht diese bei ihnen ein. Da von nun an Mutter Paingdok dem Haushalt vorsteht, kann sich die Kleine als Hausmädchen bei Meister Chang verdingen. Nicht selten aber muss Chong am Abend ihrer Stiefmutter ins Bett helfen. Sonst würde diese einfach wie so oft im Hausflur liegen bleiben.

An jenem Tag geht Chong zu ihrem Vater, um sich nach seinem Befinden zu erkundigen. Als sie an die Tür klopft, ist es

Paingdok, die ihren Kopf herausstreckt, gähnend und mit zerzausten Haaren.

»Heute wirst du nicht zur Arbeit gehen. Dein Vater und ich werden bei Trauerfeierlichkeiten gebraucht. Du wirst das Haus beaufsichtigen.«

»Der Vater begleitet Sie?«

»Natürlich, er muss den Gong schlagen und Sutren aufsagen.«

Zusammen verlassen die beiden am Morgen das Haus, aber gegen Mittag kommt Paingdok allein zurück. Sie bietet Chong Beifuß- und Kiefernblütenküchlein an, die sie von der Zeremonie mitgebracht oder vielleicht sogar auf dem Heimweg besorgt hat. Was sie wohl mit dieser freundlichen Geste bezweckt? Die ungeliebte Stiefmutter geht in die Küche, füllt den Kessel mit Wasser aus dem großen Tonkrug und schichtet im Ofenloch Kiefernzweige auf.

»Mutter, warum machen Sie Wasser heiß?«

»Ich will dich zu einem Schamanenritual mitnehmen.«

»Mich?«

Ohne weitere Erklärungen gießt Paingdok das heiße Wasser in einen Bottich und ruft Chong herbei. »Wasch dir die Haare und reinige dich.«

Zögernd bleibt Chong auf der Schwelle zur Küche stehen.

Aber ihre Stiefmutter packt sie energisch an den Handgelenken. »Wenn du nicht willst, dass dich die bösen Geister heimsuchen, dann musst du rein sein.«

Chong wehrt sich, sie reißt mit einem Ruck die Schultern nach hinten, während sie die Arme fest an den Oberkörper drückt. Paingdok verdreht ihr die Finger, drückt die Arme nach außen und bekommt schließlich die Jacke zu fassen, sodass sie die Knoten der Kleidung lösen kann. Sie befiehlt Chong, sich vorzubeugen, um ihr den Zopf aufmachen und die Haare waschen zu können. Dann kippt sie ihr eimerweise Wasser über Schultern und Rücken und schrubbt sie mit einer Seife aus roten Bohnen, die sie irgendwo aufgetrieben hat.

»Wie zart deine Haut ist!«, ruft sie aus. Es ist das erste Mal, dass sie etwas Nettes zu Chong sagt.

Nachdem sie das junge Mädchen mit einem Handtuch abgetrocknet hat, schiebt sie es in sein Zimmer: »Wir werden jemand sehr Wichtiges treffen. Zieh dir also etwas Frisches an.«

Chong holt aus ihrem Schrank eine Kombination aus gelber Jacke und rotem Rock, die sie von ihrer Herrin Frau Chang zum letzten Vollmondfest geschenkt bekommen hat. Seitdem hat sie die Kleidung wie ihren Augapfel gehütet und noch nie getragen. Vervollständigt wird das Ganze durch Socken mit einer langen Spitze. Als sie ihre Unterwäsche aus dem Schrank nimmt, fällt ihr etwas entgegen. Es ist eine kleine Silberbrosche mit Troddeln, dazu gedacht, an einer Kurzjacke befestigt zu werden. Der Anblick berührt sie zutiefst, und Chong kommen die Tränen; sie rollen ihr über ihre Wangen und tropfen auf den Boden. Chong hält einen Moment inne, liebkost das wertvolle Schmuckstück, das ein Entenpaar symbolisieren soll, und befestigt es dann am Träger ihres Unterrocks.

»Was treibst du denn so lange? Komm jetzt endlich raus da.« Ungeduldig reißt Paingdok die Tür auf. Sie sieht Chong in ihren schönen Kleidern in der Mitte des Zimmers stehen. Paingdok scheint sie bezaubernd zu finden, denn sie mustert Chong mit verkniffenem Gesicht von oben bis unten. »Du könntest dich verheiraten«, sagt sie, »aber … Heiraten ist nicht so eine großartige Sache! Im Übrigen ist es genau das, was mit dir geschehen wird, so etwas in der Art jedenfalls …«

Chong lässt sich von der Stiefmutter führen. Der Weg, den sie einschlagen, wird für sie der Weg sein, der sie für immer von ihrem Heimatdorf fortbringen wird. Sie kommen zu einem Haus am Ende einer Gasse, die zum Marktplatz führt. Dort wohnt eine

Schamanin und Wahrsagerin in Paingdoks Alter. Als Insignie ihres Standes steht im Hof eine Fahne.

»Du wartest hier. Dein Vater und ich, wir werden einen wichtigen Mann holen.«

Ohne sich umzudrehen, geht Paingdok fort und lässt Chong in einem Zimmer zurück. Die Hausherrin und ein Mann, den das Mädchen noch nie zuvor gesehen hat, kommen ein paarmal unerwartet herein, wohl um einen Blick auf sie zu werfen.

Nach einiger Zeit befiehlt man ihr, in eine Sänfte zu steigen, die sie mit unbekanntem Ziel fortträgt. Vorne und hinten ist die Sänfte mit Riemen auf den Schultern zweier kräftiger Männer befestigt. Das Transportmittel schaukelt dermaßen hin und her, dass Chong bald schlecht wird. Sie übergibt sich in einen blauen Porzellannachttopf, den man zu ihren Füßen bereitgestellt hat, und verschließt ihn anschließend sorgfältig wieder mit dem Deckel. Von Zeit zu Zeit hört sie die Männer sprechen und auch die Erwiderungen einer Frau.

Als sich der Tag dem Ende zuneigt, erreichen sie einen Hafen. Nachdem sie Chong in der Kammer einer Spelunke abgesetzt haben, verschwinden die Träger. Kaum hat sich die Tür hinter den Männern geschlossen, prasselt es auf Chong ein: das Schnauben von Pferden und Maultieren, das Bimmeln ihrer Schellen und das Gelächter von zechenden Männern. Darüber liegt der alles übertünchende Geruch von Fisch, aufdringlich und verlockend zugleich. Paingdoks Bekannte, die Wahrsagerin, muss der Sänfte mit einigen ihrer Schamanengehilfen gefolgt sein, denn auf einmal betritt sie die Kammer und lässt sich vor dem jungen Mädchen nieder.

»Hör mir jetzt gut zu. Du weißt, dass dein Vater wegen seiner Behinderung kein leichtes Leben hat. Frau Paingdok versucht, mehr schlecht als recht für ihn zu sorgen. Aber wenn man in so einem kleinen Dorf Schamanin ist, dann verdient man weniger als anderswo. Sie kann nicht einmal einen Sack Reis nach Hause bringen. Und wenn davon etwas übrig bleibt, gibt man ihr manchmal von dem Reis, den die Leute als Opfergabe zu der Zeremonie mitbringen. Damit gelingt es ihr gerade so, nicht zu verhungern. Deshalb haben deine Stiefmutter und ich beschlossen, dich in das große Land China zu verheiraten.«

Chong ist von dieser Nachricht dermaßen überrumpelt, dass sie schweigt. Sie dreht den Bändel ihrer Jacke zwischen den Fingern und fängt an, darauf herumzukauen, den Blick starr auf ihre Füße geheftet. Sie kann die Tränen nicht zurückhalten, und so tropft eine nach der anderen auf den Boden, der mit schmutzigem Reispapier ausgelegt ist. Die Tür öffnet sich erneut, und ein Mann kommt herein. Chong meint in ihm den Mann zu erkennen, den sie schon im Haus beim Markt gesehen hat. Die Wahrsagerin macht ihm Platz und stellt sich hinter ihn.

»Ich bin ein Händler, der zwischen hier und Nanking in China hin und her reist«, wendet sich der Mann an Chong. »Früher haben die chinesischen Händler fünfzehnjährige, jungfräuliche Mädchen gekauft, um sie dem Gott des Meeres zu opfern. Dies geschah, damit er sie während der Überfahrt beschützte und vor dem Versinken durch einen Sturm bewahrte. Heutzutage haben sich die Sitten geändert. Man bietet keine Menschen mehr als Opfer dar. Trotzdem hält man noch Kut-Rituale ab, aber nur der äußeren Form nach. Dann aber, wenn das Schiff wieder sicher im Hafen gelandet ist, werden die jungen Mädchen mit einem reichen Chinesen verheiratet. Die Kaufleute von Nanking haben dreihundert Nyang gesammelt, die sie deinem Vater schon gegeben haben. Sei also gehorsam und lass dich fortbringen, wie wir es von dir verlangen.«

Das Schamanenritual findet im Morgengrauen statt. Weiß gekleidet, Wangen und Stirn sorgfältig gepudert und geschminkt, geht Chong hinter der fünffarbigen Fahne her, begleitet von Matrosen und Händlern. Alle besteigen eine koreanische Barkasse, einen Einmaster, der sie zu einer chinesischen Dschunke bringt, die außerhalb des Hafens vor Anker liegt. Die Größe des chinesischen Schiffes ist beeindruckend. Man könnte meinen, mehrere ziegelgedeckte Häuser auf dem Wasser schwimmen zu sehen. Die Segel, von denen es gleich mehrere gibt, am Heck und auf Deck, sind noch nicht gehisst. Die Wahrsagerin fordert Chong auf, sich auf eine vorstehende Planke am Bug der Barkasse zu stellen. Alle, die mit an Bord gekommen sind, die Händler, die Matrosen und die Wahrsagerin mit ihrem Gefolge, stimmen das Klagelied der Seeleute an:

Arme Matrosen, arme Matrosen!
Wir rudern in Särgen.
Der Reis, den wir essen,
Ist für Tote bestimmt.
Die Kleider, die wir tragen,
Sind aus Totenhemden gemacht.
Seht her, was wir für ein Leben führen!
Warum sollten wir also nicht wehklagen?
Lasst uns das Boot auf dem Wasser vorwärtstreiben,
Das Boot auf dem unendlichen Meer.
Seemann, ahoi!
Seemann, ahoi!
Die Schätze, die auf den Weltmeeren treiben,
Im Süden, im Norden,
Sie sind unser, lasst sie uns holen, ahoi!
Alle zur Winde, hebt den Anker, ahoi!
Das Schiff sticht in See, ahoi!
Den Wind in den Segeln, ahoi!
Alle in die Wanten, hisst die Segel, ahoi!
Seemann, ahoi!
Seemann, ahoi!

Das Segel auf halbmast, nähert sich die Barkasse dem Ruder des hoch aufragenden chinesischen Schiffes. Dort geht sie zunächst längsseits; das Ritual kann beginnen. Die Beschwörungen der Wahrsagerin, die Gongschläge, die Zimbeln und die Trommeln vereinigen ihre Stimmen zu einem ohrenbetäubenden Lärm. Strohpuppen mit Kürbisköpfen, die böse Geister verkörpern, werden zusammen mit Opfergaben auf ein ebenfalls aus Stroh gebundenes Boot geladen, das man anschließend auf die Wasseroberfläche setzt. Chong ihrerseits wird nun, angebunden an ein Seil, in das Strohboot hinabgelassen. Es sinkt nicht, aber es saugt sich von allen Seiten mit Wasser voll. Das junge Mädchen fühlt, wie das eiskalte Wasser Zentimeter um Zentimeter an ihren Beinen hochsteigt. Die Trommeln schlagen immer schneller.

Die Wahrsagerin holt tief Luft und schreit:

König des Meeres, erhöre unsere inbrünstigen Gebete!
Reinige dieses Schiff von allem Bösen,
Das ihm innewohnt.
Schicke günstige Winde hierher und bis ans Ende der Welt,
Wenn das Schiff das koreanische Meer verlässt
Und in den weiten Ozean gelangt.
Empfange diese junge Frau in deinem Schoß,
Nimm sie zur Gefährtin, zur Ehefrau.
Ah! Hier ist sie, sie ist dein!
Ah! Nimm sie, sie ist dein!

Das Strohboot beginnt zu sinken. Chong schöpft das Wasser mit beiden Händen heraus. Vergebens, sie geht unter. Über ihrem Kopf sieht sie die sich brechenden Sonnenstrahlen, und sie wird sich bewusst, dass unter ihren strampelnden Füßen der Meeresgrund lauert, dunkel und bodenlos. Jemand zieht an dem Seil, und der Kopf des Mädchens taucht wieder auf. Sie ist am Ersticken, versucht, Luft zu holen. Kaum ist sie an der Oberfläche, lockert sich der Zug am Tau, und das Opfer versinkt erneut in den Fluten. Chong schluckt Wasser. Plötzlich sieht sie eine Frau auf sich zukommen, deren Ärmel, Rockschöße und Bänder anmutig in der Dünung treiben. Chong nimmt ihre letzte Kraft zusammen, um sich der Frau zu nähern.

Mama, Mama, ich bin hier!

Drei Mal hintereinander tauchen die Matrosen sie unter, bevor sie kräftig am Seil ziehen, um das junge Mädchen aus dem Wasser zu heben. Sie ist ohnmächtig geworden. Die Anwesenden beglückwünschen sich zum erfolgreichen Abschluss der Zeremonie. Die Händler laden sich Chong auf die Schultern und tragen sie an Bord der mächtigen chinesischen Dschunke, während die Barkasse die Wahrsagerin und ihren Tross an Land zurückbringt.

Das Vorhängeschloss öffnete sich geräuschvoll, und Chong, die gerade noch tief geschlafen hatte, schreckte hoch. Schnell setzte sie sich auf, mit dem Rücken zur Wand. Jemand öffnete die Tür und trat ein. Die Sonne, die nun in die Kabine flutete, blendete sie, sodass sie im Gegenlicht nur einen schwarzen Umriss wahrnahm.

»Hast du gut geschlafen? Komm, folge mir!«

Chong erkannte den Mann an der Stimme. Der Sturm, der das Schiff hin und her geworfen hatte, war vorüber. Zwischen den Wolkenhaufen waren große blaue Löcher zu sehen. Sie holte tief Luft, und der Geruch des Meeres vermittelte ihr, dass das Schicksal es trotz allem gut mit ihr meinte.

Auf Deck arbeiteten Seeleute. Doch der koreanische Händler schob sie zu der großen Kabine am Heck, in der am Vortag die Zeremonie stattgefunden hatte. Dort saßen an einem langen Tisch drei Männer und tranken Tee. Auf der linken Seite hatte sich der Kapitän niedergelassen, bekleidet mit einem Hemd mit engen

Ärmeln, darüber eine Weste. Seine Mütze wurde mit einer seidenen Troddel verziert. Ihm gegenüber hatten die beiden chinesischen Kaufleute Platz genommen. Einer von ihnen hatte einen langen grauen Zopf, der unter seiner runden Kappe herabbaumelte. Sein Bart war ebenfalls lang und grau, und er trug einen Seidenmantel mit weiten Ärmeln, der ihn ältlich erscheinen ließ. In dem anderen, er hatte einen gestutzten Bart, und seine schwarze Jacke fiel weit über eine dünne Hose, erkannte Chong den Mann aus der Hafenspelunke. Als Chong mit ihrem Bewacher den Raum betrat, verstummten sie und wandten sich ihr zu.

»Begrüße die Herrschaften!«, befahl der koreanische Händler.

Ganz automatisch beugte Chong die Knie und wollte gerade einen tiefen Knicks machen, als der Händler sie an den Schultern zurückhielt.

»Nur nicht übertreiben, eine knappe Verbeugung reicht.«

Die Chinesen, die das beobachtet hatten, fingen an zu lachen und tuschelten miteinander.

»Nun gut«, sagte der Kapitän zu dem älteren der beiden Kaufleute, »dieses Mal ist also nicht der Ginseng, sondern das Mädchen der wertvollste Teil eurer Ladung.«

Bevor der ältere etwas sagen konnte, warf der junge Kaufmann ein: »Das ist eine besondere Bestellung aus Nanking. Wir werden eine ganze Menge daran verdienen.«

Der alte chinesische Handelsmann wandte sich mit einem Lächeln an Chong: »Du siehst ja ganz entzückend und brav aus. Das Ritual ist vorbei, und man wird dir einen neuen Namen geben müssen.«

Der Koreaner warf gleich ein: »Wollen Sie uns nicht die Gunst erweisen?«

»Oh! Gut, also wie nennen wir sie denn?«

Der Alte führte die Teetasse zum Mund, dann nickte er und sagte bedächtig: »Nennen wir sie *Lenhwa,* Lotosblüte!«

Mit einem breiten Grinsen nahm der Kapitän den Faden auf: »Roter oder weißer Lotos? Die sind recht unterschiedlich, schon beim bloßen Anblick.«

»Beides. Nennen wir sie einfach Lenhwa, dann legen wir uns nicht fest. Nehmen Sie sie unter diesem Namen in das Kontobuch auf«, beschied der alte Kaufmann dem jüngeren.

Alle Anwesenden gaben durch Kopfzeichen ihre Zustimmung. Nur Chong verstand nicht, worüber die Männer sprachen oder was daran so erheiternd war, aber zweifelsohne war sie der Gegenstand der Unterhaltung. Röte stieg ihr ins Gesicht. Es war das erste Mal, dass sie vor einer Ansammlung von Männern stand, die noch dazu im Alter ihres Vaters waren.

»Dürfen wir uns zurückziehen?«, fragte der koreanische Händler.

Mit einer Handbewegung gab der alte Chinese zu verstehen, dass sie sich entfernen konnten, und sagte: »Sehr schön, kümmere dich um das Mädchen.«

Der Mann bedeutete Chong mit einem Blick, sich von der Versammlung zu verabschieden: »Hier entlang. Folge mir.«

Er ging ihr voraus über das Deck und führte sie in eine große Kabine. Dort saßen Matrosen um einen Tisch aus Holzplanken und aßen. Dies war anscheinend die Schiffskombüse, vollgestopft mit Kochstellen, Töpfen, großen Wassereimern und einer Menge anderer Gerätschaften. Der größte Teil der Esser waren Chinesen, aber Chong entdeckte zwei Koreaner, deren Haartracht herausstach, obwohl der eine seinen Knoten unter einem Tuch und der andere unter einem Bambushut verbarg. Sie hörten auf zu essen und drehten sich zu Chong um.

Der mit dem Bambushut rückte trotz der Enge ein Stück zur Seite und forderte Chong auf, neben ihm Platz zu nehmen. »Setz dich doch her.«

Der Koreaner, der sie hergebracht hatte, erklärte: »Sie heißt Lenhwa. Ihr geht es nicht so gut, sie ist leicht seekrank. Man sollte ihr etwas Reisbrei geben.«

Er schob Chong sacht zu dem Platz, den man ihr angeboten hatte. Sie ließ sich nieder und bemerkte im gleichen Moment, dass ihr Aufpasser gegangen war. Sein Gesicht war ihr schon so vertraut geworden, dass sein Verschwinden das Gefühl der Einsamkeit noch verstärkte. Die Männer stocherten mit Stäbchen in den Speisen herum, die auf dem Tisch angerichtet waren, jeder mit einer Schale Reis in der anderen Hand. Sie legten eine solche Geschwindigkeit an den Tag, dass Chong noch auf ihren Brei wartete, während zwei Chinesen, schon fertig mit dem Essen, den Tisch verließen und drei andere ihre Plätze einnahmen.

Der Mann mit dem Bambushut sprach Chong an: »Ich heiße Mateo. Du bist mir schon in Jangyeon in der Hafenkneipe aufgefallen.«

Chong fühlte sich in Gesellschaft dieses freundlichen Mannes wieder zuversichtlicher. Er hatte ein spitzes Kinn mit einem Bart. Sie traute sich ihm eine Frage zu stellen: »… Ihr Name … Hat man Ihnen den auch erst auf diesem Schiff gegeben?«

»Nein, meinen Namen hat mir unser Herrgott gegeben.«

Was meinte er damit?, rätselte sie, aber sie fragte nicht weiter. Der Koch brachte ihr eine Schale Reisbrei und einen Teller Gemüse und sagte etwas, was Chong nicht verstand. Er hatte eine tiefe Stimme.

Mateo übersetzte: »Wenn du möchtest, kannst du noch einen Nachschlag haben.«

Als Zeichen des Dankes neigte Chong leicht den Kopf. Sie verharrte abwartend und fragte sich, wie sie ohne Löffel zurechtkommen sollte. Da lagen nur Stäbchen. Nachdem sie mit deren Enden die Brühe eine Weile umgerührt hatte, trank sie schließlich in kleinen Schlucken aus der Schale.

Als sie dann die Kombüse verließen, sagte Mateo zu dem Koreaner mit der Hanfkappe: »Du kannst ruhig schon an die Arbeit gehen, ich kümmere mich um sie.«

»Also bringst du sie zu ihrer Kabine.«

Chong folgte diesem Mateo Richtung Bug, bis er in einen breiten Gang einbog. Dort befand sich eine Treppe, die in den Schiffsbauch hinunterführte. Als sie diese hinabgestiegen waren, kamen sie in einen großen Raum, unterteilt durch Zwischenwände. An der Decke hingen Rollen und Seile wie in einem Brunnenschacht. In jedem Abteil standen dicht an dicht gemäß dem Warenverzeichnis sorgfältig aufeinandergestapelte Kisten.

»Schau, dort oben über unseren Köpfen ist das Vorderdeck des Schiffes. Durch diese Luke kommt man da hinauf, und die Ladung wird auf diesem Weg herabgelassen. Insgesamt gibt es vier Decks. Ganz oben sind riesige Speicher, darunter befinden sich das Oberdeck mit der Brücke und die Mannschaftskabinen, das hier ist der Frachtraum für die Waren, und noch weiter unten werden die Lebensmittel gelagert.«

Sie kletterten ein weiteres Deck tiefer. Dort gab es eine Menge Holzkübel, in denen Lauch und anderes Gemüse angepflanzt war. Hier wurden auch Hühner und Enten gefüttert und drei oder vier Schafe sowie zwei Schweine gemästet. Nun verstand Chong, woher der Hahnenschrei gekommen war, den sie am Morgen zuvor gehört hatte. Des Weiteren waren da rechteckige Holzbehälter mit Auslaufstutzen, gewaltige Fässer und Flaschen in allen Größen.

»Auf dem Meer ist Trinkwasser sehr kostbar. Hier wird es aufbewahrt und hierher kommen wir, um uns etwas zu schöpfen. Wir benutzen zum Waschen und Zähneputzen Salzwasser, das wir uns mit einem Eimer an einer Leine aus dem Meer holen, aber du wirst deine Körperpflege hier erledigen.«

Mateo öffnete einen Hahn, und Wasser kam heraus. Chong fing es mit einem Zuber auf, wusch sich Gesicht und Hände und rieb auch über ihre Zähne.

Als sie das nasse Gesicht hob, zog Mateo ein Baumwolltaschentuch aus seinem Ärmel. »Behalte es, ich habe noch mehr davon.«

Nachdem Chong sich damit abgetrocknet hatte, zögerte sie einen Moment, unschlüssig, ob sie es behalten sollte, dann bedankte sie sich unbeholfen bei dem Mann.

In einer Ecke des Laderaumes wurden Werkzeuge und Hilfsmittel aufbewahrt, die für die Seefahrt notwendig waren. Als sie alle Nischen und Winkel des Schiffes besichtigt hatten, kehrte sie in Mateos Begleitung auf das Oberdeck zurück. Der Wind blähte die drei Segel zum Zerreißen, und die Dschunke durchpflügte die Fluten, ritt mal hoch auf den Wellenkämmen, dann wieder tauchte sie tief in die Wellentäler. Chong lehnte sich an die Reling und blickte in die Ferne. Am Horizont entdeckte sie einige Felsen, die wie kleine Inseln aussahen.

Mateo, der neben ihr stand, betrachtete sie ebenfalls. »Diese Inseln dort ... das bedeutet, dass wir im Morgengrauen China erreichen werden.« Dann fügte er nachdenklich hinzu: »Als ich letzten Winter anheuerte, waren drei koreanische Mädchen wie du an Bord.«

»Wo hat man die hingebracht?«

Mateo führte seinen Daumen nacheinander zur Stirn, an die Brust, zur linken Schulter und zur rechten Schulter, bevor er die Hände faltete, den Kopf senkte und die Augen schloss. Obwohl Chong das Kreuzzeichen und dessen Bedeutung nicht kannte, respektierte sie sein Schweigen.

»Du musst wissen, China ist ein großes Land. Dort wohnen viele Menschen, und es gibt überall Märkte. Im Westen scheinen auch noch andere Länder zu liegen. Was dir auch geschehen mag, wenn du Gott in deinem Herzen willkommen heißt, dann wirst du stets den richtigen Weg finden.«

Mateo lehrte sie, zu Gott zu beten, aber das unterschied sich kaum von den Ritualen, die Chong aus ihrer Heimat kannte und die sie in dem von Sorghumpflanzen eingefriedeten Hof vor einer Schüssel Wasser praktiziert hatte.

Am nächsten Morgen bei Tagesanbruch schienen die weit entfernten Berge auf einem dichten Nebelmeer zu schwimmen. Hier und da tauchten Masten auf, kleine und große. Plötzlich kreuzte ein großes Schiff ihren Weg zum Zielhafen. Die Takelage des Schoners bestand aus vielen einzelnen Segeln, die sich ausbreiteten wie die Schwingen eines Vogels. Die Bordwand wurde von einem Dutzend Luken unterbrochen, aus denen Kanonen ragten. Am Bug erhob sich die Figur einer Göttin. An der Spitze des Hauptmastes flatterten bunte Fahnen. Man raunte sich zu, es handele sich um ein Schiff aus dem Westen. Das sagte Chong jedoch nichts.

Obwohl die Küste schon so nahe zu sein schien, dauerte es bis zum frühen Nachmittag, bis ihr Boot in der Mündung des Jangtse vor Anker ging, bei einem Fischerdorf, etwas außerhalb von Shanghai. Ein von mehreren Männern geruderter Lastkahn näherte sich, und man entlud einige Waren. Dann setzte die Dschunke ihren Weg flussaufwärts fort. Gegen Abend erreichten sie Chinchiang. An einer großen, halbmondförmigen Biegung des Flusses tauchte die Stadt auf. Der Pier bestand aus Steinen und Rundhölzern. Das Schiff konnte dort jedoch nicht direkt anlegen, sondern musste mit gerefften Segeln in einigem Abstand vor Anker gehen. Rauch stieg aus den Kaminen der Häuser und zeigte die Abendessenszeit an. Es war so, als befinde man sich auf dem nebligen Grund eines Tales. Eine Vielzahl von Booten, Lastkähnen und Sampans lag dort vertäut und schaukelte sanft in der Dünung. Der Strom war hier noch so breit, dass er das Meer gewissermaßen einlud, weit ins Landesinnere vorzudringen. Über die Hochuferlinie hinaus zeichnete sich im Hintergrund die Silhouette eines Berges ab. Zahlreiche Möwen segelten über dem Flussdelta.

Ein Teil der Passagiere, unter ihnen die koreanischen Händler, stieg in Chinchiang aus. Waren wurden ausgeladen, aber Chong musste die Nacht an Bord verbringen. Früh am nächsten Morgen lichtete die Dschunke die Anker in Richtung Nanking, das sie jedoch nicht vor der Dämmerung erreichte. Die chinesischen Kaufleute, denen Chong an Bord begegnete, behandelten sie zuvorkommend. Sie brachten sie in einem gemütlichen Zimmer in einem Gasthof unter, der hauptsächlich auf dem Fluss reisende Händler beherbergte. Das für sie zuständige Hausmädchen stellte Chong Tee und etwas zu essen bereit. Im Bett liegend, hatte sie den Eindruck, immer noch auf Wellen zu schwanken. Aber es war das erste Mal seit dem Beginn ihrer Reise, dass sie tief und fest schlief, obwohl ihre Angst nicht gänzlich verschwunden war.

Die Herberge lag auf einem kleinen Vorsprung über dem Fluss. Von dort hatte man einen freien Blick über den Hafen, eine Reihe von Lagerhäusern und daran anschließend über eine Straße, eine Ansammlung von Restaurants, Bars und Läden. Der Weg, an dem sich Häuser und Gasthöfe aneinanderreihten, schlängelte sich den Hügel empor.

In Chongs Zimmer gab es einen Tisch und zwei Stühle aus Holz sowie ein Himmelbett. Ein Gemälde zierte die Wand. Darauf war eine schöne Frau abgebildet, die Erhu spielte, die chinesische zweisaitige Geige. Schob man den Vorhang, der das eine Fenster verdeckte, zur Seite, blickte man in einen kleinen Hof und auf die Außenanlagen des Gasthauses. Das Fenster auf der Bettseite gewährte den Blick auf das Dach des Nachbarhauses und dahinter auf das dunstige Tal mit der Flussmündung sowie auf eine Reihe von Schiffen, die dalagen wie Perlen auf einer Schnur. Darunter war auch die vertraute Dschunke, mit der Chong gekommen war.

Nach dem Mittagessen traf eine Sänfte ein. Einer der Kaufleute, die Chong schon auf dem Schiff gesehen hatte – es war der mit den eng anliegenden Ärmeln unter der Jacke – kam in Begleitung des jungen Hausmädchens über den Hof. Er öffnete die Tür zu Chongs Zimmer und sagte auf Chinesisch: »Lenhwa, es ist Zeit aufzubrechen.«

Seine Gesten bedeuteten ihr, was er meinte. Nach einem letzten Blick zurück, verließ Chong das Zimmer mit nichts außer dem, was sie bei ihrer Ankunft auf dem Leib getragen hatte. Als sie zum Haupthaus kam, roch sie das Essen aus der Küche. Einige Männer saßen an einem Tisch, unterhielten sich und tranken Tee. Zu ihrer Überraschung hörte sie lautes Vogelgezwitscher. Über den Köpfen der Männer hingen in den Fenstern mehrere Käfige an Haken. Darin saßen rote Vögel mit blauen Flügeln, weiße Vögel mit roten Schnäbeln und gelbe mit einem Schopf. Jeder zwitscherte eine andere Melodie. Chong wurde zu einem Wandschirm geführt, hinter dem sie den alten Kaufmann und zwei der Händler vom Schiff erkannte. Diese waren in Gesellschaft eines greisen Mannes in einem bodenlangen Mantel und mit einer runden Kappe auf dem Kopf. Die Anwesenden musterten sie ausgiebig, tauschten vielsagende Blicke, und der Alte bedeutete ihr schließlich, ihm zu folgen. Auf seine Anweisung hin stieg sie in die Sänfte, die vor dem Gasthaus stand. Als der Alte den Vorhang geschlossen hatte, setzte sich der tragbare Stuhl in Bewegung und schwankte im Trott der Träger hin und her.

DER SCHLAF

Die Sänfte kam vor einem mächtigen Tor zum Stillstand. Es wurde eingerahmt von zwei roten Säulen und überspannt von einer Platte, auf der goldene Schriftzeichen prangten. Zwei Wächter öffneten sofort, als sie an der Spitze des Zuges den alten Hausverwalter erkannten. Sie trugen ein grob gewebtes, mit roten Kordeln verziertes Gewand sowie einen Soldatenharnisch. Die Torflügel öffneten sich lautlos und gaben den Blick frei auf eine zweite Tür, eingelassen in die Mitte einer hohen Steinmauer. Die Sänfte wurde durch die beiden Öffnungen getragen und schwenkte dann nach links in einen Gang, der sich zu einem im Herzen des Hauses gelegenen Innenhof erweiterte. Zwei Hausangestellte, eine junge und eine schon betagte, eilten den Ankömmlingen entgegen. Sie lüpften die Vorhänge der Sänfte und halfen Chong beim Aussteigen, indem sie ihr unter die Arme griffen.

Der altgediente Hausverwalter führte Chong ins Innere der Residenz. In der Mitte eines Raumes saß in einem Sessel eine weißhaarige Dame und neben ihr ein Mann mittleren Alters, bekleidet mit einem Hemd aus feinster Seide und dazu passender Hose. Diener verschiedensten Alters standen im Kreis um sie herum. Der alte Mann berichtete nun der Herrschaft von seiner Reise. Dabei erwähnte er mehrmals den Namen Lenhwa. Die Hausangestellten reagierten auf seine Worte, indem jeder den Namen wiederholte.

Der Mann in der Mitte fragte: »Ich hoffe, du hast eine Rechnung bekommen?«

»Ja, Herr, im Austausch für den Wechsel, mit dem ich den Ginseng und das Mädchen bezahlt habe.«

Der Hausverwalter holte aus seinem Ärmel ein Papier, das er seinem Herrn, dem ältesten Sohn des Hauses, reichte. Dieser warf einen Blick darauf. Dann wandte er sich an die Dame: »Mutter, man versichert hier, sie sei fünfzehn Jahre alt und bei bester Gesundheit.«

Die alte Dame musterte Chong über den Rand ihres Fächers hinweg: »Schau doch nur ihre Füße an, wie hässlich sie sind.« Sie verzog das Gesicht. »Man hat sie ihr nie eingebunden.«

»Was spielt das denn für eine Rolle? Sie soll sich doch nur um Vaters Wohlergehen kümmern.«

Seine Mutter fächelte ungehalten und befahl: »Bringt sie fort, sie soll sich waschen und umziehen.«

Ihr Sohn fügte hinzu: »Und dass man sie mit dem ihrer Stellung gebührenden Respekt behandelt. Auch wenn sie noch sehr jung ist, sie wird die Konkubine meines Vaters sein.«

Chong erfasste von diesem Gespräch nur den sich ändernden Tonfall der Sprecher. Die beiden weiblichen Hausangestellten nahmen Chong wie zuvor links und rechts am Arm. Sie folgten einem langen Laubengang, der zu einem Nebentrakt führte. In einem entlegenen Winkel hinter einem Mimosenbaum befand sich der Waschraum. Man betrat ihn über einen Rost. Eine Frau, die damit beschäftigt war, das Feuer zu schüren, nahm sie in Empfang. Als sei es das Natürlichste der Welt, machten sich Chongs Begleiterinnen daran, die Stoffknöpfe ihres Gewandes zu öffnen und sie von oben bis unten zu entkleiden. Chong versuchte, ihre

Hose festzuhalten, aber die ältere der beiden Frauen schob ihre Finger beiseite, nicht mit Gewalt, aber resolut. Die Unterkleider des jungen Mädchens wurden an eine Frau weitergereicht, die vor der Tür wartete, und die Alte befahl: »Verbrenne das!«

Chong ging an der Hand einer Dienerin ein paar Stufen hinunter in den eigentlichen Badebereich. Der Dielenboden war feucht und rutschig, an den Bambuswänden hatte sich Kondenswasser gebildet. Das Wasser, das über der Feuerstelle erhitzt wurde, floss durch ein Keramikrohr in einen großen runden Holzbottich. Der Raum war so angefüllt von Dampf, dass Chong, die vor Scham gekrümmt dastand, den Kopf gesenkt und mit den Händen den Busen bedeckend, die Haltung aufgab. Die Badefrau prüfte mit den Fingern die Temperatur im Zuber und stoppte dann die Wasserzufuhr, indem sie das Rohr mit einem Stöpsel verschloss. Die alte Dienerin schüttete den Inhalt eines kleinen Fläschchens in die Wanne, und sofort stieg Chong der intensive Duft von Jasmin in die Nase. Wie zuvor beim Aussteigen aus der Sänfte, griffen die beiden dienstbaren Geister ihr unter die Arme und halfen ihr in die Badewanne.

»Bring mir Reisschnaps!«

Gehorsam eilte die Jüngere davon und kam mit einer Porzellankaraffe mit Schwanenhals zurück.

Chong saß zusammengekauert mit angezogenen Knien im Bade, während die alte Frau den Schnaps hineingoss, beide Arme eintauchte und das Wasser um Chong herum kräftig aufwirbelte. Chong spürte, wie sich ihre Beine entspannten, ebenso wie ihre Finger, die losließen, statt verkrampft die Schultern umfasst zu halten oder mit den Ellenbogen die Brüste zu bedecken. Sie ließ die Arme sinken und legte den Kopf zurück auf den Wannenrand. Das Gesicht zur Decke gerichtet, schloss Chong die Augen. Sie hatte das Gefühl, ihr Körper würde langsam, aber unaufhaltsam auseinanderdriften wie ein Laken, das in einen See gefallen ist.

Ihre Lippen öffneten sich halb, Schweiß rann ihr über das Gesicht, tropfte aus ihren Haaren. Die zwei Frauen begannen, mit einem Lappen aus Seide in sanften Bewegungen Chongs Rücken, Brust und Beine zu massieren.

Wie lange hatte sie vor sich hin gedämmert? Im Halbschlaf hörte sie die beiden Frauen im Ankleideraum nebenan rumoren und dann die Stufen herunterkommen. Sie hatten eine Art Ruhebett aus Bambusrohr hergerichtet, das an der Wand gelehnt hatte, und nun hoben sie die völlig aufgeweichte Chong kurzerhand an Schultern und Beinen aus der Badewanne. Als sie dalag, reichlich benommen, verspürte sie erneut den Drang, ihre Brüste zu bedecken, und hob die Arme, doch sofort wurden diese von der alten Frau abgefangen und zu beiden Seiten des Körpers der Länge nach hindrapiert, wobei diese etwas vor sich hin brummte. Die beiden Dienerinnen ließen ihre Blicke voller Bewunderung über den vor ihnen liegenden Körper gleiten.

Durch den Dampf in der Luft erschien ihnen dieser jungfräuliche Körper wie ein Pfirsich, der an einem Regentag durch die Zweige eines Baumes leuchtet. Die offenen Haare umrahmten den Kopf wie ein Heiligenschein, die gewölbte Stirn und die Wangen glühten förmlich. Wasserperlen auf Gesicht und Hals glitzerten wie Schuppen im Sonnenlicht. Darunter folgten die Schultern, schmal und rund. Die gerade erst erblühten Brüste waren klein, aber wohlgeformt, und schimmerten wie Porzellan. Von den braunen Brustwarzen hoben sich die Spitzen rosa ab. Die schmale Taille wurde durch die noch vorhandene kindliche Vorwölbung des Bauches unterstrichen. Einmal ausgewachsen, würden ihre Hüften wohlproportioniert sein. Der Schamhügel war noch kaum behaart. Die Oberschenkel waren drall, obwohl etwas weiter unten an den Kniegelenken etwas Fleisch fehlte. Im Liegen waren die Waden lang gezogen und der Fuß mit seinen kurzen Zehen und dem ausgeprägten Fußrücken leicht gewölbt.

Während die junge Dienerin die Hand- und Fußnägel rund feilte, rieb die ältere Chong vom Hals an abwärts mit einer wohlriechenden Salbe ein, nicht ohne sie vorher mit einem Handtuch abgetrocknet zu haben. Sie massierte die Brust, die Seiten und den Bauch. Ohne Zögern glitten ihre Hände über den Schamhügel, der unter der Berührung erschauerte, und weiter zwischen die Schenkel. Dort machten sie halt. Die Frau verlangte etwas von ihrer Gehilfin. Diese unterbrach gehorsam ihre Arbeit an den Nägeln. Daraufhin spreizte die Ältere Chongs Beine auseinander, drückte kurz ein mit heißem Wachs getränktes Leinentuch auf den Schamhügel und riss es gleich wieder weg. Das geschah in einer einzigen fließenden Handbewegung. Chong stieß einen Schrei aus und presste die Beine zusammen. Die Frau brachte das Tuch noch ein weiteres Mal auf, um die letzten Reste der Schambehaarung zu entfernen. Dann trug sie eine dicke Schicht Balsam auf die schmerzende Haut auf.

Die alte Dienerin verteilte den gleichen Balsam auch auf den Oberschenkeln und entlang der Beine bis zu den Fußspitzen. Daraufhin drehte sie Chong auf den Bauch, um den Rücken einzureiben. Als sie zu den fest angespannten Pobacken kam, hielt sie einen Moment inne. Die Masseurin hatte gemerkt, dass das junge Mädchen immer noch mit aller Kraft Widerstand leistete. Unbeirrt bearbeitete sie weiter die Rückseite der Oberschenkel, die Kniekehlen, die Waden. Ihre Gehilfin kümmerte sich währenddessen darum, mit einem Bimsstein die Hornhaut an den Fersen zu entfernen. Zum Abschluss knetete die Ältere noch kräftig das Fußgewölbe, die Zehen und deren Zwischenräume.

In ihrem Zimmer angkommen, sah sich Chong zum ersten Mal in ihrem Leben im Spiegel. Die junge Dienerin hatte sie huckepack dorthin zurückgebracht, nachdem die beiden ihr ein langes Seidenhemd angezogen hatten, das mit einem Band in der Taille zusammengehalten wurde. Der Wohnbereich, der für sie hergerichtet worden war, befand sich abgelegen und im Schutz eines kleinen Gehölzes am anderen Ende eines Gartens, dessen Zierde ein Teich mit einer halbmondförmigen Brücke war. Zwischen den Büschen war ein weiteres Gebäude zu sehen. Die zwei Frauen hatten die Tür nur kurz geöffnet, um Chong abzusetzen, dann aber von außen verriegelt. Da ihr etwas schwindelig war, blieb Chong einen Moment gegen das Türblatt gelehnt stehen, um die Fassung wiederzuerlangen. Obwohl die Sonne noch nicht untergegangen war, verbreiteten mehrere rote Laternen ihr gedämpftes Licht über die schwarzen Lackmöbel, die Stühle und die mit feinsten Intarsien in Form von Vögeln und Blumen verzierten Tische. An den Wänden war kaum eine leere Stelle. Sie waren bedeckt mit Zeichnungen und Tuscheschriften. Porzellangefäße schmückten die Abstellflächen der Möbel, es gab Flöten und eine P'ip'a, die chinesische Form der Laute.

Auf der rechten Seite des Zimmers stand auf einem geölten Holzpodest ein Himmelbett, dessen hochrot lackierte Seiten mit Ranken aus Perlmutt verziert waren. An jeder Ecke des Bettes befanden sich purpurrote Säulen, die den Baldachin trugen. Die frisch bezogene Liegestatt wurde von Vorhängen aus Seide eingerahmt, die auf beiden Seiten zurückgezogen waren. Mit unsicheren Schritten ging Chong darauf zu. Ihr schien das Bett so geräumig zu sein wie ein normales Zimmer. Auf der dicken Matratze lagen eine mit Chrysanthemen bestickte Seidendecke und eine rotblaue Nackenrolle. An der gegenüberliegenden Wand zeigte ein Fresko eine Gruppe einzigartig geformter Steine inmitten von ausgefallen verästelten Kiefern und üppig blühenden Pfingstrosen. Auf den Tellern einer Etagere waren verschiedene Dinge ausgebreitet: eine Auswahl an Früchten, eine lange, seltsam geformte Pfeife, ein Ölkännchen, das an einen Kerzenständer erinnerte, und ein weißer Spucknapf aus Porzellan sowie ein Taschentuch. Direkt neben dem Bett stand ein großes Tongefäß, das wohl als

Sitzgelegenheit dienen sollte, denn darauf lagen eine Platte und ein Kissen. Am Fußende erhob sich ein ausladender roter Schrank, der mit Perlmutt verziert war, halb verdeckt von einem zweiteiligen Wandschirm. Auch einen Duftrauchbrenner gab es, dessen Verschluss die Form eines Drachenkopfes hatte. Chong öffnete die Tür des Schrankes und entdeckte darin etliche Seidengewänder. Aber selbst nach eingehender Untersuchung der Schubladen war keine Unterwäsche zu finden. Als sie sich umdrehte, bemerkte sie zu ihrer Überraschung ein Gesicht über dem Paravent, der ihr bis an die Schultern reichte.

Wer bist du?

Wer bist du?

Das Gesicht ihr gegenüber gab die Frage zurück. Chong schob den Wandschirm zur Seite, trat näher und stieß gegen eine glänzende, durchsichtige Fläche. Sie sah zum ersten Mal einen echten Spiegel, wie man ihn im Abendland hatte. Daraus blickte ihr ein vertrautes Antlitz entgegen. Das gleiche, das sich ihr schon oft in Wassereimern, Bächen und den glänzenden Bäuchen blank geputzter Messingkannen gezeigt hatte. Ein Gesicht, das sie bislang nur verzerrt, in die Länge gezogen oder stark vergrößert gesehen hatte, aber das sie eindeutig als das ihre erkannte. Chong nahm den Kopf zwischen die Hände. Ihr Gegenüber, Lenhwa, tat es ihr nach.

Natürlich, Lenhwa, das bin ich, und Chong, das war ich.

Eine lange Zeit ruhten ihre Augen auf Lenhwa, dann löste sie den Gürtel des Seidenhemdes und ließ es zu Boden gleiten. Es war eine neue Erfahrung für sie, sich ganz nackt zu sehen. Sie hatte das Gefühl, der Körper würde zu jemand anderem gehören. Die Lenhwa aus dem Spiegel sagte: »Du bist nicht ich.«

Die alte Dienerin kämmte ihr die Haare und flocht ihr zwei Zöpfe. Dann widmete sich Chong dem Abendessen, das die beiden Hausangestellten gebracht hatten. Auch Tee und Früchte waren dabei. Während Chong aß, wurde das Bett von der älteren Frau zum Schlafen vorbereitet. Sie brannte Weihrauchstücke an, holte frisches Wasser, stopfte die Pfeife und legte Schwefelhölzchen bereit. Sie löschte alle Laternen im Raum bis auf eine. Die Nachtlampe über dem Bett blieb ebenfalls an. Da der große Raum nun im Halbdunkel lag, schien das Himmelbett jetzt umso anheimelnder.

»Ziehen Sie dieses Hemd an.«

Die junge Dienerin reichte ihr ein rotes, mit Blumen besticktes Kleidungsstück. Chong schlüpfte hinein, und die Bedienstete half ihr, die Arme durchzustecken. Dann band sie ihr einen Gürtel um die Taille. An die Füße musste Chong zunächst Söckchen ziehen, die die Dienerin an den Knöcheln befestigte, und erst jetzt wurden sie in Seidenpantoffeln gesteckt.

Die ältere Frau kam nun mit einem Tablett zurück, auf dem eine zugedeckte Porzellantasse stand, und sagte: »Das ist Tee aus Pilzen, sehr gut für die Gesundheit. Trinken Sie das.«

Die beiden Hausangestellten warteten geduldig, bis Chong die Tasse geleert hatte, dann zogen sie sich lautlos zurück.

Auf dem Bett sitzend betastete Chong die Dinge, von denen sie umgeben war. Neben der langen Pfeife lagen in einer Schüssel getrocknete rote Datteln, die mit einem Baumwollfaden verbunden waren. Sie roch an dem Schälchen mit den schwarzen Kugeln, das wie ein Lampenschirm aussah. Chong fühlte ihre Erschöpfung, und sie streckte sich auf der Zudecke aus. Der wohlriechende Duft, der ihr in die Nase stieg, entführte sie auf eine Blumenwiese mitten im Sommer. Ihr Körper erschlaffte, aber ihr Geist blieb hellwach, außergewöhnlich sensibel für Geräusche und Farben. Sicherlich lag das an dem Tee, den sie getrunken hatte. Die Pfingstrosen auf dem Fresko loderten in einer solchen Lebendigkeit, dass es ihr direkt in den Augen wehtat, und eine der Kiefern schien aus dem Bild herauszuwachsen.

Ihr Atem hörte sich in ihrem Kopf wie ein Gewitter an. Als sie die Augen schloss, blickte sie in einen immer dunkler werdenden Tunnel, der sie einzusaugen drohte. Bei jedem Atemzug gingen links und rechts des Ganges kleine Laternen an, die sich am Ende zu einer gewaltigen Flamme verbanden. Diese verschwand sofort und ließ die Umgebung in totaler Finsternis zurück, als Chong die Luft aus den Lungen stieß. In ihrem Bauch wurde es warm, und ihr Nabel blähte sich, als hätte man frische Minzblätter daraufgelegt. Die Laternen fuhren fort, sich in ihrem Atemrhythmus auf einen Schlag zu entzünden und gleich darauf zu verlöschen, immer wieder.

Chong öffnete die Augen. Die roten Bettpfosten, die zartrosa Vorhänge, die Perlmuttverzierungen, alles schwebte, tanzte, wogte wie in einem Wildwasser. Die Farben waren nach wie vor klar, aber die Linien schienen sich zu krümmen und ineinander zu verknoten. Chong fühlte sich leer und kraftlos, nicht einmal den Kopf konnte sie heben. Sie versuchte die Finger zu rühren und schaffte es mit Mühe. Sie bewegten sich schwerfällig wie Windmühlenflügel durch die Luft, dann fielen sie leblos herab. Ihre wie im Wahn aufgewühlten und überhitzten Gefühle schienen um ein Gleichgewicht zu ringen, allerdings mit der schwindelerregenden Geschwindigkeit eines Kreisels. Ihr Atem beruhigte sich allmählich, und sie hatte den Eindruck, wie ein Schiff auf dem Wasser zu treiben. Jedes Mal wenn die Wellen an den Rumpf schlugen, erzitterte ihr Körper wie eine Nussschale auf hoher See.

Die ältere Dienerin und ihre junge Gehilfin schliefen in einem Nebengebäude, das aus einer Küche, einer Vorratskammer und einem Zimmer bestand. Dort gab es auch eine kleine Glocke, die man mittels einer Schnur von Chongs Zimmer aus bedienen konnte. Sobald sie ertönte, kam die eine oder die andere herbeigeeilt. An diesem Abend jedoch gingen sie nicht in ihre Unterkunft, sondern blieben beide auf ihrem Posten. Sie schienen jemanden zu erwarten. Tatsächlich tauchte nach kurzer Zeit im Haupthaus ein Lichtschein auf. Dann war plötzlich eine der Türen, nämlich diejenige, die zum hinteren Flügel hinausführte, hell erleuchtet. Jemand durchquerte langsam den Garten, vorneweg ein Dienstbote. Ein Stock schlug immer wieder auf die großen Steine, die sich auf dem Rasen zu einem Weg aneinanderreihten. Es war Ch'en, der Herr des Hauses. Man konnte ihn an seinem trockenen Husten erkennen. Die zwei Frauen, die ihn schon erwartet hatten, öffneten ihm die Tür, und er trat wortlos ein.

Obwohl er sonst sehr schlank war, hatte der Achtzigjährige doch einen kleinen Bauch. Er war nach Art der Mandschu frisiert, was bedeutete, dass die Stirn rasiert war und die restlichen Haare zu einem Pferdeschwanz zusammengebunden waren. Trotz seines Alters war sein Teint hell, und die Lippen glänzten schön rot. Natürlich ging er langsam und etwas gebeugt, aber er war immer noch in der Lage, sich mithilfe eines Stockes eigenständig fortzubewegen. Alles in allem war er recht rüstig. Seit seinem siebzigsten Lebensjahr hielt er sich an eine sehr strenge Diät und machte Übungen zur Ertüchtigung des Körpers. Nun setzte er sich einen Moment hin, trank einen Schluck und aß etwas Dörrobst.

Chong hatte bemerkt, dass jemand eingetreten war, aber sie war unfähig, sich zu erheben. Sie war benommen, als sei sie gerade aus einem tiefen Schlaf gerissen worden, und sie konnte keinen klaren Gedanken fassen. Der Alte näherte sich langsam dem Bett, lehnte sich an das Holzpodest und ließ den Blick über das junge Mädchen schweifen, das ausgestreckt vor ihm lag.

Chong konnte die Person, die sie betrachtete, nicht genau erkennen. Sie glaubte, dieser Jemand würde über ihr schweben und schmelzen, wie das Wachs einer Kerze oder wie ein Schneemann in der Sonne.

Der alte Ch'en öffnete den Gürtel des Schlafgewandes des jungen Mädchens und schob die Seiten auseinander, bis Chongs nackter Körper sichtbar wurde. Ihre alabasterfarbene Haut bildete einen vollkommenen Kontrast zu dem roten Seidenuntergrund. Der Mann zog vorsichtig an den Ärmeln, um auch ihre Arme zu befreien, bis das ganze Gewand herabglitt. Chong lag reglos da, ihre Pupillen waren geweitet, und ihr verschwommener Blick starr an die Decke gerichtet. Ohne das junge Mädchen aus den Augen zu lassen, entkleidete sich der Greis. Unter den Backen, am Hals und auf der Brust wirkte seine Haut wie eine alte Tapete, die sich von der Wand löst, wellig, gesprenkelt und mit Stockflecken. Eine tiefe Falte zeichnete sich am Übergang zwischen dem Hängebauch und den Hüften ab. Darunter hing schlaff ein kleiner Penis. Dessen Eichel war von einer fahlen Blässe wie die Lippen eines Ertrunkenen, der zu lange im Wasser gelegen hat. Die Hoden waren verhutzelt. Sie ähnelten stark vertrockneten Trauben, die bei jedem Windhauch schaukeln.

Die fleckige Hand des Alten wanderte über den Körper des jungen Mädchens. Vom Hals zu den Brüsten. Ganz leicht nur strich sie über die Haut. Sie berührte die zarte Taille, glitt dann weiter zur Innenseite der Schenkel, wo das Fleisch geschmeidig wie feinster Ton war. Schließlich blieb sie auf dem Schamhügel liegen, den die Dienerin sorgfältig enthaart hatte. Leicht zitternd bewegten sich die Finger wie die Beine eines Insekts von den Schenkeln hinunter zu den Füßen. Ch'en entfernte die Pantoffeln und die Socken. Die Füße waren niemals eingebunden gewesen. Sie waren sehr schön, wenn auch etwas groß. Eine ganze Weile streichelte er sie zärtlich.

Die ganze Zeit über zeigte der Penis des Mannes kein Anzeichen von Erregung. Nur seine Augen waren etwas röter geworden, und seine Gliedmaßen waren erhitzt. Jetzt schob er sich über sie. Auf Hände und Knie gestützt, berührte er sie dabei nicht. Sobald er wieder zu Atem gekommen war, senkte er den Kopf und presste seine Lippen auf ihren Hals, ihre Wangen, ihre Lippen, ihr Kinn und zuletzt ihren Busen. Er atmete die jugendliche Ausstrahlung dieses Körpers ein. Seine Lippen umspielten nun die samtweichen, kugelrunden Brüste, bevor sie sich den Spitzen näherten. Mit der Zunge leckte er die Brustwarzen, dann nuckelte er daran. Chong ließ einen leisen Seufzer vernehmen. Er zog und saugte abwechselnd an beiden Warzen. Die Spitzen richteten sich auf und wurden rot. Ch'ens vertrocknete Lippen wanderten tiefer Richtung Nabel, umkreisten die Vertiefung und sogen sich fest. Die Zunge bewegte sich weiter hinunter zur Hüfte, dann erreichte sie angespannt und zitternd den Venushügel. Der Speichel vermischte sich mit dem Öl, das in die jugendliche Haut einmassiert worden war. Ch'en öffnete die Schenkel des jungen Mädchens und ließ den Kopf dazwischengleiten, um seine Lippen nun dort weiterforschen zu lassen. Seine bebende Zunge leckte das pralle Fleisch und erreichte die Klitoris. Sie drang ein, seine Lippen pressten sich fest darauf und schleckten die Flüssigkeit. Chongs Körper wurde warm, alles zog sich in der Leistengegend zusammen. Der Greis streckte den Arm aus, um die Schüssel mit den aufgefädelten roten Datteln zu erreichen, die neben Chongs Kopf stand. Er nahm einen Strang mit drei Früchten heraus und nahm sie in den Mund, dann kniete er sich zwischen die angestellten Beine des Mädchens und führte die Datteln, eine nach der anderen, in die Vagina ein. Sorgfältig rückte er sie mit der Daumenspitze an den richtigen Platz.

Er schloss Chongs Beine, legte sich auf ihren Körper und breitete die Zudecke über sie beide. Dann drückte er seinen Bauch an den des jungen Mädchens und rieb sich langsam an ihr. Ihm wurde zunehmend heiß. Auf seiner Haut, die rau wie ein Reibeisen war, bildeten sich Schweißtropfen, die anfingen zu fließen, weswegen er eine ganze Weile reglos verharrte.

Schließlich erhob er sich, zog seinen Morgenmantel an und trank etwas kalten Tee. Er machte das kleine Stövchen an, erwärmte ein Opiumkügelchen und stopfte dann seine Pfeife damit, bevor er sich auf die Seite niederlegte. Bedächtig sog er an der Pfeife, zwischen den Zügen immer wieder tief atmend. Das Gefühl wohliger Erschöpfung und friedlicher Benommenheit breitete sich nach und nach von seinen Füßen her aus wie das Meer, wenn die Flut steigt. Er löschte die beiden noch brennenden Lampen, indem er die Klappen schloss, damit die Flammen erstickten. Nun wurde es dunkel.

Chong schlief nicht. Hatte sie zuvor das Gefühl gehabt, in einem Boot zu liegen, das sanft in der Dünung schaukelte, meinte sie nun, inmitten von Wolken dahinzutreiben. Eine von ihnen strich mit ihren wabernden Wassertröpfchen über Chong hinweg. Zuerst sanft wie ein Roggenfeld im Sommerwind, dann stärker bewegt, als wäre ein starker Wind hineingefahren. Im Hintergrund tauchten Wellen auf, kamen näher und entfernten sich wieder. Die Wolke hüllte Chong ein und streichelte ihre Brüste. Ihr Brustkorb schwoll an, blies sich auf und schien in den Himmel aufsteigen zu wollen. Ungeduldig und unaufhaltsam bog sie ihr Kreuz durch, fühlte sich aufgesogen von einem glatten, grundlosen Trichter. Sie glaubte, dass sich ihre Beine vom Rumpf lösen würden. In ihrem Unterbauch spürte sie einen stechenden Schmerz, und ihre Schamlippen wuchsen unaufhaltsam. Plötzlich erschütterte eine Explosion ihren ganzen Körper, und eine glühend heiße Woge lief von den Oberschenkeln bis in die Zehen. Sie strahlte bis in die Lenden und den Bauch aus und klang eine ganze Weile nicht ab.

Chong öffnete die Augen. Die Lampe im Gang streute ein feines Netz aus Licht. Sie erkannte, dass sie in einem Bett lag, und schrie auf. Da waren plötzlich Stimmen, die sich vermischten:

Geh weg, das ist mein Körper!

Ganz und gar nicht. Das ist meiner.

Als sie den Stimmen etwas mehr Aufmerksamkeit schenkte, bemerkte sie, dass beide, wenn man von der Lautstärke absah, von derselben Person stammen mussten.

Ich bin Chong. Wer bist du?

Ich heiße Lenhwa, und du bist ein Geist.

Wessen Geist?

Dein eigener. Du bist tot und nicht erst seit heute.

Das klare Bild zweier nackter junger Mädchen tauchte vor ihren Augen auf. Die eine hatte einen langen Zopf, der über den Rücken herabfiel, die andere trug die Haare in zwei geflochtenen Schnecken. Sie glitten aufeinander zu, ihre Umrisse legten sich übereinander, bis sie miteinander verschmolzen. Die Beine spreizten sich und gaben den Blick frei auf eine übergroße Vagina. Zwischen den weit geöffneten Schenkeln, da war keine Falte, kein Haarwuchs, nur die hervorspringende Klitoris. Wie eine klaffende Wunde öffnete sich die Scheide, und Chong wurde dort hineingezogen und verschlungen. Überall herrschte Dunkelheit, nur keuchender Atem war zu hören. Schließlich tauchte Chong aus dem tiefsten Nichts langsam wieder auf und kam an die Oberfläche. Reglos, unfähig, sich zu rühren, als wären ihre Gliedmaßen Wachs und als sei nur noch der Rumpf von ihr übrig. Neben ihr erklang das friedliche Schnarchen des Alten. Seine Atmung war flach, hin und wieder unterbrochen durch einen langen, röchelnden Atemzug. Chong gelang es, die Finger zu heben, und sie berührte vorsichtig den neben ihr schlafenden Körper. Die Haut war weich und schlaff wie sehr feines Leder. Ihre Finger streiften die geheimsten Ecken, glitten zu den Schenkeln, verharrten dort einen Moment und kehrten wieder zurück. Die runzelige Haut fühlte sich zwischen Daumen und Zeigefinger so zart an. Etwas mehr Druck und sie würde bestimmt zerreißen.

Als Ch'en am nächsten Morgen erwachte, schlief das junge Mädchen tief und fest. Er stand auf, um es zu betrachten: Die auf dem Kissen ausgebreiteten Haare, die Wangen, die durch eine lebhafte Röte hervorstachen, die leicht geöffneten Lippen. Er hob die Decke an und berührte mit seiner faltigen, pergamentartigen

Hand die hervorgewölbten Brüste, die Brustwarzen und die Spitzen. Plötzlich verspürte er ein leichtes Ziehen in den Lenden, jedoch ohne große Auswirkung auf sein Glied. Er streichelte die Vulva des jungen Mädchens, führte zwei Finger in die Scheide ein, zog an dem Faden und entfernte die Datteln. Die verhutzelten und getrockneten Früchte waren über Nacht aufgequollen und wieder saftig geworden. Der Greis entfernte die Schnur, dann aß er die Datteln, eine nach der anderen. Chong schloss die Beine und drehte sich auf die Seite. Ch'en stieg aus dem Bett und verweilte dann einen Moment auf dem Stuhl, bevor er den Raum verließ.

Als Chong die Augen aufschlug, stand die Sonne schon hoch am Himmel, und ihre Strahlen wurden von dem Teich im Garten reflektiert. Kaum hatte sie das Betttuch zurückgeschlagen, da bemerkte sie, dass sie nackt war. Sofort zog sie es wieder bis zum Kinn hoch. Während sie sich hinter dem Wandschirm anzog, wagte sie es nicht, in den Spiegel zu schauen. Staubkörnchen tanzten im Sonnenlicht, das durch eines der Papierfenster hereinfiel. Chong war von dem Podest, auf dem sich ihr Bett befand, heruntergestiegen und hatte sich nachdenklich an eines der Tischchen gesetzt, als sich die Tür ein Stück weit öffnete und ein Kopf im Spalt erschien.

»Wer ist da …?«, fragte sie so leise, dass niemand außer ihr selbst in der Lage war, sie zu hören.

Die Tür wurde ganz aufgeschoben, und ein Mann kam langsam herein. Er warf einen Blick auf das Bett mit den mittlerweile zurückgezogenen Vorhängen, ging dann in die Mitte des Raumes und betrachtete das junge Mädchen. Er trug eine Seidenjacke mit engen Ärmeln, deren Zipfel elegant hochgeschlagen waren und von einem goldenen Gürtel gehalten wurden. Seine Haare waren mit ebenso edlem Schmuck verziert und reichten ihm in Form zweier dünner Zöpfe bis auf die Schultern. In seinem Gürtel steckte auf der linken Seite ein Kurzdolch. Mit verschränkten Armen lächelte der Mann, ohne Chong aus den Augen zu lassen. Sein Körperbau war gefällig. Schlank, aber breite Schultern und eine aufrechte Haltung. Er besaß sehr schmale Augen, flache Wangen und ein spitzes Kinn. Jung wirkte er, sehr jung. Unwillkürlich schloss Chong den Kragen ihres Hemdes. Der Blick des Mannes blieb an der P'ip'a hängen, die an der Wand hing. Ohne jede Hemmung nahm er sie herunter, brachte sie vor seinem Körper in Position und setzte sich auf das Holzpodest. Mit wenigen Handgriffen stimmte er die Saiten und begann zu spielen. Dann sang er mit dunkler, aber sanfter Stimme perlend, als fielen Tautropfen auf eine Wasseroberfläche.

Schon von Weitem hörte man, dass sich die alte Dienerin näherte, denn sie schlurfte beim Gehen. Als sie den Mann entdeckte, ließ sie beinahe das Tablett fallen, das sie in den Händen trug.

»Junger Herr, was machen Sie denn hier?«

Ungerührt wanderten dessen Finger weiter gefühlvoll über die Saiten, dann legte er das Instrument hin. »Was soll diese Frage? Gibt es hier im Haus Räume, die ich nicht betreten darf?«

»Dieser hier ist dem gnädigen Herrn, Ihrem Vater, vorbehalten.«

»Man hat mir zugetragen, mein Vater habe sich eine Geliebte genommen, also bin ich hergekommen, um sie zu sehen. Reine Neugier.«

»Gehen Sie, schnell. Wenn Ihr großer Bruder jemals davon erfährt, dann wird er Ihnen eine Strafpredigt halten.«

Folgsam hängte der junge Herr die P'ip'a wieder an die Wand. Dann warf er breit lächelnd einen Blick auf Chong: »Es wird bestimmt noch drei Jahre dauern, bis sie eine Frau wird.«

Die Alte schnalzte mit der Zunge. »Sie reden Unsinn. Ich werde der Herrin davon erzählen.«

»Die Mühe können Sie sich sparen. Ich gehe nach Chinchiang, ich werde also nicht mehr viel Gelegenheit haben, mit meiner Mutter zu sprechen.«

Chong verstand nicht, worum es ging, aber die Unbefangenheit des jungen Mannes ließ sie erraten, dass er rangmäßig weit über der alten Frau stand. Er verließ singend den Raum. Die Alte sah ihm hinterher und brummte: »Was für ein Tunichtgut.«

Sie stellte das Tablett auf den Tisch und zog das Tuch weg, mit dem es abgedeckt war. Darunter kamen ein Topf mit Gemüsesuppe und ein Teebehälter zum Vorschein.

Das junge Hausmädchen betrat, ganz außer sich, das Zimmer. Sie trug eine Schüssel und einen Wasserkrug. Eilig stellte sie die Sachen ab und fragte die Ältere: »Der junge Herr kam gerade hier heraus … er hat doch nichts Schlimmes angerichtet, oder?«

»Was hätte er denn schon Dummes gemacht haben können?«

»Bei ihm weiß man nie!«

Die Alte wandte sich Chong zu und wies dann die Junge zurecht: »Pass bloß auf. Sag niemandem, dass er hier war.«

Die beiden blieben schweigend stehen und warteten, bis Chong das Frühstück beendet hatte.

So brach ein neuer Tag an.

DER HANDEL

Vier Mal im Jahr wird Tee gepflückt. Das erste Mal im April nach den ersten Frühjahrsregen, wenn die Pflaumenblüte vorüber ist. Dies sind die besten Blätter, zart wie die Zunge eines Vogeljungen, was der Teesorte ihren Namen beschert. Die zweite Ernte findet dann im Juni statt: Die Ausbeute ist bedeutender. Die Teeblätter, mittlerweile gereift, begünstigen die Fermentation und geben damit dem Getränk ein intensiveres Aroma. Bei der dritten Lese im August erhält man die Blätter, die *Yang,* die Energie der Sonne, des Windes und des Regens gespeichert haben. Sie ergeben nach dem Trocknen einen vollmundigen Tee, bestens geeignet, dem *Yin* des Winters zu trotzen. Das letzte Mal wird im Oktober gepflückt. Etwas minderwertiger als die anderen Ernten, kommt diese gerade recht, die Zeit bis zur nächsten Saison zu überbrücken. Die Ausbeute und die Qualität sind immer noch gut, und Liebhaber meinen, die Blätter hätten einen ganz eigenen Geschmack, da sie von der letzten Herbstsonne getrocknet wurden.

Über den Winter gelang es Chong, einige Worte mit den Dienstboten zu wechseln. Im Frühjahr dann konnte sie schon etwas kompliziertere Ausdrücke verwenden, und ab der ersten Teeernte verstand sie so viel Chinesisch, dass sie sich mühelos in dieser Sprache ausdrücken konnte.

Zur selben Zeit begann ihr Körper sich zu verändern. Sie war über eine Handbreit gewachsen, und ihre Brüste waren prall geworden wie umgedrehte Schalen. In der Anfangszeit hatte sie alle drei bis vier Tage die ersten Nachtstunden mit Herrn Ch'en verbringen müssen. Ab dem Frühjahr reduzierten sich die Besuche auf alle zehn, später sogar auf nur alle fünfzehn Tage. Die Gesundheit des Alten war schlechter geworden, statt sich zu verbessern. Trotz der heilenden Wirkung, die er sich von der Gesellschaft des jungen Mädchens erhofft hatte, verfügte der Achtzigjährige nicht über genügend Manneskraft, um sie zu penetrieren. Dass er gesundheitlich weiter abbaute, war vor allem dem Opium geschuldet. Der Dienerschaft war es verboten, Drogen zu nehmen, aber Herr Ch'en und seine Familie rauchten Opium, und sie waren alle in unterschiedlichem Maße abhängig davon.

Obwohl Herr Ch'en ausgedehnten Grundbesitz geerbt hatte, in der Ebene wie auch in den Bergen, war er nicht immer so reich gewesen. Anfangs hatte er sich mit bescheidenen Mitteln begnügen müssen. Gerade genug war es gewesen, um nicht am Hungertuch zu nagen. Er hatte sich deshalb auf den Handel verlegt und begleitete die Fracht auf Handelsschiffen. Nach dem Tod seines Vaters war er in die Heimat zurückgekehrt und hatte die geerbten Weizen- und Roggenfelder in Teeplantagen umgewandelt. Auch hatte er damit begonnen, Berghänge zu roden, um zusätzliche Anbauflächen zu gewinnen. Er wusste, dass die Händler aus dem Abendland auf den Märkten an der Küste große Mengen Tee aufkauften. Er und seine Söhne stellten für die Arbeit auf den Plantagen Farmarbeiter an. Diese hatten Pflanzungen anzulegen oder Teeblätter zu pflücken und zu fermentieren, damit schließlich Kongfu oder Oolong entstanden.

Yüan, der älteste Sohn, hatte den Herstellungsprozess von der Pike auf gelernt: pflücken, trocknen, erhitzen, fermentieren.

Der zweite Sohn, Ch'un, stellte sicher, dass die Familienproduktion gut verkauft werden konnte. Er gebot über mehrere Dutzend Dschunken, die auf dem Jangtse zwischen Ningpo und Fuchou verkehrten. Außerdem führte er etliche Lagerhäuser in Chinchiang.

Die Geliebte von Herrn Ch'en hatte ihm noch einen dritten Sohn geschenkt, Kuan, der sich frühzeitig als Nichtsnutz herausstellte. Er hatte die Schule, die er besuchte, um die klassischen Werke der chinesischen Literatur zu studieren, nach wenigen Monaten wieder verlassen und sich von seinem fünfzehnten oder sechzehnten Lebensjahr an regelmäßig dem Spiel hingegeben oder sich mit den Strolchen auf dem Markt in Nanking geprügelt. Ch'en hatte ihn nicht vor die Tür gesetzt, da die Mutter sich immer sanftmütig gezeigt hatte und vor allem der gesetzlich angetrauten Hauptfrau sehr ergeben war. Die Hausangestellten nannten Letztere *Große Herrin des Hauses* und die Zweitfrau *Herrin*.

Bis er mit dreißig eine Spielhölle eröffnete, hatte Kuan in der Familie immer wieder für Ärger gesorgt. Das Geld dazu hatte er sich von seinem Bruder Ch'un geliehen. Daraufhin hatte er im Hafen von Chinchiang drei aufgegebene Salzspeicher gemietet, die er herrichtete. Sein Geschäft lief so blendend, dass er bereits nach ein paar Jahren Besitzer eines Spielpalastes war, der sich über mehrere Häuser im Geviert erstreckte. In dem der Straße zugewandten Gebäude spielte man Würfelglücksspiele oder Mah-Jongg, auch Essen und Trinken wurde angeboten. Auf der anderen Seite des Hofes befand sich eine Bar mit beheizten Zimmern im ersten Stock. Dort hielt man für die Kunden Opiumpfeifen bereit. Sie konnten sich aber auch mit den Amüsiermädchen vergnügen. Es gab andere Opiumhöhlen, aber sah man einmal von denen in Nanking ab, war Kuans Etablissement das mit dem reichhaltigsten Angebot an Dienstleistungen und das beliebteste in der Gegend. Natürlich stand es immer wieder im Mittelpunkt von Hausdurchsuchungen der Ordnungshüter, aber Kuan wurde immer vorgewarnt. Die Besuche fanden eigentlich nur statt, um der Form Genüge zu tun, und sie verliefen ganz reibungslos, weil Kuan die Beamten regelmäßig bestach. In Nanking und Chinchiang hatten Hunderte von Kneipen und Rauchsalons eine goldene Zukunft vor sich.

Kuan verdiente mittlerweile genauso viel Geld wie seine zwei Brüder, die ihn jedoch nach wie vor misstrauisch beäugten, obwohl er ausgesprochen nützliche Verbindungen zu den leitenden Beamten unterhielt. Um die friedlichen Tage als Patriarch in vollen Zügen genießen zu können, hatte Ch'en die Sorge um das Geschäft an seinen ältesten Sohn übertragen. Aber Yüan, der das Familienvermögen mitbegründet hatte und jetzt damit betraut war, die Früchte zu ernten, verfolgte einen anderen Ansatz als sein Vater. Das Verdienst des Alten war es gewesen, den Anbau umzustellen, um nicht für immer ein kleiner Ackerbauer zu bleiben. Yüan hingegen hatte eingeführt, dass Feldarbeiter fest angestellt wurden und täglich ihren Lohn bekamen, anstatt sie nach der Ernte in Naturalien zu bezahlen. Er war es auch, der die Teeblätter nach Anbaugebieten einteilte und direkt mit den Einkäufern aus dem Abendland verhandelte, statt ortsansässige Zwischenhändler einzuschalten. Um die Ernte direkt in den Häfen am Meer verkaufen zu können, hatte er den Bau von Dschunken veranlasst.

Ch'un diente seinem älteren, von Arbeitseifer beseelten Bruder als treuer Assistent: Er kümmerte sich unter der Leitung des Älteren beflissen um die Verwaltung des Betriebes. Während der Pflückzeiten verbrachte Yüan den ganzen Tag auf den Plantagen. Vor der Verschiffung des fertigen Tees schaute er aber immer auf eine Stippvisite bei Ch'un in den Lagerhäusern vorbei, für deren Bestandsführung dieser verantwortlich war.

Als Yüan sechzig wurde, wollte er kürzertreten und sich mit dem Erreichten begnügen. Aber wie die Jahreszeiten so ändern sich die Gepflogenheiten. Der Tee wurde traditionell in Silber bezahlt. Es waren schwere Münzen, deren Gebrauch etwas umständlich war. Natürlich war das Silber, das aus dem Westen kam, sehr begehrt, vor allem wenn es aus Mexiko stammte. Die Angestellten der Ostindien-Kompanie, die die Küsten bereisten, wussten davon zu berichten. Sie behaupteten, der Westen brauche seine Silberreserven auf, um chinesischen Tee zu kaufen. In der Tat entwickelte sich das Geschäft mit Tee ausgesprochen positiv, als die Einkäufer aus dem Westen anfingen, Opium im Austausch für Tee anzubieten. Diese neue Handelsware breitete sich rasch und mit großem Erfolg unter den Chinesen aus, die bis dahin nur hin und wieder bei Magenschmerzen Mohnsaft genossen hatten. Opium wurde zum Zahlungsmittel, und wenn die Ch'ens in Schwierigkeiten kamen, dann wegen der Dickköpfigkeit des Ältesten, zumindest wenn man dem Jüngsten glaubte. Dieser hatte es sich in den Kopf gesetzt, das Opium aus seinen Verkäufen unbedingt in klingende Münze umzuwandeln. Ging es nach ihm, so konnte ein vom Staat verbotenes Genussmittel nicht als gültiger Vermögenswert angesehen werden.

Kuan hatte Ch'un angeboten, das in Zahlung genommene Opium direkt in Umlauf zu bringen, aber Ch'un zögerte, das Wagnis einzugehen. Er gab sich damit zufrieden, die in seinen Warenhäusern zwischengelagerten Opiumlieferungen in die gebräuchlichen hufeisenförmigen Silberbarren, Tael genannt, umzutauschen, die er nach Nanking zurückbrachte.

»Wenn wir es selbst verkaufen würden, könnten wir den doppelten Gewinn machen«, wiederholte Kuan immer wieder. »Oder sogar noch mehr.«

Die Tradition, Silberstücke in Form eines Hufeisens zu nutzen, war ursprünglich japanisch, und diese Tael wurden von den Handelsbanken ausgegeben. Die westlichen Händler hatten sich ihr Opium damit bezahlen lassen, bis sie anfingen, es direkt in Seide,

Baumwolle oder Tee zu tauschen. Kuan aber bot nun an, das durch den Teehandel erworbene Opium zu Einzelhandelspreisen zu verkaufen.

»Ob man Reis oder Nudeln isst, ist doch am Ende egal. Hinten kommt das Gleiche heraus. Das Opiumrauchen nimmt überall auf der Welt zu. Was zählt, ist doch, dass man einen Vorteil daraus zieht, oder?«

Ch'un ließ sich überzeugen und überantwortete Kuan nach und nach immer größere Mengen Opium. Genau wie dieser es vorausgesagt hatte, stiegen die Erträge dadurch um das Drei- bis Vierfache. So war Kuan im Laufe weniger Jahre der Eigentümer des größten Spielcasinos in Chinchiang geworden.

Als das Frühjahr kam, ging mit Shim Chong eine weitere Veränderung vor. Eines Morgens fühlte sie sich ganz zerschlagen, und ihr Bauch tat ihr weh. Sie glaubte, etwas Unrechtes gefrühstückt zu haben, und nahm dagegen ein Mittel, das sie in lauwarmem Wasser auflöste. Aber der Schmerz ließ nicht nach, und sie legte sich einen Moment hin. Da spürte sie etwas Feuchtes an den Beinen hinunter- und in ihre Unterkleider laufen. Als sie Hemd und Unterrock hochhob, entdeckte sie, dass ihre Wäsche ganz rot war. Auch auf dem Laken befand sich ein hochroter Fleck. Verstört zog sie an der Klingelschnur. Die alte Chow erschien.

»Großmutter, ich bin krank … Es ist schlimm.«

Als Chong ihr den Unterrock zeigte, musste die alte Dienerin herzhaft lachen, was sie dadurch zu verbergen suchte, dass sie den Mund mit der Hand verdeckte.

»Keine Angst, das bedeutet nur, dass Sie nun zur Frau werden!«

»Was soll das heißen?«

»Bei Frauen passieren diese Dinge einmal im Monat. Haben Sie noch nie von diesen regelmäßig wiederkehrenden Tagen gehört? Hat Ihre Mutter zu Hause nie mit Ihnen darüber gesprochen?«

Chong traute sich nicht zu sagen, dass ihre Mutter kurz nach ihrer Geburt gestorben war.

Die ältere Frau half ihr in den Baderaum am anderen Ende des Ganges, wusch sie und brachte ihr ein dickes Tuch aus Baumwolle und frische Kleidung.

Sie schärfte Chong ein: »Wenn der Herr Sie besucht, vergessen Sie nicht, ihm davon zu berichten.«

Wie geheißen, unterrichtete Chong Herrn Ch'en, als dieser sie am nächsten Tag in ihrem Gemach besuchte: »Ich fange an, meine monatlichen Tage zu bekommen.«

Mit einem kleinen Lächeln, das sich nur in seinen Augenwinkeln zeigte, öffnete er mit zitternden Händen Chongs Gürtel und ließ sie zwischen ihre Beine gleiten. Nachdem er sich überzeugt hatte, dass sie einen Schutz trug, indem er von vorne bis hinten darüber strich, sagte er sich im Stillen: Jetzt kannst du aufhören, jeden Morgen die Datteln zu essen. Durch ihre Regel wird sich deine Energie verzehnfachen.

An einem Abend im Frühjahr ging nach langer Trockenheit ein feiner Nieselregen nieder. Die rosafarbenen Blütenblätter der Pfirsichbäume, die der Wind herabgeweht hatte, zierten den Teich wie gemalt. Die prachtvollen Blüten leuchteten durch den Regenvorhang. Chong hatte das Gefühl, der feuchte Lufthauch streichle ihren Nacken und liebkose ihre Brüste. Der alte Herr war noch nicht in sie eingedrungen, hatte sie aber oft berührt und dabei alle Winkel ihres Körpers erforscht. Ihre Sinne begannen zu erwachen. Sie spürte ein leichtes Erschauern wie zu Beginn einer Erkältung, wenn die feinen Härchen auf der Haut sich aufrichten und erzittern, bevor sie sich wieder beruhigen. So reagierte ihre Haut am ganzen Körper auf den frischen Wind und den Sprühregen.

Gleichzeitig begann eine erregende Hitze in ihr hochzusteigen. Ausgehend von den Beinen, erreichte sie den Unterleib, dann den Brustkorb.

Von der halbmondförmigen Brücke aus, unter einem Regenschirm aus geöltem Papier mit Schmetterlingsdekor, betrachtete Chong das Meer aus Pfirsichblüten auf dem Teich. Karpfen tauchten mit geöffneten Mäulern an den Stellen auf, an denen Regentropfen kleine Wellenkreise hervorriefen, als wollten sie frische Luft schnappen. Angekündigt durch den Klang ihrer Pantoffeln, die sie gerne schleifen ließ, erschien Chichi, die junge Hausangestellte, zwischen den Zweigen, die sie beiseitegeschoben hatte.

»Lenhwa, der Herr wird dich heute Abend besuchen kommen.«

Chichi war drei Jahre älter als Chong. Da sie gezwungenermaßen viel Zeit miteinander verbrachten, hatten sie Freundschaft geschlossen. Wenn niemand in der Nähe war, nannte Chong die wenig Ältere unbekümmert *Große Schwester* und Chichi sagte im Gegenzug einfach nur Lenhwa. Nicht zuletzt durch sie hatte Chong Chinesisch gelernt.

Herrn Ch'ens Besuchsankündigung bedeutete, dass eine ganze Reihe von Dingen erledigt werden musste. Chong nahm zunächst ein duftendes Bad, dann wurde alles hergerichtet, was der Herr benötigte, und zu guter Letzt galt es, die Gerichte zuzubereiten, die ihm schmeckten.

Der alte Herr erschien, als der Tag zur Neige ging. Er durchquerte den Garten mithilfe seines Stockes, vor dem Regen geschützt durch einen Schirm, den ihm die alte Chow über den Kopf hielt. Noch mit ihrer Toilette beschäftigt, ließ Chong sofort den Spiegel sinken, den sie gerade in der Hand hielt, und begab sich zur Tür, sobald sie den Stock auf dem Vorplatz hörte.

»Mein Herr, seien Sie herzlich willkommen.«

Als sie sich zur Begrüßung verbeugte, die Hände über Kreuz in den weiten Ärmeln verborgen, tätschelte der Alte ihr die Wange, obwohl die Dienerinnen sich noch nicht zurückgezogen hatten.

»Schau dich nur an. Lenhwa, du bist heute Abend schöner als je zuvor.«

Das Zimmer, dessen rote Laternen seit mehreren Tagen schon nicht mehr angezündet worden waren, leuchtete genauso strahlend wie die blühenden Pfirsichbäume im dahinterliegenden Hof. Das junge Mädchen und Herr Ch'en setzten sich an den von Chichi und Chow gedeckten Tisch. Er nahm ein Glas. Aus der Ferne drang ein Kuckucksruf bis ins Innere des Hauses.

Der alte Mann murmelte zärtlich: »Der Ruf des Kuckucks hört sich aus der Ferne schöner an, aber Lenhwas Lächeln wirkt umso strahlender, je näher man es betrachtet.«

»Herr«, sagte Chong, »das liegt daran, dass Ihr heute Abend so gute Laune habt.«

Der Greis streckte seinen Arm über den Tisch, um Chongs Finger zu erhaschen. »In den letzten Tagen habe ich das Gefühl, jünger zu werden. Der Wind ist so angenehm, und ich habe wieder Appetit.«

Auf Bitten des Alten löschte Chong die Laternen bis auf die Nachttischlämpchen. Sie gingen zu Bett. Chong, die unter ihrem langen Hauskleid nackt war, legte sich hin und löste selbst den Gürtel. Die anfängliche Furcht hatte sie gänzlich verloren. Sie übernahm es, den alten Mann auszuziehen. An den Armen und auf der Brust kam schlaffe Haut zum Vorschein. Sie hing an seinen Knochen wie welke Blätter an einem Strauch. Als sie am Hosenbund zog, entblößte sie einen faltenübersäten Bauch, ausgemergelte Pobacken und nach dem Entfernen der Unterkleidung eine spärliche Schambehaarung und ein träges Glied. Ohne falsche Scham legte sich Chong auf den Mann. Sie begann, ihn mit ihrem Körper mal hier, mal dort zu berühren, indem sie immer wieder die Stellung änderte. Der Alte schien zunehmend lebendiger zu werden. Auf der Stirn des jungen Mädchens zeigten sich die ersten Schweißperlen. Sie ließ sich zur Seite gleiten, um wieder zu Atem zu kommen.

Ch'en drehte sich langsam um und näherte sich vorsichtig dem jungen Mädchen, das erwartungsvoll auf dem Rücken lag. Zunächst beugte er sich zu den zarten, süßen Lippen hinunter. Er knabberte daran und versuchte, ihre Feuchtigkeit zu schlecken, holte kurz Luft, um gleich darauf fortzufahren. Sein Mund wanderte zu den Achseln, und er atmete ihren Geruch ein, bevor er sich der Brust zuwandte. Seine Zunge kreiste zunächst um die eine, dann um die andere Brustwarze, er biss spielerisch in die Spitzen. Danach ließ er einen Busen in seinen Mund gleiten, bis dieser ganz ausgefüllt war. Die Knospen schwollen an. Er hörte nicht auf zu saugen, wollte die ganze jugendliche Kraft in sich aufnehmen. Schließlich bewegte er sich weiter zu den Hüften, zum Bauch, in den Schritt. Mit zwei Fingern spreizte er die Schamlippen, drang mit der Zunge in die Vagina ein und schleckte. Je feuchter sie wurde, umso eifriger züngelte er. Chong fing an zu stöhnen, öffnete die Beine noch weiter und hob ihm das Becken entgegen. Der Alte glitt die Schenkel entlang, hielt einen Augenblick bei den Knien an und erreichte dann die Füße, von denen er die Seidenbänder abnahm. Er begann, die Fußsohlen zu lecken und die Zehen. Als seine Zunge in die Zehenzwischenräume vordrang, in denen die Haut am empfindlichsten ist, gab Chong ein kehliges Seufzen von sich. Obwohl ihr das niemand beigebracht hatte, richtete sie sich auf und senkte ihre Lippen auf die beiden Beutel, die wie Dörrpflaumen im Schritt des alten Mannes baumelten. Sie umspielte sie sanft, grub vorsichtig ihre Zähne hinein und ließ sie vollständig in ihrem Mund verschwinden.

Dann spürte der Greis zu seiner Überraschung, wie sich seine Lenden zusammenzogen und sich sein Penis regte. Dies passierte selten genug, im letzten Jahr vielleicht drei oder vier Mal. Nur war er jedes Mal sofort wieder erschlafft, noch bevor er in Chong eindringen konnte. Als sie die Erektion bemerkte, legte sich Chong sofort hin. Ch'en spreizte die Beine des jungen Mädchens auseinander und setzte die Spitze seines Gliedes an die Öffnung ihrer Scheide. Nach einigen Bemühungen gelang es ihm, ein wenig einzudringen, dann verharrte er unbeweglich. Hätte Chong die Beine in dem Moment ausgestreckt, ihr Gast wäre sicher wieder herausgerutscht. Deswegen legte Ch'en ihre Unterschenkel auf seine Schultern und setzte zu ein paar weiteren Vorstößen an. Er hatte nicht viel Kraft in den Armen, aber seine Beine hielten sich gut. Plötzlich schnitt ihm ein stechender Schmerz in die Brust. Das Herz schien zu explodieren. Seine Arme gaben nach, und sein Kopf sank mitten zwischen die Brüste der jungen Frau. Das Glied war herausgerutscht und lag schlaff auf dem Laken. Chong zog die Beine an, den Blick noch zur Decke gerichtet. Der alte Mann auf ihr wurde von Zuckungen geschüttelt, ein paar Mal noch, dann blieb er regungslos liegen. Chong hob vorsichtig seinen Kopf an, aber er rührte sich nicht.

»Herr, was ist mit Ihnen?«

Der Mann wog schwerer auf ihr als sonst. Sie hatte große Mühe, ihn von sich herunterzuschieben. Er plumpste ohne Spannung neben ihr auf das Bett. Chong drehte ihn an den Schultern zu sich herum. Seine weit aufgerissenen Augen blickten leer. Etwas Speichel rann ihm über das Kinn. Vor Angst verlor sie fast den Verstand. Unwillkürlich entrang sich ihr ein Schrei, und sie presste sich die Hand auf den Mund, um ihn zu unterdrücken. Chong hatte eigentlich gedacht, dass sie nichts mehr auf der Welt erschüttern könnte, seitdem sie Opfer dieses Rituals auf See geworden war. Aber als sie die Lider des alten Mannes schließen wollte, zitterte ihre Hand dermaßen, dass sie die andere als Stütze zu Hilfe nehmen musste.

»Er ist tot«, gestand sie sich ein.

Sie wischte ihm die Mundpartie ab, streckte ihm die Arme zu beiden Seiten seines Körpers aus und legte die Beine geschlossen nebeneinander. Ihr Blick fiel auf den Penis, der gerade eben noch in sie eingedrungen war. An seiner Spitze hatte sich ein Tropfen gebildet. Behutsam tupfte sie ihn mit einem Tuch ab. Schließlich breitete sie die Zudecke über den Verstorbenen. Um wieder zur Besinnung zu kommen, trank sie einen Schluck Tee und zog ihr Nachtgewand aus Satin wieder an. Sie setzte sich hin, das Kinn auf die Knie gestützt, und dachte nach: Wenn man es genau betrachtet, dann war Herr Ch'en mein Mann. Ich war mit ihm verheiratet.

Streng genommen war sie für diesen Mann nichts anderes als ein Verjüngungsmittel gewesen. Auch wenn sie sich immer wieder gesagt hatte, dass ihr Los besser sei als das von Chichi oder Chow, waren sie doch alle drei verkaufte Mädchen. Der einzige Unterschied war, dass die zwei anderen ihre Arbeitskraft hergaben und sie ihren Körper und ihre Nächte. Da der alte Mann aber gerade gestorben war, hatte Lenhwa in diesem Haus keine Aufgabe mehr.

Aber ich kann nicht einfach wieder zu Chong werden.

Chongs Leben, das war eine andere Welt. Eine, die sie hinter sich gelassen hatte und die außerdem unwahrscheinlich weit entfernt war. Hinter der Hölle, durch die sie gegangen war, jenseits des stürmischen und dunklen Meeres. Sie hatte keine Ahnung, was die Familie des Verblichenen jetzt von ihr erwartete, nachdem sie ihren Zweck erfüllt hatte.

Sie streckte sich neben dem zugedeckten Körper aus. Sie wollte das Morgengrauen abwarten, aber es war gerade einmal Mitternacht.

Ihre Gedanken kreisten um den Sinn des Lebens, das der Greis gerade ausgehaucht hatte. Ein Leben, das ist der Lauf der Zeit, genauer gesagt eine Aneinanderreihung von Ereignissen, die den Lauf der Zeit bestimmen.

Chong versuchte sich Ch'ens Kindheit vorzustellen, angefangen bei dem Zeitpunkt, an dem er noch durch die Nabelschnur mit seiner Mutter verbunden war. Sie sah, wie die Hebamme dem Neugeborenen einen Klaps auf die runden Pobacken gab. Deutlich hörte sie seinen ersten Schrei, sah ihn gierig die Muttermilch nuckeln, krabbeln, schwankend seine ersten Schritte tun. Dann stand er schön gekleidet, aber noch nicht viele Haare auf dem Kopf, vor einem festlich gedeckten Tisch. Es war sein erster Geburtstag. Aus dem Baby wurde ein Kleinkind, das laut lachend und stolz mit dem Strahl seines Urins einen Regenwurm ärgerte, der sich in der Mitte des Hofes hin und her wand. Als es sich umdrehte, war aus ihm ein junger Mann geworden, mit schwarzem Haar und rosigen Backen, vor Gesundheit strotzend. Wenn er lachte, kamen blütenweiße Zähne zum Vorschein. Sein Körper veränderte sich rasend schnell. Erst wurde er größer, dann rundlicher und zum Schluss magerte er ab und bekam Falten. Die Haare bekamen dunkelgraue Strähnen, wurden hellgrau und schließlich schlohweiß.

Am anderen Ende der Straße erschien ein weiterer Mann, schwankend mit einem Kind auf dem Rücken. Er bewegte seinen Stock abwechselnd nach links und rechts wie eine Raupe, die ihre Fühler mal hierhin, mal dorthin ausstreckt. Er setzte vorsichtig einen Fuß vor den anderen, machte kleine Trippelschritte. Es war ihr Vater, *der blinde Shim,* der sich aufgemacht hatte, etwas Milch für seine kleine Chong aufzutreiben, die er auf dem Rücken trug. Er orientierte sich an den Geräuschen und wandte sich dorthin, wo Wäsche gewaschen wurde oder wo Frauen lachten.

Liebe Frau, ich weiß nicht, wer Sie sind, aber haben Sie Mitleid mit meiner kleinen Tochter. Sie hat ihre Mutter verloren, kaum dass sie sieben Tage alt war. Bitte geben Sie ihr etwas von Ihrer Milch.

Ich habe keine Milch mehr, aber in meinem Dorf gibt es mehrere Frauen, die stillen. Gehen Sie doch dorthin, bestimmt wird keine ablehnen.

Chongs Vater wandte sich in die angegebene Richtung und tastete sich mit seinem Blindenstock voran, bis er vor einer Haustür stand.

Nehmen Sie sich bitte dieser Kleinen an. Sie hat keine Mutter mehr, und Sie sehen ja mein Elend. Bitte lassen Sie doch etwas Milch für mein kleines Mädchen übrig, wenn Sie Ihr Kind stillen.

So bettelte er bei den Frauen, die sich unter den Weiden einen Moment von der Mühsal des Unkrautjätens ausruhten, oder bei denen, die am Flussufer eine Pause beim Wäschewaschen einlegten. Jeden Tag machte er auf diese Art einen Rundgang durch das Dorf.

Als die Kleine satt schien, sagte er leise zu ihr: Du wirst sehen, dafür, dass deine Kindheit so unglücklich ist, wirst du später schönere Tage haben. Jetzt, da du satt bist, werde ich mich um etwas zu essen für mich kümmern.

Er legte das Mädchen hin, deckte es zu und begann, von Tür zu Tür zu gehen und zu betteln. So überlebte er jahraus, jahrein, durch die Güte seiner Nachbarn. Meist gaben sie ihm geschälten Reis, gelegentlich auch Reisgarben, die er dann verkaufte, um seine Tochter zu ernähren. Er besorgte davon Trockenfisch oder Muscheln, um daraus Suppe mit weißem Reis zu kochen.

Als sie sechs oder sieben Jahre alt war, begleitete Chong auf ihren kurzen Beinchen gewöhnlich ihren Vater auf seinen Bettelrunden. Am Abend schlief er dann, müde vom vielen Laufen, schnell ein, und sie legte sich zu ihm. Wenn sie mitten in der Nacht auf die Toilette musste, ergriff sie die welke Hand ihres Vaters, aber dieser schnarchte wie ein Holzfäller und regte sich nicht, so schlummerte sie wieder ein.

Dem Mädchen, das zu Lenhwa geworden war, rannen Tränen über die Wangen. Sie wischte sie nicht weg. Sie lag einfach nur auf dem Rücken und starrte an die Decke, die Zähne zusammengebissen, als ob sie das Geräusch des Atmens zurückhalten müsste. Allmählich zeichneten die Fenster sich als bleiche Flächen ab.

Bei Tagesanbruch betätigte sie die Glocke, um die Dienerinnen zu rufen. Die Neuigkeit von Herrn Ch'ens Tod verbreitete sich in Windeseile im ganzen Haus, aber niemand schien überrascht zu sein. Man bereitete die Beerdigung vor, nicht ohne hin und wieder zu lachen, denn man war der Meinung, dass er einen schönen Tod gehabt hatte. Die Trauerfeierlichkeiten dauerten sieben Tage, aber Chong war es untersagt, in das Trauerzimmer zu gehen. Alle Vorbereitungen wurden von der Familie und der Hauptfrau getroffen.

Drei Tage nach der Beerdigung kam der Hausverwalter und verkündete Lenhwa, sie müsse umziehen, und zwar in eine der drei kleinen Katen im hintersten Teil des Gartens. Das mittlere dieser Häuschen diente als Altarraum, in dem die reich verzierten Ahnentafeln aufbewahrt wurden. Die beiden anderen kleinen Behausungen wurden für Verwandte und Gäste benutzt.

»Sie dürfen einen Dienstboten behalten.«

Bei seinen Worten fixierte der Haushofmeister den staubbedeckten Holzboden, dem man deutlich ansah, dass der Raum schon länger nicht mehr benutzt worden war.

Chong antwortete sofort: »Alles, was ich brauche, ist Chichi.«

»Man dachte eher daran, dass Chow das wenige erledigen könnte, das jetzt noch anfällt.«

Chong reckte stolz den Kopf: »Wenn das so ist, dann möchte ich lieber alleine bleiben. Wenn ich sterbe, dann geht das niemanden außer mich etwas an.«

Zu guter Letzt wurde es Chichi doch erlaubt, zu Chong in das kleine Haus zu ziehen. Die Dienerin erklärte ihrer Herrin, dass es ihr, Chong, oblag, sich in den folgenden drei Jahren um Ch'ens Ahnentafel zu kümmern. Ebenso hätte sie die Ehefrau zu bedienen, wenn diese einmal im Monat kam, um die Seele ihres verstorbenen Ehemanns zu besuchen. Zu Ehren des Dahingeschiedenen musste Chong jeden Morgen eine Schale frisches Wasser, das sie aus der Quelle im Hinterhof holte, in das Ahnenhäuschen stellen und Räucherstäbchen anzünden. Chichis Aufgabe war es wiederum, alle drei bis vier Tage Lebensmittel aus dem Haupthaus zu holen. Chongs Leben war dadurch ziemlich eintönig geworden. Sie hatte keinerlei Gesellschaft, da niemand mehr zu ihr kam.

Eines Nachmittags, es war zwei oder drei Monate später, hatte Chong gerade die Fenster zum Lüften geöffnet, als sie das Quietschen der Eingangstür vernahm. Dann teilte jemand den Perlenvorhang. Chong saß an einem Tisch, an dem zwei weitere Stühle standen. In Fenghuichang, der Villa des Wohlstandes, hielten sich in diesen Tagen nicht viele Bewohner auf. Yüan, als ältester Sohn nun das Familienoberhaupt, war zur Teeernte ins Landesinnere gefahren. Seine Frau und seine Geliebte begleiteten ihn. Ch'un, der mittlere Sohn, war nach wie vor in Chinchiang. Ebenso dessen Frau sowie dessen zahlreiche Geliebte, die ihn abwechselnd mit ihrer Anwesenheit beglückten. So residierte Ch'ens angetraute Ehefrau allein im Hauptflügel, während die offizielle Geliebte die Räume bezogen hatte, in denen Chong zu Lebzeiten des Hausherrn untergebracht war. Von den acht Dienern und den zwölf Dienstmägden waren gerade noch fünf im Haus. Chichi war auf einen Schwatz mit den Dienern in das Haupthaus hinübergegangen. Im rückwärtigen Garten war keine Menschenseele gewesen, und in der Ulme hatten die Grillen ohne Unterlass gezirpt, bis sie durch etwas aufgeschreckt worden waren. Die plötzliche Stille, die sich im Garten ausgebreitet hatte, wurde nur allmählich von dem unangenehm hohen Zirpen der Grillen wieder gebrochen. Die blau gewandete Gestalt, die im Türrahmen stand, war die Ursache dieses Intermezzos. Überrascht sprang Chong auf die Füße, wobei sie ihren Stuhl umstieß.

»Wie geht es Ihnen?«

Es war Kuan, der jüngste Sohn und der junge Mann, der eines Tages zu ihr ins Zimmer gekommen war und P'ip'a gespielt hatte. Sein Blick wanderte durch den Raum. Von dem Podest, auf dem sich das Bett befand, zu dem Lager, das Chichi zugedacht war. Ohne sich aus der Ruhe bringen zu lassen, stellte Chong den Stuhl wieder auf und setzte sich.

»Wer sind Sie?«

Die Frage schien Kuan zu überraschen. Er strich sich mit seinen Fingern über die nach Art der Ch'ing geflochtenen Zöpfe und betrachtete eingehend das junge Mädchen.

»Du drückst dich gewählter aus als ein Wellensittich. Wer hat dir denn seit dem letzten Mal das Sprechen beigebracht?«

»Ich weiß nicht, wer Sie sind, aber nehmen Sie doch Platz.«

Chongs Einladung übergehend, setzte er einen Fuß auf den nächststehenden Stuhl und beugte sich zu Chong hinunter: »Wie heißt du?«

»Lenhwa und Sie?«

»Die Hausangestellten nennen mich den *kleinen Herrn*.« Indem er mit dem Zeigefinger auf sie zeigte, sagte er in einem Ton, der keinen Widerspruch duldete: »Du bist nicht mehr die Geliebte meines Vaters.«

»Das weiß ich«, antwortete sie, ohne zurückzuweichen. Dann fügte sie hinzu: »Leider kann ich Sie heute nicht singen hören, es gibt hier nämlich keine P'ip'a.«

Kuan lachte herzhaft. »Ah, du hast es nicht vergessen! Aber ich würde heute auch gar nicht singen, denn ich habe nicht getrunken.

In früheren Zeiten hat man Mädchen deines Standes mitsamt dem Herrn begraben, aber für dich ist es sowieso ein Glücksfall, dass mein Vater tot ist.«

»Warum sagen Sie das?«

»Weil mein Vater seine jungen Geliebten nie länger als ein Jahr behalten hat. Er hätte dich mit Sicherheit noch vor dem Herbst weiterverkauft.« Kuan nahm Chong gegenüber Platz. »Du musst wissen, die Welt ist groß. Wenn du deine Pflicht erfüllt hast, die Ahnentafeln zu versorgen, erwartet dich ein Leben als Magd auf dem Land.«

Chong antwortete nicht. Sie hatte eine gewisse Unruhe an ihm bemerkt, die Art, wie er sich mit der Zunge über die Lippen fuhr, das Beben der Nasenflügel. Aber sie hatte keine Angst. Nach einem Moment der Stille streckte Kuan plötzlich die Hände aus und hob Chongs Kinn an. Sie verlor nicht die Beherrschung, sondern legte nur den Kopf in den Nacken und entzog sich sanft der Berührung. Nun war es an Kuan, überrascht zu sein. Die Ruhe, die Chong an den Tag legte, fand er erstaunlich.

Kuan ließ die Arme sinken, schüttelte den Kopf und stieß hervor: »Du bist kein kleines Mädchen mehr!«

Chong löste ihren Haarknoten und stand von ihrem Stuhl auf: »Ich bin von weit her gekommen, viele Tausend Meilen entfernt. Also bin ich kein Kind mehr.«

Kuan nickte zustimmend, umrundete den Tisch und warf sich auf Chong. Sie konnte sich befreien, indem sie sich um die eigene Achse drehte und in den hinteren Teil des Raumes floh. Aber Kuan hatte sie nach drei Schritten eingeholt. Er packte sie von hinten in der Taille und hob sie hoch. Sobald er das Gesäß des jungen Mädchens spürte, regte sich sein Glied. Er ließ einen Arm zwischen Lenhwas Beine gleiten und trug sie zum Bett, bevor er über sie herfiel. Chong hatte sein Verlangen gespürt, noch ehe er selbst sich dessen bewusst geworden war. Außerdem war ihr nicht entgangen, dass er die anderen Bewohner des Hauses verabscheute, die ihn wie einen Aussätzigen behandelten. Sein Verhalten sprach für sich. Er wollte sowohl seine Brüder als auch seinen Vater verhöhnen, und er hatte es eilig damit.

Kuan, der *kleine Herr*, fuhr mit seiner Zunge über Wange, Ohr und Nacken des jungen Mädchens. Er hatte sie herumgedreht und auf die Unterlage gepresst. Mit einer Hand bemühte er sich, das Hauskleid nach oben zu schieben. Chong versuchte, so gut es ging, die Beine zusammenzupressen, während sie den Kopf schüttelte. Sie drückte mit beiden Händen sein Gesicht von sich. Der Mann schnaufte und keuchte.

Gänzlich unbeeindruckt sagte Chong: »Kann ich etwas fragen?«

Überrascht bog Kuan seinen Oberkörper etwas zurück, um sie besser ansehen zu können.

»Werden Sie mich mitnehmen?«

Kuan stotterte: »Wohin? ... Was meinst du? ...«

»Egal wohin, ich möchte hier weg.«

»Meinetwegen, wir werden eine Möglichkeit finden.«

Jetzt umfing ihn Chong mit den Armen und öffnete ihre Schenkel. Er streifte ihr das Gewand ab, und sie half ihm dabei, indem sie erst das Becken und dann den Oberkörper anhob, damit es leichter über den Kopf rutschte. Er schob die Kurzjacke zur Seite, dann öffnete er einen nach dem anderen die Stoffknöpfe des Hemdes. Chong hob die Arme, als er sich ihr Unterhemd vornahm und die elfenbeinfarbigen Brüste entblößte. Kuan umfing sie mit seinen Händen und streichelte mit den Daumen ihre Brustwarzen. Mit einer Hand löste er die Kordel ihrer Unterhose. Während er sich hastig seiner Jacke und seiner Hose entledigte, lag Chong mit geschlossenen Augen abwartend da. Endlich bildete die Kleidung der beiden einen Haufen am Fußende des Bettes.

Doch jetzt nahm sich Kuan Zeit. Er küsste Chongs feste und fleischige Lippen. Während er ihre Oberlippe erforschte, verzog sie das Gesicht zu einem leichten Lächeln, was ihm die Gelegenheit gab, seine Zunge in ihren Mund gleiten zu lassen, wo er auf ihre zitternde Zungenspitze traf. Dann stürzte er sich auf ihren Busen. Er leckte die Warzenhöfe und nahm dann eine ganze Brust in den Mund. Chong wimmerte leise. Kuan schob seine Hand zwischen die Schenkel der jungen Frau, liebkoste und kniff sie dort sanft. Seine Finger drangen in die schon feuchte Scheide ein. Mit dem Daumen rieb er behutsam die Klitoris. Chong öffnete die Beine noch etwas weiter. Kuan drückte sie vollständig auseinander, legte sich ihre Unterschenkel auf die Schultern und führte sein pralles Glied ein, das zum Platzen erigiert war. Er hatte das Gefühl, ein enger Handschuh umschlösse seinen Penis, weich und warm. Mit schmerzverzerrtem Gesicht wimmerte Chong auf. Kuan fing an zuzustoßen, aber sehr schnell traf er auf einen heftigen Widerstand. Er mahnte sich zur Bedachtsamkeit. So riss er sich zusammen, verlangsamte den Rhythmus und versuchte zwischen den einzelnen Stößen kleine Pausen zu machen.

Der Schmerz, den Chong zum Zeitpunkt des Eindringens gespürt hatte, war nur vorübergehend. Nun hatte sie das Gefühl, in ihrem Unterleib breitete sich ein Feuer aus. Der Greis hatte ihre Sinne geweckt, aber er war immer sehr schnell eingeschlafen, und sie war mit einer gewissen Leere zurückgeblieben. Dieses Mal jedoch wurde sie von einer Welle unbeschreiblich wunderbarer Gefühle fortgetragen, sobald der Schmerz einmal abgeebbt war. Gleichzeitig stieg aus ihrem tiefsten Inneren eine eigenartige Beklemmung in ihr auf. So ähnlich wie Wasser, das zum Kochen gebracht wird. Am Anfang steigt ein Bläschen nach dem anderen empor, dann werden sie immer zahlreicher, bis die ganze Oberfläche bedeckt ist und alles zu brodeln anfängt.

Kuan arbeitete sich, vor- und zurückschaukelnd, langsam voran. Er richtete sich auf und stützte sich auf die Unterarme, um Chong ansehen zu können. Sie lag da, mit ausgebreiteten Armen, die Beine gespreizt, aber ohne sich zu rühren, untätig.

Er holte einmal tief Luft, bevor er verkündete: »Ich werde dich zur Frau machen. Eigentlich dachte ich, du seist auf diesem Gebiet schon sehr erfahren.«

Sie öffnete die Augen und sah ihn indigniert an. Ihre Lider zitterten: »Halten Sie mich nicht für ein Kind.«

Kuan wollte gerade antworten, als Chong ihn mit aller Kraft wegstieß. Sie wand sich unter ihm hervor, setzte sich auf und hockte sich hin, indem sie sich auf ihre Unterschenkel setzte. Kuan blickte auf sein immer noch erigiertes Glied hinab. Es waren Blutspuren darauf zu sehen. Er stieg aus dem Bett und murmelte, während er die Hose anzog: »Diese Öffnung wurde also noch nicht durchschritten. Was hat der Alte dann eigentlich hier gemacht?«

Chong säuberte sich mit einem Baumwollhandtuch, das sie am Fußende ihres Bettes fand. Sie legte wieder ihre Unterkleider und ihren Rock an, bevor sie herausfordernd ausrief: »Wenn Sie es Ihrem Vater gleichtun wollen, gibt es noch einiges zu tun.«

Erstaunt hob Kuan die Augenbrauen: »So schnell hast du dich in alles eingefunden? Du bist wirklich einmalig!«

Chong war damit beschäftigt, ihr Bettzeug und die Überdecke zu ordnen. Sie schien Kuan aus dem Weg gehen zu wollen. Er richtete den Gürtel und steckte den Dolch hinein.

Sobald er mit dem Ankleiden fertig war, kam Chong herbei, drehte ihn halb herum und schob ihn vor sich her. »Gehen Sie jetzt!«, ordnete sie an. »Und vergessen Sie nicht, dass Sie mir versprochen haben, mich hier herauszuholen.«

»Ist das alles?«

Während ihn Chong hinausgeleitete, bemächtigte sie sich der goldenen Spange, die seine Haare zusammenhielt.

»Die behalte ich.«

Die Tür schlug geräuschvoll hinter Kuan zu. Wie angewurzelt stand er auf der Schwelle, verwundert darüber, wie ihm geschah. Dann entfernte er sich lauthals lachend in Richtung Haupthaus und nahm die mittlere Tür. Er begab sich direkt zu der Unterkunft des Haushofmeisters, die neuen Räume seiner Mutter ließ er links liegen. Unterwegs sagte er in Hochstimmung zu sich: »Was für ein Mut! Das ist eine, die eine ausgezeichnete Yelaihsiang abgäbe, so eine richtige Blume der Nacht!«

Die Unterkünfte der Diener, in denen auch die Wagen und Sänften aufbewahrt wurden, umfassten einen Stall, ein Warenlager, einige Kammern sowie eine überdachte Halle, in der man die Besucher begrüßte, bevor sie in den Empfangssaal geführt wurden. Kuan betrat die Eingangshalle. Da sich der neue Herr von Fenghuijang, sein ältester Bruder, auf den Ländereien befand, war alles verwaist. Nur der alte Hausverwalter trank in Ruhe seinen Tee. Als er Kuan bemerkte, machte er keine Anstalten aufzustehen, sondern erhob sich nur kurz eine Handbreit vom Sitz.

»Kleiner Herr?«

»Ich muss dich etwas fragen.« Kuan kam ohne Umschweife zur Sache. »Ich würde gerne wissen, was habt ihr mit Lenhwa vor?«

»Mit Lenhwa?«

Der alte Verwalter schenkte dieser Frage nicht mehr Aufmerksamkeit, als ginge es um die Auswahl eines Bildes oder das Ersetzen eines Möbelstückes.

Kuan ließ nicht locker: »Hat Lenhwa irgendeinen Nutzen in diesem Haus?«

Der Alte blinzelte ein paarmal nachdenklich: »Sie muss sich um die Ahnentafel des verstorbenen Herrn kümmern.«

»Das kann doch auch irgendeine andere Dienerin erledigen, oder?«

»Ja, das ist wahr, kleiner Herr. Aber Ihr wisst ja, nicht ich entscheide das, sondern die Herrin!«

Kuan nickte. »Soweit ich weiß, geht deine Herrin nur einmal im Monat dorthin. Wirst du mir helfen?« Er löste einen kleinen Geldbeutel von seinem Gürtel und warf ihn auf den Tisch. Er neigte sich zu dem Haushofmeister hinunter und flüsterte eindringlich.

Diesmal war der Mann, den er in sein Vorhaben einweihte, ganz Ohr. Denn er fragte: »Sie sprechen von heute Nacht?«

»Ja, genau. Heute Nacht kommst du zum Hafen. Ich erwarte dich dann auf dem Schiff.«

Der andere dachte nach, bevor er hinzufügte: »Man sollte sich auch das Schweigen der restlichen Dienerschaft erkaufen. Lenhwa hat ja nicht wenig gekostet.«

Wieder nickte Kuan zustimmend. »Einverstanden. Ich gebe dir noch etwas mehr. Mit Ch'uns Hilfe werde ich mit meinem großen Bruder schon einig werden. Sage der Herrin, Lenhwa habe sich umgebracht, sie habe Gift genommen.«

»Gut, mein Herr. Wenn der Herr des Hauses damit einverstanden ist, soll es mir recht sein.«

In der Nacht lag Chong, ausgehfertig angezogen, auf dem Bett. Zu ihrer großen Überraschung hatte sie im Laufe des Tages der Haushofmeister aufgesucht und ihr eröffnet, dass der kleine Herr sie am Flussufer erwarten werde und dass deswegen Chichi in dieser Nacht woanders schlafen solle. Nachdem alle Lichter im Haus Fenghuijang gelöscht waren und die Trommelschläge vom Palast Mitternacht verkündet hatten, erschien der Hausverwalter mit einem kräftigen Knecht und einer Leiter im hinteren Hofgarten. Kaum vernahm sie das Klopfen an der Tür, da stand Chong auf und trat aus dem Zimmer. Der Knecht stellte die Leiter schräg an die Mauer, und Chong kletterte hinauf, gefolgt von ihm. Er zog die Leiter hoch und legte sie auf der anderen Seite an, um Chong das Hinabsteigen zu erleichtern. Nachdem auch er unten angelangt war, gab der Knecht der Leiter einen Schubs über die Mauer, wo sie vom Hausverwalter wieder in Empfang genommen wurde. Dann zog er Chong einen Sack über den Kopf und trug sie schweigend auf seinem Rücken davon. Er roch stark nach Schweiß. Das Zirpen der Grillen drang laut durch die Stille der Nacht. Nicht weit von dem Anwesen entfernt wurde Chong an Sänftenträger übergeben. Im Eilschritt ging es nun in der schwankenden Sänfte an den Wohnhäusern des Viertels vorbei und zum Kai hinunter, wo Betrunkene sich laut unterhielten und sangen und das Leben in vollen Zügen genossen. Dort stieg Chong in einen Kahn um, dessen Dach mit Binsenmatten gedeckt war. An Bord erwartete sie Kuan, zusammen mit zwei Fährmänner. Diese begannen sogleich, kräftig zu staken, kaum dass Chong unter dem Verdeck Platz genommen hatte. Sobald das Boot die Flussmitte erreicht hatte, wurde das Segel aufgezogen, und das Boot glitt pfeilschnell den Strom hinunter. Die Wände des Verschlags bestanden aus Teichbinsen, und der Boden war sauber mit Matten ausgelegt. Auf einem kleinen Tisch standen schon Getränke und eine Auswahl an Leckerbissen bereit. Gelassen saß Kuan da, gab Lieder zum Besten und begleitete sich dabei auf der P'ip'a.

Im Hafen von Chinchiang fand man entlang der Hauptstraße genauso viele Bars und Spielhöllen wie in Nanking. Der Fluss, der zum Transport von Tee, Seide und Baumwolle genutzt wurde, führte von Hangchou über Chinchiang und Wuhu nach Nanking. Ab Chinchiang verbreiterte er sich und wurde in der Nähe von Shanghai genauso tief wie das Meer. Egal ob die Handelsschiffe aus dem Süden – von Kanton, Macao, Amoy, Fuchou, Ningpo – oder aus dem Norden – von Quingtao, Shantung, Peking – kamen, ob aus dem chinesischen oder dem gelben Meer, sie alle mussten zunächst nach Shanghai, bevor sie flussaufwärts nach Chinchiang segelten und die ausländischen Waren ins Landesinnere brachten. Offiziell war Kanton der einzige Hafen, der für den weltweiten Handel geöffnet war, und nur dreizehn Handelshäuser hatten die Erlaubnis dazu, Waren aus dem Westen einzuführen. Aber da die Kontrollen sehr lax waren, machten die Ausländer direkte Tauschgeschäfte mit den Besitzern der Dschunken, die die Ernten aus dem Hinterland ans Meer brachten.

Bis zu diesem Zeitpunkt hatte Kuan seinen Bruder Ch'un über alles auf dem Laufenden gehalten. Aber seit er die Zusammenarbeit mit seinem Bruder aufgegeben hatte, weil er es vorzog, sein eigener Herr zu sein, kaufte er sein Opium in Ningpo. Ihm war nicht entgangen, dass die Spannungen zwischen den westlichen Händlern und den Beamten in Kanton gewachsen waren. Ein befreundeter Beamter hatte ihn darüber informiert, dass ein generelles Verbot des Opiumhandels kurz bevorstand. Die Inspektionen waren in den Provinzen schon verstärkt worden. Sie fanden nicht nur ein-, zweimal im Jahr statt, sondern drei- bis viermal im Monat. Hatten die Engländer und die Amerikaner bisher ihre Ladung direkt in Dschunken aus der näheren Umgebung transportiert, so warteten von nun an die Flussschiffe in Ningpo vergebens auf Kundschaft aus dem Westen. Ganz im Gegensatz zum Teeproduzenten Yüan und dem Verkäufer Ch'un hatte Kuan, bauernschlau, wie er war, erkannt, dass das Geschäft mit dem Opium für alle vorteilhaft war, für Kunden, aber auch für die Geldbeutel der Schwarzmarkthändler. Mit der Ankunft der westlichen Händler hatten sich die Lagerhallen und Vergnügungsstätten entlang des Flusses in den vergangenen Jahrzehnten enorm verändert.

Chong war zwar schon einmal in Chinchiang gewesen, hatte aber die Stadt nur von Weitem gesehen. Auf dem Weg nach Nanking hatte sie über Nacht an Bord der Dschunke bleiben müssen und keinen Fuß an Land setzen dürfen. Die Hafenanlagen von Chinchiang erstreckten sich über ein großes Gebiet, auf dem, eingeklemmt zwischen den großen Lagerhallen, kleine, windige Spelunken standen. Das Ufer des Flusses säumten Kontore, Läden und Garküchen. Dahinter reihten sich dann Wohnhäuser und Gasthöfe aneinander. Am Ende der Straßen kamen dann meistens Bars und Vergnügungsstätten. Kuans Spielsalon befand sich in einem zweistöckigen Holzhaus, das früher einmal als Salzlager gedient hatte. Von der Hauptstraße aus trat man durch einen roten Rundbogen. Auf der ebenfalls roten Tafel über der Tür stand in goldenen Lettern: *Boknakru,* was so viel hieß wie *Tempel des Glücks und der Freude*. Flankiert wurde das Portal von zwei Steinlöwen mit weit aufgerissenen Mäulern sowie von jungen Männern, deren Aufgabe es war, die Aufmerksamkeit der Vorübergehenden auf sich zu ziehen. Am Fuß der Treppe warteten arbeitslose Träger darauf, später am Abend diejenigen, die dem Alkohol zu stark zugesprochen hatten, auf dem Rücken nach Hause zu tragen. Zur Bequemlichkeit der Kunden standen dafür etliche Stühle mit Armlehnen bereit. Fliegende Händler boten Reiskuchen oder Nudelsuppe feil. Aus zwei Tragekörben und einem Brett errichteten sie bei Bedarf blitzschnell einen Tisch.

Hatte man den Rundbogen des Freudentempels durchschritten, gelangte man in einen riesigen Saal voller Spieltische. Es waren bestimmt an die fünfzig Tische und mindestens zweihundert Stühle. Zwischen den Gästen, die in dem verräucherten Raum Pai Gow Domino, Mah-Jongg, Sic Bo, Würfel oder das Blumenspiel spielten, wanderten Bauchladenverkäufer umher, die kleine Gaumenfreuden, Tee und Wasserpfeifen anboten. Vor allem die Pfeifen waren sehr beliebt. Die Verkäufer trugen Schnüre um den Leib, auf denen kleine, mit Tabak gefüllte Töpfchen aufgereiht waren, und führten lange, schlangenähnliche Schläuche mit sich. Einmal angezündet, gab der entstandene Rauch etwas von dem Nikotin an das Wasser ab, durch das er gesogen wurde. Dieses war mit Minze versetzt, um den Hals zu erfrischen. Opium jedoch war in diesen Casinos streng verboten. Hin und wieder, wenn ein Spieler eine größere Summe gewann, wurde lautstark geklatscht, was die Seufzer der Verlierer übertönte. Der Einsatz von Wechseln, Münzen oder Schmuck war zu Beginn nicht gestattet. Um am Spiel teilnehmen zu dürfen, musste man seine Wertsachen zunächst in Jetons – kleine, runde Plättchen aus Muschelschale –, umtauschen. In anderen Läden gab es auch Marken aus dickem, mit dem jeweiligen Casinosiegel versehenem Papier. Waren diese aber verspielt, dann konnte man ohne Weiteres bei anderen Spielern Schmuck gegen Jetons umwechseln oder mit deren Einverständnis direkt damit wetten. Manche Dschunkenbesitzer setzten auch ihre Ladung oder Wechsel, die sie von Händlern erhalten hatten.

Im hinteren Teil des Spielsaales führte eine Treppe in den ersten Stock, in dem die Zimmer der Freudendamen lagen. Manche waren winzig, andere recht komfortabel. Verließ man den Spielsalon durch die große Hintertür, gelangte man in einen großen, quadratischen, von Glyzinien umrahmten Hof. In einer der Ecken stand ein Blauglockenbaum, dessen Äste mit den großen Blättern einen Laubengang bildeten, der zum hinteren Teil des Gebäudes führte. In der Mitte eines bestimmt zehn Ar großen, mit grobem Sand bedeckten Innenhofes befand sich ein Areal, das an einer Seite eine Vertiefung hatte, die mit einem Gitter abgedeckt war. Hier wurden Kämpfe zwischen Hähnen und Wachteln abgehalten. Die Hahnenkämpfe begannen am frühen Nachmittag und dauerten bis zur Dämmerung oder so lange, bis der Spielsaal öffnete. Diese Art von Schaukämpfen gab es im ganzen Ort. Überall, wo ein freies Fleckchen Erde zu finden war, veranstalteten die Taugenichtse des jeweiligen Viertels diese Wettkämpfe. Sie waren keineswegs spektakulär. Weder war das Federvieh dafür ausgebildet noch der Untergrund dazu geeignet. Deshalb zogen es die jungen Herren der feinen Gesellschaft vor, die als professionell bekannten Veranstaltungen von Kuans Vergnügungstempel zu besuchen. Manchmal brachten die Wettenden ihre eigenen, selbst ausgebildeten Hähne und Wachteln mit, aber meistens vertrauten sie den Profitrainern und suchten sich einen ihrer Vögel aus, um darauf zu setzen.

An den Hof schloss sich das Hinterhaus an. Über das ganze Erdgeschoss erstreckte sich eine weitläufige Bar. In den zur Außenwand gelegenen Ecken führten jeweils ein paar Stufen links in den ersten Stock und rechts auf eine kleine Bühne, auf der Musik- oder Theateraufführungen stattfanden. Aus diesem Anbau, in dem es sehr viel lebendiger zuging als im Spielsaal, drang oft Gelächter, gelegentlich aber auch lautstarker Streit.

Das obere Stockwerk war zum Opiumrauchen eingerichtet. Die entsprechenden Zimmer gingen auf vier miteinander verbundene Gänge hinaus. Sobald Kontrolleure auftauchten, wurden die Gäste alarmiert und, während sich die Beamten noch den Weg vom Haupthaus nach hinten bahnten, ans Ende dieser Gänge geführt. Von dort gingen Türen auf einen Balkon hinaus. Ein kleines Gässchen trennte den Freudentempel von einem zweistöckigen Haus. Es genügte, eine Planke hinüberzuschieben, um dorthin zu gelangen. Dieser Bau bestand in Wirklichkeit aus zwei einzelnen Gebäuden, dem zweistöckigen Haus und einem länglichen Flachbau. Sie wurden ebenfalls von Kuan unterhalten, und das erstere diente im Erdgeschoss als Unterkunft für die Angestellten des Vergnügungstempels und für die fliegenden Händler. Die obere Etage war der Erholung der Damen vorbehalten. Im Flachbau residierte Kuan. Seine Frau und seine Kinder blieben immer in Nanking, in der Villa der Familie. Seine Ehefrau war zu bedauern, sie war mit achtzehn verheiratet worden, doch sie lebte zurückgezogen wie eine Witwe, während ihr Mann die ganze Zeit herumreiste. Obwohl er sich in Chinchiang behaglich eingerichtet hatte, lud er seine Frau niemals ein, ihn zu besuchen. Und da er keine Verpflichtungen eingehen wollte, hütete er sich davor, sich eine Geliebte zu halten. Wenn er Lust auf ein Mädchen hatte, dann wurde ihm eine der Freudendamen geschickt. Zum größten Erstaunen all jener, die ihn als Einzelgänger kannten, kam ebendieser Mann nun in Begleitung von Chong zurück.

Seine Unterkunft bestand aus drei großen Räumen. Die überflüssige Küche war zum Badezimmer umfunktioniert worden, indem man hölzerne Gitterroste auf den Boden gelegt hatte. Im Hauptschlafzimmer war ein reichhaltig mit Blumen verziertes Bett aufgestellt. Und in dem Raum, der als gute Stube und gelegentlich als Empfangsraum diente, standen mehrere Tische mit passenden Stühlen.

Die Einrichtung war nicht von Kuan geplant worden, sondern von der ältesten seiner Damen, die die Position der Bordellmutter innehatte, eine Stellung, die sie mit viel Mühe ergattert hatte. Die männlichen Angestellten nannten sie respektvoll Lingchia, was so viel bedeutete wie *Bordellmutter,* aber die anderen Mädchen riefen sie vertraulich *Mama Kiu.* Sie hatte ihre früheste Jugend in den Vergnügungsvierteln von Nanking verbracht. Dann war sie nach Suchou gezogen, wo sie mit einem Tunichtgut verheiratet gewesen war. Als sich ihr Mann jedoch von der Polizei hatte ergreifen lassen und ihre Ehe in Trümmern lag, war sie nach Nanking in ihr vertrautes Milieu zurückgekehrt. Mittlerweile war sie fünfunddreißig Jahre alt.

Kuan ließ Kiu kommen, um ihr Chong vorzustellen.

Die Mama musterte den Neuankömmling von oben bis unten mit einem eisigen Blick. »Ist das eine Miao? Vielleicht aus Kueichou?«

»Nein. Sie kommt aus Kaoli, und sie spricht ein wenig unsere Sprache. Du wirst dich um ihre Ausbildung kümmern.«

»Soll sie hier arbeiten?«

»Das weiß ich noch nicht so genau. Mal sehen …«

Kiu fing hinter vorgehaltener Hand zu kichern an: »Ich verstehe. Sie haben einen Narren an ihr gefressen.«

Verstimmt erwiderte Kuan: »Sie ist außergewöhnlich. Vielleicht wird sie ja eines Tages die neue Lingchia, wer weiß?«, und dann verschwand er.

Als die beiden Frauen allein waren, fragte Kiu Chong nach ihrem Namen und meinte: »Ich werde Lenhwa zu dir sagen. Du brauchst mich nicht Mama zu nennen, Lingchia ist auch in Ordnung.«

Neben der Lingchia gab es eine weitere wichtige Person in diesem Haus. Chong betrachtete einige Tage später vom zweiten Stock des Hauses aus die Vogelkäfige, die aufgereiht an einer langen, mit Kerben versehenen Stange unter dem Vordach hingen. Dort waren japanische Meisen, Papageien, Stieglitze und Beos eingesperrt. Vor allem die Beos waren zahlreich.

Einer von ihnen krächzte mit tiefer, männlicher Stimme: »Nihao!«

»Wer bist du?«

Die Frage war hinter Chongs Rücken geäußert worden, aber da sie annahm, sie sei aus dem Schnabel eines anderen Beos gekommen, machte sie keine Anstalten zu antworten. Die Stimme wiederholte die Frage, und Chong drehte sich um. Da stand ein Mann, sein Vorderhaupt war rasiert, die restlichen Haare zu einem traditionellen chinesischen Zopf geflochten, der ihm vorne bis auf die Brust hing. Er trug eine weite Jacke mit eng anliegenden Ärmeln, die bis obenhin zugeknöpft war. In dem Seidengürtel steckte wie bei Kuan ein Dolch in einer Scheide. Unter den Hosenbeinen lugten weiße Leinensocken hervor, die in schwarzen Lederpantoffeln endeten. Er hatte ein kantiges Gesicht und verkniffene Augen, eine senkrecht verlaufende Narbe zog sich über seine linke Wange. Die Augenbrauen waren von tiefstem Schwarz, der Bart war struppig. Der Mann war gut gebaut, mit einem muskulösen Nacken und kräftigen Schultern. Er bedachte Chong mit einem missbilligenden Blick.

Chong holte einmal tief Luft und gab forsch zurück: »Und wer sind Sie?«

»Ich habe dir diese Frage gestellt.« Das Gesicht hatte nichts von seiner Härte verloren.

»Ich bin … Lenhwa.«

Ohne sie aus den Augen zu lassen, ließ der Mann ein kurzes Lachen hören. »Ah, du bist die Tochter der Lingchia.«

»Keineswegs«, antwortete Chong, ohne mit der Wimper zu zucken.

Er schien einen Moment nachzudenken, dann hob er ruckartig den Kopf und drehte sich auf dem Absatz um, ohne noch etwas hinzuzufügen. Er tauchte ein in das Innere des zweistöckigen Hauses, von wo man seine raue Stimme heraushallen hörte. Sein Name war P'aeng San, und er war der T'ient'ou, der Chefverwalter des *Tempels des Glücks und der Freude*. Ihm oblag es, Kuans Interessen zu vertreten und darüber zu wachen, dass das Etablissement gut lief.

Sobald jemand ankündigte, einen neuen Spielsalon eröffnen zu wollen, heuerte er ein paar Schläger an, die unter einem Anführer dagegen vorgingen. Manchmal kamen aber auch Schläger zu ihm, um ihre Dienste anzubieten. P'aeng war selbst einmal einer von ihnen gewesen. Er kam ursprünglich aus Shanghai, wo er sein Glück im Salzhandel versucht hatte. Salz war eines der Handelsgüter, bei denen der Staat von Haus aus das Monopol hatte, aber furchtlose Leute, Provinzgauner, die schnelles Geld machen wollten, stellten Salz schwarz her, um es zu verkaufen. So wagten sie sich schließlich bis Chinchiang vor, wo der Fluss sich verengte, und fingen an, die Durchfahrt zu kontrollieren und Zoll zu verlangen. P'aeng, damals kaum dreißig, hatte Dutzende von Helfershelfern an der Hand. Das hieß aber nicht, dass er auf Kuan und seinen Vergnügungstempel herabsah. Kuan stammte aus einer bekannten Familie, er hatte sich schon immer zu vergnügen gewusst, sodass ihm sein Ruf bis Nanking vorausgeeilt war, und vor allem hatte er beste Verbindungen zu den Beamten des Bezirks. Bald war Kuan für P'aeng zu einer Art *Großem Bruder* geworden. P'aeng war jedoch verärgert darüber, dass Kuan das Etablissement in seinem Einflussbereich gebaut hatte, ohne sich mit ihm ins Einvernehmen zu setzen.

Kurz nach der Eröffnung des Vergnügungstempels hatte P'aeng daher Kuan in Begleitung zweier Schläger aufgesucht. Im Spielsaal ging es bereits hoch her, als er an einem der Tische Platz nahm, einen der Schläger neben sich. Der andere ließ sich etwas entfernt davon in einem Bereich nieder, in dem man Mah-Jongg spielte. P'aeng kümmerte sich nicht im Mindesten darum, ob er verlor oder gewann, sein Ziel war es, einen Streit vom Zaun zu brechen und den Spielbetrieb zu stören. Der Croupier legte die beiden Würfel in einen Becher, bedeckte die Öffnung mit der Handfläche, schüttelte ihn und stellte ihn umgedreht auf den Tisch. Dann wartete er, bis die Spieler reihum ihre Einsätze getätigt hatten, bevor er den Becher entfernte und den Blick auf die Würfel freigab. Gewonnen hatte derjenige, dessen Einsatz der Summe der Augenzahl beider Würfel entsprach. P'aeng verlor daraufhin ein paar Mal, dann entschloss er sich zu handeln. Nachdem der Croupier den Becher das nächste Mal geschüttelt und umgedreht auf den Tisch gestellt hatte, suchte sich P'aeng genau den Moment aus, in dem aufgedeckt werden sollte, um die Würfel umzuwerfen und zu rufen: »Was soll das? Du betrügst ja!«

»Was fällt Ihnen denn ein?«

»Ich habe gesehen, wie du mit den Fingern nachgeholfen hast. Gib mir mein Geld zurück, aber sofort!«

P'aeng machte absichtlich Lärm und packte den Croupier am Kragen. Der Helfershelfer, der Mah-Jongg spielte, schrie, er habe alles verloren. Er krempelte ein Hosenbein auf und legte das Bein geräuschvoll mitten auf den Tisch. Die anderen Spieler waren so überrumpelt, dass sie nicht wussten, wie sie sich verhalten sollten.

»Ich habe alles verloren. Ich werde mir die Beine abschneiden müssen, um weiterspielen zu können.«

Er zog ein Messer und versenkte es in seinem Oberschenkel. Das Blut spritzte heftig.

Kuan hatte bereits starke Männer aus Nanking und Chinchiang eingestellt, um solche Vorfälle zu regeln. Aber in diesem Moment die Angelegenheit vor allen Zeugen mit den Fäusten zu klären wäre sicher keine gute Entscheidung gewesen. So zog er es vor, P'aeng ohne Aufsehen zur Seite zu nehmen. Ein Raum im ersten Stock, von dem aus er den Saal überblicken konnte, schien besser geeignet für so ein Gespräch. Außerdem waren ihm P'aengs Begleiter nicht entgangen.

»Der Direktor würde Sie gerne kennenlernen.«

Der Unruhestifter bedeutete seinen Verbündeten, dass er sich für kurze Zeit entfernen werde. Kuan wartete schon auf ihn und warf ihm, kaum dass er sich gesetzt hatte, einen Beutel mit Geld zu, den er von seinem Gürtel abnahm.

»Was ist das?«, fragte P'aeng.

»Deine Entschädigung. Aber kreuze trotzdem nicht jeden Abend hier auf. Wie wäre es mit einmal in der Woche?«

P'aeng wies die Börse zurück und schaute den Hausherrn unverwandt an. »Das ist nicht das, was mir vorschwebt. Ich hätte stattdessen gerne etwas Tee.«

Kuan nickte zustimmend, als ihm ein Licht aufging. »Aber ich weiß gar nicht, wer du bist. Hier in der Gegend tummelt sich ebenso viel Gesindel, wie es Kieselsteine im Fluss gibt. Wenn du gegen meinen Mann dort gewinnst, dann bin ich mit einem Wechsel einverstanden. An diesem Tag werde ich dir statt eines Tees ein gutes Glas Reiswein anbieten.«

Kuan rief dem Gauner, der sich schon zum Gehen gewandt hatte, noch hinterher: »Schlagt euch bitte anderswo, hier ist ein Ort, um sich zu vergnügen.«

Keiner erfuhr jemals, was sich daraufhin genau abspielte. Der bisherige Rausschmeißer ließ sich jedenfalls im *Tempel des Glücks und der Freude* nicht mehr blicken, genauso wenig wie die, die er mitgebracht hatte. Als P'aeng wiederkam, fragte ihn Kuan nach den Neuigkeiten: »Ist er am Leben? Es ist jedenfalls gut, dass die Sache ohne Aufsehen über die Bühne gegangen ist.«

»Wir haben ihn in eine andere Provinz gebracht.«

»Gut. Von heute an bist du dafür zuständig, dass der Laden läuft.«

Kuan bereute seine Entscheidung nicht. P'aeng San wusste sich nützlich zu machen und war in der Lage, die Wünsche seines Herrn vorauszusehen. Er konnte jedes Problem geräuschlos aus der Welt schaffen.

So ereignete sich zum Beispiel eines Abends folgender Vorfall: Die Leute hatten, von der Arbeit kommend, gerade im großen Saal Platz genommen, um einen Tee zu trinken oder ein paar Häppchen von den Dim Sum zu essen, da hatte sich ein Mann an den Tisch mit dem Blumenspiel gesetzt. Er trug eine Kappe und eine lange Jacke aus Seide. Die beiden obersten und aus Bernstein geschnitzten Knöpfe waren offen. Mit seinen zum chinesischen Zopf geflochtenen Haaren, die von einem Goldband gehalten wurden, und dem sorgfältig gestutzten Bart konnte man ihn auf den ersten Blick für einen reichen Händler halten. Als er Tee bestellte und ganz selbstverständlich den Geldbeutel auf den Tisch legte, schenkte ihm niemand besondere Beachtung. Er beauftragte einen Diener, sein Geld in Jetons umzuwechseln. Dass dieser eine größere Summe – der Beutel war randvoll mit Silberstücken – eintauschte, geschah allerdings nicht unbemerkt. P'aeng, der gerade dort war, beobachtete von nun an den neuen Gast von der Empore aus. Ein erfahrener Croupier wurde an den Spieltisch des Bärtigen geschickt, der gleich die erste Runde verlor, gefolgt von der zweiten. Beim dritten Mal setzte er alles, was noch übrig war, auf die Pfingstrose. Die anderen Spieler verfolgten gespannt, was nun passieren würde. Das Spiel bestand darin, unter sechsunddreißig verschiedenen Blumenkarten die zu erraten, die als Nächstes gezogen werden würde. Hatte der Spieler richtig getippt, bekam er das Sechsunddreißigfache seines Einsatzes als Gewinn ausbezahlt. Der Croupier deckte die Karte auf. Es war die Pfingstrose. Wie es üblich war, verkündete er laut, sodass es im ganzen Saal zu hören war: »Gewonnen!«

Er zählte die Jetons, die auf die Karte gesetzt worden waren, und legte ein goldenes Stäbchen vor den glücklichen Gewinner. Die Summe überstieg dreißigtausend Yüan. Beim nächsten Mal wählte der Bärtige, ohne zu zögern, die Pflaume. Er gewann erneut. Beim fünften Durchgang wollten die Schmarotzer im Saal an seinem Glück teilhaben, und sie wetteten sofort auf die gleiche Blume, sobald er auf den Pfirsich zeigte. Bevor er das Ergebnis verkündete, verständigte der Croupier sich schnell durch Blicke mit den anderen Angestellten im Saal.

Kuan, der ebenfalls verfolgte, was unten geschah, wandte sich an P'aeng: »Was sollen wir tun?«

Dieser entschied: »Da dies ein Spiel ist, müssen wir ihn wohl oder übel gewinnen lassen, sonst verliert unser Haus seine Glaubwürdigkeit.«

Kuan hieb mit der Faust auf den Tisch: »Wenn er jeden Tag kommt, dann sind wir bald bankrott. Das Ganze kostet mich jetzt schon hundert Silberstücke!«

»Lassen Sie mich nur machen.«

P'aeng ging hinunter. Die Runde war beendet, und der Croupier verkündete unter lautem Jubel die Gewinnerblume. Diejenigen, die zusammen mit dem Bärtigen gewonnen hatten, erhoben sich, um ihre Jetons in klingende Münze einzutauschen. Kaum ein Mensch saß noch an den Tischen, im ganzen Saal herrschte ein heilloses Durcheinander. P'aeng hatte den Bärtigen ohne Zwischenfall erreicht. Dieser war gerade dabei, die Jetons in ein Einschlagtuch zu streichen, das er aus dem Ärmel gezogen hatte.

»Entschuldigen Sie, mein Herr«, raunte ihm P'aeng zu.

»Ah, mit wem habe ich die Ehre?«

P'aeng verneigte sich höflich, die Hände vor dem Körper aneinandergelegt. »Mein Name ist P'aeng, ich bin der Geschäftsführer dieses Etablissements.«

Der Mann stand langsam auf. Er schien etwas verärgert, rang sich aber doch zu einer Erwiderung durch: »Ich heiße Wuen. Sie sind zu spät dran. Das Spiel ist schon zu Ende.«

P'aeng gab sich respektvoll und höflich. »Der Eigentümer würde sich freuen, wenn Sie ihm beim Abendessen Gesellschaft leisten wollten. Darf ich hoffen, dass Sie die Einladung annehmen?«

Er gab den Angestellten, die um sie herumstanden, ein Zeichen: »Ich werde den Herrn in den ersten Stock begleiten, wo er speisen wird. Ihr werdet euch darum kümmern, die Summe zu besorgen, die dieser Herr gewonnen hat, und sie ihm dann nach oben bringen.«

Herr Wuen machte Anstalten, ihm zu folgen, aber er erlaubte sich die provozierende Bemerkung: »Eigentlich ist es noch zu früh, um zu Abend zu essen … ich würde zu gerne noch etwas Würfel spielen.«

»Mein Herr, Sie werden nach dem Essen noch genügend Zeit dazu haben. Nach einer guten Mahlzeit fühlt man sich doch gleich viel besser, und Sie werden einen langen, vergnüglichen Abend haben.«

P'aeng wies mit der Hand den Weg, und der Bärtige fügte sich und folgte ihm in das obere Stockwerk. Selbstbewusst betrat er Kuans Räume und blieb abwartend stehen.

Kuan, der seine Wut im Zaum hielt, bot ihm eine Sitzgelegenheit an.

Sobald Herr Wuen Platz genommen hatte, änderte P'aeng sein Verhalten: »Möchtest du, dass deine Reise hier zu Ende ist? Weißt du nicht, mit wem du es zu tun hast?«

Der Angesprochene betrachtete gelassen erst P'aeng, danach Kuan, bis er amüsiert zu lachen anfing: »Wie sollte ich Herrn Ch'en Kuan aus Nanking nicht kennen? Und vor allem Sie nicht, Herrn P'aeng, den Anführer der Salzbande.«

Nach einem kurzen Blick des Einverständnisses mit Kuan zog P'aeng seinen Dolch aus dem Gürtel. Wuen schien dies nicht im Geringsten zu beunruhigen. Indem er sich alle Zeit der Welt nahm, zog er zuerst seine lange Seidenjacke aus und danach sein blaues Hemd. Darunter kam die blanke Haut zum Vorschein. Seine Brust war bis zum Unterleib übersät von einer Vielzahl von Narben, die sich wie eine Python über seinen Körper schlängelten.

Er schlug mit der flachen Hand auf seinen Bauch: »Dieser Wanst hat mehr als einen Messerstich abbekommen. Wo möchtest du deines denn gern hineinrammen?«

In diesem Augenblick glitten zwei von P'aengs Leuten, die in Hörweite auf dem Gang gewartet hatten, geräuschlos in den Raum. Aber ihr Gebieter bedeutete ihnen, ruhig zu bleiben. Er näherte sich dem Bärtigen: »Wo hast du gearbeitet?«

»Wie man unschwer erkennen kann, in Nanking. Aber auch in Fuchou.«

Jetzt schaltete sich Kuan ein: »Ich sehe, du bist ein geschickter Spieler!«

»Das ist aber auch alles, was ich kann. Darauf bin ich nun wirklich nicht stolz, das können Sie mir glauben.«

Nach einem weiteren Blickwechsel mit Kuan brachte P'aeng die Dinge nun auf den Punkt: »Du erhältst Hausverbot. Brauchst du ab und zu etwas Taschengeld?«

»Das ist eigentlich nicht das, was ich will.«

P'aeng lachte auf: »Du würdest also gerne bei uns mitmachen?«

Wuen zog sein Hemd und seine Jacke wieder an: »Wenn der Verwalter des Etablissements das schon vorschlägt, dann muss ich wohl annehmen.«

Kuan fragte nun seinerseits: »Wie viele Leute hast du bei dir?«

»Haben Sie jemals einen Habicht mit Gefolge gesehen?«

Zufrieden nickte Kuan.

»Betrachte das, was du eben verdient hast, als eine Leistungszulage. Von heute an wirst du dich um den Spielsaal kümmern.«

P'aeng wandte sich nun an seine Männer, die sich hinter dem Neuankömmling in Bereitschaft gehalten hatten: »Geht und tauscht den Gewinn dieses Herrn gegen einen Wechsel.«

Die drei Partner verbrachten den Rest des Abends gemeinsam mit Essen und Trinken.

P'aeng hob das Glas und prostete Wuen zu: »Du wirst dich darum kümmern, die Croupiers auszubilden. Du musst ihnen deine Tricks beibringen.«

»Einverstanden.«

Schon sechs Monate nach der Eröffnung hatte sich der Vergnügungstempel in der Gegend hervorragend etabliert. Ein Ort, an dem Nachtschwärmer all ihren Lastern nachgehen konnten: ein Spielsaal, eine Bar, Mädchen, eine Opiumhöhle. Selbst in Nanking fand man nicht viele Häuser mit diesem Angebot. Wer beim Spiel gewann, war zufrieden, wer verlor, trank ein paar Gläser, um seine schlechte Laune zu vergessen. War einem dann der Alkohol zu Kopf gestiegen, überließ man sich willig den Zärtlichkeiten eines jungen Mädchens. Und was lag näher, als danach befriedigt in den Opiumrausch hinüberzudämmern. Die Geschäftsleute aus Chinchiang und Nanking rissen ihre Witze darüber, dass man bis auf die Unterhose ausgezogen würde, setzte man auch nur einen Fuß über die Schwelle des *Tempels des Glücks und der Freude*. Die Öffnungszeiten der einzelnen Bereiche waren verschieden. Vom frühen Nachmittag an füllte sich der Spielsaal immer mehr, bis er am frühen Abend aus allen Nähten platzte. Gegen Mitternacht, nach einigen Stunden geschäftigen Treibens, kamen die Süchtigen und blieben bis in die frühen Morgenstunden. Die Bar belebte sich nach dem Abendessen und war bis spät in die Nacht angefüllt von Stimmengewirr. Die Separees im ersten Stock und die Rauchzimmer wiederum waren nach Mitternacht voll belegt.

Im Verlauf einiger Tage, die Chong allein in Kuans Haus verbracht hatte, freundete sie sich mit Kiu an, die sie tagsüber, wenn sie nicht gebraucht wurde, des Öfteren besuchte. Einige Male war auch Chong zu ihr und den Mädchen in den ersten Stock gegangen. Kiu mochte die Neue sehr, da sie fand, Chong sei intelligent und habe ein angenehmes Wesen. Dass Chong schließlich den Saal mit den Spieltischen aufsuchen durfte, hatte sie allein Kius Fürsprache zu verdanken. Chong liebte es, die Gäste der Bar von der Galerie aus zu beobachten. Manchmal sah sie auch, verdeckt durch einen Vorhang, den Mädchen zu, wenn sie vor den Kunden tanzten oder musizierten. Ab und an betrachtete sie durch die Tür von Kuans Büro die Spieler. Dazu musste sie die Tür nur einen Spaltbreit öffnen. Dabei merkte sie gar nicht, wie die Zeit verging. Auf der Bühne in der Bar gaben fahrende Komödianten mehrere Tage in Folge ihre Stücke zum Besten. Da Chong, genauso wie die anderen Mädchen, oft zusah, wenn die Schauspieler die lustigen Szenen aufführten, war sie schon nach kurzer Zeit allen Angestellten des Vergnügungstempels bekannt.

Etwa ein Monat später aßen Kiu und Kuan zusammen im ersten Stock über der Bar. Er begeisterte sich mehr und mehr für Chong. Gleichermaßen jung wie ungeübt im Chinesischen, interessierte sich das Mädchen trotzdem für alles und hatte keine

Berührungsängste. Es kam sogar vor, dass sie sich plötzlich besonders erwachsen gab, was Kuan völlig entwaffnete. Da er ihrer Meinung nach zu viel Opium rauchte, ließ sie alle Gegenstände verschwinden, die man dafür brauchte, sogar die kleinen Tütchen, die er in einer Kommode aufbewahrte. Im Gegenzug bereitete sie ihm Tee aus Ginsengwurzeln zu, der bekannt war für seine heilende und gesundheitsfördernde Wirkung, wenn man ihn stundenlang kochte. Der Ginseng wurde für die Reichen aus Korea importiert. Es war nicht einfach, diese Wurzeln zu beschaffen, die zwanzig Mal teurer waren als Tee bester Qualität.

»Lenhwa«, fragte Kuan, »mit welchem Geld hast du so etwas Teures gekauft?«

»Ich habe Kiu gebeten, sie mir zu besorgen, und ich habe die goldene Schmetterlingsspange verkauft, die Sie mir geschenkt haben. Wenn Sie nicht mit dem Rauchen aufhören, wird Ihr Blut vertrocknen, und Sie werden sterben.«

Von diesem Tag an ließ Kuan sie mit Kiu in die Räume des Tempels gehen.

»Schaut mal, wer da heute wieder kommt. Ich meine den Mann da.« Kiu hielt den Vorhang hoch und spähte durch die Tür. Dort stand ein Mann, ganz in Blau gekleidet und begleitet von mehreren Polizisten, deren Gesichter nicht unbekannt waren.

Kuan, der Kiu gegenübersaß, fragte: »Von wem sprichst du?«

»Na, von Liangjung, dem Kerl vom Justizministerium!«

Kuan stand sofort auf, um selbst nachzusehen. Diesen Liangjung kannte er gut. Er war von der Zivilpolizei. Kuan hatte ihn schon ein paarmal zum Trinken eingeladen und hin und wieder zu hohen Festen mit Geschenken bedacht. Die Zentralregierung hatte Liangjung nach Chinchiang geschickt, um die hiesigen Beamten des Justizministeriums zu unterstützen. Als der Auftrag beendet war, hatte er es allerdings vorgezogen, in der Gegend zu bleiben, und mittlerweile stand er dem örtlichen Büro der Zivilpolizei vor und hatte eine stattliche Anzahl von Polizisten unter sich. Seine ausdrückliche Aufgabe war es, die Vergnügungshäuser zu überwachen. Im Allgemeinen pflegten die höheren Beamten nicht sich persönlich in den Etablissements ihres Zuständigkeitsbereiches sehen zu lassen. Daher empfand Kuan das Verhalten Liangjungs als äußerst befremdlich: »Das ist seltsam, es ist ja nicht das erste Mal, dass dieser Mensch uns aufsucht«, murmelte er, setzte sich aber wieder hin.

Kiu lachte auf: »Ein Hund, der hinter einer Hündin her ist, wirft sich auch ins dornigste Gebüsch!«

Kuan, der gerade dabei war, sein Glas zum Mund zu führen, hielt mitten in der Bewegung inne. »Hat er vielleicht ein Auge auf eines unserer Mädchen geworfen?«

Kiu füllte immer noch lachend Kuans Glas auf. »Das Ganze ist nur wegen Lenhwa.«

»Wie das denn?«

Kiu erzählte ihm, wie es dazu gekommen war. Als sie und Chong einige Tage zuvor gerade das Haus verlassen hatten, waren ihnen einige Polizisten begegnet. Den einen kannte Kiu vom Sehen, da sie ihm des Öfteren Getränke angeboten hatte, wenn die turnusmäßige Überprüfung anstand. Dies tat sie nun auch an diesem Tag. Von der Einladung waren alle etwas eingeschüchtert bis auf Liangjung. Er hatte dabei kaum Kius Gruß erwidert, da er so gefangen war von Chongs Erscheinung. Sie hatte kurz zuvor gebadet, und ihr makelloser Teint hob die rosigen Wangen noch hervor. Dazu trug sie rosa Seide und einen weißen, breiten Schal über den Schultern, der üblicherweise als Kopfbedeckung verwendet wurde. In ihren zurückgesteckten Haaren glitzerte eine Spange in Form einer Pfingstrose. Mit ihrer jugendlichen und bescheidenen Ausstrahlung musste sie in Liangjungs Augen exotisch gewirkt haben. Er hatte sie gefragt, woher sie käme. Kiu hatte für Chong geantwortet, sie sei aus Kaoli.

»Seit diesem Tag kommt er mindestens jeden zweiten Tag und verlangt Lenhwa zu sehen.«

Kuan legte klappernd seine Stäbchen hin, seine Laune hatte sich urplötzlich verschlechtert: »Du hast sie ihm zur Verfügung gestellt?«

»Ja. Warum denn auch nicht, Herr Direktor, oder wollten Sie sie herausputzen und in eine gute Familie verheiraten?« Sie wusste ganz genau, was Kuan störte, und machte sich über ihn lustig.

»Wenn man bedenkt, was gerade los ist, dann ist der Kerl etwas unvorsichtig.«

Gerüchteweise hatte man gehört, dass ein westliches Kriegsschiff an der Küste eine chinesische Dschunke angegriffen hatte und daraufhin die Opiumladung verbrannt worden war. Die Kontrollen waren schärfer geworden, weswegen nur noch vertrauenswürdige Kunden in den Raucherbereich vorgelassen wurden. Der Preis des Opiums, der zuvor nur dreißig Fen betrug, hatte sich seit diesem Angriff an der Yangtse-Mündung vervielfacht. Die Zentralregierung hatte zwar schon vor langer Zeit verboten, Opium zu rauchen, aber trotzdem waren viele der Droge verfallen. Sogar unter den Beamten gab es Süchtige, weswegen die Kontrollen oberflächlich blieben. Aber dieser eine Zwischenfall hatte alles geändert.

»Zurzeit legen keine westlichen Handelsschiffe mehr an.« Kius Gedanken gingen in die gleiche Richtung.

Kuan setzte hinzu: »Am Freihafen von Kanton ist anscheinend ein großer Tumult ausgebrochen. Aber wenn sich das geklärt hat, werden sie kommen wie zuvor.«

»Die Männer aus dem Westen«, fuhr Kiu fort, »die schauen nicht aufs Geld. Für uns kann es gar keine besseren Kunden geben.«

Genau genommen hatte Chong Liangjung bisher nur ein einziges Mal die Getränke serviert, nachdem dieser eindringlich darum gebeten hatte. Es wäre also ungerechtfertigt gewesen, hätte

Kuan sie dafür gerügt, obwohl ihm die Tatsache ganz und gar missfiel. Er behielt seinen vorwurfsvollen Gesichtsausdruck bei, während Chong ihm zuckersüß erklärte: »Auch ich würde Ihnen gerne helfen …«

Kuan verstand nicht recht, was sie ihm damit sagen wollte.

»Wenn dieser Herr so eine einflussreiche Position hat, kann es uns ja nicht schaden.«

Sie hatten das Essen fast beendet, als ein Diener eintrat und sagte: »Jemand aus dem Lagerhaus Ihres Bruders bittet darum, Sie zu sprechen.«

Kuan ging hinunter, um den Besucher zu empfangen. Es handelte sich um einen von Ch'uns Dienern.

»Mein Herr schickt dringend nach Ihnen.«

»Was ist denn passiert?«

Der Diener senkte die Stimme: »Es ist sehr ernst. Beamte der Bezirksverwaltung durchsuchen die Läden und die Lagerhäuser.«

»Wer wagt sich denn an uns? Die Leute von der Bezirksverwaltung?«

»Es schaut danach aus, Herr. Es sind völlig unbekannte Gesichter.«

Kuan rief P'aeng, der in den Sälen nach dem Rechten sah. Er schärfte ihm ein, niemanden in die Rauchräume zu lassen. Dann machte er sich in Begleitung des Dieners auf den Weg.

Kaum im Hafen angekommen, begriff er, dass etwas Schwerwiegendes passiert sein musste. Überall brannten Fackeln. Soldaten in voller Rüstung eilten mit gezogenen Säbeln hin und her, die roten Troddeln auf dem Kegel ihrer Helme schwankten. Die Tore des Lagerhauses standen weit offen, Kisten waren auf die Straße geworfen worden, und die Soldaten untersuchten deren Inhalt. Als Kuan eintrat, entdeckte er Ch'un und dessen Angestellte auf dem Boden kniend. Ein Offizier saß, den Säbel in der Hand, auf Ch'uns Bürosessel.

Kuan trat auf ihn zu und fragte bestimmt: »Was geht hier vor?«

Der Soldat zeigte mit dem Finger auf ihn und entgegnete: »Und du, wer bist du?«

Kuan sagte sich im Stillen, dass er offensichtlich diesem Wichtigtuer nicht bekannt war. »Ich bin der Bruder des Besitzers dieses Hauses …«

»Ah, dann gehörst du mit zu dieser Sippe … Lasst den da auch hinknien!«

Ohne eine Sekunde zu zögern, warfen sich die Soldaten auf Kuan. Sie packten ihn an den Schultern, um ihn nach unten zu drücken. Aber Kuan donnerte sie an: »Was hat das zu bedeuten? Ich gehöre nicht zu diesem Unternehmen! Ich bin Geschäftsmann, aber das ist nicht mein Geschäft.«

»Du bist bestimmt in den Opiumhandel verstrickt«, bellte der Offizier.

Kuan stieß die Angreifer weg und rief aufgebracht: »Ich habe Verbindungen zu den höchsten Stellen! Der Gouverneur ist mein Freund. Wie können Sie es wagen, mich so zu behandeln?«

Der Offizier strich sich über den Bart und antwortete: »Wir sind von der Abteilung für Zivilschutz und kümmern uns um den Opiumhandel. Wir werden im Laufe unserer Untersuchung schon herausfinden, ob du unschuldig bist oder nicht.«

Die Soldaten stürzten sich auf ihn und fesselten ihn, bevor er zusammen mit Ch'un abgeführt wurde. Hinter ihnen folgte eine Karre mit Kisten voller Opium.

Nach der Verhaftung der beiden Brüder mussten P'aeng und Kiu ihre Beziehungen spielen lassen, um den Grund zu erfahren. Man sagte ihnen, dass der Zivilschutz überall im Jangtsetal und in den angrenzenden Gebieten solche Kontrollen durchführte. Kuan wurde zwar nach einigen Tagen freigelassen, aber Ch'un blieb unter Arrest. Während seiner Haft konnte Kuan Informationen über die Hintergründe sammeln. Im November des vorangegangenen Jahres hatte die englische Flotte chinesische Schiffe unter Kanonenbeschuss genommen, sie aufgebracht und zur Festung Kowloon geschleppt. Der Minister, der im Vorfeld für die Zerstörung einer größeren Menge an Opium verantwortlich gewesen war und der die Schieber ihrer Anführer beraubt hatte, war abgesetzt und in die Verbannung geschickt worden. Sein Nachfolger war dazu angehalten worden, mit den Leuten aus dem Westen zu verhandeln, da die Regierung versuchte, die Situation zu entspannen und sich nachgiebig zu zeigen. Gleichzeitig wurden chinesische Händler unterdrückt und daran gehindert, direkt Schmugglergeschäfte mit den westlichen Kaufleuten zu machen. Im Lagerhaus hatte man Opiumkisten gefunden. Viele waren leer, trotzdem war es fast unmöglich für Ch'un, sich da herauszureden.

Kuan konnte nicht die Hände in den Schoß legen. Tatsächlich war mehr als die Hälfte der Ware für ihn bestimmt gewesen. Ch'un verkaufte ja sein gegen Tee getauschtes Opium mit einem kleinen Gewinn an seinen Bruder.

Kuan befand sich in seinem Büro, als Kiu ihn aufsuchte.

Kiu sagte: »Herr, Sie müssen mit Geld nachhelfen.«

»Das wäre überhaupt kein Problem, wenn es sich um Beamte von hier handelte. Aber sie sind von außerhalb. Da kann ich nichts machen. Ich habe keine Ahnung, wie wir uns da herauswinden sollen …«

»Die Beamten kennen sich doch untereinander«, wandte Kiu ein. »Wie man so hört, wurde Liangjung doch auch von der Zentralregierung geschickt, also muss er die Leute doch kennen.«

Das war für Kuan der Silberstreif am Horizont. An Geld mangelte es den drei Brüdern nicht. Außerdem konnten sie zusammenlegen, denn auch Yüan machte sich große Sorgen. Was die Kommunalbeamten betraf, so brauchten sie Leute wie Kuan, der beide Seiten kannte. Eine Lösung schien in greifbarer Nähe.

Daher bat Kuan Mama-Kiu: »Schick schnell jemanden, der uns diesen Kerl herholt.«

»Das ist bestimmt gar nicht nötig. Er wird von selbst heute oder morgen Abend kommen. Es wäre besser, erst einmal Lenhwa einzuweihen.«

Kuan, der wusste, wie sehr Liangjung seine Lenhwa begehrte, hakte nach: »Willst du Lenhwa bitten, ihn zu bedienen?«

Kiu antwortete mit einer Gegenfrage: »Haben Sie vor, sie zu Ihrer offiziellen Mätresse zu machen?«

»Das sollte ich besser nicht …«

Kuan ahnte, dass Kiu längst Bescheid wusste: Lenhwa war schließlich die Konkubine seines Vaters gewesen. Immerhin kamen die Bediensteten des Anwesens in Nanking oft in Ch'uns und Kuans Etablissements. Aber er mochte Lenhwa wirklich sehr. Ihre Art, mit geschlossenem Mund zu kauen, ihre roten Lippen, der feine Flaum in ihrem Nacken, die rosige Haut ihrer Wangen nach dem Bade, die Lebenslust, die ihr Körper nach dem Erwachen ausstrahlte, alles an ihr brachte ihn um den Verstand. Kuan spürte, dass Kiu auf eine Antwort wartete.

Sie schaute ihn direkt an, ein Lächeln umspielte ihre Mundwinkel. Doch am Ende war es Kiu, die das Schweigen brach. »Fahren Sie ein paar Tage weg. Ich werde mich um alles kümmern.«

Kuan seufzte tief auf. »Gut, ich werde den Teeplantagen meines Bruders einen Besuch abstatten.«

Er verließ am nächsten Morgen bei Tagesanbruch in aller Stille das Bett, um Chong nicht aufzuwecken. Er war gerade dabei, sich mit etwas Abstand zum Bett anzuziehen, als ihn eine verschlafene Stimme fragte: »Sie sind schon auf?«

»Ja, ich muss einige Tage fort.«

Chong stand auf, obwohl es ihr schwerfiel, die Augen offen zu halten. Im Ausschnitt ihres Nachthemdes konnte er ihre Brüste sehen. Obwohl sich sein Glied regte, nahm er die Gelegenheit nicht wahr. Vor allem jedoch deswegen, weil er sich bereits zwei Mal in der letzten Nacht Erleichterung verschafft hatte.

»Schlaf weiter, es ist noch früh.«

Chong legte sich kurzerhand wieder hin, ihr Kopfkissen fest an sich gedrückt. Sie murmelte: »Werden Sie mir etwas mitbringen, wenn Sie wiederkommen?«

»Was hättest du denn gerne?«

»Eine P'ip'a, eine wundervoll klingende P'ip'a.«

Kuan hatte das nicht erwartet. Er ging und dachte immer noch erstaunt darüber nach. Wenn er nach einigen Gläsern in bester Laune P'ip'a spielte und dazu sang, dann hörte ihm Chong zu, ohne ein Wort zu sagen. Sie hatte ihm nie verraten, wie sehr sie diese Augenblicke genoss oder dass sie Lust hätte, das Instrument spielen zu lernen.

Wie sie es gewohnt war, erhob sich Chong, als die Sonne schon hoch am Himmel stand. Ein Diener hatte ihr ein Bad bereitet. Das Wasser war ziemlich heiß, und der Dampf schlug sich feucht auf den Wänden nieder. Sie ließ sich in die Holzbadewanne gleiten und schloss die Augen. Durch ein Oberlichtfenster strömte eine leichte Brise herein, die ihre Stirn und ihren Nacken kühlte. Plötzlich vernahm sie Kius vertraute Stimme, gefolgt vom Geräusch der Schiebetür.

»Lenhwa, bist du wach?«

»Ja, ich bin in der Badewanne.«

Kiu betrat das Badezimmer. Sie näherte sich Chong mit einem Handtuch, um ihr den Rücken abzureiben.

»Und der Herr?«

»Ich weiß nicht, wo er ist. Er ist für ein paar Tage weggefahren.«

Sie waren in das Wohnzimmer gegangen, um einen Tee zu trinken. Kiu schob Chongs Morgenmantel leicht auseinander und sagte: »Ich weiß gar nicht, was dem Herrn an dir so gefällt.«

Chong schloss ihren Morgenmantel wieder und schlug die Beine übereinander. Mit einem breiten Lächeln antwortete sie: »Ich denke, es ist wegen dem, was du mir beigebracht hast.«

Als Lingchia pflegte Kiu den Körper der jungen Mädchen näher in Augenschein zu nehmen und diese in Liebestechniken zu unterweisen. Bevor sie ein passendes Mädchen aussuchte, versuchte sie den Geschmack des Kunden zu erraten und erkundigte sich danach auch immer, wie zufrieden er war. Da Kiu tagsüber viel mit Lenhwa zusammen war, hatte sie ihr nach und nach alles beigebracht, was man in Bezug auf Männer wissen musste: Worte und Gesten, die die Männer mögen; wie man ihr Verlangen entfacht, ohne aufdringlich zu sein; Mittel, sie zu erregen; schnell einen Orgasmus herbeizuführen oder im Gegenteil hinauszuzögern; Maßnahmen, die Lust zu steigern, und vieles mehr. Dabei zeigte sich, dass Lenhwa sich von den anderen Mädchen unterschied. Sie war selbstbewusst und schien ein klares Ziel im Leben zu haben. Bezüglich der Arbeit der Mädchen hatte sie keinerlei moralische Bedenken. Sie war neugierig, vermittelte aber gleichzeitig den Eindruck, als wüsste sie genau, wie die Beziehung zwischen Mann und Frau beschaffen ist.

Eines Tages hatte sie Kiu anvertraut: »Ich will stark sein, und ich würde gerne viel Macht haben.«

Kiu wandte ein: »Macht steht Frauen nicht zu.«

Chong machte deutlich, wie sie das meinte: »Macht kann man haben, wenn man die verführt, die sie besitzen.«

Kiu sah die andere mitleidig an: »In diesem Fall wirst du niemals wirklich lieben können.«

Entschlossen erwiderte Chong: »Ich werde die Männer betören, und ich werde damit aufhören, wann immer ich es möchte. Was können sie schon dagegen machen?«

Das war die einzige Sache, die Kiu ihr noch nicht beigebracht hatte: Ein Mann und eine Frau konnten sich wirklich lieben bis zur Selbstaufopferung. Kiu kam zu dem Schluss: Kuan war vielleicht völlig verzaubert von ihr, aber sie war nicht verliebt in ihn. Verführt zu werden, das entfacht Verlangen, aber kaum Zärtlichkeit.

Nun kam Kiu direkt auf den Grund ihres Erscheinens zu sprechen: »Ich möchte dich um einen Gefallen bitten. Wenn Herr Liangjung heute Abend wiederkommt, könntest du dich um ihn kümmern?«

»Ist das der Wunsch unseres Direktors?«, fragte Chong argwöhnisch und kniff die Augen zusammen.

»Nein … das ist meine Idee. Wenn sein Bruder freigelassen würde, dann wäre der Direktor sicherlich sehr zufrieden.«

Als Chong am späten Nachmittag das Haus der Mädchen betrat, waren diese gerade dabei, sich auf die Öffnung des Etablissements vorzubereiten. In Unterkleidern saßen sie in dem großen Raum im Oberstock und schminkten sich. Bei Chongs Erscheinen nickten sie zur Begrüßung kurz mit dem Kopf.

Kiu trieb sie an, indem sie ihren Fächer mehrmals gegen die andere Hand klatschen ließ: »Kommt schon, beeilt euch ein bisschen! Es ist Zeit, die rote Laterne anzuzünden.«

Sobald sie fertig angezogen waren, versammelten sich die Mädchen in der Mitte des Raumes. Kiu musterte sie eingehend und geizte nicht mit ihrer Kritik: »Dieser Puder steht dir gar nicht. Du hättest einen helleren auftragen müssen, um jünger zu wirken. Ändere das sofort. Und du, warum hast du dieses Kleid angezogen? Hast du kein Dunkelblaues? Dunkle Farben lassen deine Haut reiner wirken. Was dich betrifft, trage etwas mehr Wangenrouge auf. Kind, du musst ein farbenfroheres Kleid anziehen …«

Danach teilte sie die Mädchen in zwei Gruppen. Eine für die großen, eine für die kleinen Empfangszimmer. Die Größe des Raumes richtete sich natürlich nach dem Geldbeutel der Kunden.

Daneben gab es noch Räumlichkeiten für einflussreiche Persönlichkeiten. Manche Gäste verlangten auch bezogene Betten für die Nacht. Dies entschieden sie aber meist zu einem späteren Zeitpunkt, je nachdem, wie viel sie getrunken hatten. Die Zimmer, in denen die Mädchen ihre Freier empfingen, lagen in der Nähe der Rauchabteile, wo es sehr ruhig war.

Kiu deutete auf zwei der anwesenden Mädchen: »Ihr beiden bleibt erst einmal hier. Ihr anderen, macht euch auf den Weg, eure Kunden warten schon …«

Schnatternd und lachend verließen sie den Raum. Natürlich benutzten sie nicht den Steg, um zum Tempel zu gelangen, sondern stiegen die Treppe hinunter, überquerten das Gässchen und benutzten die kleine Hintertür. Am Ende eines langen, schmalen Ganges erreichten sie die Bar. Manche hatten gleich Kundschaft, die anderen begaben sich ohne ein Wort in ihre Zimmer im ersten Stock, um sich dort zur Verfügung zu halten – nicht ohne sich vorher noch grazil zwischen den Tischen hindurchzuschlängeln und auf der Treppe eine kleine Pause einzulegen, um ihre Reize zu zeigen. Oben angekommen, drehten sich alle noch einmal zum Saal hin um, bevor sie endgültig verschwanden. Dieses Prozedere war natürlich dazu da, um den Gästen genügend Zeit zu geben, eine Wahl zu treffen.

Die zwei von der Lingchia ausgewählten Mädchen waren drei, vier Jahre älter als Lenhwa und konnten beide ein Instrument spielen.

»Eure Rolle ist es, dafür zu sorgen, dass der Gast vollkommen zufrieden ist«, erklärte Kiu. »Wenn der Alkohol ihm etwas zu Kopf gestiegen ist, wird Lenhwa zu euch stoßen. Aber im geeigneten Moment wird sie sich aus seiner Gesellschaft davonstehlen, und ihr werdet mit ihm schlafen. Verstanden? Es muss ihm Hören und Sehen vergehen. Wenn ich euch dann auffordere zu gehen, dann geht ihr. Ihr bekommt das Doppelte, das ich euch normalerweise zahle, da es sich um einen überaus wichtigen Kunden handelt. Ihr müsst also perfekt sein.«

Kiu führte Chong zu ihren Gemächern im Erdgeschoss. Sie bewohnte dort zwei aneinandergrenzende große Zimmer. In dem einen standen Tischchen, Stühle und ein paar andere Möbelstücke, das andere enthielt das Bett, einen Kleiderschrank und einen Schminktisch. Dort füllte sie zwei Gläser.

Sie hob ihr Glas und sagte: »Das kommt aus dem Westen. Man erzählt sich, dass in Kanton die Damen und Herren diese Art Getränk zu sich nehmen, um in Stimmung zu kommen.«

Kiu und Chong leerten ihre Gläser. Der Alkohol, er war von dunkler Farbe, schmeckte bitter, aber gleichzeitig ganz wunderbar.

»Es heißt, es sei eine Art Soju, nur aus Trauben gemacht«, erklärte die Lingchia, während sie erneut die Gläser füllte. Chong trank nur zu gern wieder davon. Eine wohlige Wärme breitete sich in ihr aus. Sie kam aus ihrem Bauch und stieg ihr bis ins Gesicht.

Da trat ein Diener ein und sagte: »Die Gäste von der Präfektur sind angekommen.«

Kiu erhob sich und lächelte Chong kurz an. Als sie in die Bar kamen, herrschte in dem Saal schon eine ausgelassene Stimmung. Kiu, ganz die Lingchia, verbarg ihr Gesicht hinter einem Fächer, den sie nur senkte, wenn sie sich zur Begrüßung vor bekannten Männern verneigte. Chong ging direkt hinter ihr, die Haare mit einer Vielzahl von Haarnadeln zurückgesteckt, und unter einer rosafarbenen Jacke trug sie ein grün gesäumtes Hemd, das von einem zur Schleife gebundenen hochroten Band zusammengehalten wurde. Die Gäste waren hingerissen und verfolgten sie mit den Augen, bis sie am Ende der Treppe verschwanden.

Kiu führte Chong in ihr Büro. Wie das von P'aeng und Kuan lag es direkt neben der Treppe. Durch ein kleines Fenster konnte man von dort den darunterliegenden Saal überblicken. Kiu schlug vor, etwas Mah-Jongg zu spielen.

»Ich werde nachsehen, wie die Dinge stehen. Du rührst dich nicht von der Stelle.«

Sie musste nur im ersten Stock bleiben und geradeaus bis ans Ende des Ganges gehen, um in den Raum zu gelangen, der für die äußerst wichtigen Gäste hergerichtet worden war. Als sie eintrat, waren die alkoholischen Getränke auf einem kleinen Tisch bereitgestellt, und man öffnete gerade die erste Flasche. Es waren drei Beamte anwesend.

Der, den sie schon kannte, begrüßte sie mit einem Lächeln: »Welchem Umstand verdanken wir die Ehre dieser Einladung? Gibt es einen bestimmten Anlass?«

»In der Tat.«

Kiu ließ hinter ihrem Fächer in perlendes Lachen hören. »Meine Herren. Erlauben Sie, dass ich mich vorstelle. Mein Name ist Kiu, und ich bin die Lingchia dieses Etablissements«, fuhr sie fort, während sie die Hände zwischen ihren wehenden Ärmeln ineinander verschränkte.

Liangjung anwortete höflich und strich sich dabei über den Bart: »Ich erinnere mich, Sie schon einmal gesehen zu haben. Wenn die Mutter schön ist, dann sind es ihre Mädchen auch, nicht wahr? Ich denke da an Lenhwa.«

Der Mann, der links von Liangjung saß, hob nun sein Glas und fragte: »Aber warum bedienen uns nur zwei Jungfrauen, wo wir doch zu dritt sind?«

»Mein Herr«, antwortete Kiu, indem sie die Gläser wieder auffüllte, »der Grund dafür ist, dass wir, die Pfirsichblüten, erst den Donner und den Regen des Frühlings über uns ergehen lassen müssen, bevor Lenhwa, die Lotosblüte, sich entfalten kann.«

Liangjung nahm Kiu die Flasche aus der Hand, um ihr Glas höchstpersönlich zu füllen: »Haha! Höre sich einer das an. Die Lingchia, eine einfache Pfirsichblüte? Wenn Sie nicht die Pfingstrose wären, die Königin aller Blumen, hätten Sie mich niemals hierher locken können.«

So ging das Geplänkel noch eine Weile hin und her, und es floss reichlich Alkohol. Die beiden Mädchen spielten abwechselnd P'ip'a und Querflöte. Als die dritte Flasche geleert war, zog sich Kiu unauffällig zurück, und Chong trat an ihre Stelle.

Bei ihrem Erscheinen machte sie eine tiefe Verbeugung: »Meine Herren, mein Name ist Lenhwa. Ich bin keine Dame dieses Hauses, aber die Direktion hat mich gebeten, heute Abend für Ihr Wohl zu sorgen. Ich hoffe, meine Anwesenheit wird Ihnen Freude bereiten.«

Liangjung bestand darauf, dass sie sich neben ihn setzte. Chong nahm Platz. Mit ihren Kleidern und ihrem Gesicht, das wie eine Blüte im Sonnenlicht strahlte, hätte man meinen können, eine weitere rote Laterne sei angezündet worden.

Als die Stimmung mithilfe des Alkohols und der Musik immer ausgelassener geworden war, berührte Chong den Oberschenkel von Liangjung: »Folgen Sie mir«, flüsterte sie.

Chong führte den Mann durch den Gang zu den Zimmern neben der Opiumhöhle. Im letzten war ein Bett vorbereitet worden. Sie traten ein. Chong nahm Liangjung zunächst den Gürtel und den Mantel ab, dann zog sie seine Jacke und sein Hemd aus und vergaß auch nicht die Kupfermarke, die er um den Hals trug. Es handelte sich dabei um eine Art Ausweis, der den Rang bezeichnete, den er bei der Polizei bekleidete. Dann klatschte sie einmal in die Hände. Daraufhin brachten Diener eine Schüssel mit Wasser, ein Handtuch und ein Tischchen, auf dem Speisen und alkoholische Getränke angerichtet waren. Chong kniete sich nieder und befreite Liangjung von seinen ledernen Schuhen.

»Mein Herr, heute Nacht gehöre ich ganz Ihnen. Als Erstes werde ich Ihnen die Füße waschen.«

Sie hob seine Beine über das Gefäß, benetzte die Füße mit dem parfümierten Wasser und rieb sie mit einer Seife aus roten Bohnen ein, bevor sie sie eingehend massierte, abwusch und abtrocknete. Liangjung spürte, wie ihm der Alkohol zu Kopf stieg, sein ganzer Körper schien sich in Auflösung zu befinden. Chong half ihm, unterstützt von den Dienern, sich auf dem Bett auszustrecken. Dann scheuchte sie die Helfer hinaus. Sie streifte ihm die Hose ab. Als ihre Hand die Unterhose berührte, spürte sie im Schritt eine deutliche Wölbung. Sie legte die Kleider ordentlich auf einen Stuhl, die Dienstmarke steckte sie ein.

Er aber wedelte ungeduldig mit den Armen: »Komm schnell! Leg dich zu mir!«

»Nur keine Eile, mein Herr. Das tut nicht gut.«

Sie streichelte ihn langsam von den Füßen bis zu den Lenden. Seine Beine zitterten, und er versuchte, nicht laut aufzustöhnen. Chong löschte die Lampe, berührte mit ihren heißen Lippen kurz die Brust des Mannes, dann näherte sie sich wie zum Kuss dem Gesicht, wich aber kurz davor aus und flüsterte ihm ins Ohr: »Nur einen Augenblick bitte, ich komme gleich wieder, schlafen Sie nicht ein.«

Sie verließ den Raum und begab sich zu Kiu, wo sie die beiden Mädchen vorfand, die sie für den Rest der Nacht ersetzen würden.

Chong zog die Kupfermarke hervor und zeigte sie der Chefin: »Die habe ich an mich genommen.«

Kiu betrachtete die Marke und lachte auf: »Du bist wirklich schlau! Du hast das Talent, eine Yelaihsiang zu werden, die verführerischste aller Freudendamen …«

Nachdenklich nahm sie die Plakette, dann nickte sie mehrmals und sagte: »Jetzt haben wir ihn!«

Die zwei Mädchen schlüpften unterdessen in das Zimmer von Liangjung und entkleideten sich. Die eine glitt an seiner rechten

Seite zu ihm ins Bett. Er glaubte, es sei Lenhwa und tastete mit einer Hand nach ihrem Gesicht, mit der anderen umschlang er ihren Körper. Stotternd flehte er: »Len…hwa … bitte … komm …«

In diesem Moment legte sich die andere zu seiner Linken auf die Liegestatt und umfing ihn sofort.

»Aber wer bist du?«

»Ratet selbst, wer von uns beiden Lenhwa ist!«

Sie prusteten vor Lachen, während sie ihn streichelten und umarmten. Schon nach kurzer Zeit waren Liangjungs Sinne komplett verwirrt, und sein Körper gehörte ihm nicht mehr. Er ergab sich den kundigen Händen der beiden Mädchen, die ihn überall berührten und in den Wahnsinn trieben.

DIE ERSTE LIEBE

Kuan war auf dem schnellsten Weg nach Norden zur Teeplantage seines Bruders Yüan gereist. Sogar Fenghuijiang hatte er links liegen lassen.

Die Familie besaß seit Urzeiten Reisfelder, Äcker und bergiges Gelände. Herr Ch'en hatte dazu noch unkultivierte Flurstücke von der Provinzregierung gepachtet, sie gerodet und schließlich zu einem Schleuderpreis gekauft. Auch wenn die Anbauflächen in der Ebene gute Ernten abwarfen, so galt dies nicht im gleichen Maße für die Äcker in den Ausläufern der Berge. Deshalb hatte er begonnen, dort Tee anzupflanzen. So kamen aus den umliegenden Regionen Landarbeiter und siedelten sich in der Nähe der Plantage an. Mit der Zeit entstand ein richtig kleiner Marktflecken.

Bei den prächtigsten Bauten handelte es sich um nichts anderes als um Anlagen zum Sortieren und Trocknen des Tees sowie um das große Bürogebäude. Die Arbeiter bewohnten sehr viel bescheidenere Unterkünfte. Sie errichteten zunächst ein Holzständergerüst, füllten die Freiräume mit Lehm und deckten das Ganze mit einem Dach aus Stroh oder Gras ab. So wurde innerhalb weniger Tage eine Vielzahl dieser Hütten praktisch aus der Erde gestampft. Am Fuße des Hügels entstanden, jeweils nur aus vier

Pfosten und einer Plane, Verkaufsstände und einfache Gasthäuser. Auf den Wegen herrschte ein reges Treiben an Karren und Menschen, die kaum aneinander vorbeigehen konnten, ohne sich anzurempeln.

»Dass Ch'un im Gefängnis ist, hat er nur dem Opiumhandel zu verdanken. Warum habt ihr nicht auf mich gehört?« Yüan hatte offensichtlich bereits von der Geschichte erfahren. Als er Kuan in sein Büro treten sah, fing er sofort mit seiner Strafpredigt an.

Dieser verteidigte sich aufbrausend: »Es gibt keinen Händler, der nicht irgendwann mal Opium verkauft hat. Es ist schon lange her, dass die Kaufleute aus dem Westen mit Geld bezahlt haben. Sie begleichen ihre Schulden nur mit Opium.«

»Dann muss man es eben gleich einem Zwischenhändler geben und gegen einen Wechsel eintauschen!«

»Das ist genau das, was wir machen, und wir verlieren dabei fast die Hälfte des Wertes. Aber es kann nun einmal vorkommen, dass die Verhandlungen ein, zwei Tage dauern und wir den Stoff in unseren Speichern zwischenlagern müssen. Genau in so einem Moment sind die Kontrolleure aufgetaucht.«

Yüan hörte auf, seinem kleinen Bruder weiter Vorhaltungen zu machen, und fuhr deutlich freundlicher fort: »Also, was gedenkst du zu tun?«

»Man muss etwas Geld auf den Tisch legen, das ist sicher. Sie werden dann schon ein Einsehen haben. Die Regierung hat zwar vor hundert Jahren das Opiumrauchen verboten, aber sogar unter den Beamten gibt es Opiumsüchtige. Wie man hört, soll es jeder fünfte sein.«

»Dann komm bei mir vorbei, bevor du abreist. Ich werde Geld bereitstellen.«

Kuan war schon im Gehen, als er ihm noch nachrief: »Denk mal darüber nach, dein Geld auf anständige Weise zu verdienen. Warum kommst du nicht als Assistent in mein Unternehmen?«

Kuan ging nicht darauf ein. Er war in Gedanken längst woanders, nämlich auf dem Markt unterhalb der Plantage. Dieser bot Unterhaltung: Alkohol und andere Zerstreuungen.

Dort angekommen, stieß er gleich auf eine Menge Schaulustiger. Sie umringten eine Gruppe von Akrobaten, die mit Stäben jonglierten. Etwas weiter weg, in einem Hof, entlockte der Kampf zweier Hähne dem Publikum Begeisterungsschreie. Nach ein paar Schritten erweckte ein Orchester Kuans Aufmerksamkeit. Ein Mann und eine Frau saßen auf dem Boden und sangen, von einer P'ip'a begleitet. Vier weitere Musiker spielten Querflöte und andere Saiteninstrumente. Was Musik betraf, da kannte sich Kuan durch sein Leben mit Gelagen, Glücksspiel und Mädchen etwas aus. Er selbst beherrschte ja die P'ip'a. So konnte er beurteilen, dass diese Musiker virtuos spielten. Ihre Melodien klangen in seinen Ohren wie aus einer anderen Welt.

Herbstabend am Brunnen, wie traurig der Gesang
der Grillen ist!
Auf meiner Bambusmatte zittere ich angesichts
des ersten Raureifs.
Im fahlen Licht der Lampe überkommt mich die
Sehnsucht nach dir!
Ich schicke einen langen Seufzer zum Mond,
Der sich zwischen den Vorhängen zeigt.

So herzergreifend waren die Lieder, die von einer kristallklaren Stimme vorgetragen wurden. Obwohl es noch Hochsommer war, hatte man den Eindruck, den Herbst, in dem einen das Fehlen des geliebten Menschen noch härter trifft, hautnah spüren zu können.

Kuan blieb eine lange Weile in der aufmerksam lauschenden Menge stehen und hörte der Musikgruppe zu. Sie bestand aus zwei alten Leuten, die ein Paar zu sein schienen. Die beiden daneben waren im besten Mannesalter und hatten die wettergegerbte Haut von Landarbeitern. Ein junger Mann und ein Mädchen sangen und spielten auf Zupfinstrumenten. Am Ende der Vorstellung machte das Mädchen mit einem Korb die Runde bei den Zuschauern. Sie verharrte einen Augenblick bei Kuan, wandte sich dann aber ab, da dieser sich nicht rührte. Die Menge zerstreute sich, und die Spieler verstauten ihre Instrumente. Jetzt erst näherte sich Kuan der jungen Frau und gab ihr fünf Silberstücke, was in dieser abgelegenen Region einem Vermögen gleichkam. Sprachlos verneigte sie sich zum Zeichen des Dankes. Dann drehte sie sich zu dem älteren Mann um und rief: »Großvater, sieh nur, Silberstücke!«

Nachdem die Mitglieder der Gruppe, einer nach dem anderen, die Geldstücke in der Hand des Mädchens bewundert hatten, kamen auch sie zu Kuan, um sich zu bedanken.

»Das war sehr gut«, lobte er sie. »Spielt ihr nicht mehr?« Mit Bedauern hatte er gesehen, dass sie zusammenpackten.

»Wir machen nach dem Essen weiter und werden sogar ziemlich lange bleiben.«

»Woher kommt ihr?«, fragte Kuan den älteren Mann.

Während dieser seine Geomungo in einer Hülle verstaute, antwortete er: »Wir kommen aus Chinchiang, davor waren wir in Hankou.«

Als es dunkel wurde, blieb Kuan an einem Marktstand stehen. Er kaufte sich als Abendessen einige Häppchen und trank ein paar Gläser Reiswein. Dann ging er, schon etwas angeheitert, zu den Künstlern zurück. Die Musiker hatten Fackeln aus Baumwolle angezündet.

Kuan erfuhr, dass sie fast alle aus einer Familie stammten. Die alten Leute waren tatsächlich ein Ehepaar, der eine Mann in den Vierzigern ihr Sohn und das junge Mädchen ihre Enkeltochter. Der andere Mann war ein guter Freund ihres Sohnes und der Jüngling stammte aus ihrem Heimatdorf. Manchmal begleiteten sie eine Theatergruppe, aber die meiste Zeit spielten sie allein auf Uferpromenaden und Märkten, in der Nähe von Teepflanzungen oder Minen.

Während der drei, vier Tage, die Kuan auf der Plantage von Yüan vertrödelte, ging er jeden Abend aus und hörte den Gesängen der fahrenden Musikanten zu. Am Ende entschloss er sich, sie in sein Etablissement einzuladen.

»Würdet ihr euch vielleicht bereit erklären, nach Chinchiang zu kommen?«, wandte sich Kuan fragend an den Sohn.

»Wir gehen überallhin, wo es Arbeit gibt.«

»Ich habe in Chinchiang ein Haus für Vergnügungen aller Art, es nennt sich *Tempel des Glücks und der Freude*. Könntet ihr euch vorstellen, dort für eine Saison aufzutreten?«

»Der Ruf des *Tempels des Glücks und der Freude* ist sehr gut. Befreundete Schauspieler haben uns davon erzählt, wir hatten selbst schon daran gedacht, ihn uns einmal anzusehen. Bei uns ist eine Saison drei Monate lang, wir verlangen dafür zehn Silberstücke pro Person.«

»Damit sind wir im Geschäft!«, erklärte Kuan, ohne zu feilschen. »Zehn Silberlinge pro Person, und die Unterkunft ist umsonst.«

Es wurde vereinbart, dass die Musiker sich innerhalb von drei oder vier Tagen im Tempel einfinden sollten.

Als Kuan nach Chinchiang zurückkehrte, erwartete ihn Kiu bereits.

»Herzlich willkommen, Herr. Ich glaube, alles wird wieder in Ordnung kommen.«

»Wie steht es in Bezug auf meinen Bruder?«

Kiu gab ihm eine genaue Zusammenfassung der aktuellen Lage und wie es dazu gekommen war: »Lenhwa hat Liangjung um den Verstand gebracht, und zwei andere Mädchen haben ihm den Rest gegeben. Aber Lenhwa hat außerdem noch seine Dienstmarke entwendet. Als ich ihn dann am nächsten Morgen geweckt habe, damit er rechtzeitig zum Dienst kommt, war er völlig außer sich. Er wollte wissen, wo wir Lenhwa versteckt halten. Da habe ich ihm mitgeteilt, dass Lenhwa Ihre Geliebte ist und dass sie ihm zwar Getränke reichen, nicht aber das Bett mit ihm teilen könne.«

Während Kuan den Erläuterungen Kius lauschte, machte er sich zusehends Sorgen um seinen Bruder. »Aber was nun, das wird er uns doch sicherlich übel nehmen?«

»Nein, Herr. Gestern hat er einen seiner Männer geschickt, um ausrichten zu lassen, dass er seine Marke verloren habe. Er wird mit Sicherheit heute Abend wiederkommen. Sie müssen ihn dann zur Seite nehmen, um mit ihm über den Fall ihres Bruders zu sprechen und ihm unauffällig das Geld zuzustecken, das Sie mitgebracht haben. Dann wäre da noch etwas, und das ist weitaus schwieriger.«

»Und was wäre das?«

»Lenhwa muss eine Nacht mit ihm verbringen.« Kiu beobachtete gespannt den Gesichtsausdruck ihres Herrn.

Kuan antwortete nicht, sondern ließ die Perlen seiner Halskette durch die Finger wandern.

Kiu fuhr fort: »Lenhwa schafft es mit Leichtigkeit, den Männern den Kopf zu verdrehen. Bestimmt wird sie in unserem Geschäft großen Erfolg haben. Sie ist nicht aus dem Holz geschnitzt, sich damit zufriedenzugeben, die Geliebte eines Mannes zu sein und dafür ihr Auskommen zu haben. Sie wird auf jeden Fall ihr Bestes geben, um dem Mann zu danken, der sie aus dem Elend herausgeholt hat.«

Kuan wusste ganz genau, dass sich bei diesem Geschäft alles um Geben und Nehmen drehte. Er war sich auch durchaus im Klaren über die Macht der Frauen, genauso wie er wusste, welche Zwistigkeiten sie zwischen Rivalen heraufbeschwören konnten.

Am Ende waren die Bande, die man zu ihnen knüpfte, so vergänglich wie eine Rose. Doch sobald man eine Frau mit einem anderen Mann teilte, verachtete sie unweigerlich beide. Aber er sah keinen anderen Ausweg. Lehnte er den Vorschlag der Lingchia ab, verlor er sein Gesicht. Er, der Chef, würde in ihrer Achtung sinken und von den anderen in seiner Bande nicht mehr respektiert werden. Es war letzten Endes eine Frage der Ehre.

»Du hast recht. Es ist besser, diesen Beamten auf unserer Seite zu haben, und das nicht nur wegen meines Bruders ...«

Kiu stimmte ihm zu und neigte den Kopf. »Diese Entscheidung ist Ihrer Position würdig. Ich werde mich darum kümmern, dass alles geschieht wie geplant.«

Als Kuan in seine Wohnung zurückkehrte, war Chong nicht da. Sie war bereits im Haus gegenüber im ersten Stock bei den Mädchen. Er schickte einen Diener, sie zu holen, dann ließ er sich in das warme Wasser der Badewanne gleiten. Als er schon ganz aufgeweicht war – er lag mittlerweile ganz entspannt mit einem Handtuch über dem Kopf da –, hörte er, wie die Tür sich öffnete.

»Seit wann sind Sie da?«

»Komm schnell, zieh dich aus!«

»Ich habe bereits ein Bad genommen«, sagte Chong und begann sanft mit beiden Händen seine Schultern zu massieren. Plötzlich richtete Kuan sich auf, packte sie am Handgelenk und drehte sie zu sich herum. Er schlang einen Arm um ihre Taille, griff mit dem anderen unter ihren Knien durch, hob sie hoch und tauchte sie in die Wanne.

Chong kam prustend wieder hoch und wischte sich die Wassertropfen vom Gesicht: »Was ist denn in Sie gefahren? Ich bin komplett bekleidet ...«

Eilig machte er sich daran, sie bis auf die nackte Haut auszuziehen. Sie wand und drehte sich, um ihm die Sache zu erleichtern. Schnell bemächtigte er sich des Oberteils und entblößte die

Schultern des jungen Mädchens. Während er ihr Hose und Unterwäsche abstreifte, küsste er stürmisch ihre Lippen, den Nacken, die zarte, feuchte Haut ihrer Schultern. Ungeduldig warf er die nassen Kleidungsstücke, die jetzt zwischen ihnen trieben, über den Wannenrand, ohne die Liebkosung ihrer unbeschreiblich weichen Haut zu unterbrechen. Sie setzte sich auf seinen Schoß und schlang ihre Beine um seine Hüften. Kuan lag bis zum Hals im Wasser, während Chongs Oberkörper vor ihm darauf schwebte. Ungestüm saugte er an ihren dunkellila Brustwarzen. Sie suchte unter Wasser nach seiner hoch aufgerichteten Rute und führte sie in sich ein. Kuan stöhnte auf, und Chong fing an, sich langsam auf und ab zu bewegen. Die ineinander verschlungenen Körper begannen, sanft zu schaukeln. Das Wasser schwappte rhythmisch an ihren Bauch. Als sie ihren Kopf senkte, nahm er den betörenden Geruch ihrer Haare wahr. Sie presste ihre Lippen auf seine. Kuan, der sich mit einer Hand am Wannenrand festhielt, umfasste ihr Kinn und drang mit seiner Zunge weiter vor. Er labte sich an ihrem Mund, während Chong ihren Körper etwas anhob und ihre Hände zärtlich über seine Pobacken, seine Lenden und schließlich sein Glied gleiten ließ.

Kuan angelte nach einem neben der Wanne stehenden Fläschchen, nahm einen Schluck und küsste Chong. Schluck um Schluck trank sie den Alkohol von seinen Lippen. Schweiß stand ihm auf der Stirn, den ihm Chong sogleich mit einem Handtuch abtupfte. Sie fuhr fort, ihre Schenkel an seinen Hüften zu reiben. Seinen Penis fest umschlossen, wiegte sie ihn wie eine Mutter ihr Kind. Sich mit beiden Händen am Boden der Wanne abstützend, stemmte er sich den kreisenden Bewegungen von Chongs Gesäß entgegen. Dann stieß er wild zu.

Chong jedoch lockerte die Umklammerung ihrer Schenkel, klopfte Kuan auf die Wange und rief: »Was ist denn los?«

»Was?«

»Sie sind zu stürmisch!«

Kuan nahm noch einen Schluck Wein in den Mund und näherte sich Chongs Lippen. Aber diese wich ihm aus und drehte den Kopf weg.

»Genug. Übertreiben Sie es nicht. Wenn ein Mann sich zu sehr verausgabt, dann altert er schneller.«

Kuan schluckte den Wein hinunter: »Heute Abend ... wirst du einen Kunden empfangen.«

»Was soll das heißen?«

Kuan tauchte seine Hände wieder ins Wasser und hob mit einem Ruck Chongs Schenkel an. Mit einem kräftigen Stoß drang er bis zur Wurzel in sie ein. Ihr entfuhr ein spitzer Schrei, und sie presste ihre Schenkel fest um Kuans angespannte Lenden, während sie sich an seinem Hals festhielt. Erhitzt, wie er war, machte er sich mit wilder Brutalität ans Werk. Das junge Mädchen, dessen Kopf stakkatoartig nach hinten geschlagen wurde, stieß immer lauter werdende gutturale Laute aus. Kuan näherte sich dem Orgasmus, sein Kopf war hochrot. Ihr Keuchen vermischte sich mit kleinen Schreien und wurde immer lauter, flachte plötzlich ab, nur um danach erneut in voller Lautstärke aus ihr herauszubrechen, bis sie endgültig verstummte. Erschöpft ließen sich die Liebenden zurücksinken. Sie warteten darauf, dass die Erregung abklang. Chong, die sein Glied nach wie vor umschlossen hielt, wurde immer noch von Zuckungen geschüttelt. Ihr Kinn ruhte auf dem Wannenrand, den Mund hatte sie leicht geöffnet.

Kuan schlief schon, da stand Chong auf, um sich zu den anderen Mädchen zu gesellen. Sie machte sich zurecht und ging in die Bar. An den Tischen saßen erste Kunden, die darauf warteten, was der Abend bringen würde.

Chong suchte Kiu auf, die dabei war, in ihrem Zimmer Mah-Jongg-Steine zu sortieren.

Kiu ließ bewundernd den Blick über sie wandern und rief aus: »Wie schön du bist! Was für ein Glück du hast, jung zu sein!« Chong betrachtete sich in dem Spiegel, der neben der Tür hing. Er war nach westlicher Art und nicht größer als eine Handfläche. Kiu fuhr fort: »Eine Frau ist schön, wenn sie gerade ein Baby geboren hat oder nach dem Liebesspiel mit einem Mann, der es vermochte, ihr das Gefühl zu geben, ihr Körper und ihr Herz seien eins mit ihm. Derartige Dinge erkenne ich sofort, und du kommst gerade aus dem Bett deines Herrn. Nicht wahr, Lenhwa?«

Chong nickte und lachte unsicher auf. »Heute war er aber seltsam. Er hat von mir verlangt, einen Kunden anzunehmen.«

»Oh ja!«, sagte Kiu vielsagend. »Sobald es unsere Arbeit betrifft, reagieren eifersüchtige Männer ungestümer.«

»Das habe ich gemerkt«, gab Chong immer noch lächelnd zu. »Jedenfalls war es sehr gut.«

»Das kommt daher, dass dein Körper erwacht. Aber eine Gespielin darf nicht auf ihre Begierden hören, sonst kann sie sich nicht lange halten.«

»Was soll ich also tun?«

Während sie Chong den Schweiß von der Stirn abtupfte, raunte Kiu ihr zu: »Du musst einen haben, der dir unter die Haut geht, aber bei der Arbeit musst du es vortäuschen wie beim Theater.«

Chong hob den Kopf. »Ich brauche keinen Geliebten«, murmelte sie abwesend.

In diesem Moment meldete ein Diener Liangjungs Ankunft.

»Führe den Herrn zum Direktor«, beschied ihn Kiu. »Wenn sie mit ihrer Unterhaltung fertig sind, begleite ihn in ein Separee.«

Der Diener wollte sich schon umdrehen, aber Kiu hielt ihn noch einmal zurück und fragte: »Ist er in Begleitung?«

»Nein, er ist allein.«

Chong und Kiu tauschten einen verschwörerischen Blick.

»Lenhwa, heute Nacht ist es deine Aufgabe, ihn zu verwöhnen.«

»Auf Anweisung des Direktors?«

»Auch mir ist daran gelegen.«

Chong richtete sich ihre Haare vor dem Spiegel und fragte leise: »Wenn das so ist, was habe ich davon?«

»Du verdienst dir den Titel Hwajia, Blume des Hauses, und wirst meine Stellvertreterin. Außerdem werden wir vom Direktor für dich einen Anteil an den Einnahmen der Separees und des großen Saales verlangen.«

Für Kiu war ihre Seite der Abmachung klar. Dass es für Chong jedoch noch eine andere Seite außer der geschäftlichen gab, kümmerte sie nicht. Ihr Plan war es, das junge Mädchen zu ihrer Kollegin zu machen, egal ob sie Kuans Geliebte war oder nicht. Seit sie begriffen hatte, wozu diese fähig war, ging sie ihr nicht mehr aus dem Kopf.

»Sehr schön«, sagte Chong. »Dann werde ich niemandem gehören.«

Im Erdgeschoss war Kuan mit Liangjung beschäftigt. Auch P'aeng hatte er ihm vorgestellt. Der Beamte, der eigentlich hergekommen war, um einen angenehmen Abend zu haben, fühlte sich etwas ungemütlich angesichts dieser geballten Aufmerksamkeit. Kuan bot Tee an.

»Sehr gerne«, antwortete sein Gegenüber.

Nachdem er den ersten Schluck gekostet hatte, lobte Liangjung, dass der Tee nach allen Regeln der Kunst zubereitet worden war: »Euer Tee schmeckt exzellent.«

»Da kann ich nur zustimmen. Es ist Boyi. Meine Familie baut schon seit Generationen Tee an.«

Liangjung nickte verstehend: »Es scheint, dass in diesen Tagen die Teeproduzenten Probleme mit Opium haben …«

»Ja, so scheint es … und alles nur wegen der Leute aus dem Westen. Statt in Silber bezahlen sie mit Opium. Im Übrigen befindet sich mein älterer Bruder im Gefängnis. Er wurde im Verlauf einer dieser Kontrollen festgenommen, und das alles nur wegen dieser vermaledeiten Geschichte.«

Liangjung gab sich den Anschein, noch nichts davon gehört zu haben: »Ach ja? Diese Vorkommnisse sind einfach zu ärgerlich. Wissen Sie, die Opiumfrage sorgt überall in Regierungskreisen für beträchtliche Unruhe. Da stehen die Chancen gleich null, dass er glimpflich davonkommt. In Kanton hat man mehrere Hundert Schmuggler enthauptet.«

»Genau deswegen mache ich mir solche Sorgen. Sie wissen das ja besser als ich, aber in Nanking und in Chinchiang gibt es eine Menge Opiumhöhlen. Dazu kommt, dass die Haltung der Regierung so sprunghaft ist. Mal duldet sie stillschweigend, mal greift sie hart durch, wie soll man da dieser Plage ein Ende setzen? Mein Bruder hat einfach die Dummheit besessen, das Opium, das er als Bezahlung für Tee erhalten hat, zu lagern.«

»Sie haben ja recht, aber er wird sein Unglück mit Geduld ertragen müssen. Der Innenminister hat gerade gewechselt, und wir sind mitten in Verhandlungen. Man wartet auf neue Richtlinien des Ministeriums. Kennen Sie nicht einen gewissen Ch'en Chong, der im Büro für zentrale Überprüfung arbeitet?«

»Nein, leider nicht! Leute von der Zentralregierung kommen hier, wenn überhaupt, nur auf Stippvisite vorbei …«

Der Beamte zeigte durch ein Nicken, dass er verstanden hatte. Dann bedeutete er Kuan durch eine kleine Bewegung mit dem Finger, näher zu kommen. Dieser beugte sich über den Tisch, und Liangjung senkte den Kopf und flüsterte ihm ins Ohr: »Ich kenne Ch'en Chong gut. Ich könnte versuchen, Sie beide bekannt zu machen. Aber das ginge nicht ohne eine kleine Aufmerksamkeit.«

»An wie viel hatten Sie denn dabei gedacht?«

»Um das Gesicht nicht zu verlieren, bräuchte man dazu schon zweitausend Nyang.«

»Ich werde sie Ihnen in klingender Münze zukommen lassen.«

Liangjung richtete sich wieder auf, ein breites Lächeln auf seinem Gesicht. Kuan wandte sich an P'aeng, der hinter ihm stehen geblieben war: »Hole bitte zweitausend Nyang in Silberstücken.«

»Ist das nicht etwas hinderlich?«, fragte P'aeng. »Wäre es Ihnen nicht lieber, ich ließe einen Wechsel vorbereiten?«

»Nein, Wechsel gehen durch zu viele Hände, das wäre unpraktisch.«

Als P'aeng gegangen war, neigte sich Liangjung noch einmal zu Kuan herüber: »Solange ich in Chinchiang bin, werde ich mein Bestes tun, damit es hier künftig keine Überprüfungen mehr gibt.«

Kuan faltete die Hände und bat inständig: »Ja, wenn Sie das erreichen könnten! Davon abgesehen, kennt man unsere Familie sehr gut in der Verwaltung von Nanking.«

»Das hatte man mir schon gesagt. Ich, für meinen Teil, hätte nun auch eine kleine Bitte an Sie.« Bevor er fortfuhr, hob Liangjung einen Finger, und Kuan begriff sofort, worum es sich handelte. Aber er ließ seinen Gesprächspartner den Wunsch aussprechen. »Dieses junge Mädchen, Lenhwa ist ihr Name, ist sie Ihre Geliebte?«

»Ja, das ist richtig, auch wenn ich das nur ungern zugebe.«

»Wie Ihre Lingchia mir mitteilte, kommt sie ursprünglich aus Kaoli. Entspricht das den Tatsachen?«

»Sie scheint Ihnen zu gefallen, oder?«, fragte Kuan, ohne sein Grinsen zu verbergen.

Liangjung gab dies zu und rieb sich verlegen die Hände: »Nun ja, es ist so … Sie ist einfach … man könnte sagen … sie ist wie eine Blüte zu Beginn des Frühlings, die sich gerade erst geöffnet hat …«

»Machen Sie sich keine Gedanken. Ich werde dafür sorgen, dass sie Ihnen heute Nacht zur Verfügung steht.«

Liangjung entschlüpfte ein glückseliges Lachen. Er klopfte Kuan auf die Schulter, unfähig, seine Freude zu zügeln: »Haha! Direktor, Sie sind wirklich ein Mann nach meinem Geschmack.«

Im Moment dieser Verbrüderungsgeste erschien P'aeng mit einer Schachtel, die er auf den Tisch stellte und öffnete. Darin befanden sich zwanzig Silber-Tael. Kuan behielt P'aeng da, damit er einen Zeugen für die Übergabe hatte.

»P'aeng kümmert sich bei uns um den großen Spielsaal.«

»Ich würde mich freuen, Sie bei uns begrüßen zu dürfen, wenn Ihnen der Sinn nach einem Spielchen steht.«

»Danke.«

Als sie gemeinsam den Raum verließen, wies Kuan dem Beamten den Weg in einen Gang. »Hier entlang bitte. Die Lingchia wird sich nun um Sie kümmern.«

Kuan ging voran, und Liangjung folgte ihm. Am Ende des Flures wartete Kiu auf sie.

»Den Herrn empfangen zu dürfen macht mich sehr glücklich.«

Kuan verabschiedete sich an dieser Stelle, indem er Liangjung ins Ohr flüsterte: »Lenhwa erwartet Sie. Genießen Sie den Abend.«

Ohne ihr besondere Beachtung zu schenken, folgte Liangjung der Mama-Kiu. Er wurde zu einem Zimmer am hinteren Ende geführt, gleich neben dem Rauchsalon. Sobald sich die Tür öffnete, umgab ihn sogleich der Geruch von Frühling, denn die Luft war erfüllt von Parfumdüften. Er fand eine andere Einrichtung vor als beim letzten Mal. Die Wand war von einem roten Vorhang verdeckt, auf dem Teebrett und dem Nachttisch entdeckte er Blumenarrangements, und eine dezente rote Lampe gab dem Ganzen eine heimelige Atmosphäre. Ein Deckenventilator sorgte für einen kühlen Luftzug. Dieser wurde von mehreren Dienern betätigt, die ohne Unterlass abwechselnd an den Seilen zogen. Unter den geöffneten Fenstern verströmten Glyzinien einen betörenden Duft. Diener brachten ein paar Dim Sum und alkoholische Getränke. Zwei von den Mädchen betraten mit Geige und P'ip'a den Raum, und Kiu füllte Liangjungs Glas.

»Da dies für den gnädigen Herrn ein besonderer Tag sein wird, trinken Sie bitte erst einmal einen Schluck.«

»Leistest du mir dabei Gesellschaft?«

Liangjung reichte ihr ein Glas. Sie prosteten sich zu, wie es Sitte war. Sobald der Beamte ausgetrunken hatte, goss Kiu ihm augenblicklich nach. Die zwei Mädchen begannen nun zu singen und zu spielen. Kiu stand auf und fing an zu tanzen, wobei sie den Fächer grazil in der Hand führte. Die klagende Weise der chinesischen Geige plätscherte durch die Luft wie ein friedlicher Bach, während die Töne der P'ip'a wie Sonnenstrahlen schimmerten, die gelegentlich auf die Wasseroberfläche treffen. In diesem Moment öffnete sich eine Tapetentür, und Chong erschien in einem langen, tief ausgeschnittenen Seidengewand. Ihr Haar war aus der Stirn gestrichen und fiel wie ein Wasserfall zu beiden Seiten auf die Schultern herab. Auch sie bewegte sich sogleich zu der Musik. Verführerisch hielt sie in jeder Hand einen Fächer, dessen lange Federn herunterhingen. Kiu, die Chong während der vorausgegangenen Tage unterwiesen hatte, setzte sich nun wieder und stimmte in den Gesang ein.

Liangjung erhob sich, um mitzutanzen. Er wandte sich dem Mädchen zu und wiegte sich im Rhythmus der Musik. Chong streifte immer wieder, wie zufällig, seine Brust. Das Ganze diente natürlich dazu, ihn in Wallung zu bringen. In der Folge kümmerten sich Kiu und Chong abwechselnd darum, dass das Glas des Mannes nicht leer wurde, und die Mädchen sorgten für die musikalische Untermalung.

Nach einiger Zeit klatschte Kiu in die Hände: »Zu dieser vorgerückten Stunde sollten wir dem Herrn jetzt etwas Ruhe gönnen.«

Die Mädchen hörten auf zu spielen und verließen mit einer Verbeugung den Raum. Kiu hob den Vorhang des Alkovens und fuhr fort: »Lenhwa, führe den Herrn zu seinem Bett.«

Chong reichte dem Mann eine Hand, mit ihrer anderen bedeckte sie dabei verschämt ihr Gesicht, die Schüchterne spielend. Der Beamte folgte ihr, etwas wackelig auf den Beinen. Kiu ließ den Vorhang wieder herab, löschte die Lampe und zog sich geräuschlos zurück.

Das Zimmer lag im Halbdunkel, spärlich erleuchtet von der Laterne, die draußen am Vordach angebracht war. Chong lag nackt auf dem Bett und betrachtete die Muster, die durch das Licht auf die Decke gemalt wurden. Neben ihr schnarchte ein Fremder, der seinen Rausch ausschlief.

Von nun an gehöre ich niemandem mehr. Ich bin jetzt die Hwachia des Tempels, die Blume des Hauses, sinnierte sie. In diesem Moment wurde ihr bewusst, was sich seit der ersten Nacht mit Herrn Ch'en alles verändert hatte. Vor allem hatte sie das Gefühl, dass ihr Körper ihr fremd geworden war. Auch ihre Stimme war nicht mehr die eines jungen Mädchens. In der ersten Nacht hatte sie den Eindruck gehabt, ihre Seele sei in einer dunklen Welt gefangen, in dem tiefen Wasser, in das man sie geworfen hatte. Das Leben, das man ihr aufgezwungen hatte, war für sie ein beängstigendes Rätsel gewesen. Jetzt, in diesem Moment, schien es ihr wiederum so, als schwebe jemand, der sich ihrer erinnerte, über dem Bett, um ihren nackten Körper zu betrachten. Sie griff unter das Kopfkissen und fand dort ein hufeisenförmiges Silberstück, das Liangjung mit der Selbstverständlichkeit eines erfahrenen Mannes dort für sie deponiert hatte. Ihre Hand schloss sich fest um das Geldstück.

»Ich habe mich verkauft.«

Sie schob die Decke von sich, setzte sich auf und schlüpfte lautlos aus dem Bett. Sie goss Wasser aus einer großen Karaffe in eine Schüssel. Dann beugte sie sich vor, um sich zu waschen.

Kuans Bruder wurde drei Tage später entlassen. Kiu führte mit ihrem Chef ein Gespräch über die zukünftige Stellung von Chong, doch Kuan wollte zunächst deren Meinung dazu hören. Eines Morgens erwachte er später als gewöhnlich. Chong war nicht mehr im Bett. Nur eine Dienerin, die Tee und Früchte gebracht hatte, war zu sehen.

»Wo ist denn Lenhwa?«, fragte Kuan beiläufig.

»Bei den Freudendamen«, informierte ihn die Magd.

Kuan war verärgert darüber, dass sich Lenhwa entfernt hatte, bevor er aufgestanden war. »Hole sie sofort her!«

Aber die Dienerin kam allein zurück und erklärte: »Sie ist sehr beschäftigt, da sie sich auf ihre Aufgabe als Hwachia vorbereitet.«

Wutentbrannt stürzte er in den anderen Gebäudetrakt hinüber, um Chong zur Rede zu stellen. Diese war in Gesellschaft von Kiu, die den Direktor empfing, ohne sich ihr Erstaunen anmerken zu lassen. Kaum hatte er sich hingesetzt, fing Kuan an, die beiden vor ihm stehenden Frauen anzuschreien: »Wie könnt ihr zwei das unter euch ausmachen, wer Hwachia wird?«

»Herr Direktor, ich glaube mich zu erinnern, dass Sie mir Ihr Einverständnis dazu gegeben haben«, hielt ihm Kiu lächelnd entgegen.

Ohne zu zögern, setzte Chong hinzu: »Wenn ich mich nicht irre, war es doch ganz in Ihrem Sinne, dass ich mich dem Beamten zur Verfügung gestellt habe.«

Kuan verkniff sich eine Antwort, aber er warf dem jungen Mädchen einen vorwurfsvollen Blick zu.

Diese wurde deutlicher: »Ich bin nicht Ihre offizielle Mätresse. Also möchte ich einen Vertrag. Wie es die Lingchia vorgeschlagen hat, geben Sie mir von nun an einen Anteil aus den Einkünften des großen Saales und der Separees.«

Mit düsterer Miene schaute Kuan Kiu an, die weiterhin lächelnd ihre Zustimmung mit einem Kopfnicken bekräftigte. Er stieß einen tiefen Seufzer aus: »Bedeutet das, dass Lenhwa bei den anderen Mädchen bleibt?«

Kiu verschränkte die Hände: »Keineswegs, mein Herr. Sie wird Ihnen zur Verfügung stehen, wann immer Sie nach ihr rufen.«

In diesem Moment kam ein Diener herein: »Es ist eine Künstlergruppe vorstellig geworden, die angibt, von Ihnen hergebeten worden zu sein.«

Kuan nutzte diese willkommene Unterbrechung, um die ihm qualvolle Unterredung beenden zu können. Er ging und begrüßte die Ankömmlinge. Die sechs Musiker, die er auf dem Markt der Plantage kennengelernt hatte, waren eingetroffen. Sie schienen sehr erschöpft zu sein, da manche sogar die Köpfe auf den Tisch gelegt hatten und andere auf dem Boden saßen. Kuan befahl seinen Angestellten: »Bringt zunächst etwas zu essen und versorgt sie mit frischen Kleidern.« Dann wandte er sich an den Mann, mit dem er damals die Verhandlungen geführt hatte: »Ruht euch heute erst einmal aus. Morgen werdet ihr mit der Arbeit beginnen.«

Die Wandertruppe war im *Tempel des Glücks und der Freude* am späten Nachmittag angekommen. Zu dieser Stunde machten sich die Damen für den Abend zurecht. Als ein Diener erschien und Kiu mitteilte, dass man für die Musikanten Zimmer benötigte, ordnete sie an, zwei Räume im Erdgeschoss herzurichten. Den Raum neben dem Eingang und einen kleineren, der als Reis- und Gemüselager für die Küche diente.

Als die Gruppe sich erhob, waren die Mädchen voller Neugier auf der Treppe stehen geblieben.

Kiu, die zusammen mit Chong vor ihrem Büro stand, empfing die Musikanten selbstsicher wie immer: »Guten Tag und herzlich willkommen in unserem Haus. Ich heiße Kiu und bin die Lingchia hier.«

Der älteste der Musiker verbeugte sich, bevor er sich vorstellte: »Ich grüße Sie, Mutter Lingchia. Mein Name ist Tsu, und ich spiele chinesische Geige, seit ich denken kann. Dies hier ist meine Frau Shanwei. Ihr Instrument ist die Querflöte. Unser Sohn Fushi spielt die siebensaitige Harfe und meine kleine Tochter Shaopao die P'ip'a.«

Die genannten verbeugten sich nun ihrerseits nach der Reihe. Fushi unternahm die Vorstellung seines Kameraden: »Und das ist mein Freund Shangchao, der mit mir zusammen Unterricht hatte.«

Er schien ungefähr so alt wie Fushi zu sein. Shangchao machte seine Reverenz. Dann trat ein weiterer junger Mann hervor, der sich bislang im Hintergrund gehalten hatte, und sagte fröhlich: »Ich heiße Li und mit Vornamen Tongyu. Wir sind alle miteinander aus Chiangshi. P'ip'a spiele ich, seitdem ich sechs bin.«

Tongyu war hoch aufgeschossen, dünn und von heller Hautfarbe. Seine prominente Stirn und seine lebhaften Augen zeugten von Intelligenz. Er schien in den Zwanzigern zu sein. Die Musiker wurden nun zu ihrer Unterkunft geführt.

Als Kiu wieder in ihr Büro zurückgekehrt war, bemerkte sie: »Sie müssen wirklich sehr gut spielen, sonst hätte sie der Direktor nicht kommen lassen.«

Chong hörte ihrer Mentorin aufmerksam zu, dann sagte sie leise: »Dieser Tongyu ist ein gutaussehender Junge!«

»Weißt du, so einer wie der hat kein Geld, kein Vermögen. Man verschachert ihn, er geht von Hand zu Hand. Der ist noch schlechter dran als wir.«

Zu erfahren, dass es das Los des Künstlers war, verkauft zu werden, machte Chong traurig.

Am nächsten Tag legte eine Vielzahl von Schiffen an den Ufern des Jangtse an. Seit dem frühen Morgen war der Hafen wie ein Ameisenhaufen. Die Bars und Spielhöllen waren zum Brechen voll, man kam kaum mehr durch. Sobald die roten Laternen am Abend angezündet worden waren, fanden sich die Freudendamen wie gewöhnlich in der Bar des Tempels ein. In bunte Seidengewänder gekleidet, nahmen die Musiker auf der Bühne Platz und begannen zu spielen. Die Mädchen hatten anmutig auf ihren Stühlen Platz genommen und schauten ihnen zu, ebenso wie Kuan, der zusammen mit anderen auf der Empore saß. Die Musikanten fingen zunächst mit ein paar langen Instrumentalstücken an. Die Gäste, die schon gegessen hatten, lauschten ihnen andächtig bei einem Glas Reiswein. Die Musik ließ die Herzen der Zuhörer nicht unbewegt, aus einer leisen Regung wurde ein Wohlgefühl und zuletzt ein Sturm der Gefühle. Dann beruhigten sich die Empfindungen wieder und plätscherten wie Wasser dahin, bis die letzten Tropfen versiegten und – einem Vogelgezwitscher gleich – unter dem Sternenzelt verhallten.

Weit weg von meiner Heimat, mit Tränen in den Augen,
Sehe ich dort ein einsames Schiff mit gehissten weißen Segeln.
Sagt mir, wo ist denn nur der Hafen?
In der Brandung am Ufer wogt das Wasser ungerührt im Abendrot.

Die Instrumente waren verstummt, und Tongyu hatte zu singen begonnen, nur von seiner P'ip'a begleitet. Seine Stimme war rein und jugendlich. Kuan, auf seinem erhöhten Platz, geriet ins Schwärmen: »Was für eine Begabung! Dem da ist eine große Zukunft als Musiker sicher.«

Kiu flüsterte: »Sie selbst spielen aber auch ganz hervorragend P'ip'a, nicht wahr?«

»Ach, das ist doch gar kein Vergleich. Ich habe niemals ernsthaft Unterricht gehabt.«

Chong spürte einen Tropfen auf ihren Handrücken fallen. Als sie ihn mit der anderen Hand wegwischen wollte, wurde ihr bewusst, dass es eine Träne war. Dieses Lied hatte sie urplötzlich und zum ersten Mal, seitdem sie ihre Heimat verlassen hatte, an ihre Kindheit erinnert. Das Dorf, in dem sie gebettelt hatte, die langen Märsche durch die Berge zu dem benachbarten Marktflecken, in der Hoffnung, dort etwas Reis zu ergattern. Sie schloss die Augen. Sobald das erste Sonnenlicht über den Hügel stieg, wenn noch der Nebel über den Wegen lag, hatte sie ihren blinden Vater sich selbst überlassen und war aus dem Haus gegangen. In einer Kniehose und einer Jacke, nicht mehr als Lumpen, mit einem alten Baumwollfetzen auf dem Kopf und barfuß in Schuhen aus Stroh war sie mit einer alten Kalebasse aufgebrochen, etwas Essbares zu beschaffen. Am Ende des Tages, alle anderen Leute saßen längst nach der harten Arbeit auf den Reisfeldern zu Hause beim Abendessen, wanderte sie immer noch von Dorf zu Dorf. Selbst die Vögel kehrten schon in ihre Nester zurück. Obwohl der kalte Wind ihre Finger zu Eis erstarren ließ, lief sie von Tür zu Tür und versuchte, sich mit ihrem Atem die Hände zu wärmen. Sie erinnerte sich jetzt auch an ein Lied, das die Frauen immer gesungen hatten, als sie, mittlerweile herangewachsen, Näharbeiten für eine gut situierte Familie verrichtete:

Inmitten des Gelben Meeres gibt es eine alte Pinie mit vielen morschen Ästen.
Unter ihr steht ein weißer Reiher.
An einem Zweig hängt ein unfertiger Frack.
Der Reiher will im Dorf das Fehlende holen.
Aber dort gibt es keinen Stoff für den Kragen.
So färbt man dem Reiher das Federkleid rot,
Denn rot ist im Überfluss zu haben.
Dazu noch eine dunkelrote Schärpe.
Und der Reiher zieht aus zu heiraten, zu heiraten im schönsten Gewand.

In den darauffolgenden Wochen trafen in Chinchiang immer öfter Schiffe ein, die von westlichen Seestreitkräften beschädigt worden waren. Als im September der Wind kälter wurde, bemächtigte sich die englische Armee der Insel Choushan in der Bucht von Hangchou. Wenig später stieß eine englische Schwadron in Richtung Norden nach T'ienchin und später sogar bis Peking vor. Doch weder die Händler noch die Bevölkerung waren darüber sonderlich beunruhigt, denn die britische Marine beschlagnahmte keine Handelsschiffe und auch keine Dschunken. Die Geschäfte liefen wieder glänzend in den Häfen am Jangtse, und der *Tempel des Glücks und der Freude* erhielt viel Zuspruch. Diese wiedergewonnene Betriebsamkeit wurde zudem noch dadurch begünstigt, dass keine Kontrollen der Bezirksverwaltung mehr stattfanden. Die Raucherzimmer wurden nie leer.

Einen Monat zuvor hatte Chong begonnen, die P'ip'a spielen zu lernen. Zu Beginn hatte Tsus Enkelin, Shaopao, ihr gezeigt, wie man die Saiten mit den Fingern zum Klingen brachte. Man legte den Daumen auf das Instrument, und mit den übrigen vier Fingern zupfte man die Saiten. Sollten nur ein oder zwei erklingen, verwendete man ein Plektron. Und man erzeugte Akkorde, indem man die Finger der Reihe nach über die Saiten gleiten ließ. Beim Spiel ging es darum, die Fingerspitzen von Daumen, Zeige- und Mittelfinger mithilfe von dünn geschliffenen Fingerhüten aus Horn nacheinander zu bewegen wie Perlen auf einer Schnur. Jede Saite hat einen bestimmten, aber leisen Ton. Erst im Zusammenspiel aller vier Saiten erhielt man den vollen Klang eines Akkords. Da Chong und Shaopao fast gleich alt waren, wurden sie schnell Freundinnen, obwohl Letztere noch ganz Kind war. Durch das gemeinsame P'ip'a-Spiel freundete sich Chong auch mit Tongyu an. Die drei Jugendlichen verbrachten tagsüber von nun an viel Zeit miteinander. Gelegentlich kam auch Kuan vorbei. Da auch er sich verbessern wollte, spielte er dann Chongs Instrument und bat Tongyu um seine Meinung und seine Anregungen.

Das Fest des Herbstmondes nahm Kuan zum Anlass für eine Feier mit Musik und Tanz. In seiner Jugend hatte er mit seinen Freunden in Nanking gerne selbst so etwas veranstaltet. Dieses Mal verlangte er von allen Händlern und Restaurantbetreibern eine finanzielle Beteiligung. Für ihn war das eine gute Gelegenheit, seine Vormachtstellung in der Nachbarschaft zu festigen und gleichzeitig das gute Verhältnis mit den Beamten vor Ort zu pflegen. Da er dank des großen Erfolgs des Vergnügungstempels einer der reichsten Männer Chinchiangs geworden war und die Gauner des Bezirks unter Kontrolle hatte, war es selbstverständlich, dass man ihm die Ausrichtung der Feierlichkeiten übertrug. Von allen großen Festen im Jahresverlauf waren der Tag des ersten Mondes, der am 15. des ersten Monats im Mondkalender begangen wurde, und der des Herbstmondes am besten für musikalische Darbietungen geeignet. Obwohl er ja über die Musiktruppe aus seinem Etablissement verfügte, setzte Kuan auch alle seine Gesellschafterinnen ein, die singen oder tanzen konnten, und engagierte zusätzlich einige Künstler aus Nanking. Er plante, im Hafen von Chinchiang einen Markt unter freiem Himmel zu veranstalten. P'aeng und Wuen übertrug er es, sich darum zu kümmern, dass Händler, Restaurantbesitzer ebenso wie die Betreiber von Spielcasinos und Opiumhöhlen nach seiner Pfeife tanzten.

Drei Tage vor dem Ereignis trafen die Musiker und Gaukler aus Nanking ein. Die Räume der Freudendamen füllten sich mit Künstlern und Schaustellern. Der Hof zwischen Kuans Haus und dem, das die Mädchen beherbergte, war den Proben vorbehalten. Der Chef der Truppe aus Nanking war ein alter Mann, der zeit seines Lebens auf der Bühne gestanden hatte. Er wusste sehr gut, was den Leuten gefiel, aber er musste erst mit dem Direktor Rücksprache halten.

»Herr, bitte sagen Sie mir, was Sie sich vorgestellt haben«, bat er.

»Was ich möchte«, Kuan breitete eine Skizze aus, »ist eine Bühne auf den Landungsstegen. Darum herum ein großer Markt. Der geeignete Augenblick für den Beginn der Vorstellung ist die Abenddämmerung. Zur Einstimmung möchte ich Musik und Tanzdarbietungen. Anschließend ein Theaterstück in zwei Akten. In der Pause noch einmal einige Tanznummern für die Stimmung.«

»Und wie sollen die Musiker auf die Bühne gelangen, mein Herr?«

»Wir brauchen unbedingt einen Umzug. Die Künstler werden zum Markt wandern und auf dem Weg in den Straßen spielen. Dazu müssen entlang des ganzen Weges Lampen aufgestellt werden.«

Der Leiter der Künstler rief den alten Tsu, um mit ihm den Ablaufplan des Festes durchzusprechen. Tsu war sehr erfahren, was solche Festivitäten anbelangte. Eine Oper einzustudieren war relativ einfach. Es genügte, ein oder zwei Mal zu proben.

Sehr viel schwerer war es hingegen, die Freudendamen und die Berufsmusiker in Einklang zu bringen. Auch wenn die Mädchen es vermochten, im kleinen Rahmen für Stimmung zu sorgen, so konnten sie doch nicht so gut spielen wie die Künstler, die es von der Pike auf gelernt hatten. Tsu beschloss, nicht an der grundlegenden Technik zu arbeiten, sondern die Stücke zu verbessern, die vorgetragen werden sollten. Auch die verschiedenen Tanzeinlagen, ob für ein Solo oder als Gruppe, ließ er sie immer wieder üben.

Chong sollte singen und sich selbst mit der P'ip'a begleiten. Sie hatte auch Lust zu tanzen, aber da Kuan von dieser Idee nicht sonderlich begeistert war, sah sie davon ab. Da ein guter Vortrag immer davon abhängt, wie viel Freude der Künstler selbst daran hat, gelang Chongs Spiel ganz ausgezeichnet. Sie hatte wirklich eine Begabung dafür. Die anderen Mädchen beneideten sie, und Kuan geizte nicht mit Komplimenten. Die beiden Stücke, die sie mit Shaopao und Tongyu erarbeitet hatte, konnte sie auswendig.

Die Schauspieler probten unter dem strengen Regiment ihres künstlerischen Leiters, während Shanwei und Shaopao die Freudenmädchen auf Trab hielten.

Während einer Übungsstunde mit Tongyu hielt Chong plötzlich inne und sagte: »Es ist zu laut hier. Ich höre ja kaum, welche Töne ich spiele. Lass uns woanders hingehen.« Sie griff nach ihrer P'ip'a mit der Absicht, in ihrem Zimmer Zuflucht zu suchen. Tongyu wagte es aber nicht, ihr zu folgen, sondern blieb wie angewurzelt stehen, wo er war. »Warum kommst du nicht?«

»Weil … man kann doch nicht einfach zu anderen Leuten hineingehen.«

Chong trat zu ihm hin und zog ihn am Ärmel: »Sind wir nicht schon im selben Haus?«

Sie gingen also zu den Privaträumen des Direktors. Tongyu konnte sich kaum überwinden einzutreten. Chong forderte ihn auf, am Wohnzimmertisch Platz zu nehmen. »Setz dich doch, hier wohne ich.«

Sie schürte das Feuer, indem sie die Lüftungsklappe des Abzuges öffnete, dann stellte sie einen Teekessel auf die gusseiserne Platte. Nach mehrmaliger Aufforderung hatte Tongyu sich endlich hingesetzt, fühlte sich aber offensichtlich nicht wohl in seiner Haut, denn er schielte immer wieder zur Tür. Das Wasser fing an zu kochen, und der heiße Dampf pfiff laut durch den Spalt des Aufsatzes. Chong nahm den Teekessel vom Feuer und warf einige Teeblätter hinein, die sie eine Weile ziehen ließ. Dann schenkte sie Tongyu eine Tasse ein und stellte sie direkt vor ihn hin. Auch sich selbst goss sie Tee ein und schnupperte daran.

»Da dies ein junger Tee ist, ist der Duft leicht wie die Töne der P'ip'a.«

Tongyu nahm seine Tasse, ohne Chong aus den Augen zu lassen. Nach kurzem Zögern fragte er dann: »Lenhwa … bist du nicht die Mätresse des Direktors?«

Chong schüttelte den Kopf. »Keineswegs. Ich bin die Hwachia des Hauses, die rechte Hand von Kiu, der Lingchia.«

Tongyu nahm seine P'ip'a zur Hand, die er auf einen Stuhl gelegt hatte, stimmte ein paar Dreiklänge an und schlug vor weiterzumachen. »Wollen wir?«

Eine Hand auf dem Hals des Instruments, begann Chong eine Melodie in Moll.

Nach einem kurzen Augenblick ließ Tongyu sie innehalten: »Die Töne sind unrein, vorher war es besser …«

Chong erhob sich mit der P'ip'a in der Hand und näherte sich ihm: »Ich weiß nicht mehr, wo ich greifen muss, hilf mir.«

Tongyu stellte sich hinter sie, streckte die Arme aus und legte seine Hände auf ihre wie bei einer Umarmung. Mit dem Rücken an seine Brust gelegt, drückte Chong ihr Gesäß in das Dreieck, das sich zwischen seinen Lenden befand. Er spürte ihren biegsamen und doch festen Körper durch den Stoff hindurch. Die weiche Seide und die anschmiegsamen Rundungen lenkten ihn dermaßen ab, dass er nicht mehr in der Lage war, die Saiten richtig zu zupfen.

Chong legte das Instrument langsam hin, drehte sich um und warf sich ihrem Musiklehrer an die Brust: »Halt mich!«

Tongyu riss sie in seine Arme. Die Hitze seines Unterleibs entflammte Chong. Sie streichelte geschickt die Wangen des jungen Mannes und näherte sich dann mit ihren Lippen seinem Gesicht. Sein Puls raste, als er begann, an Chongs Lippen zu knabbern. Seine Hand wanderte unter ihr Hemd und umschloss eine Brust. Das Bett war zu weit weg, weswegen Chong sich auf den Boden gleiten ließ und sich ausstreckte, während er sich neben sie kniete und einen Arm unter ihren Nacken legte. Dann streichelte er ihre Pobacken und ihre Brüste, nichts weiter. Sie nahm seinen Kopf zwischen ihre beiden Hände, saugte an seinen Lippen und erforschte mit der Zunge seinen Mund. In diesem Moment war das Öffnen einer Tür zu hören. Schnell setzte Chong sich auf und schob Tongyu hastig von sich. Dieser setzte sich wieder auf seinen Stuhl.

Kiu trat ein. Sie warf einen flüchtigen Blick auf die beiden jungen Leute und verbarg ein Schmunzeln hinter ihrem Fächer. »Aha, ich hätte nicht kommen sollen!«, sagte sie.

Chongs Kragen klaffte, und ihr Haar war zerzaust. Mit hochrotem Kopf ergriff Tongyu eilig sein Instrument, verbeugte sich vor Kiu und machte sich aus dem Staub. Chong brachte ihre Kleidung und ihre Frisur wieder in Ordnung.

Kiu murmelte vor sich hin, während sie auf einem Stuhl Platz nahm: »Das wird noch Ärger geben.«

»Also, was führt Sie her?«, entgegnete Chong schnippisch.

»Nichts Besonderes. Alle Welt ist damit beschäftigt, Mondkuchen vorzubereiten, und da ich die Hwachia nirgends entdecken konnte, bin ich gekommen, dich zu holen. Das ist alles.«

Das junge Mädchen, das ihr nun gegenübersaß, lächelte verlegen: »Wir waren dabei zu proben. Für das Fest muss man gut vorbereitet sein.«

Kiu rückte Chongs Blumenhaarspange zurecht, die herunterzufallen drohte. »Es gibt da etwas, über das ich mit dir noch nicht gesprochen habe. An dem Tag, an dem ein junges Mädchen sich verliebt, fangen die Seelenqualen an. Aber was kann man dagegen machen? So ist das Leben, das wirst du schon noch merken.«

»Hatten Sie nie einen Geliebten?«

Kiu lachte bitter auf: »Das weiß ich nicht mehr … nach so langer Zeit …«

Die beiden Frauen machten sich auf, den anderen mit den Kuchen zu helfen. Kiu sagte ganz beiläufig: »Wenn der Direktor davon erfährt, wird das einen ganz schönen Wirbel verursachen.«

Chong erwiderte ungehalten: »Was soll schon passieren? Bin ich nicht die Hwachia des *Tempels des Glücks und der Freude?*«

»Die Hwachia zu sein, das ist nur die finanzielle Seite. Außerdem hast du schon einen Gönner.«

»Was soll das jetzt heißen?«, stieß Chong wütend hervor.

»Den Direktor! Selbstverständlich ist er dein Beschützer.«

Chong griff nach Kius Arm und beschwor sie: »Ich habe doch keinen Geliebten! Ich möchte eine Yelaihsiang werden wie Sie!«

Am Morgen des Festtages ließ Kiu einen Zeremonientisch aufstellen, damit auch jene Mädchen, die weit fort waren von zu Hause, ihre Gebete verrichten konnten. Dies war ein wichtiges Familienfest, genau wie der Tag des ersten Vollmondes. Und es war Tradition, dass auch die Mädchen, die den Schoß der Familie verlassen hatten, an diesem Tag an den heimischen Herd zurückkehrten. Wer weit weg war von zu Hause, hatte trotzdem am Vorabend Mondkuchen zubereitet. Sie waren mit roter Bohnenpaste und gelierten Früchten gefüllt und wurden in rotes Papier eingeschlagen und dann auf dem Zeremonientisch aufgestapelt, die großen unten, die kleinen obendrauf, sodass sich eine Kuchenpyramide ergeben hatte. Die Mädchen standen nun festlich geschmückt darum herum und weinten. Sie versuchten gegenseitig, sich über ihren Kummer und ihre Einsamkeit hinwegzutrösten, indem sie Kuchen und Früchte aßen und die Hoffnung beschworen, eines Tages doch wieder im Kreise der Familie an einem ähnlichen Tisch zu sitzen. Zum Schluss zündeten sie Räucherstäbchen an, sprachen Wünsche aus und tranken einen kräftigen Schluck. Es war kein Tee, sondern etwas Alkoholisches. Die Schauspieler wurden auch nicht vergessen. Ein kleineres Tischchen war in ihrer Unterkunft für sie bereitgestellt worden, damit auch sie Segenswünsche austauschen konnten.

Die Angestellten des Vergnügungstempels gingen anschließend in den Hafen hinunter, um aus Böcken und Brettern eine Bühne aufzubauen. Kurz vor Sonnenuntergang kamen die Restaurant- und Barbesitzer aus dem Viertel und stellten vor dem Podium Tische auf, die sie mit Wandschirmen voneinander abgrenzten. Als es dämmerte, tauchte allmählich am Horizont der Vollmond auf, so groß und nah, man hätte meinen können, er sei eine Laterne, die man sich greifen könnte. Sobald er hoch oben am Firmament stand, zeigte der Mond sein strahlend weißes Gesicht, noch aber schimmerte es rötlich wie bei einem alten Säufer am Nachmittag. Der Augenblick war gekommen, den Festumzug zu beginnen.

Die Musiker liefen vorneweg, gefolgt von den Damen in bunten Gewändern. Dann kamen die Schauspieler, ihren Rollen entsprechend verkleidet, geschminkt oder maskiert. Manche tanzten, andere führten Pantomimen auf. Im Hafen drängte sich eine große Menschenmenge. Zu den Einwohnern von Chinchiang hatten sich viele aus den Nachbarstädten gesellt, dazu durchreisende Händler, Seeleute und Soldaten. Der Festumzug mäanderte durch Hauptstraßen und kleine Gässchen immer auf den Hafen zu. Es gab kein Feuerwerk wie beim Neujahrsfest, sondern einen Laternenwettbewerb. Die Laternen waren in Handarbeit für die verschiedenen Mondfeste des Jahres hergestellt worden. Es waren Drachen und Fische zu sehen, Vollmonde, Halbmonde, ebenso wie ein Phönix und Sterne. Aber die größte und hellste von allen war die hoch droben am Himmelszelt.

Dann begann das eigentliche Fest mit einem Konzert. An den Tischen am Straßenrand saßen die Zecher eng gedrängt. Die Schlagzeuge, Trommeln und Schellen gaben den Rhythmus vor für die Saiteninstrumente, P'ip'as und Querflöten. Die Streicher spielten mit der ihnen eigenen fließenden Leichtigkeit, sowohl wehmütige als auch fröhliche Melodien. Dann betraten die Tänzerinnen die Bühne, gefolgt von den Sängern. Schließlich war Chong an der Reihe. Sie trat vor die Menge hin und spielte auf der P'ip'a äußerst virtuos, was sie einstudiert hatte. Shaopao, die unter den Musikern saß, stimmte ab und zu mit ihrer hellen Stimme ein, was dem Vortrag zusätzlichen Reiz verlieh. Als Chong geendet hatte, schrie das Publikum vor Begeisterung und verlangte eine Zugabe.

Nun war es Zeit für das Theaterstück. Die Schauspieler stellten die Liebesgeschichte von Yangsanbaik dar. Die Vergnügungsdamen nahmen am Fuße der Bühne auf eigens für sie aufgestellten Stühlen Platz. Chong verspürte allerdings keine Lust, der Aufführung zuzuschauen. Eine tiefe Wehmut hatte sie plötzlich erfasst. Langsam wanderte sie hinunter zum Fluss und auf die Seebrücke, die den Strand überspannte.

Das Mondlicht brach sich auf den Kuppen der kleinen Wellen und schien über das Wasser zu tanzen. Inmitten des Spieles der funkelnden Lichter prangte der runde Mond, an den Rändern ausgefranst. Große Segelschiffe waren in der Flussmitte vor Anker gegangen, die Segel gerefft. Dschunken und kleinere Boote lagen Seite an Seite am Ufer, aufgereiht wie Fische, die man an einer Schnur zum Trocknen aufgehängt hatte. Wellen schwappten mit leisem Plätschern an die Bordwände. Chong ging über den Steg zum nächstgelegenen Boot und stieg hinein. Sie sog das wechselnde Bild des Flusses in sich auf. Der Kahn war ein Sampan, der mit einer Kombüse ausgestattet war. Das Dach ruhte auf zwei Verschlägen, die durch Bambusstangen voneinander getrennt waren. Der Bambusvorhang am Eingang war halb hochgezogen und gab den Blick frei auf einen kleinen Tisch, darauf Geschirr, eine Räucherschale und ein klitzekleiner Altar für die Ahnen. Darüber konnte sie Regale und Kojen für Kinder erkennen. Chong ging am Steuerruder vorbei bis zum Bug und ließ sich dort nieder. Das Boot schaukelte leicht auf den Wellen. Die Familie, die hier lebte, besuchte anscheinend die Festlichkeiten. Von dort drangen die heiteren Rhythmen der Schlaginstrumente und das aufbrandende Klatschen des Publikums an ihr Ohr wie ein Traum.

Plötzlich sah sie ein Dorf mit Pfirsichbäumen vor sich. Dahinter erstreckte sich eine Hügelkette, die wirkte, als schwebe sie gleichsam über dem Dorf. Unter den Bäumen duckten sich Hütten mit Strohdächern, rund wie Pilzköpfe. Ein Fluss führte vorbei, den man auf einer Reihe von Steinen überqueren konnte, deren Buckel wie Panzer einer Schildkröte aus der Strömung ragten. Da kam ein kleines Mädchen mit abgetragenem Rock ins Bild, die das Ende des Stockes ihres Vaters festhielt. Es setzte ängstlich einen Fuß auf den ersten Stein, drehte sich zu dem Blinden um, setzte den zweiten Fuß auf den nächsten Stein und drehte sich wieder um, während der Blinde sich vorwärtstastete. Eine Kuh, die an einem Baum festgebunden war, antwortete auf das Rufen ihres Kalbes. Aufgeschreckte Fasane stießen klagende Schreie aus und flogen zu den Bergen, die im Hintergrund aufragten. Die Kinder des Dorfes schlugen mit Stecken frische Kaki von einem großen Baum, dessen Äste sich über eine Steinmauer hinweg unter der Last der Früchte bogen. Weiter entfernt schüttelte jemand die Kastanien von den Bäumen, damit die Schalen aufplatzten. Tauben ließen ihr leises Gurren hören, perlend wie die Töne einer zweisaitigen chinesischen Erhu. Da stieg der Vollmond über die Hügel, groß wie eine Schüssel, und ein Schleier hüllte das Dorf ein wie Tusche, aufgesogen vom Reispapier. Aus der Ferne drangen Kinderstimmen an Chongs Ohr. Und die Lieder, die sie sangen, waren Chong nur allzu bekannt.

Sie summte:

Mond, Mond, heller Mond
Wo bist du untertags?
Von wo kommst du am Abend her?

Mond, Mond, heller Mond
Wo wohnst du denn?
Morgen werd ich dich besuchen.
Vielleicht auch übermorgen.

Da schwankte das Boot stärker, und das Klatschen der Wellen hallte lauter. Überrascht drehte sich Chong um. Jemand näherte sich mit großen Schritten.

»Hier bist du!«

Im Mondlicht sahen Tongyus Augenbrauen aus wie gemalt, wie sie sich von der Blässe seiner Stirn abhoben. Dazu trug er ein weißes Hemd mit Stehkragen und eine schwarze Hose. Chong rutschte zur Seite, damit er neben ihr Platz nehmen konnte.

Tongyu machte es ihr nach und ließ die Beine über die Reling baumeln. »Ich bin dir bis zum Strand gefolgt. Doch dann habe ich dich aus den Augen verloren und hatte Angst.«

»Angst? Wovor?«

»Davor, dass du ins Wasser gefallen sein könntest.«

»Ich bin tatsächlich schon einmal hineingefallen und habe wenig Lust, das zu wiederholen«, antwortete sie, verlegen den Zopf um den Finger gewickelt.

Tongyu wusste, dass Chong nach China verkauft worden war und das Ritual des Beinahe-Ertrinkens hatte über sich ergehen lassen müssen. Er hatte auf seinen Reisen entlang der Küste einige verkaufte Mädchen kennengelernt, sehr junge Mädchen vom Stamm der Miao und auch Mädchen mit dunklem Teint aus südlichen Ländern.

»Als ich dich habe singen hören, war ich erleichtert. Was war das für ein Lied?«

»Das ist eine Weise aus meiner Heimat an den Mond.«

Erneut begann sie zu singen, als wäre sie wieder Chong, nicht Lenhwa:

Mond, Mond, du bist so hell.
Mond, über den Dichter Li Po einst sang.
Auf dem Mond da oben
Gibt es Zimtbäume.
Die Gebirge und Meere sind wunderschön.
Ich würde dort gerne eine Strohhütte bauen,
Meine Eltern zu mir holen,
Dort tausend, nein zehntausend Jahre zusammen mit ihnen wohnen.

Tongyu nahm seine Freundin schüchtern bei der Hand. Sie tat erst etwas zurückhaltend, ließ es dann aber doch geschehen. So standen sie auf, und das Boot krängte. Tongyu zog sie mit sich in die Kabine, und ungestüm landeten sie dort auf dem Boden. Er umarmte sie und hob ihren Rock an. Aber Chong schob ihn sanft von sich: »Ich heiße nicht Lenhwa, ich heiße Chong«, sagte sie, während sie sich aufsetzte.

Tongyu sprach diesen Namen ein paarmal laut aus. Chong rutschte auf Knien zu dem Weihrauchgefäß hinüber und brachte es zum Tisch. Dann füllte sie Wasser in ein Porzellanschälchen, das sie danebenstellte. Tongyu schaute ihr verständnislos zu. »Was machst du da?«

Chong setzte sich würdevoll hin. »Das ist unsere Hochzeitszeremonie.«

»Aber ich habe nichts als eine P'ip'a. Ich habe keine Eltern, keine Heimat«, sagte Tongyu leise.

»Auch ich habe nur meinen Körper. Ich bin allein auf der weiten Welt.« Dann faltete Chong die Hände vor dem Körper und erhob sich. Tongyu nahm sich zusammen und tat es ihr nach.

Und so heirateten sie im Angesicht einer Schüssel voll Wasser aus dem Jangtse. Die beiden jungen Leute machten drei tiefe Verbeugungen voreinander, bevor sie sich still auf die Knie niederließen. Chong legte eine Silberbrosche auf den Tisch, die ein Paar

Mandarin-Enten darstellte, befestigt auf einer Schleife aus roten, blauen und gelben Seidenfäden.

»Die habe ich von meiner Mutter. Sie hat die Schleife eigenhändig für meine Hochzeit angefertigt. Dies ist mein Geschenk für dich.«

Tongyu betrachtete eingehend das Schmuckstück. Dann zog er aus einer seiner Taschen eine kleine Jadeschildkröte, die ein winziges Loch im Kopf hatte. »Diese Zierde hing am Fächer meines Vaters. Den Fächer selbst gibt es nicht mehr, er war zu abgenutzt. Aber ich habe dies behalten und trage es seit meiner Kindheit bei mir.«

Sie tauschten die Schätze als Pfand ihrer Liebe und verwahrten sie sorgsam. Dann rückte Chong den kleinen Tisch zur Seite und zog sich aus. Mittlerweile war der Mond emporgestiegen und hing hoch am Firmament. Von Weitem hallte noch immer Musik herüber. Chong streckte sich der Länge nach aus. Tongyu entkleidete sich ebenfalls und legte sich neben sie. Beide drehten sich auf die Seite, sodass sie sich gegenseitig anschauten. Zitternd begann Tongyu dann, Chongs Körper zu liebkosen. Sie legte sanft den Kopf auf seinen freien Arm.

Dann ließ sich Tongyus P'ip'a vernehmen. Die Saiten begannen zu klingen wie perlende Wassertropfen, die immer schneller fielen. Chongs feingliedrige Geige antwortete, zerbrechlich und zart. Die Stimmen beider Instrumente vereinigten sich, verloren sich und fanden sich wieder. Das Boot schaukelte leicht, und unter ihren verschlungenen Körpern schlug das Wasser im Takt an den Rumpf. Als Tongyu in das junge Mädchen eindrang, wimmerte die Violine in den höchsten Tönen. Die P'ip'a beschleunigte zum Presto, die Töne einem Platzregen gleich, sodass sie kaum zu Atem kam. Der Kahn wackelte, dass das Gesicht des weißen Mondes in der Lücke des Türvorhangs verschwand und auftauchte, verschwand und auftauchte.

Sie lösten sich voneinander und lagen für einen Moment erschöpft Seite an Seite. Eine kühle Brise trocknete den Schweiß auf ihrer Haut. Chong schwang, nackt, wie sie war, die Beine über die Bordwand und ließ sich ins Wasser gleiten. Tongyu tauchte mit einem Hechtsprung hinterher, während sie sich an der Reling festhielt und mit den Füßen Wasser trat. Er schwamm in Kreisen um das Boot herum. Dann kam er auf sie zu und umarmte sie fest.

Auf Deck zurückgekehrt, zogen sie sich wieder an und liefen Hand in Hand die Uferböschung hinauf.

»Du bist jetzt meine Frau«, sagte Tongyu.

»Ja«, antwortete sie.

»Das Fest wird bald zu Ende sein. Wir müssen zurück.«

»Ich weiß.«

Tongyu blieb stehen: »Du wirst mit uns mitkommen.«

»Ich möchte euch nicht schon jetzt zur Last fallen. Ich werde meinen Lebensunterhalt hier als Hwachia verdienen, und ihr kommt von Zeit zu Zeit vorbei. Alle zwei, drei Monate, nicht wahr?«

Tongyu ließ Chongs Hand los. »Wir gehen über Fuchou nach Amoy und Kanton. Den Winter verbringen wir im Süden. Um dich wiedersehen zu können, werde ich meine Kollegen bitten, zum ersten Mond des neuen Jahres hierher zurückzukehren.«

Einige Tage nach dem Fest verließ Tsus Gruppe Chinchiang. Tongyu und Chong nahmen mit Blicken Abschied, während sie die in ihren Jackenärmeln versteckten Pfänder ihrer gegenseitigen Liebe zärtlich umfasst hielten.

In den Spielsälen kehrte man zum gewohnten Tagesablauf zurück. Das Leben verlief wieder in ruhigen Bahnen. Eines Tages jedoch zog Kuan Chong mit sich in der Absicht, mit ihr zu schlafen. Sanft, aber bestimmt hielt sie ihn von sich weg. Er streichelte ihre Brust, wie er es früher schon getan hatte, aber sie blieb unnahbar, was ihn zutiefst verletzte.

WIE DAS WASSER FLIESST

Tongyu kam zwei bis drei Mal pro Jahr nach Chinchiang. Auf jeden Fall am 15. des ersten Monats im neuen Jahr und zum Fest des Herbstmondes. Dann machte er Musik in der Bar des Vergnügungstempels, und wenn sie viel Glück hatten, blieb er einen ganzen Monat oder sogar ein Vierteljahr lang. Wenn die Truppe flussaufwärts zog, um in den Teeplantagen zu spielen, dann machte sie im Frühjahr für weitere zehn Tage halt in Chinchiang.

Kiu hatte erraten, dass Tongyu Chongs Geliebter war, aber sie ahnte nicht, dass die beiden schon seit zwei Jahren verheiratet waren. Seite an Seite mit den Freudendamen bediente Chong die Kunden in ihrer Eigenschaft als Hwachia. Oft vertrat sie auch Kiu, die ja nicht jünger wurde, wenn einflussreiche Leute den *Tempel des Glücks und der Freude* besuchten. Hohen Beamten oder Großhandelsvertretern gewährte sie dann ausnahmsweise die Gunst einer Nacht.

Was die Abmachung der beiden Frauen betraf, so hatte Kuan sich nach außen damit abgefunden. Er gab vor, es mache ihm nichts aus, dass Chong mit anderen schlief, solange es dem Geschäft diente. Schließlich war er auch ein Gangsterboss, und wie alle Bosse wäre es unter seiner Würde gewesen, sich mit Lappalien abzugeben. Das hätte seinem Ansehen geschadet. Aber er konnte nicht zulassen, dass die Mädchen, Chong eingeschlossen, seine Autorität untergruben. In den Nächten, in denen Chong mit einem Kunden ins Bett ging, und Kiu informierte ihn immer rechtzeitig darüber, betrank er sich. Danach schlief er mit dem einen oder anderen Mädchen, das neu im Vergnügungstempel war.

In dieser Zeit brachte der Fluss immer neue Berichte darüber mit sich, was sich andernorts ereignete, denn die Nachrichten wurden von Seeleuten und Händlern verbreitet. Außerdem riss der Strom von Schiffen, die chinesische Soldaten aus dem Landesinneren zur Mündung des Flusses brachten, nicht ab.

Kurz nachdem Chong ihr zweites Herbstmondfest in Chinchiang erlebt hatte, kamen Tongyu und seine Gefährten, die nach Süden aufgebrochen waren, schneller von dort zurück als gedacht. Zu dieser Jahreszeit blies immer ein kalter Wind, und man munkelte, der Krieg sei ausgebrochen. Dampfbetriebene Schlachtschiffe der britischen Marine hatten das Feuer auf chinesische Segelschiffe eröffnet, die im Hafen vor Anker lagen. Binnen weniger Stunden war die Verteidigung in Shanghai und Ningpo zusammengebrochen. Die mehrere Tausend Mann starken britischen Truppen waren in Ningpo und auf der Insel Tsoushan gelandet. Sie kontrollierten den Verkehr auf dem Fluss, indem sie private Fahrzeuge ungehindert passieren ließen, aber Schiffe, die unter chinesischer Flagge fuhren, vor allem bewaffnete Kreuzer, wurden aufgebracht und sogleich auf Grund geschickt. Die Überlebenden der Schiffsbesatzungen, deren Boote in der Jangtse-Mündung versenkt worden waren, zogen sich nach Chinchiang zurück. Sie trauten sich nicht, die Stadt zu plündern, wie sie es an anderen abgelegenen Orten des Landes getan hatten, aber die Geschäftsleute sahen sich gezwungen, ihnen Essen und Trinken zu spendieren. Was den Vergnügungstempel betraf, so wurden der Spielsaal und die Rauchzimmer sofort geschlossen und der Restaurantbetrieb weitestgehend zurückgefahren. Chong und ihre Kolleginnen waren auf einmal praktisch auf ihrer Etage gefangen. Da sie das Haus nicht verließen, schminkten sie sich nicht einmal. Was Kuan betraf, so ging dieser regelmäßig zum Hafen, um die chinesischen Offiziere kennenzulernen.

Die chinesische Armee setzte sich aus Behelfssoldaten zusammen, die aus den Reihen der Festungswächter und Torwachen rekrutiert worden waren – ein Sammelsurium unterschiedlichster Leute, vom bartlosen Jüngelchen bis zu Berufssoldaten im Greisenalter. Die Offiziere der unteren Dienstgrade benahmen sich äußerst unzivilisiert. Die Essensrationen waren immer zu knapp. Verantwortlich dafür waren die Beamten, die es von ihren Amtsstuben aus den Reichen vor Ort aufbürdeten, für die Versorgung der Armee zu sorgen. In Wirklichkeit gab es viele Soldaten nur auf dem Papier, denn die Offiziere fälschten das Truppenregister, um größere Zuteilungen zu bekommen. Das hieß aber auch, dass jeder Kommandant höchstens fünfhundert Mann unter sich hatte. Bei einer Kontrolle lieh er sich einfach Rekruten aus einer anderen Einheit aus. Was die Ausbildung betraf, so übte man ausschließlich den Kampf mit dem Säbel, der Lanze und dem Stock. Sobald sich Kanonendonner hören ließ, vergaß jeder seinen Auftrag, ließ seinen Posten im Stich und rannte, so schnell ihn die Beine trugen. Die wenigen Gewehre, die sie hatten, konnten die Soldaten nicht richtig bedienen, und sie fürchteten sich vor den Feuerwaffen des Feindes. Die chinesische Marine verfügte nur über schwer zu manövrierende, langsame Segelschiffe und marode Dschunken. Die Kanonen, mit denen die Schiffe ausgestattet waren, waren genauso groß wie die in den Festungen. Sie hatten ein enormes Gewicht und waren auf ihren Sockeln festgenietet, sodass es unmöglich war, die Schussrichtung zu ändern. Wurde ein Schiff getroffen, sprangen alle über Bord, um die eigene Haut zu retten. So kam es, dass eine Menge Soldaten an den Ufern des Jangtse in Nanking gestrandet waren. Sie waren nicht in der Lage, wieder nach Shanghai, an die Mündung des Flusses, zurückzukehren.

Als Tongyu mit seiner Gruppe in dem Frühjahr wieder nach Chinchiang zurückkam, hatte sich die Stadt in eine Art Truppenquartier verwandelt. In den Lagerhäusern und Vorratsspeichern im Hafen wimmelte es von Soldaten. Die Bars, Restaurants und Geschäfte waren verbarrikadiert. Selbst nach Anbruch der Dunkelheit sah man kaum Licht in den Fenstern der Wohnhäuser.

Die britischen Streitkräfte rückten flussaufwärts Richtung Chinchiang vor, das wegen seiner Lage am Knotenpunkt von Fluss und Kanal von strategischer Bedeutung war. Die britische Heeresleitung hatte aus Soldaten, die vor Shanghai und Ningpo geblieben waren sowie Verstärkungstruppen aus Indien ein neues Regiment zusammengestellt. Die chinesische Flotte wiederum verteilte sich auf der Höhe von Chinchiang in einem großen Bogen über den Fluss und zwar an der Einmündung des Kanals. An Land rammte man große Pfähle in den Boden und errichtete mit Stacheldraht gespickte Lehmmauern, um den Feind daran zu hindern, am Flussufer heraufzukommen. Außerdem postierte man Bogenschützen und Soldaten mit Feuerwaffen. Kuan sah sich diese Vorbereitungen zusammen mit Ch'un, P'aeng und noch ein paar anderen an. Das Nahen des westlichen Flottenverbandes bot einen spektakulären Anblick. Mit ihren Segeln, zwei am Bug, zwei am Heck, und ihren Schaufelrädern, die von Dampfkesseln betrieben wurden, fuhren sie in der Mitte des Flusses. Laut schallten ihre Nebelhörner. Was konnten die chinesischen Pfeile, ja selbst die Granaten gegen ihr Schanzkleid ausrichten? Vier dieser Panzerschiffe, auf beiden Seiten bewehrt mit in zwei Reihen übereinanderliegenden Kanonen, hielten geradewegs auf ihre Gegner zu, die sich ihnen in Fächerformation entgegengestellt hatten. Die chinesische Verteidigungslinie wurde durchbrochen, und die Boote wichen nach links und rechts aus, während die englischen

Panzerkreuzer gleichzeitig das Feuer eröffneten. Die chinesischen Segelschiffe in der ersten Reihe waren gleich bei der ersten Salve manövrierunfähig, die Masten waren gebrochen, die Bordwände aufgerissen. Der vorderste Kreuzer schoss sich weiter den Weg frei. Der zweite und dritte taten es ihm gleich, und der vierte brauchte erst gar nicht in Aktion zu treten. Praktisch alle chinesischen Boote waren zerstört und im Begriff unterzugehen. Das Schauspiel hatte noch nicht einmal eine Stunde gedauert.

Nachdem sie sichergestellt hatten, Herren der Lage auf dem Wasser zu sein, richteten die schwimmenden Festungen ihre Geschütze auf das Land, um die Bollwerke am Ufer aufs Korn zu nehmen. Einige Schüsse aus den Kanonen reichten aus, und die Lehmmauern stürzten ein, während das Pfahlwerk nur so durch die Luft flog. Die Zerstörung des gesamten Uferbereichs hätte bei einer Flutwelle nicht größer sein können als durch diese Kanonade. Die Chinesen mit ihren Säbeln, den Lanzen, den Bogen und den paar Gewehren standen diesem Kugelhagel fassungslos gegenüber. Ihrer Verteidigungsanlagen beraubt, machten die unversehrten Soldaten auf dem Absatz kehrt und flüchteten eilig aus der Nähe des Flusses. Aber das Geschützfeuer verfolgte sie. Die Schussweite vergrößerte sich und so erreichten die Geschosse auf einmal auch Straßen und Häuser. Granaten, deren Explosionen einem das Trommelfell platzen ließen, setzten alles in Brand. Chinchiang war ein Meer aus Flammen und Rauch.

Doch die britischen Soldaten verloren keine Zeit. Sie stellten das Feuer ein und landeten mit Beibooten. Sobald die Besatzung Boden unter den Füßen hatte, schwärmte sie aus. Die Soldaten stürmten an gegen das, was einmal die Verteidigungslinie gewesen war, ihre Gewehre mit aufgepflanztem Bajonett drohend erhoben. Da sie auf keinen nennenswerten Widerstand stießen, waren sie in kürzester Zeit Herren des Hafens. Die chinesischen Soldaten waren verschwunden, Tote und Verletzte zurücklassend.

Die Händler aus Chinchiang folgten den versprengten Fahnenflüchtigen auf dem Fuße und suchten Zuflucht bei ihrer Verwandtschaft auf dem Land. Die Straßen waren nicht nur erfüllt von Rauch, sondern auch von Menschen. Als Kuan beim Vergnügungstempel ankam, war er zutiefst erschüttert, denn das Haupthaus stand in Flammen und war zur Hälfte abgebrannt. P'aeng half ihm, zum Nebenhaus zu gelangen, in dem die Mädchen untergebracht waren. Es hatte ebenfalls Feuer gefangen. Sie trafen auf einen Diener, der mit einem Bündel auf der Schulter die Gasse zwischen den Gebäuden entlangrannte. Als er die beiden sah, versuchte er ihnen aus dem Weg zu gehen.

Kuan schrie ihn an: »He du! Hier geblieben!«

Doch P'aeng hatte sich sofort auf den Mann gestürzt und ihn zu Boden geworfen. Dann schaute er in den Beutel. Darin waren Schmuck und Frauenkleider.

Kuan packte den Mann am Hals und schüttelte ihn: »Wo sind die anderen?«

»Haben sich alle aus dem Staub gemacht.«

»Wo sind Kiu und die Mädchen?«

Um Luft ringend antwortete der Hausangestellte: »Beim ersten Kanonendonner ist die Lingchia aufgebrochen. Sie hat gesagt, die aus dem Westen würden als Erstes die Frauen vergewaltigen.«

Mit diesen Worten suchte er das Weite, ohne sich noch einmal umzuschauen. Kuan und P'aeng gingen auf die zerstörte Mauer zu, wagten aber nicht, den Spielsaal zu betreten. Das Stockwerk der Frauen brannte, nicht aber Kuans Haus.

»Was werden Sie tun?«, fragte P'aeng.

Kuan hatte eine Vermutung, wo Kiu die Mädchen hingebracht haben könnte. »Kiu taucht bestimmt wieder auf, wenn sich der Sturm gelegt hat. Trommel erst einmal die Angestellten zusammen.«

Die britische Armee hatte den Hafen von Chinchiang besetzt, und die Soldaten stellten ihre Zelte auf. Anstatt die Stadt einzunehmen, versammelten sie die zurückgebliebenen Einwohner auf dem Hafenplatz. Dort forderten sie die Geschäftsleute auf, ihnen zu geben, was sie benötigten. Als Übersetzer fungierten chinesische Christen und Händler. In der Zwischenzeit waren einige englische Kriegsschiffe flussaufwärts aufgebrochen. In Nanking angekommen, eröffneten sie erneut das Feuer.

Die Einwohner von Chinchiang waren in Scharen zum Anlegesteg am Fluss geeilt, um ein Boot nach Suchou zu ergattern. Sie hofften, weit weg von ihrer Stadt in Sicherheit zu sein. Mehrere Dutzend Barkassen lagen dort vertäut. Kiu ließ die Freudendamen und die Angestellten des Vergnügungstempels in zwei von ihnen einsteigen, und sie brachen auf nach Shaohae.

Shaohae war Kius Geburtsort. Dort lebten noch ihre Mutter und andere Verwandte, allesamt Bauern. Ein- oder zweimal im Jahr besuchte sie mit Kuans Erlaubnis die Familie. Er hatte sie sogar schon persönlich dort hinbegleitet. Es war ein kleiner, beschaulicher Ort, eingebettet zwischen dem Fluss und den Bergen, an deren Ausläufern die Bauern mühsam Felder gerodet hatten, um dort Tee anzubauen. Dies waren keine Plantagen, die groß genug gewesen wären, um Tagelöhner anzuziehen, aber sie gaben den Ortsansässigen ein, wenn auch bescheidenes, Auskommen. Es war ein zufriedenstellendes Leben, das in geregelten Bahnen verlief. Kuan, der begeistert gewesen war vom Liebreiz des Ortes und der gemütlichen Atmosphäre, die dort herrschte, hatte auf einem Hügel ein Grundstück gekauft und ein Landhaus darauf errichten lassen. Von dort aus hatte man eine wunderbare Aussicht auf den Fluss. Es war kein so prächtiges Anwesen wie das seines Bruders Yüan, sondern nur ein Haus aus Holz, Bambus und mit einem Dach aus Schilf. Aber es war geräumig und vor allem luftig.

»Was haltet ihr von diesem Ort? Wir werden uns ein paar Tage hier ausruhen, und die Briten werden bestimmt nicht lange in Chinchiang bleiben.« Kiu versuchte, ihre Leute aufzumuntern. Die Mädchen hatten in ihrem Leben alle schon Höhen und Tiefen durchlebt. Für sie stellte diese Reise eine willkommene Abwechslung dar. Sie hatten die Fahrt über ununterbrochen geplappert, beflügelt durch den angenehmen Wind auf dem Kanal. Kiu hatte sie zu Kuans Haus geführt, das jenseits der Pflanzung ihrer Familie lag. Dann hatte sie ihre Mutter und ihre Verwandten besucht, begleitet von einem Diener, der mit Geschenken beladen war.

Unter den Flüchtlingen waren auch Chong und Tongyu, der eigentlich vor Tagen Chinchiang zusammen mit Tsus Truppe hatte verlassen sollen. Aber er hatte so lang wie möglich bei Chong bleiben wollen und war dann von den Gefechten abgehalten worden, den anderen zu folgen. In Kuans Landhaus bereitete man das Abendessen vor, Reis und Gemüse wurden am Brunnen gewaschen. Danach zogen sich alle zurück, um zu ruhen – manche in der guten Stube, manche in den Zimmern, wieder andere auf der Terrasse. Chong und Tongyu saßen schweigend draußen.

Nach einer Weile sagte Tongyu: »Mit dem Vergnügungstempel ist es nun vorbei. Bei diesem Bombardement ist sicher alles niedergebrannt.«

Chongs Augen blitzten auf: »Wohin gehst du jetzt?«

»Meine Kollegen müssten in Suchou sein.«

»Kennst du den Weg?«

Tongyu verstand, was sie im Sinn hatte. Er senkte die Stimme: »Um nach Suchou zu kommen, muss man nur ein Boot bezahlen. Man fährt dann bis Hangchou auf dem Kanal. Danach ist es nicht mehr sehr weit.«

Nun sprach auch Chong leiser: »Wir werden uns in Sicherheit bringen. Ich habe bereits darüber nachgedacht, ich werde mich mit meinem Schmuck an den Kosten beteiligen.«

Nach dem Abendessen machten sich die Mädchen bereit, schlafen zu gehen. Kiu war nicht zurückgekehrt. Sie hatte ihre Mutter schon länger nicht mehr gesehen und würde wahrscheinlich dort übernachten, da sie bestimmt viel zu bereden hatten. Tongyu und Chong holten ihre Sachen, querten so unauffällig wie möglich die Teeplantage und gelangten ans Flussufer. Die Böschung herauf hörte man die Gespräche der Leute auf den Booten. Obwohl der Kanal sehr schmal war, fuhr doch eine stattliche Anzahl an Barken und Sampans in beide Richtungen. Die zwei Flüchtigen entdeckten ein Boot, auf dessen Kajütendach eine rote Lampe brannte.

Tongyu formte die Hände zu einem Trichter und rief: »Entschuldigen Sie bitte, können Sie uns mitnehmen?«

Das Boot beschrieb eine Kurve und hielt auf sie zu. Es war einer der weitverbreiteten Sampans, auf denen eine ganze Familie bequem leben konnte. Er hatte ein Bambusdach, einen einklappbaren Mast in der Mitte des Rumpfes und ein Steuerruder am Heck. Normalerweise wurde er gesegelt, aber wenn es durch eine enge Passage ging, musste man die beiden Ruderpaare, eines vorne, eines hinten, zur Hand nehmen. In der Nähe der Uferböschung angekommen, hielt einer der Ruderer eine Laterne hoch und rief: »Wir fahren nach Suchou. Und Sie, wo wollen Sie hin?«

»Ebenfalls nach Suchou.«

»Dreißig Fen pro Person. Wenn Sie nichts zu essen dabeihaben, dann kostet es fünf Fen pro Mahlzeit extra.«

Die jungen Leute stiegen zu. Es gab zwei Abteile an Bord, eines am Bug für die Passagiere, eines im hinteren Teil für die Familie. In ihrem Verschlag schliefen in einer Ecke zwei Kinder auf einer Art Wandbord. Die Mutter stand am Heck, die Ruderpinne unter die Achsel geklemmt. Von Zeit zu Zeit steckte der Vater eine Stange senkrecht ins Wasser. Als der Kanal sich wieder etwas verbreiterte, zog die Frau die Segel auf und legte sich unter einer flickenübersäten Decke zum Schlafen nieder, während ihr Mann sie am Ruder ablöste. Chong und Tongyu schliefen auf einer Matte. Der Kahn glitt geschmeidig über die Oberfläche des vollkommen ruhigen Wassers dahin.

Am nächsten Morgen musste der Sampan an einer Schleuse warten, um seinen Weg auf dem höher gelegenen Teil des Kanals fortsetzen zu können. Mehrere Boote harrten geduldig aus, manche hatten aber auch zum Essen angelegt. Die Frau des Bootsmannes war als Erste aufgestanden und kochte Reis. Der Mann schlief noch, den Kopf auf einer hölzernen Kopfstütze. Die Kinder waren von ihrem Bord heruntergeklettert und spielten mit Holzkugeln. Das Klappern der Kugeln riss Chong und Tongyu aus dem Schlaf.

Als das Frühstück fertig war, weckte die Frau ihren Mann. Zunächst knieten sie vor einem kleinen Altar nieder und boten den Ahnen eine Schüssel Reis und Räucherwerk als Opfergabe dar, dann erst wurde gegessen. Es gab nichts Besonderes, Reis, gemischt mit Bohnen und Hirse, etwas Fisch, gekochte Kartoffeln mit Sojasoße und gepökelte Steckrüben. Aber jeder stürzte sich mit derselben affenartigen Geschwindigkeit auf seine Schüssel.

Unterdessen leerte sich das Becken an der Schleuse langsam, und auch der Sampan reihte sich in die Warteschlange auf dem stark frequentierten Wasserweg ein. Der Mann und die Frau hatten nun beide lange Pfeifen im Mund. Die Schiffe fuhren in das Hebebecken ein, und die Schleusentore schlossen sich hinter ihnen. Nun wurden die Schieber auf der Hinterseite entriegelt, und das Wasser schoss in einem breiten Strahl herein. Sobald das obere Niveau erreicht war, öffneten sich die Tore auf der anderen Seite, und die Boote konnten wieder Fahrt aufnehmen.

An den Ufern des Kanals sahen sie Dörfer und Pflanzungen von Maulbeerbäumen. Von Suchou bis Hangchou war die Gegend für die Seidenweberei berühmt, weswegen diese Art von

Bäumen sehr verbreitet war. Tauchte der Sampan unter den Bogen von Brücken hindurch, näherte man sich einer Kreisstadt, und man erkannte hier und dort die Ziegeldächer von Tempeln und Pagoden. Die Ufer waren bepflanzt mit Weiden. Auf dem großen Kanal, der Hangchou und Tienchin verband, galt es, die Geschwindigkeit zu reduzieren, denn es herrschte ein gewaltiger Andrang auf dem Wasser. Große Dschunken glitten majestätisch an ihnen vorüber.

Sie erreichten in der Nähe von Suchou die Stelle, an der die Fahrrinne sich verzweigte. Ein Teil führte ins Innere der Provinz, ein anderer nach Hangchou. Chong und Tongyu wechselten das Boot und stiegen in eine Barkasse um, die Gemüse in die Stadt brachte. Der Schiffer saß im Heck und ruderte. Eine Vielzahl von engen Wasserwegen durchzog die Stadt, und von diesen gingen noch schmalere Kanäle ab, die von Treppen überbrückt wurden. Tongyu wollte als Erstes auf den Markt. Nachdem die Barkasse angelegt hatte, half das junge Paar dem Besitzer, das Gemüse auszuladen, bevor sie sich in das Gewirr der Gässchen stürzten.

Sie überquerten einen Platz, der übersät war von Marktständen, die alle durch Markisen vor der Sonne geschützt wurden. Eingesäumt wurde das Geviert von zweistöckigen Häusern mit Balkonen. Als die beiden auf einer gepflasterten Straße herauskamen, auf der Pferdekutschen und Karren unterwegs waren, betrat Tongyu eine Bar und bat Chong, draußen auf ihn zu warten.

Strahlend kam er wieder heraus: »Das war's, ich habe sie gefunden! Sie sind nicht weit von hier.«

Er führte Chong zu einer altmodischen Herberge, deren Fassade von einer ausufernden Glyzinie überwuchert war. Vor dem Eingang warteten mehrere Droschken nebst deren Kutscher. Der Gasthof war ein viereckiges Gebäude mit einem Innenhof, ähnlich dem des *Tempels des Glücks und der Freude,* aber sehr viel kleiner und baufälliger. Ganz oben im Treppenhaus hing über dem

Geländer Wäsche zum Trocknen. Die Fenster des oberen Stockwerks standen sperrangelweit auf, wahrscheinlich wegen der feuchten Hitze. Einige Frauen in Unterkleidern befanden sich auf dem Balkon, um Luft zu schnappen. Ihre weißen Schenkel waren weithin sichtbar.

Chong und Tongyu drehten ihnen den Rücken zu und bogen in einen dunklen Flur im Erdgeschoss, von dem zu beiden Seiten mehrere kleine Zimmer abgingen, deren Türen nicht geschlossen waren. In den Kammern bemerkten sie etliche Leute, fast nackt. Chong bekam einen Schock, als sie ein kleines Mädchen entdeckte, dessen halbes Gesicht von Narben bedeckt war. Vielleicht aufgrund einer Verbrennung? Es aß gerade eine Sojasuppe, während ein Kleinkind, dessen Beine verkrüppelt waren, am Boden herumkroch. Man hatte es wie einen Affen mit einer Kette an einem Stuhl festgebunden. Chongs entsetzter Blick kreuzte sich mit dem eines missmutigen Mannes, dessen Augen sie zornig anblitzten. Sein nackter Oberkörper war bedeckt von Tattoos, die Geister darstellten. Er spuckte aus, dann knurrte er Chong an: »Schlampe, was starrst du mich so an? Suchst du Prügel?«

Tongyu deutete ein Lächeln an und geleitete Chong rasch auf die andere Seite des Flurs. Am Ende des Ganges zeichnete sich der Umriss eines Mannes ab, der vor der Tür des letzten Zimmers saß. Chong erkannte Fushi, Tsus Sohn. Er fächelte sich mit dem Schoß seines Hemdes Luft zu.

»Was ist denn passiert?«, fragte er. »Wir haben uns schon Sorgen gemacht.«

»Ich wollte sie mitbringen, dadurch habe ich mich verspätet«, antwortete Tongyu und legte einen Arm um Chongs Schultern.

Da sie ihre Stimmen gehört hatte, erschien freudestrahlend Shaopao: »Große Schwester Lenhwa, geht es dir gut?«

Gemeinsam gingen sie in das Zimmer. Es war dunkel, aber deutlich größer als alle, die sie bis dahin gesehen hatten. Genau genommen waren es sogar zwei mittelgroße Zimmer, bei denen man die Trennwand herausgenommen hatte. Betten waren nirgendwo zu sehen. Und hier waren sie, die ganze Familie Tsu und dazu noch Shangchao. Die Musikgruppe war also wieder vollzählig. Chong mitgerechnet würden sie sieben sein.

Mit ängstlicher Miene fragte Tsu: »Tongyu, dann ist also wirklich in Chinchiang ewas passiert?«

»Ja, Panzerkreuzer aus dem Westen haben uns angegriffen. Der Hafen und die Stadt sind in Flammen aufgegangen.«

»Und der Vergnügungstempel?«

»Wie alles andere auch. Der Spielsaal hat gebrannt, das Haus der Freudendamen ebenso, alles ein Opfer der Flammen.«

Da schrie Shaopao auf: »Was ist mit der Lingchia und den anderen, was ist aus denen geworden?«

Tongyu erzählte, wie sie hatten entkommen können, auf welchen Wegen sie nach Shaohae gelangt waren und wie schließlich Chong und er sich abgesetzt hatten. Shanwei klatschte in die Hände: »Gut gemacht! Es ist wunderbar, dass ihr sicher und wohlbehalten hier seid. Seht ihr, man darf im Leben nie verzweifeln.«

Aber Shangchao zog an seiner Pfeife und murmelte: »Das bedeutet aber auch, dass wir in Chinchiang nicht mehr willkommen sind. Der Direktor des Vergnügungstempels würde uns das Fell über die Ohren ziehen …«

Fushi unterbrach ihn: »Unser Revier, das war bisher der ganze Süden Chinas. Warum sollen wir weiter dort hingehen, wo der Krieg tobt? Zumal der *Tempel des Glücks und der Freude* in Schutt und Asche liegt …«

Sie unterhielten sich noch eine ganze Weile über Chongs und Tongyus Reise. Dann meinte Shanwei: »Ihr müsst Hunger haben. Wer geht und holt etwas zum Essen?«

»Das hat keine Eile«, antwortete Tongyu. »Wir können warten.«

Fushi hakte ein: »Aber wir nicht, wir haben nämlich auch noch nichts gegessen.«

Shanwei schlug ihrem Sohn vor: »Hör zu! Auf dem Markt habe ich fette Schweineteigtaschen gesehen. Halte Ausschau danach, und wenn ein Korb fertig ist, dann nimm gleich alle.«

Chong staunte: »Man macht hier Teigtaschen wie in Chinchiang?«

»Natürlich, man findet sie auch in Ningpo und Hangchou.«

Stolz holte Tongyu Geld aus einem Beutel, den er um die Taille trug. Shaopao schnappte es sich und drehte sich zu Chong um: »Lenhwa, sollen wir zusammen gehen?«

Fushi hielt seine Tochter am Arm zurück und nahm ihr das Geld aus der Hand: »Die Nacht wird bald hereinbrechen. Das ist kein guter Zeitpunkt für euch, nach draußen zu gehen. Was glaubt ihr denn, wo ihr seid? Die Straßen sind voll von Menschenhändlern.«

Chong schaute überrascht Tongyu an. Mit beschwichtigendem Lachen nahm er ihre Hand und erklärte: »Das sind Leute, die Arbeitskräfte anwerben. Mach dir keine Sorgen, ich bin ja bei dir.«

Tsu fügte hinzu: »Vielleicht hat er dir nicht alles erzählt, um dir keine Angst zu machen. Aber wir sind hier nicht in Chinchiang. Chinchiang war ja schon ein großer Ort. Wenn man aber in einer Stadt wie dieser unterwegs ist, muss man auf viel mehr aufpassen. Vor allem ihr, Shaopao und Lenhwa, geht nicht am Abend weg, junge Frauen verschwinden leicht.«

»Arbeitsvermittlungsbörsen sind in Wirklichkeit Orte, an denen man entführte Frauen verkauft«, erklärte Tsu weiter. »Hier auf dem Markt gibt es mehrere davon. Menschenhandel hat in Suchou eine lange Tradition. Hier gab es schon immer welche, die Mädchen an Bars und Freudenhäuser lieferten oder an Reiche, die sich eine Konkubine gönnen wollen. Die Händler dieser besonderen Art nennt man *Weiße Ameisen*. Im Grunde verkaufen sie alles, entführte Frauen aus entlegenen Gegenden ebenso wie Männer und Kinder. Den Kindern schneiden sie die Achillessehen durch, stechen ihnen die Augen aus, um sie blind zu machen, oder schütten ihnen kochendes Wasser ins Gesicht, um sie zu entstellen. So verstümmelt, bringen sie Geld ein, wenn man sie als Monster ausstellt oder schlicht und ergreifend zum Betteln schickt.«

Während er seine Pfeife ausklopfte, sagte Shangchao beruhigend zu Chong: »Wir kennen einige von ihnen, und außerdem sind wir fahrendes Volk, sie werden sich nicht an uns vergreifen. Aber geht besser nicht allein weg.«

Shanwei fügte hinzu: »Tragt außerhalb der Vorstellungen nicht zu bunte Farben. Hier über uns befindet sich ein Bordell.«

Chong fragte Tongyu: »Und die, die wir kurz nach dem Hereinkommen gesehen haben? Wer sind die?«

»Das ist eine ziemlich billige Absteige. Hier gibt es alle möglichen Leute. Ich denke, dass es arme Schlucker sind, die selbst verkauft wurden. Sie sind wirklich ganz elend dran.«

Unterdessen war Fushi, der losgegangen war, die Teigtaschen zu besorgen, mit einem großen Bambuskorb zurückgekehrt.

Shanwei wollte sogleich wissen: »Hat man dir auch Ingwer und Sojasoße gegeben?«

»Ja, und ich habe auch gewartet, bis ein Korb frisch aus dem Dampfkessel kam, und dann habe ich alle genommen.«

Chong kannte den Geschmack sehr gut. Gewöhnlich hatten sie und die Mädchen sich welche gekauft als Trost, wenn sie beim Mah-Jongg verloren hatten. Für die Teigtaschen kocht man Schweinefleisch mit der Haut und lässt es dann erkalten, sodass man Schmalz gewinnt. Das Schweinefleisch wird dann zerkleinert und ergibt, vermischt mit dem Schmalz und etwas Krabbenfleisch, die Füllung für die Teigtaschen. Sobald man diese dann im Dampf gart, wird das Fett im Inneren der Taschen flüssig. Beim Essen muss man sehr aufpassen, dass man sich nicht das Hemd bekleckert oder die Zunge verbrennt. Um den Tisch herumsitzend, öffnete jeder von ihnen vorsichtig eine Ecke seiner Teigtasche und trank zunächst den Bratenfond, bevor er den Teig in die Sojasoße tunkte. Gestiftelter Ingwer diente dazu, den Speichelfluss anzuregen. Beendet wurde das Abendessen mit einer Tasse Oolong-Tee.

»Wie viele Tage wollt ihr hierbleiben?«, fragte Tongyu.

»Wir haben noch drei Vorstellungen«, antwortete Fushi. »Danach fahren wir nach Hangchou.«

»In Suchou ist es jedes Mal das Gleiche. Da geben wir immer Sonderkonzerte.«

Die anderen nickten zufrieden. Es handelte sich dabei um Privatkonzerte, die in Bars, Freudenhäusern oder anderen Lokalitäten für Auftraggeber aus reichen Familien organisiert wurden. Nach der Vorstellung bekamen sie neben einer großzügigen Gage noch etwas zu essen und zu trinken. Natürlich mussten sie dem Vermittler, der sie mit den Veranstaltern zusammenbrachte, eine Provision zahlen. Doch Tsus Gruppe, klein, aber fein, war wegen ihres hervorragenden Spiels ausgesprochen angesehen. Man engagierte sie sogar für Bankette der feinen Gesellschaft.

Nachdem sie den Nachmittag über geruht hatten, war es jetzt Zeit, die Leute aufzusuchen, für die sie am darauffolgenden Abend spielen sollten. Suchou war, ebenso wie Hangchou, bekannt für die Schönheit seiner Kanäle. Mancher Geschäftsmann oder hohe Beamte hatte hier seinen Altersruhesitz.

Sie gingen durch das Eingangsportal mit seinen weiß gestrichenen Torflügeln, weiter einen roten Plattenweg entlang, der durch einen baumbestandenen Garten führte und Teiche und Pavillons umrundete, bevor sie zum eigentlichen Anwesen kamen. Von einer großen Halle mit groß angelegten Säulengängen zweigten gemütlich möblierte Räume ab. Marmormosaike mit Pfingstrosenmotiven zierten die Böden der Flure und Pavillons. Die meisten

Residenzen waren nach demselben Muster konzipiert und gehörten Neureichen, die wie Herr Ch'en ihr Geld mit Tee oder Seide gemacht hatten.

Dieser erste Auftritt, den Chong mit der Gruppe dort bestritt, hatte den sechzigsten Geburtstag des Gastgebers zum Anlass.

In zwei der Räumlichkeiten hatten sich die zahlreichen Gäste an Ebenholztischen versammelt, die von verschiedensten Speisen und Getränken überquollen. Emsig wie Ameisen trugen Diener Platte um Platte herbei. In dem größeren Raum hatte man die losen Trennwände herausgenommen, um mehr Platz zu schaffen. Die nähere Verwandtschaft saß an Tischen, die rings um den des Gastgebers aufgestellt waren. In einer Ecke war eine Bühne für die Musiker aufgebaut. Diese begannen zunächst mit klangvollen Liedern. Der Geräuschpegel der Gespräche ging sofort deutlich zurück, da man anfing, der Musik zu lauschen. Shaopao und Chong spielten P'ip'a. Chong mit der geliehenen von Tongyu, der stattdessen Flöte spielte. Dann sangen die beiden jungen Frauen ein Duett, in dem sie dem Paar ein langes Leben wünschten. Zwischen den darauf folgenden Stücken gaben die beiden Tanzeinlagen.

Nach zwei Tagen Erholungspause wurde die Truppe für ein Bankett verpflichtet, das von einem hohen Beamten gegeben wurde, und in der darauffolgenden Woche sollten sie bei einer Hochzeit auftreten.

Das Folgende ereignete sich an einem dieser Abende. Es war zu der Zeit, als die Mieter der Herberge gerade einer nach dem anderen von ihrer Arbeit oder vom Markt zurückkehrten. Ein Zeichen für die Prostituierten in der oberen Etage, mit ihrem Tagwerk zu beginnen. Die Heimkehrer machten sich am Brunnen im Hof etwas frisch oder holten Wasser für das Abendessen. Um diese Uhrzeit war dort immer reger Betrieb. Etwas abseits entfachte man Feuer, um Reis zu kochen. Kaum hatte sich die erste Betriebsamkeit gelegt, stürmte eine Gruppe betrunkener Männer herein, die zu den Huren wollten, die schon grell geschminkt oben in Positur standen. Üblicherweise kassierten die Zuhälter bei den Kunden und führten sie, sobald das Geld im Sack war, in eine der winzigen Kammern, in denen die Mädchen sie dann empfangen mussten. Nachdem sie für die ganze Musikantengruppe eingekauft hatte, war Chong gerade dabei, das Essen vorzubereiten. Der Reis kochte auf einer Feuerstelle, das Gemüse und der Schweinebraten auf einer anderen.

»Du da, wo kommst du her? Bist du neu hier?«

Als Chong sich umdrehte, gewahrte sie einen kräftig gebauten Mann. Er trug ein Hemd mit offenem Kragen, und im Ausschnitt wurde die Kette um seinen Hals sichtbar. Da sie nicht verstand, was diese Frage sollte, blieb sie zusammengekauert vor ihren Kochstellen sitzen und fuhr fort, im Essen zu rühren.

Ohne jede Vorwarnung trat der Mann gegen die Töpfe, sodass sie samt Inhalt durch die Luft flogen. »Dreckstück, antworte mir, wenn ich mit dir rede!« An den Haaren zog er sie hoch. Sein Atem roch nach Branntwein. Chong gelang es, sich zu befreien, indem sie ihn in die Hand biss. Aber er gab ihr davon unbeeindruckt mit der anderen Hand eine Ohrfeige, die sich gewaschen hatte. Chong wurde schwarz vor Augen, und sie stürzte hin. Da umfasste der Mann ihre Taille und schleppte sie Richtung Treppe. Suchend schaute er um sich, bis er ein leeres Zimmer fand, und warf seine Beute hinein. Dann fragte er eine Frau mittleren Alters, die die Szene beobachtet hatte: »Weißt du, wer der Lude von der Schlampe ist?«

»Keine Ahnung … Vielleicht ist es ja eine Neue …«

»Sag deinem Chef, dass sie ab jetzt mein Pferdchen ist.«

Chong kam langsam wieder zu sich. Ihre Schläfe, die den Schlag abbekommen hatte, war angeschwollen, und sie sah alles nur verschwommen. Da sie sich bewegte, warf sich der Mann auf sie, hielt sie mit den Knien nieder und zerrte ihr mit Gewalt den

Rock hoch. Der Stoff zerriss und entblößte ihre Pobacken. Der Mann schien an solche Situationen gewöhnt zu sein, denn sosehr sie es versuchte, sie konnte sich seinem Griff nicht entwinden. Er nahm den Kragen ihres Hemdes in beide Hände und zerfetzte es mit einem Ruck. Chong war nun fast nackt. Ein Bein zwischen ihre Schenkel schiebend, streifte der Mann gleichzeitig seine Hose herunter. In diesem Moment stieß Tongyu, in der Hand ein Küchenmesser, krachend die Tür auf. Offensichtlich war er durch den Lärm alarmiert worden.

»Hundesohn«, brüllte er und rammte dem Mann die Klinge in den Körper.

Der Vergewaltiger röchelte und wälzte sich auf die Seite. Tongyu hob Chong hoch, die am ganzen Körper zitterte und vergebens versuchte, sich mit den Fetzen ihrer Kleider zu bedecken. Ihr Angreifer war an der Schulter verletzt und blutete unaufhörlich. In blinder Wut holte Tongyu noch einmal mit seinem Messer weit aus.

»Nein, Halt!« Chong hielt ihn am Handgelenk fest.

Im gleichen Augenblick stürzten der Chef des Bordells und Fushi ins Zimmer. Sie entwanden Tongyu das Messer, dann halfen sie Chong hinaus, und der Bordellbesitzer brachte den Verletzten zu einem Arzt.

Tsu und die Seinen suchten höchst beunruhigt ihr Zimmer auf. Sie wohnten hier in einer zwielichtigen Herberge, mitten unter den schlimmsten Schurken von Suchou. Der, den Tongyu fast erstochen hatte, würde bestimmt Rache nehmen wollen oder zumindest eine saftige Entschädigung verlangen. Sie konnten sich jedoch nicht einfach alle aus dem Staub machen. Das würde auffallen, und sie würden an der Anlegestelle bestimmt sofort ergriffen werden.

Nachdem er einen Moment lang nachgedacht hatte, schlug Fushi vor: »Ich werde zu dem Bordellbesitzer gehen.«

»Aber das war doch allein die Schuld von diesem Dreckskerl«, schrie Tongyu. »Er wollte eine verheiratete Frau vergewaltigen!«

Chong weinte, ein kaltes Tuch auf die Wange gepresst, leise vor sich hin.

Tsu stieß einen tiefen Seufzer aus: »Es gibt nicht viele Möglichkeiten. Tongyu, du und Lenhwa, ihr fahrt sofort. Ihr müsst weg von hier. Wir kümmern uns um den Rest.«

»Wie wollt ihr das denn machen? Wenn wir erst einmal weg sind, werden sie sich an euch schadlos halten!«

Der alte Tsu nickte. »Das ist wahr. Sie werden uns ein bisschen in die Mangel nehmen, aber mit Sicherheit wollen sie Geld. Aber was können sie von uns fahrenden Musikanten schon groß erwarten?«

Chong kramte in ihrem Bündel und entnahm ihm ein Goldstück in Form eines Hufeisens. Es war dasselbe, das Liangjung ihr gegeben hatte. Überrascht, einen solchen Schatz zu sehen, streckten alle die Hand aus, um es einmal zu berühren.

Tsu wies das Gold zurück: »Ihr werdet es für euren Unterhalt brauchen. Aber wenn du ein Schmuckstück hast, das nicht so viel wert ist, dann gib mir doch das.«

Chong wog das Hufeisen einen Moment in ihrer hohlen Hand. Sie zögerte kurz, dann förderte sie aus ihrem Sack zwei Jadearmbänder zutage. Mit einem Aufschrei des Entzückens griff Shaopao danach. Shanwei nahm sie ihr aus der Hand und reichte sie ihrem Mann.

»Verschwindet jetzt«, drängte Tsu. »Beeilt euch! Sobald ihr von der Bildfläche verschwunden seid, werde ich den Bordellbesitzer kommen lassen und mit ihm persönlich sprechen.« Dann fügte er noch besorgt hinzu: »Es ist vielleicht besser, wenn euch jemand zur Bootsanlegestelle begleitet.«

Fushi bot sich an.

»Nein. Der Chef und der andere Kerl haben dich gesehen. Außerdem hast du die Situation entschärft. Es ist besser, du bist bei den Verhandlungen dabei. Shangchao, geh du lieber mit.«

Shangchao nickte und trat auf den Hof hinaus, kam aber sogleich zurück, nachdem er sich versichert hatte, dass niemand in der Nähe war. »Vor dem Haus ist alles ruhig. Das müssen wir ausnützen.«

Er setzte sich in Bewegung, gefolgt von Tongyu, der Chong fest an der Hand hielt. Leider war sie kaum in der Lage zu gehen, und Tongyu fragte ihren Begleiter: »Könnten wir nicht eine Kutsche nehmen oder eine Sänfte?«

»Dann würde eine dritte Person unser Ziel kennen. Nein, wir werden vielmehr sogar einen Umweg machen müssen.«

So wählten sie vorzugsweise kleine, abgelegene Gassen und vermieden die belebten Straßen. Auf diese Weise erreichten sie, nicht ohne sich mehrfach durch dunkle Passagen getastet zu haben, eine breite Prachtstraße, die sich jedoch nach kurzer Zeit wieder in den Gässchen verlor. Zwischen den Gebäuden zogen Nebelschwaden, ein sicheres Zeichen dafür, dass das Wasser nicht mehr weit sein konnte. Als sie um die nächste Ecke bogen, sahen sie eine Treppe aus Stein, die zum Kanal hinunterführte. Dichter Nebel hing über dem Fluss und hüllte die Boote ein. Kaum dass man erkennen konnte, wo sich der Steg befand, und nur der schwache Schein der Laternen wies den Weg dorthin. Eigentlich war dieser gar nicht als Landesteg gedacht, aber Kähne machten dort fest, um Waren ein- und auszuladen.

»Wir werden von hier aus eine Barke zum Fähranleger nehmen. Dort suchen wir einen Sampan nach Hangchou.«

»Abgemacht«, sagte Shangchao. »Wir werden euch dann in drei Tagen nach Hangchou folgen.«

»Wo werdet ihr wohnen?«, fragte Tongyu.

»Das haben wir noch nicht entschieden. Kannst du dich noch an das Teehaus erinnern in der Seidenstraße, wo es so viele Vögel gibt? Wir treffen uns spätestens in fünf Tagen dort.«

»Ja, ich erinnere mich gut. Wir haben sogar einmal da gespielt.«

»Genau. Also dann treffen wir uns dort zur Abendessenszeit.«

Genauso wie am Steg von Shaohae rief Tongyu ein Boot heran, dessen Licht er durch den Nebel wahrgenommen hatte. Es war eigentlich kein Passagierschiff, sondern ein Kahn, der Gemüse und Brennholz transportierte, aber der Schiffer stakte den Nachen mit dem Ruder ans Ufer. Nachdem Tongyu den Preis ausgehandelt hatte, stiegen er und Chong ein.

Vom Ufer aus rief ihnen Shangchao noch einmal zu: »Bis in fünf Tagen im Teehaus!«

Die Barke verschwand im Nebel. Das Zentrum der Stadt lag nun hinter ihnen, und der Kanal verbreiterte sich zu einer größeren Fahrrinne. Eine Mole tauchte auf, die von mehreren Dutzend Lampen erleuchtet war. So früh am Morgen waren keine großen Schiffe dort, nur kleine Barken und Kähne, beladen mit Holz und Gemüse. Tongyu und Chong warteten daher, bis die reguläre Fähre nach Hangchou von der Mündung heraufkam. Es handelte sich dabei um eine große Dschunke, die für das Segeln auf hoher See mit drei Masten ausgestattet war. Hier auf dem Fluss jedoch hatte man den Zentralmast entfernt und durch Ruder ersetzt, die zusammen mit kleinen Focksegeln am Heck und am Bug für den nötigen Vortrieb sorgten. Auf dem oberen Deck befanden sich die Passagiere, auf dem unteren Deck traten die Ruderer in Aktion, sobald der Wind nachließ.

Gegen Abend des zweiten Tages erreichte die Dschunke Hangchou. Auf beiden Seiten des Wasserlaufs erstreckten sich Maulbeerbaumplantagen, so weit das Auge reichte, und das war bis zum Fuße der Berge. Die landläufige Meinung war, dass es in Hangchou, das berühmt war für seine Seide, keine armen Leute gäbe. Es stimmte sicherlich nicht ganz, die Reichen waren wirklich reich, wie anderswo auch, aber alle anderen, hinunter bis zum

Arbeiter in den Seidenraupenzuchtfarmen, führten ebenfalls ein Leben mit reichlich Annehmlichkeiten. Die Häuser waren gepflegt und die Straßen sauber. Die Menschen trugen helle Seidengewänder, wie es zu der Zeit Mode war. Da war viel Blumenschmuck vor den Fenstern, und an hohen Stangen, die über die Straße ragten, flatterten Seidentücher in allen Farben. Rot, blau, gelb, es waren Stoffe, die gerade gefärbt worden waren und die nun dort zum Trocknen hingen. Hangchou trug den Namen *Wasserstadt* zu Recht, denn es war von einem weitläufigen Netz aus Kanälen durchzogen. Dieses verband den Hsi Hu See im Westen mit dem Meer im Süden, zusammen mit dem Ch'iat'ang, dessen klares Wasser sich an der Mündung über den weißen Sand des Meeressaumes ergoss.

In der Stadt angekommen, begaben sich Chong und Tongyu ins Händlerviertel. Obwohl es Nacht war, waren durch die Lampen der Geschäfte die Straßen, in der Summe bestimmt mehr als acht Kilometer, taghell erleuchtet. Sogar die Gässchen strahlten im Lichterglanz. So groß Nanking auch war, an die Schönheit und den Luxus der Wohnviertel in Hangchou konnte es nicht heranreichen. Sogar die Straßen waren hier gepflastert. Chong und Tongyu suchten einen Gasthof auf, der hinter der Prachtstraße versteckt in einer Gasse lag. Er war sauber und einigermaßen sicher, da hier gewöhnlich Handelsreisende aus anderen Provinzen abstiegen. Aufgewühlt durch das, was ihr in Suchou widerfahren war, war Chong sehr ängstlich, aber Tongyu beruhigte sie damit, dass hier ganz andere Verhältnisse herrschten. Er hatte zwar schon daran gedacht, ein Zimmer in einem Hotel zu nehmen, jedoch noch nie in seinem Leben in einem geschlafen, weswegen ihm so eine Unterkunft fremder und beunruhigender vorkam als ihre einfache Bleibe.

Man betrat die Herberge durch eine kleine Bambustür mit Vordach. Ein Weg führte dann über einen großen Hof, in dem eine

Anzahl Laternen hingen. Danach ging man an Lagerräumen und einem Pferdestall vorbei, aber erst nachdem man ein weiteres Gebäude umrundet hatte, kam man in einen Garten mit einem kleinen Teich und damit zum eigentlichen Gasthof. Es handelte sich dabei um ein zweistöckiges Haus mit Terrasse und Balkonen. Die Zimmer befanden sich in den beiden oberen Stockwerken, darunter auch einige Wohneinheiten, die aus mehreren Räumen bestanden und für Reisende mit Familie oder Bediensteten gedacht waren. Natürlich waren sie etwas teurer.

Im Bestreben, Chong Sicherheit zu geben, nahm Tongyu eine davon. Und Chong traute sich daraufhin sogar, ein heißes Bad im gemeinschaftlichen Waschraum zu nehmen. Dann bestellten sie sich eine Mahlzeit, die ihnen die Hausangestellten auf einem Holztablett in das Zimmer brachten. Es war lange her, seit sie einen ruhigen Moment für sich allein gehabt hatten. Kurz nachdem Chong angefangen hatte zu essen, ließ sie plötzlich den Kopf sinken. Mit dem Ärmel wischte sie sich ein paar Tränen weg.

Tongyu ließ seine Stäbchen sinken: »Was hast du?«

»Nichts … Ich würde nur so gerne an einem Ort leben, ohne immer weiterziehen zu müssen …« Sie sah ihn mit feuchten Augen an.

Er wusste nicht recht, was er darauf antworten sollte: »Mir geht es genauso … Ich hasse dieses Herumvagabundieren. Immer auf der Walz.«

»Ich besitze ein paar Sachen, die einen großen Wert haben …«

»Ich weiß.«

»Auf dem Boot habe ich nachgedacht … Wir könnten doch hier einen Laden aufmachen …«

Tongyu war sprachlos. »Was … könnten wir denn überhaupt verkaufen?«, stammelte er.

»Irgendetwas, das spielt doch keine Rolle. Schweineteigtaschen … Ich kann sie zubereiten.«

Chong knüpfte ihr Bündel auf. Zum Vorschein kamen Beutelchen und Papierumschläge, denen sie ein Schmuckstück nach dem anderen entnahm. Da waren mit Perlen verzierte und massiv goldene Kostbarkeiten, welche aus Jade und andere aus Bernstein. Außerdem Tierfiguren als Anhänger, westliches Silbergeld und zwei Silberstücke in Form eines Hufeisens. Tongyu blieb der Mund offen stehen. Er wagte es nicht, diesen Reichtum zu berühren, der vor seinen Augen ausgebreitet dalag.

»Wo hast du das alles her?«

»Das sind die Früchte meiner Arbeit als Hwachia des Vergnügungstempels. Manches hat mir auch Kuan geschenkt.«

»Wie viel ist das alles zusammen wert?«

»Ungefähr tausend Nyang«, antwortete Chong.

Kopflos begann Tongyu die Schmuckstücke einzupacken und feste Knoten in die Säckchen zu machen.

Chong nahm ihre Stäbchen wieder zur Hand, pickte etwas von einem Teller und steckte es Tongyu in den Mund.

»Verlasse die Tsus. Wir kaufen ein Haus und betreiben Handel.«

»Ein Haus kaufen? Ich habe noch nie ein Haus besessen!«

»Nun, dann werden wir eben jetzt eines haben. Wir werden Kinder bekommen und für sie arbeiten.«

Nach dem Essen waren sie nicht in der Lage, richtig zu schlafen. Ihre Gedanken waren dermaßen in Aufregung wegen ihrer Zukunftspläne, dass der eine den anderen wieder weckte, wenn ihm eine neue Idee kam. Sie flüsterten miteinander bis in die späte Nacht. Sie zankten sich sogar eine Weile darum, wie sie ihre Kinder nennen würden. Während der nächsten drei Tage durchstreiften sie das Stadtzentrum und hielten Ausschau nach einstöckigen Häusern in gutem Zustand mit Blick zur Straße.

Am Abend des vereinbarten Treffens gingen Chong und Tongyu zu dem Teehaus in der Seidenstraße. Über der riesigen Terrasse vor dem Haus hingen zahlreiche Vogelkäfige in allen nur vorstellbaren Formen. Glocke, Palast, Mond oder auch ein einfacher Kubus, um nur einige zu nennen. Die Vögel darin boten eine erstaunliche Artenvielfalt. Da waren gewöhnliche japanische Spatzen, Beos, Papageien, Elstern, Grünspechte und Käuzchen, die ohne Unterlass sangen. Bei dem Gezwitscher hätte man meinen können, irgendwo in einem Wald zu sein, in einem geheimen Tal in den Bergen. Hinter einer einfachen Hecke stolzierten Kraniche und echte Pfauen aus Hainan umher. In der Teestube wuchsen in Töpfen allerlei Pflanzen und exotische Blumen, Orchideen zum Beispiel. Chong und Tongyu nahmen in einer Ecke Platz, um auf Shangchao zu warten.

Dieser kam kurz darauf, schäbig gekleidet. Er suchte mit seinen Augen die Tische ab. Als Chong ihn sah, gab sie ihm zufrieden ein Zeichen. Man bestellte auch für ihn Tee. Der Ober erschien mit einer Teekanne, deren langer Schnabel an einen Kranich erinnerte, und goss, in formvollendeter Haltung, kunstvoll den Tee in winzige Tassen. Es handelte sich um Longching, eine Spezialität aus der Region.

Shangchao berichtete: »Nach eurer Abreise war die Sache nicht so einfach. Wenn Fushi den Chef nicht gekannt hätte, dann hätten sie uns gewiss totgeschlagen. Wir mussten ihnen die Jadearmbänder geben.«

»Wo sind denn die anderen jetzt?«, fragte Tongyu.

»Nicht weit von hier in einem Gasthaus, das Tsu gut kennt. Wir haben uns große Sorgen um euch gemacht.«

Sie folgten Shangchao durch einige Geschäftsstraßen. Tongyu trug Chongs Bündel, zusammen mit seinem eigenen auf den Schultern. Die Unterkunft befand sich in einer sehr belebten Straße. Wie alle Gebäude dort war es ein zweistöckiges Haus mit einem Balkon in der oberen Etage. Vor der roten, halbrunden Eingangstür stand ein Wächter. Der Hauptraum diente als Bar, aber sie stiegen die Treppe zum Speisesaal hinauf. Dort waren etwa ein Dutzend runde Tische, von denen einer bereits eingedeckt war mit Tellern, Gläsern, Löffeln und Stäbchen.

Während sie sich noch suchend umsahen, näherte sich ihnen lächelnd ein Mann: »Da sind Sie ja endlich! Wir wurden schon etwas unruhig.«

Shangchao begrüßte ihn, Tongyu und Chong schlossen sich ihm an. »Wo sind denn unsere Leute?«

Mit einer Handbewegung lud der Mann sie ein, Platz zu nehmen, und setzte sich selbst ihnen gegenüber hin. »Ich habe Tsu angeboten, hier aufzutreten, und sie holen gerade ihre Sachen.«

Der Gastgeber hatte eine großartig verzierte Satinjacke an. An seiner schwarzen Kappe aus Seide baumelte ein Anhänger aus Bernstein, der ihm in die Stirn hing. Er trug eine westliche Brille und einen auffallenden Bart. Shangchao stellte ihn als Leiter der Bar vor, der dem Chef des Hotels als rechte Hand diente, und machte ihm dann seine jungen Freunde bekannt. Der Bärtige klatschte leicht in die Hände, und die Diener brachten sofort alkoholische Getränke und verschiedene Gerichte.

»Bei uns ist der Kaoliang hervorragend, stoßen wir an!«

Sie tranken eine erste Runde, dann eine zweite und dritte. Während sie noch aßen, gab der Mann vor, etwas Dringendes erledigen zu müssen, und verschwand hinter einem Vorhang. Nach einer Weile fühlten Chong und Tongyu, wie ihre Lider schwer wurden, und ihnen fielen die Augen zu. Aufgestützt auf die Ellenbogen, versuchte Tongyu noch mit dem Unterarm sein Kinn abzufangen, bevor es auf den Tisch aufschlug.

Shangchao betrachtete sie aufmerksam, näherte sich dann Tongyu und nahm dessen Gepäck. Dieser schlief, die Stirn auf den angewinkelten Armen ruhend. Chong hing schief auf ihrem Stuhl, gegen die Rückenlehne gesunken. Zufrieden presste Shangchao das Bündel an seine Brust.

»Wohl zu tief ins Glas geschaut, was?«, fragte lachend der sogenannte stellvertretende Chef, der in den Raum zurückgekehrt war. Er hob das Kinn der vor sich hin dösenden Chong an und fügte hinzu: »Eine solche Schönheit. Sie wird sich um einen guten Preis verkaufen lassen.«

Shangchao erhob sich: »Sie werden einen guten Preis bekommen. Nehmen Sie beide?«

»Nein, den mageren Hering nicht, nur das Mädchen.«

Shangchao streckte die Hand aus, die Handfläche nach oben: »Für meine Mühe?«

»He, du hast schon die Sachen. Das ist doch genug, und du willst noch eine Zulage?«

»Wenn Sie meinen, lassen Sie es!«

Shangchao hatte bereits den Vorhang zurückgeschlagen, um zu gehen, da versperrten ihm zwei dort postierte Männer den Weg und schubsten ihn wieder in den Raum zurück. Er wich rückwärts in die Mitte des Zimmers.

Der Vizechef legte ihm die Hände auf die Schultern: »Wir sprechen darüber, wenn wir gesehen haben, was in dem Beutel ist.«

Er riss ihn ihm aus der Hand und löste die Schnur. Die zwei Leibwächter traten näher, um besser sehen zu können. Eine völlige Stille trat ein.

Der Mann nahm eines der hufeisenförmigen Silberstücke und schob es Shangchao hin: »Das ist für dich. Damit kannst du erst mal von hier verschwinden. So ein armer Schlucker wie du sollte damit eine Zeit lang über die Runden kommen.«

Zitternd nahm Shangchao das Geldstück an und floh aus dem Zimmer, ohne sich umzudrehen. Der Chef warf einen Blick in den Gang, dann machte er seinen Schlägern ein Zeichen, bevor er die Treppe hinunterstieg. Die zwei hakten Chong auf beiden Seiten unter und folgten ihm, dass es aussah, als ließe ein Herr seine betrunkene Geliebte nach Hause bringen. Der Mann bezahlte am

Eingang das Essen, rief eine Kutsche, beförderte Chong hinein und setzte sich daneben. Die Pferdehufe klapperten auf dem Straßenpflaster.

Der Wagen verließ das Zentrum, fuhr durch eine Vielzahl von Straßen, bog immer wieder mal rechts, mal links ab, bevor er in einer dunklen Gasse vor einem Haus anhielt. Es war ein ganz einfaches Backsteinhaus. Die Tür war verschlossen, und die Fensterläden waren verriegelt. Vor sich hin brummend bezahlte der Mann den Kutscher, fasste Chong um die Taille und klopfte an die Tür, die sich sofort öffnete.

Eine alte Frau in Morgenrock empfing ihn. Eine von der Sorte: alt, dürr und knochige Hände. Ihre Wangenknochen sprangen hervor, und ihr stechender Blick war Angst einflößend. In dem ersten Raum standen nichts weiter als ein Hocker und eine Liege. Ein Gang führte weiter ins Innere des Hauses. An dessen Ende öffnete sich quietschend eine Tür, und ein Mann erschien in der Öffnung, gebückt, da er sehr groß war.

Die Alte befahl ihm ungeduldig: »Bring sie weg!«

Der Riese hob Chong auf wie einen Sack Mehl, klemmte sie sich unter den Arm und verschwand wieder dahin, von wo er gekommen war.

Der Mann, der das junge Mädchen hergebracht hatte, sagte leise zu der Alten: »Die da ist nicht schlecht. Du wirst sehen, sie ist noch Jungfrau. Sie ist genauso hübsch wie Yang Guifei. Sie war Tänzerin und Musikerin.«

Unwirsch antwortete die alte Hexe: »Bei uns kommt es nicht auf die Schönheit an. Einmal verkauft, hängt es ganz davon ab, was sie kann. Wie viel willst du?«

»Mindestens fünfhundert.«

»Glaubst du, du bist die einzige *Weiße Ameise* im Umkreis?«

»Meine Männer müssen auch bezahlt werden. Also schön, aber unter die Hälfte gehe ich nicht!«

Die Alte nestelte das Samtband auf, das sie als Gürtel verwendete, und murmelte vor sich hin: »Du weißt sehr gut, dass ich sie nicht hier arbeiten lassen kann, wo du sie aufgegabelt hast. Ich muss sie also mit dem Boot wegbringen lassen.«

Sorgfältig zählte sie ihre Geldstücke. Mehrmals, bevor sie dem Mann das Geld gab: »Wir hängen ja auch nur dazwischen, und eine goldene Nase verdienen wir uns nicht!«

Ohne dem noch etwas hinzuzufügen, steckte der Mann das Geld ein und brach auf. Hinter ihm verriegelte die Alte gewissenhaft die drei Schlösser der Tür, vergewisserte sich noch einmal durch Rütteln, ob sie auch wirklich an ihrem Platz waren, und schlurfte den Gang entlang, in dem Chong verschwunden war. Von der schmalen Diele aus ging es zu mehreren Zellen, deren Türen durch Balken verbarrikadiert waren, die mit Vorhängeschlössern, groß wie Männerhände, gesichert waren. Am anderen Ende befand sich eine weitere Tür, hinter der, ähnlich wie in einer Herberge, drei weitere Räume lagen. Das Weib betrat den mittleren von ihnen. Chong lag regungslos auf dem Bett, ihre Arme hingen seitlich herunter. Der Riese hatte das Hemd der jungen Frau geöffnet und war gerade dabei, ihre Brüste zu streicheln.

Die Alte knurrte: »Was fällt dir ein? Lass sie in Ruhe. Wenn wir einen guten Preis für sie haben wollen, dann muss sie makellos sein.«

Ihr Sohn, den das Verlangen gepackt hatte, drehte den Kopf zum Bett um: »Es wäre doch gut, sie etwas zu erziehen, damit sie sich nicht zu sehr ziert.«

»Das ist nicht unser Problem«, beschied seine Mutter. »Da wird sich ihr Zuhälter schon darum kümmern. Wenn du sie jetzt anlangst und sie aufwacht, dann werden wir außerdem keine ruhige Nacht haben.«

Der Sohn wollte schon das Zimmer verlassen, um sich der Standpauke seiner Mutter zu entziehen, als sie ihn zurückrief:

»Binde ihr noch Arme und Beine fest. Ich habe keine Lust, nach ihr zu schauen, wenn sie vor Tagesanbruch wach wird.«

Es handelte sich hier um eines der heruntergekommenen Häuser, in denen Menschenhandel betrieben wurde. Es gab sie in Suchou ebenso wie in Hangchou, und sie wurden Shumachia genannt. Es existierten weit schlimmere Händlerringe, die alles nahmen – Männer, Frauen, Kinder – und die sich ihre Opfer unter den Armen suchten, denen sie Arbeit versprachen. Dann hielt man sie gefangen, ließ sie arbeiten und gab ihnen gerade so viel zu essen, dass sie nicht starben, bevor sie später noch in den Süden, nach Luzon oder Singapur, abgestoßen wurden. Die Kinder verstümmelte man und verschacherte sie an Schausteller oder Bettler. Frauen vom Land wurden oft als Dienerinnen oder Prostituierte in die Stadt verkauft. Shumachias hingegen beschäftigten sich ausschließlich mit dem Verkauf von jungen Mädchen als Konkubine oder als Hure an ein Freudenhaus.

Chong kam erst ziemlich spät am nächsten Vormittag zu sich. Da kein Fenster im Raum war, wusste sie nicht, wie viel Uhr es war. Sie konnte nur versuchen, etwas herauszufinden, indem sie auf die Geräusche im Gang lauschte. Ihre Handgelenke, Knie und Knöchel waren fest verschnürt, ihr schien der Schädel zu platzen vor Kopfschmerzen, und sie hatte Durst. Ihre Zunge war trocken wie Pappe. Sie bewegte die Schultern ein wenig, dann begann sie zu schreien. Die Tür ging auf und schloss sich wieder hinter zwei Männern und einer alten Frau, die auf eingebundenen Füßen hereinhinkte und eine schwarze Jacke und eine Hose aus Seide trug. Sie war so unglaublich mager, die Wangen dermaßen eingefallen und die Zähne schwarz, dass man ihr die Opiumraucherin ansah.

»Ich weiß nicht, wer du bist«, sagte das Gespenst, »und ich muss es auch gar nicht wissen. Wir haben Geld für dich bezahlt, viel Geld. Wenn du Kohle hast, dann gib sie mir, und du kannst sofort gehen. Wenn nicht, dann bleibst du hier. Versuchst du zu fliehen, setzt es Schläge. Aber wenn du vernünftig bist, dann binden wir dich los, und du bekommst auch etwas zu essen. Wie entscheidest du dich?«

Obwohl sie nicht geknebelt war, war Chong unfähig zu sprechen. Mit dem Kopf signalisierte sie Zustimmung. Auf ein Zeichen der Alten banden die beiden Männer sie los. Jetzt erst war sie in der Lage, sich zu bewegen und um sich zu blicken.

Sich die schmerzenden Handgelenke reibend, flehte sie: »Ich bin verheiratet. Ich habe Geld und Schmuck. Wenn Sie mich freilassen, werde ich Sie entschädigen, das schwöre ich.«

Die alte Frau erkannte sofort, dass Chong keine Chinesin war. »Wo kommst du her? Bist du eine Miao oder eine Quiang?«

»Ich bin aus Kaoli.«

Die andere lachte schrill: »Eine Wilde! Sie sind hübsch, diese Wilden, wenigstens das sind sie.«

»Ich sage die Wahrheit. Mein Mann kann bezahlen.«

Die Alte bedachte Chong mit einem spöttischen Grinsen: »Dein Mann? Du meinst, dein Zuhälter? Glaubst du, diese Leute hätten so viel Geld?«

Chong bot ihre ganze Überzeugungskraft auf und wiederholte beharrlich: »Mein Mann ist Musiker. Wir sind in eine Falle gelaufen. Ich versichere Ihnen, dass wir Sie bezahlen werden.«

Erneut lachte das alte Weib: »Dein Mann ist ein Schausteller? Aber natürlich! Solche Kerle sind ja zu allem fähig, und wenn sie die eigene Frau verkaufen.«

Damit war für sie die Sache erledigt, und sie war im Begriff zu gehen, als der Riese vorschlug: »Sieht so aus, als müssten wir sie etwas zähmen, oder?«

Mit einem scheelen Blick auf ihren Sohn kreischte die alte Hexe: »Sie ist zu vorlaut, man muss sie lehren, den Mund zu halten.«

Fast augenblicklich erschienen zwei junge Männer, die offensichtlich vom Hof hereinkamen. Sie trugen Hemden mit weiten Ärmeln und darüber Westen.

Die Alte deutete mit dem Kinn auf das Zimmer: »Die da ist Anfängerin, seid nicht ganz so grob.«

Sobald sie verschwunden war, betraten die jungen Kerle das Zimmer. Nun umkreisten vier Männer das Bett, auf dem sich Chong zusammengekrümmt hatte. Sie machten sich bereit, der Neuen zu zeigen, was sie von nun an zu erwarten hatte. Damit sie nach dem Verkauf den Kunden gegenüber nicht zu verschämt war. Sie nahmen sich Zeit.

Der Sohn der Alten stieg als Erster auf das Bett und näherte sich Chong, die sich an die Wand gedrückt hatte, auf Knien. Er nahm ihr Hemd und riss es ihr brutal vom Leib. Chong schrie auf, versuchte ihre Brüste mit den Händen zu bedecken und drehte ihm den Rücken zu. Die anderen Männer eilten ihm zu Hilfe, indem sie sich um die anderen Kleidungsstücke kümmerten. Sie zerfetzten alles, einschließlich der Unterwäsche. Chong hatte sich, nun gänzlich nackt, zusammengerollt wie ein Embryo. Einer der Männer zog ihre Arme nach oben, ein anderer nahm ihre Füße, um ihr die Beine spreizen zu können. Der Sohn der Alten und ein weiterer Mann knieten zu beiden Seiten und betatschten den ruhig gestellten Körper. Sie unterhielten sich im Plauderton über seine Beschaffenheit.

»Schau dir das an, sie ist schon feucht!«

»Darum werde ich mich kümmern.«

»Hast du das gesehen, wie kann man nur so kleine Titten haben?«

»Wer von uns fängt an?«

Chong hatte die Augen geschlossen und versuchte vergeblich, sich zu befreien. Mit aller Kraft wand sie sich unter ihren Händen. Die jungen Männer wetteiferten mit ihren Berührungen. Als sie am Ende ihrer Kräfte schien, ließen sie sie einen Moment los, um sich auszuziehen. Sobald der Sohn der alten Hexe sich über sie schob, bemühte Chong sich noch einmal, ihn mit beiden Händen von sich zu schieben und sich auf der Seite zusammenzukrümmen.

»Willst du so deine Kunden empfangen?«

Einer der Vergewaltiger packte ihre Arme und bog sie über Kopf, wo er sie festhielt. Ein weiterer hob ihre Füße hoch. Ihre Augen waren geschlossen, aber sie hatte wieder ihr volles Bewusstsein erlangt. Was sie spürte, war nicht neu. Nur ihr Unterleib nahm die Anwesenheit eines Fremdkörpers wahr. Der Rest ihres Seins war weit weg. Das Ding in ihr bewegte sich mit roher Gewalt. Das verursachte am Anfang ein Brennen, das aber dann nachließ. Weil man ihr die Arme nach hinten gezogen hatte, war kaum noch etwas von der Wölbung ihrer Brüste übrig. Nur die Spitzen ragten noch nach vorne. Diese wurden jedoch von einer Hand hartnäckig durchgeknetet, und zwar der des Mannes, der mit seiner anderen ihre Handgelenke fixierte. Die beiden übrigen Kerle, sie standen hinter ihrem Vergewaltiger, hatten sich ihrer Beine bemächtigt. Sie kniffen, saugten und bissen sie von oben bis unten. Chong versuchte den Widerstandswillen, der in ihrem Innern hochstieg, zu bezwingen und sich zu unterwerfen. Sie hatte beschlossen, sie gewähren zu lassen. Kommt nur, ich ertrage euch, macht weiter! Sie fügte sich, als sei sie eine Stoffpuppe aus Seide, wie sie speziell für Männer hergestellt werden. Eine Puppe nur für diese Exemplare hier, diese schwanzgesteuerten Kretins, eine Puppe, ihre Samenergüsse aufzunehmen.

Einen Moment lang öffnete sie die Augen, denn sie spürte, wie Tropfen auf ihr Gesicht fielen. Zwei Fingerbreit über ihrer Nase arbeitete sich der Mann ab, er schnaubte wie ein Pferd, das vor einem Abgrund flüchtet. Der Schweiß lief ihm in Strömen über das Gesicht, sammelte sich am Kinn und tropfte dann auf Chong.

Die Augen hatte er geschlossen, die Nasenlöcher waren gebläht, und die Zunge fuhr unablässig über seine Lippen. Die anderen beobachteten ihn, nackt und mit steifem Glied. Plötzlich durchlief den Mann ein Zittern, bevor er schwer auf Chongs Brust herabsackte. Sein Schnaufen hallte in ihren Ohren wider. Sie fühlte die Veränderung seines Schwanzes, als dieser erschlaffte, hässlich zusammenschrumpelte. Herr Ch'en kam ihr in den Sinn, der seinen letzten Atemzug auf ihr getan hatte. Von da an war ihr klar gewesen, dass das Leben eines Mannes sich von der Geburt bis zum Tode nur darum drehte, und die Männer konnten ihr keine Angst mehr einjagen in der Welt, die sie sich in Gedanken schuf.

Ich werde euch alle drannehmen, etwas Geduld bitte! Ich werde euch alle zum Erguss bringen!

Der Riese, der wie tot auf ihr lag, rührte sich nicht, bis seine Mitstreiter ihm auf die Schulter schlugen. Schwerfällig wälzte er sich zwischen Chongs Beinen heraus. Die Kerle brauchten die junge Frau nicht mehr festzuhalten. Unbeteiligt blieb sie liegen, die Schenkel gespreizt. Der Nächste machte sich ans Werk. Er bereitete ihr weniger Schmerzen als der Erste, aber stank dafür fürchterlich aus dem Mund. Chong drehte den Kopf zur Seite und versuchte, so wenig wie möglich zu atmen, aber ihre Augen schloss sie nicht dabei.

Nachdem ihre Vergewaltiger alle ihre Lust befriedigt hatten, spielten sie noch mit ihren Schwänzen herum, indem sie sich gegenseitig über den jeweils anderen lustig machten. Als sie sich schließlich anzogen, stand Chong auf.

»Ihr wollt Männer sein?«, höhnte sie. »Ihr seid jämmerliche Versager!«

Verdutzt schauten die jungen Burschen sie an.

»Ich bin eine Hwachia. Also bezahlt ihr mich jetzt auch!«

Sie verstanden nicht, was das sollte. Während sie sich weiter ankleideten, schielten sie verunsichert einer zum anderen.

Der Sohn der Alten höhnte: »Statt zu schreien, solltest du dich eigentlich bei uns bedanken, dass wir dir Spaß bereitet haben.«

Chong stand auf, stürzte sich auf den Mann und packte sein Glied: »Ihr habt euren Orgasmus gehabt? Ich nicht! Da braucht es eine ganze Menge mehr. Also, es ist nichts umsonst auf der Welt!«

Der Kerl stieß einen fürchterlichen Schrei aus und sackte zu Boden. Chong ließ ihn los und streckte ihm ihre geöffnete Hand hin: »Ihr werdet mich bezahlen!«

Die anderen grinsten dümmlich, nahmen aber Geld aus ihren Taschen und warfen es aufs Bett. Chong näherte sich dem Riesen, zog ihm den Geldbeutel aus der Weste und begann, das Band aufzuknoten. Wütend griff er nach ihrer Hand und gab ihr eine Ohrfeige, dass sie rückwärts aufs Bett fiel. Die anderen beiden riefen ihm zu, bevor sie aus dem Zimmer schlichen: »He! Auch du gibst ihr gefälligst ein paar Fen!«

»Wer hat bloß behauptet, sie sei neu im Geschäft!«

»Sie hat uns den Tag versaut!«

Die Rufe seiner Kameraden hatten dafür gesorgt, dass der Riese seine Beherrschung wiederfand. Lachend trat er den Rückzug an.

Chong, die immer noch auf dem Bett lag, schrie: »Zahl gefälligst, bevor du gehst!«

Der junge Mann öffnete nun doch seinen Beutel und warf ihr ein bisschen Kleingeld hin: »Das nächste Mal wirst du auch auf deine Kosten kommen!«

Die Tür fiel zu und wurde von außen verriegelt. Chong zog ihre Kleidungsstücke an sich, bedeckte Gesicht und Brüste und begann zu schluchzen. Zwischen ihren Schenkeln rann die klebrige Hinterlassenschaft der Kerle, die sie nun mit dem heruntergefallenen, zerknitterten Laken abwischte, so gut es ging. Von Schluchzern geschüttelt, kämpfte sie mit den Tränen. Sie biss die Zähne zusammen und drehte sich auf die Seite, die Knie ganz eng an den

Körper gezogen wie eine Raupe. Welche Prüfungen standen ihr noch bevor? Wieder einmal warf man sie in eine neue Welt.

Drei Tage später wurde Chong verkauft. Man brachte sie mitten in der Nacht auf ein Schiff, einen Dreimaster, nicht unähnlich der Dschunke, die sie vor einer gefühlten Ewigkeit aus ihrem Heimatland hierhergebracht hatte. Bei der Besatzung handelte es sich um Menschenschmuggler, die Frauen von den Shumachias kauften, um sie in der Fremde weiterzuverkaufen. Bei dieser Fahrt wohl mehrere Dutzend, die mit der übrigen Ladung am äußersten Ende des Kieles zusammengepfercht wurden.

Das Schiff steuerte nach Süden, und die Luft wurde feucht und stickig. Das Atmen fiel immer schwerer. Die Schleuser erlaubten es ihrer menschlichen Ware, ein- bis zweimal am Tag etwas frische Luft an Deck zu schnappen. Von dort aus sah Chong dann zum ersten Mal einen dieser westlichen Panzerkreuzer. Am Bug und am Heck protzte er mit riesigen Masten und zog eine gewaltige Dampfwolke hinter sich her, die aus einem hohen Schornstein quoll. Zu beiden Seiten des Rumpfs drehten sich unermüdlich mächtige Schaufelräder, um das Schiff vorwärtszutreiben.

BODHISATTWA AVALOKITESHVARA AUF DEM DRACHENKOPF

Das Schiff legte einen Zwischenstopp in Fuchou ein. Die Menschenhändler stellten dort und in Amoy gewohnheitsmäßig die in Tianchin, Quingdao, Shanghai, Ningpo und Hangchou gekaufte menschliche Fracht nach Verwendungszweck neu zusammen, wie zum Beispiel nach Kulis oder Prostituierten. Von Fuchou wurden sie dann nach Formosa oder Luzon weiterbefördert, von dem südlich gelegenen Amoy sandte man sie nach Batavia oder Singapur.

Zusammen mit allen anderen jungen Frauen und Männern wurde Chong während der Nacht von Bord gebracht. Nach Geschlechtern getrennt, wurden sie anschließend zu einer billigen Absteige geführt, die sehr viel größer war als die, die sie in Suchou oder Hangchou gekannt hatte.

Schon gleich nach ihrer Ankunft bildeten einige rohe Gesellen einen Ring um die Frauen, und sie wurden gezwungen, sich auszuziehen. Die Zögerlichen handelten sich Schläge mit Bambusruten ein, sodass sich auf ihren Armen oder den Rücken Blutstropfen bildeten. Die auf diese Weise von ihrer Scham Befreiten legten dann schnellstens ihre Zurückhaltung ab. Die Einkäufer prüften eingehend vor Annahme der Ware, ob sie nicht irgendwelche verborgenen Makel aufwies. Angefangen bei den ältesten

Frauen, versicherten sie sich, dass diese frei von Krankheiten waren und kräftige Arme und Beine hatten. Sie rissen ihnen sogar den Mund auf, um nachzusehen, wie der Zustand ihrer Zähne war. Nach Abschluss dieser Untersuchungen wurden den Frauen traditionelle chinesische Kleider ausgehändigt, schwarze oder dunkelblaue Ch'ip'aos. Ihre persönliche Habe, einschließlich aller Kleidungsstücke, mussten sie abgeben.

Dutzende von Frauen wurden nun in ein Backsteingebäude mit hoher Decke getrieben. Chong kam in einen der zahlreichen Schlafräume, die von einem langen Korridor abgingen. Er hatte einen Holzboden und war so groß, dass er für gut zehn Personen Platz bot. Vor dem Fenster verbreitete eine fahle Laterne ihr Licht. Sie bekamen das Abendessen in einem Holzkübel gebracht. Es bestand aus Reis und gepökeltem Gemüse, eingewickelt in ein Bambusblatt. Chong stellte sich an, um ihren Anteil zu bekommen, dann setzte sie sich mit dem Gesicht zur Wand und aß langsam. Der Reis war nicht klebrig, weswegen die Körner auseinanderfielen. Mit der hohlen Hand fing sie die herabfallenden auf, um sie dann von dort abschlecken zu können. Das Gemüse kaute sie so lange, bis es den salzigen Geschmack verloren hatte. Eine ihrer Zimmergenossinnen weinte, aber Chong riss sich zusammen.

Für jede der Frauen war zum Schlafen eine hölzerne Kopfstütze vorhanden. Obwohl sie sich in südlichen Gefilden befanden, war die Abendluft doch sehr kühl, und alle fröstelten in den leichten Ch'ip'aos. Ohne Zögern drückte sich Chongs Nachbarin fest an sie.

»Mir ist so kalt«, bibberte sie.

»Lass uns eng beieinanderliegen. Dann geht es uns beiden besser«, antwortete Chong und drehte sich um.

Daraufhin schmiegte sich das Mädchen in Chongs Arme wie ein kleines Kind und flüsterte: »Ich habe so furchtbar Angst …«

»Hab keine Sorge. Sie haben uns doch zu essen gegeben. Sie werden uns nicht töten«, tröstete Chong sie und tätschelte ihr beruhigend den Rücken.

»Wie heißt du?«

»Lingling.«

»Ich bin … Chong.«

Es war schon eine ganze Weile her, dass sie ihren Namen gesagt, geschweige denn gehört hatte. Doch Lingling erinnerte sie an das junge Mädchen, das sie einst gewesen war. Chong legte die Hände auf die mageren Schultern der Kleinen, während ihr selbst nun doch Tränen kamen und ihr über die Wangen liefen.

»Cheng? … Jong? …«, bemühte sich Lingling. »Es ist schwer, deinen Namen auszusprechen.«

Schnell wischte sich Chong die Tränen aus dem Gesicht, und sie atmete tief durch, um die bewegenden Gedanken an die Vergangenheit zu verscheuchen: »Das ist der Name, den ich in meiner Kindheit trug und den mein Vater mir gegeben hat … Du musst wissen, dass ich aus dem Osten komme. Hier nennt man mich Lenhwa.«

»Ich komme aus einem klitzekleinen Dorf in der Nähe von Shaohsing. Meine Mutter weiß noch nicht einmal, was aus mir geworden ist. Ich bin mit nach Ningpo gegangen, wo man mir eine Stelle als Dienerin versprochen hatte. Das machen bei uns viele. Ich habe sechs Geschwister, und ich wollte meiner Mutter nicht auf der Tasche liegen.« Weil ihr das ganze Elend jetzt erst richtig zu Bewusstsein kam, fing Lingling an, hemmungslos zu schluchzen.

Chong schüttelte sie leicht: »Hör auf zu weinen. Hast du gesehen, was sie mit den Jungen machen? Sie verkaufen sie als Kulis! Aber für uns wird es nicht so schlimm. Was können sie uns schon antun? Du wirst sehen, wir haben nichts zu befürchten. Selbst wenn wir in der Hölle landen, dann kommen wir da wieder heraus, das verspreche ich dir. Wer einmal durch die Hölle gegangen ist, wird danach auf Rosen gebettet, da bin ich sicher.«

»Ich habe aber solche Angst … vor Männern …« Linglings Stimme erstarb.

Chong sagte, mehr zu sich selbst als zu ihr: »Männer, das Wichtigste ist ihnen ihr Gemächt. Aber auch sie haben Angst. Ich weiß das. Ich habe als Hwachia in einem Freudenhaus gearbeitet und weiß, wovor sie sich fürchten. Du kannst dir ihr Entsetzen gar nicht vorstellen, wenn sie merken, dass sie nicht mehr können. Untereinander markieren sie immer den starken Mann, aber wenn sie es dann mit uns zu tun haben, dann sind sie ganz klein mit Hut.«

Chong hörte an dem gleichmäßigen Atmen, dass Lingling eingeschlafen war, aber sie fuhr fort zu reden, während sie das im spärlichen Licht nur vage erkennbare Gesicht ihrer Gefährtin betrachtete: »Sie sind alle einmal von einer Frau geboren worden. Warum soll man also mit ihnen darüber streiten, wer das überlegene Geschlecht ist? Ich werde sie nach meiner Pfeife tanzen lassen, das kannst du glauben. Ich werde das alles überstehen.«

In den folgenden Tagen, die Chong in den Händen der Schieber verbrachte, war viel Kommen und Gehen unter ihren Leidensgenossinnen. Auch die Einkäufer wechselten, nicht aber die Abläufe. Die Aufpasser führten die Interessenten zu den Räumen, in denen die Mädchen ausgestellt waren. Die Kunden betrachteten dann eine nach der anderen durch die vergitterten Türen und hoben den Daumen bei denen, die sie zu erwerben gedachten. Ihr Aussehen war ganz unterschiedlich. Da gab es welche mit Turban auf dem Kopf, andere hatten tiefschwarze Haut, und manche der Südländer trugen statt Hosen eine Art Rock. Seltener handelte es sich um Männer in europäischer Kleidung, die zur Besatzung von Schiffen aus dem Westen gehörten.

Dann kam dieser seltsam herausgeputzte Mann. Gekämmt war er wie ein Chinese und trug auch ein chinesisches Hemd, aber er erinnerte mehr an einen dieser katholischen Missionare aus dem Lande der untergehenden Sonne. Er hatte Schlupflider, eine große Nase und einen braunen Bart. Aus der Nähe jedoch sah man, dass es sich womöglich nicht um einen Europäer handelte, und seine Sprache verriet den echten Chinesen. Er ließ seinen durchdringenden Blick über die aufgereihten Frauen gleiten.

Dann deutete er mit dem Zeigefinger auf Chong: »Du da, komm her!«

Entschlossenen Schrittes trat sie vor, dann drehte sie sich um: »Lingling, du wirst mit mir kommen!«

Der Zwischenhändler, der bereits die Tür geöffnet hatte, fuhr sie an: »Man hat dich gerufen und niemanden sonst!«

Chong sprach nun lauter: »Das ist meine Schwester, wir müssen zusammen unseren Lebensunterhalt verdienen.«

Jetzt näherte sich der vermeintliche Europäer: »Wie heißt du?«

»Man nennt mich Lenhwa.«

Der Mann spottete, das Gesicht zu einem Grinsen verzogen: »Soso, du willst also Geld verdienen?«

»Natürlich! Ich habe nichts außer dem Ch'ip'ao, den ich auf dem Leib trage. Ich muss also unbedingt Geld verdienen.« Chong warf ihre Zöpfe zurück und sprach selbstbewusst.

»Also, welche ist deine Schwester?«, fragte der Käufer.

»Diese ist es«, sagte Chong und wies auf Lingling. »Die Zarteste von allen.«

»Sie schaut noch recht jung aus … Na, was soll's. Kommt nun, alle beide.«

Im Ganzen wurden zwölf Frauen auf diese Art und Weise ausgewählt und in den großen Saal geführt, in den Chong schon bei ihrer Ankunft gebracht worden war. Der Zwischenhändler stand da, die Hände auf dem Rücken verschränkt, während seine Handlanger die Mädchen in Zweierreihen aufstellten.

»Macht euch nackt«, befahl einer von ihnen.

Daraufhin zogen die Frauen die Ch'ip'aos aus, indem sie sie nach oben über den Kopf stülpten. Sie hatten das Gefühl, sie entledigten sich ihrer eigenen Haut. Der Mann näherte sich nun, um sie zu untersuchen. Er fing in der ersten Reihe an, zunächst die Vorderseite, dann den Rücken, bis er alle genau unter die Lupe genommen hatte. Danach befahl er ihnen, sich wieder anzuziehen, und setzte sich vor ein Schreibbrett, um ein Verzeichnis zu erstellen, in das er Name, Alter und Herkunft eintrug.

Jetzt kam die Reihe an Chong.

»Wie heißt du?«

»Lenhwa.«

»Alter?«

Sie zögerte: »Zwanzig.«

»Woher kommst du?«

»Aus Kaoli.«

»Wo liegt das?«

»Es ist ein Land im Osten.«

»Also bist du Ausländerin?«

»Ja, aber ich habe in einem Etablissement in Chinchiang gearbeitet.«

Der Mann blickte zu ihr hoch. »Demnach bist du während des Angriffs mitgenommen worden?«

»So war es in der Tat. Ich war Hwachia.«

Er strich sich durch den Bart und nickte: »Gut. Du wirst wieder Hwachia.«

Von den zwölf Begutachteten waren zwei zurückgewiesen worden, eine wegen ihres Untergewichts, die andere wegen ihres schlechten Atems, der mit Sicherheit von ihren kariesbefallenen Zähnen herrührte.

Unter den Argusaugen des Käufers drückte der Menschenhändler einen handtellergroßen Stempel auf den Arm eines jeden Mädchens. Früher war der Name des Besitzers auf die Fußsohle der verkauften Frauen tätowiert worden, nachdem man sich vergewissert hatte, ob sie Lotosfüße hatten. Wenn sie allerdings den Arbeitsplatz wechselten, dann trugen sie bei dem Bestreben, die Kennzeichnung zu entfernen, ernsthafte Verletzungen davon. Daher hatte man die Praxis des Tätowierens aufgegeben. Die Zuhälter hatten ja kein Interesse daran, dass ihre Mädchen Verletzungen aufwiesen. Allerdings war in letzter Zeit das Tätowieren an sich bei den erfahrenen Prostituierten wieder in Mode gekommen, denn dadurch lockten sie eine Menge Kunden an. Selbst die Körper ließen sich manche bemalen, um sich von der Masse abzuheben. Wenn Frauen abgebundene Füße hatten, dann war das in China ein Zeichen dafür, dass sie aus besseren Familien stammten. Aber im Ausland, in den Häfen und in kosmopolitischen Zentren rief der trippelnde Gang dieser Frauen in ihren Pantöffelchen eher die Abscheu derer hervor, die diese Sitte verurteilten und barbarisch fanden.

Der Mann mit der westlichen Kleidung kam zu Chong und raunte ihr zu: »Wir brechen morgen in aller Frühe auf. Sobald du die Glocke an der Pforte hörst, wecke die anderen, sorge dafür, dass alle da sind, und macht euch abmarschbereit.«

»Ich habe verstanden, mein Herr«, antwortete Chong ebenso leise.

Als der Mann gegangen war, wurden die Mädchen, die verkauft worden waren, zu einer neuen Gruppe zusammengefasst und von den Aufpassern in den angrenzenden Raum gebracht.

Da ist ein Strand, dicht bestanden von Mangrovenbäumen. Ein Netz aus Flussarmen ergießt sich ins Meer. Wo sich die letzten Seitenarme treffen, wirbelt weißer Schaum. Die Strömung ist wild und schnell. Zwei einander gegenüberstehende Klippen bilden eine Höhle. Sie hört eine Stimme, doch sie sieht weit und breit keinen Menschen. Es ist Chongs eigene Stimme, Wortfetzen, die in ihrem Kopf herumschwirren. Ich träume, murmelt sie vor sich hin. Ihr Blick bleibt am Höhleneingang hängen. Dutzende von Augen scheinen ihr aus der Höhle entgegenzustarren. Sie geht hinein, und ihre Pupillen weiten sich. Irgendetwas huscht über den Boden. Plötzlich tauchen Schlangen auf und winden sich von oben bis unten um ihren Körper. Auch durch ihre Augenhöhlen und die Scheide zwängen sie sich und füllen ihr Inneres aus. Ich ersticke! Das ist nicht mein Körper! Auch ohne es zu sehen, spürt sie, wie der Körper anschwillt. Er droht zu platzen, gleich einem Ledersack, randvoll mit Wasser. Sie greift in die Dunkelheit und erhascht nur Luft. Paff! Mit einem lauten Knall zerbirst ihre Hülle, und eine Art Regenguss geht auf den Boden nieder. Jetzt strömt etwas Klebriges aus ihrem Körper heraus. Schlangenhäute liegen überall verstreut. Blut umspült ihre Füße wie ein Strom.

Mit einem Mal ist Chong zu sehen, nackt. Ich sehe sie, die Hure, sagt die Stimme. Vor Chong steht ein ebenfalls nackter Mann. Sein Glied ist sehr groß und haarig. Größer und höher ragt es hervor als das der Holzfigur vor dem Schrein auf dem Berg in ihrer Heimat. Chong stürzt auf den Mann zu, packt ihn am Penis und zieht kräftig daran. Ihr Gegenüber spannt die Muskeln an, um dagegenzuhalten. Chong plumpst auf den Boden. Auch der Mann ist nach hinten umgefallen und bleibt regungslos liegen. Chong nähert sich vorsichtig und schüttelt ihn leicht. Urplötzlich öffnet der Mann die Augen, man sieht keine Pupillen, nur das Weiße. Mit viel Mühe bewegt er seine Lippen und haucht: »Ch o ng …« Als hätte sie sich die Hand verbrannt, schreckt Chong zurück und rennt mit aller Kraft davon. Vater! Es ist Vater! Warum komme ich bloß nicht vom Fleck?

Chong steht beim Erntedankfest am Chinchiang-Kai. Sie drängt sich durch die aufgeregte Menschenmenge. Einige zeigen mit den Fingern auf sie, andere machen schreiend den Weg frei, und ein paar lachen wie verrückt.

Mein Gott, ich bin nackt!

Noch schlimmer ist, dass ein herabhängender Penis zwischen ihren Beinen baumelt! In der Menschenmenge steht auch der alte Ch'en, er schwankt, da ist Kuan, der vor ihr zurückweicht, und schließlich Tongyu, der ihr schreiend folgt: »Lenhwa, Lenhwa, du gehörst mir!«

Chong flieht, sie bahnt sich mit den Armen einen Weg durch das Gedränge. Aus weiter Ferne hört sie eine Glocke läuten, und Lingling winkt ihr.

»Große Schwester, große Schwester …«

Schweißüberströmt öffnete Chong die Lider, und ihr Blick wanderte verwirrt von links nach rechts, bis er den angsterfüllten Augen Linglings begegnete. Im gleichen Augenblick ließ sich die Glocke an der Pforte vernehmen.

»Hattest du einen Albtraum?«

Chong wurde sich bewusst, dass es Zeit zum Aufbruch war. Nach dem dritten Schlag war das Läuten am Tor verstummt. Ein Zittern lief durch ihren Körper, und schauernd schlang sie schnell die Arme um sich. Heute ist wieder ein neuer Tag. Ich muss durchhalten …

Chong reckte sich, dann weckte sie die anderen. Danach schlug sie an die Tür, damit die dösenden Menschenhändler die Wache am Ende des Ganges in Marsch setzten. Die Mädchen wuschen sich das Gesicht und verrichteten ihr Geschäft, bevor sie sich in zwei Reihen hinsetzten. Obwohl das Tageslicht noch auf sich warten ließ, kam der westlich gekleidete Mann, um ihre am Vortag aufgebrachten Stempel zu kontrollieren. Dann erst verließ der Tross die Unterkunft. Vom nebelverhangenen Hafen wehte eine Brise den Geruch nach Salz und Tang heran. Die Mädchen stiegen auf einen Karren und mit klingelnden Schellen zog das Maultiergespann an. Der Einkäufer und zwei weitere Männer begleiteten das Gefährt zu Fuß.

Wieder einmal ging es zu einem Schiff, einer großen Dschunke mit drei Masten. Wie bei der Fahrt davor wurden die Mädchen erst begutachtet, bevor sie an Bord durften. Sie mussten in den Frachtraum hinunterklettern.

Ein Matrose erschien am oberen Ende der Leiter: »Wer ist die Hwachia hier?«

Chong trat vor.

Der Matrose befahl ihr: »Komm mit zwei anderen Mädchen herauf!«

»Worum geht es?«

Der Mann, der einen nackten Oberkörper hatte und nur ein Tuch um den Hals trug, antwortete: »Ihr sollt den Reis holen.«

Chong machte Lingling und einem Mädchen, das hinter ihr stand und sie um einen Kopf überragte, ein Zeichen. Die drei folgten dem Seemann, der sie in die Kombüse in der Mitte des Decks führte. Mehrere Matrosen waren dort beim Essen versammelt. Der Einkäufer war auch unter ihnen. Barsch sagte er zum Küchenjungen: »Päppele sie auf, sie haben einiges durchmachen müssen, die Armen.«

Der Koch, er war schon leicht ergraut, schwitzte furchtbar unter seiner Kappe. Er füllte einen Korb randvoll mit Reis, dann gab er Gemüse und Fisch auf ein Tablett. Ein anderer stapelte ein paar Schälchen aufeinander und legte eine Handvoll Stäbchen dazu.

»Geh du mit zurück. Du musst ihnen die Suppe tragen«, forderte der Koch den Matrosen auf.

Der Einkäufer und wohl Chongs neuer Besitzer schaltete sich ein: »Das stimmt, am Morgen ist eine Suppe genau das Richtige!«

Die drei Mädchen nahmen den Korb, das Tablett und das Geschirr, während der Matrose sich den Suppenkessel griff.

Chong erkundigte sich bei ihm: »Wohin fährt das Schiff eigentlich?«

»Wir fahren nach Keelung, das ist auf Formosa, dann weiter über Tamsui bis nach Tainan. Das ist der Endpunkt unserer Reise.« Chong betrachtend fügte er noch hinzu: »Ihr werdet in Keelung von Bord gehen.«

»Formosa? Ist das in der Nähe von Kanton?«, fragte sie.

»Oh nein. Formosa ist eine Insel, weit weg vom Festland. Dort gibt es sehr wenige Frauen, überall nur Männer. Ihr werdet viel Geld verdienen!« Damit kehrte er an Deck zurück.

Die Besatzung zeigte sich ihnen gegenüber sehr freundlich, ganz anders als die Schieber. Sogar der Einkäufer änderte sein Verhalten und behandelte die Passagiere jetzt, als gehörten sie zu seiner Familie. Als sie fertig gegessen hatten, nahm es Chong in die Hand, zusammen mit zwei anderen Mädchen das Geschirr an Deck zu waschen. Sie reinigten die Teller zunächst mit Salzwasser, dann spülten sie sie mit Süßwasser nach. Anschließend kümmerten sie sich auch um den Abwasch der Matrosen in der Kombüse.

Der Koch war hocherfreut: »Man sieht gleich, dass eine Hwachia anders ist als die Übrigen!«

Chong lauschte, was die Besatzung an dem niedrigen Tisch miteinander redete: »Zurzeit brechen viele Männer Richtung Süden auf. Wenn man die vielen Frauen sieht, die ankommen, möchte man meinen, dass es weniger Klagen über die Einsamkeit auf den Plantagen oder in den Minen geben sollte.«

»Es scheint so, dass die Bars und Bordelle in Keelung, Tamsui und Tainan wahre Goldgruben sind. Obwohl die Schiffe aus dem Westen nicht in den Häfen anlegen dürfen, kommen sie doch nahe genug heran, um Handel zu treiben. Auch was die Frauen betrifft, sind sie keine Kostverächter.«

»Das ist wohl der Grund, warum selbst ein Mischling wie der Bärtige es zu etwas gebracht hat.«

»Entschuldigen Sie«, wagte Chong zu fragen. »Kennen Sie unseren Herrn gut?«

»Ja, natürlich. Er war früher einmal Übersetzer für einen Großhändler in Tainan.«

»In Tainan, mit den ganzen Holländern, da mangelt es nicht an Mischlingen.«

Die Dschunke passierte die Meerenge von Formosa. Da der Seegang durch die Passatwinde zunahm und es nicht möglich war, vor dem Wind zu segeln, begann das Schiff zu kreuzen, anstatt auf direktem Kurs nach Süden zu fahren. Der Bug hob sich hoch in den Himmel, um plötzlich wieder tief einzutauchen. Dies wurde einem umso mehr bewusst, wenn man die Inseln am Horizont anvisierte. Zu dem Stampfen gesellte sich auch noch ein Schlingern. Obwohl die Seeleute ja an solche Verhältnisse gewöhnt waren, hatten sie doch Mühe, sich auf den Beinen zu halten, und sie mussten sich gut an den Tauen festhalten. Die Mädchen wiederum lagen geplagt von Seekrankheit im Rumpf des Schiffes. Mehr als eine hatte sich übergeben. Kaum bei Bewusstsein rollten sie von einer Bordwand zur anderen.

Am nächsten Morgen, die Sonne ging gerade an Backbord auf, erreichte die Dschunke den Hafen von Keelung. Aus der Ferne konnte man erkennen, woher der Name *Keelung* kam. Der Landstrich wurde nämlich von einer Bergkette gekrönt, deren Spitzen aussahen wie der Kamm eines Hahnes. Das Schiff passierte die Insel Heping, die schützend vor einer breiten Bucht lag, sodass das Meer dort so ruhig war, als befände man sich auf einem See. Vor den Felsnadeln des Xi Guling staffelten sich mehrere Hügelreihen, deren Ausläufer sich nach Norden erstreckten. Dort ragten alte Festungen empor, die einst von den Holländern und Spaniern errichtet worden waren. Seit der Ankunft der Chinesen hier in Formosa, zwei mäßig besetzte chinesische Garnisonen flankierten den Hafen, ließ dessen Leitung zu wünschen übrig. Aber die Transportwege nach Fuchou, Amoy und Kanton waren zugänglich, und Hunderte von Schiffen kamen im Laufe des Jahres aus Japan. Da ihnen mangels Vertrag der Weg in die Häfen versperrt war, gingen die westlichen Händler außerhalb der Hafenanlagen vor Anker und kamen ohne Unterlass mit vollen Barkassen an Land.

Die Dschunke legte an der linken Mole des kleinen Hafenbeckens an. Bevor man die Ladung löschte, ließ man zunächst die Passagiere von Bord gehen. Die Mädchen, sie hatten sich kaum von den Strapazen der Fahrt erholt, hielt der Einkäufer noch etwas zurück. Von der Reling aus suchte er den unter ihm liegenden Kai ab.

»Atung, hier herüber!«

Eine kleine Anzahl von Männern und Frauen machte sich durch Winken bemerkbar. Die Mädchen, immer noch von Schwindelgefühl geplagt, durften nun endlich wieder an Land. Sie stolperten über die Außenbordplanke. Chong hatte das Gefühl, ihr würde der Boden unter den Füßen weggezogen. Die Blicke der auf dem Kai wartenden Männer, die Kulis machten da keine Ausnahme, glitten begehrlich über die Mädchen. Atung teilte seine Fracht in zwei Gruppen. Offensichtlich waren nicht alle zehn Neuerwerbungen für ihn bestimmt. Chong, Lingling und zwei weitere Mädchen stellte er hinter sich. Den Rest bot er den Wartenden an: »Hier sind sie, trefft eure Wahl!«

Eine beleibte Puffmutter schlug vor, wie immer das Los entscheiden zu lassen.

»Wie ihr wollt, aber an meiner Auswahl ist nicht zu rütteln.«

Ein anderer, der den Mädchen, die sich Luft zufächelten, schon begehrliche Blicke zuwarf, brauste auf: »Was soll das denn heißen? Du nimmst die jungen Schönen, und uns lässt du die Brotkrumen?«

»Ich war es schließlich, der die Reise nach Fuchou auf sich genommen hat, da muss auch etwas für mich herausspringen!«

Die Dicke ergriff für ihn Partei: »Atung hat recht. Nächstes Mal müsst ihr eben selbst fahren!«

Atung wollte nicht länger warten und gab den hinter ihm stehenden Mädchen ein Zeichen: »Kommt jetzt, wir machen uns auf den Weg.«

Das Halbrund des Hafenbeckens war umgeben von Docks und Behausungen. Links befanden sich Lagerhäuser, in der Mitte ein Markt und rechts Gebäude mit Läden und Wohnungen. Hinter dem Markt zogen sich kleine Häuser den Hang zum Xi Guling hinauf. Begleitet von seinen vier Auserwählten, ging der Bordellbesitzer in ein Sträßchen jenseits des Marktes, in dem es vor allem Bars und Gasthäuser gab.

Die Luft darin war stickig. Rote Backsteinhäuser reihten sich nahtlos aneinander. Manchmal drängten sich fünf oder sechs unter einem gemeinsamen, wellenförmigen Dach mit ockerfarbenen Ziegeln. So weit das Auge in dieser schmalen Gasse reichte, nichts als Gebäude. Manche bestanden aus zwei Seitenflügeln, die durch einen kleinen Hof in der Mitte verbunden waren. Diese Häuser in Baukastenweise sahen alle ziemlich gleich aus. Sie unterschieden sich nur durch den Namen auf den Schildern, die an jedem von ihnen angebracht waren. Es handelte sich offensichtlich um Lokale und Herbergen.

Atung blieb vor einem Haus stehen, über dessen Eingangstür auf einem Brett in roter Schrift der Name *Wind des Südens* zu lesen war. Rechts neben der Tür gab es ein großes Fenster, und auf der linken Seite befand sich ein kleines Holzbrett mit einem Metallhaken zum Aufhängen einer Lampe. Das Dach war dreistufig, mit einem flachen obersten Element. Als der Hausbesitzer durch die Tür in den Vorraum trat, erhob sich sofort eine freundlich aussehende Frau von einer langen Holzbank, die dort an der Wand stand. Ein Vorhang aus bunten Perlen verdeckte den Durchgang zu den Innenräumen. Dahinter war es dunkel.

»Ich habe mir schon ernsthaft Sorgen um dich gemacht. Seit zwei Wochen habe ich nichts mehr von dir gehört.«

Bei der Frau handelte es sich um Atungs Ehefrau. Ihre Kleidung war einfach, eine weiße Bluse mit Stehkragen und eine schwarze Hose.

»Bei euch alles in Ordnung?«, fragte Atung und ließ sich auf einen Stuhl fallen.

»Die anderen haben gute Geschäfte gemacht, aber mit unseren zwei Mädchen, da kommt nicht viel dabei heraus.«

Chong blickte sich im Raum um. Zwei Stühle, eine Holzbank, ein Tisch und an der hinteren Wand ein kleiner Altar.

»Kommt, setzt euch hin!«, forderte Atung die Mädchen auf, die jedoch nicht recht wussten, wohin.

Seine Frau betrachtete sie alle gründlich.

Chong verbeugte sich: »Ich heiße Lenhwa, ich bin erfreut, Sie kennenzulernen.«

Zum besseren Verständnis seiner Frau setzte Atung hinzu: »Sie scheint eine Hwachia in einem Freudenhaus gewesen zu sein.«

Die Hausherrin nickte zufrieden. Nun nannte Lingling ihren Namen, dann Shaowei und schließlich Shutian. Das bedeutete so viel wie *Unkrautspross*.

Deswegen brach die Frau jetzt in Gelächter aus: »Du kommst bestimmt aus irgendeinem Hinterwäldlerdorf?«

»Ja, aus den Wuibergen. Als ich geboren wurde, war meine Mutter gerade dabei, Unkraut zu jäten.«

»Ich bin Sialan, aber ihr könnt mich Mama nennen.«

Eine junge Frau teilte den inneren Perlenvorhang und trat in den Vorraum: »Der Herr ist zurück?«

»Wie du siehst, Yumei. Wo ist denn Kao?«

»In ihrem Zimmer, sie schläft noch.«

Die Mama stellte ihr die Neuankömmlinge vor und trug ihr auf, Tee und Früchte zu holen.

Atung, der von der Reise ermattet war, beschloss, sich waschen zu gehen, und überließ es seiner Frau, sich um die Mädchen zu kümmern. Als alle in der Stube waren, zündete die Mama Räucherwerk an und legte es in die dafür bestimmte Schale.

»Von heute an seid ihr Teil der Familie. Jeden Morgen werden wir unsere Andacht hier halten, damit alle gesund bleiben und wir viel Geld verdienen.«

Sie faltete die Hände und verbeugte sich zum Altar hin. Chong und die anderen Mädchen taten es ihr gleich. Yumei kam mit Tee und einem Teller Früchten wieder. Es waren Litschis darunter, eine Südfrucht mit einer genoppten, himbeerroten Schale. Chong schaute sich von der Mama und Yumei ab, wie man sie öffnete, und entdeckte so das saftige Fleisch im Inneren.

Lingling, die ihren Tee vor dem Altar schlürfte, fragte plötzlich die Mama: »Dieser Gott, wer ist das?«

»Das ist der Bodhisattwa Avalokiteshvara, der heilende Buddha. Ich bete ihn schon seit meiner frühesten Kindheit an. Er behütet Menschen wie euch.«

Shutian wunderte sich ganz unbedarft: »Warum ist er auf einen Drachenkopf geklettert? Da hätte er doch herunterfallen können.«

»Er ist nicht hinaufgeklettert«, antwortete Chong. »Er zermalmt ihn!«

Die Mama brach in schallendes Gelächter aus: »Daran habe ich noch gar nicht gedacht. Ich habe immer geglaubt, man würde ihn so darstellen, damit er sich in den Himmel erheben kann. Findet ihr nicht, dass der Drachenkopf etwas Menschliches hat?«

Nun kicherten auch die Mädchen, und alle Müdigkeit und Ängstlichkeit waren verschwunden. Dann zeigte ihnen Yumei die Örtlichkeit. Neben dem Vorhang zum inneren Teil des Hauses lehnte eine Leiter, die nach oben zu einer Abstellkammer führte. Hinter dem Perlenvorhang befand sich ein Gang mit je drei Zimmern zu beiden Seiten. An dessen Ende folgten links zwei weitere Zimmer, und rechter Hand lag ein Hof, der mit dicken Bäumen bestanden war. Am Ende des Flures gelangte man ins Herzstück des Hauses, das dem Herrn und seiner Gemahlin vorbehalten war. Es bestand aus mehreren Räumen und einer Küche, die auf einen weiteren Hof hinausführten. Dort gab es auch Waschgelegenheiten, Toiletten und einen Brunnen. Die Pfeiler und Decken des Hauses waren aus Holz, die Wände aus Ziegelsteinen gemauert.

Über eine Tür aus einfachen Holzplanken, die durch einen Haken an der Wand offen gehalten wurde, gelangte man in die Küche. Mama Sialan, die sich der Gruppe angeschlossen hatte, erklärte ihnen alles: »Gewöhnlich haben wir von morgens bis abends eine Köchin beschäftigt. In der letzten Zeit habe ich sie aber nicht häufig gerufen, denn die Geschäfte gingen schlecht. Aber morgen wird sie wiederkommen.«

Auf dem Ofen konnte man gleichzeitig drei Töpfe erwärmen, und darüber gab es einen Schrank für das Geschirr. In der einen Ecke des Raumes stand ein Holztisch mit einer langen Bank. Der Boden bestand aus grauem Zement. Das Wohnzimmer des Ehepaares war größer als der Raum davor und unterschied sich von diesem durch eine dicke Strohmatte auf dem Boden, höhere Fenster und einen direkten Zugang zum Hof. Eine örtliche Besonderheit schien zu sein, dass hier die Fenster nicht wie andernorts mit Papier verkleidet waren, sondern sie waren durch eine Art Laden aus dicken Holzbrettern verschlossen. Vorhänge trennten die Zimmer von den Gängen, nur die Wohnung des Hausherrn hatte eine Tür. Die Wände waren stark, und im Inneren des Hauses war es dunkel.

Die vorderen beiden Räume hatte man für Kunden eingerichtet, die über Nacht blieben. Wenn sie nicht belegt waren, trafen sich die Mädchen dort zum Schwatzen. Dort gab es jeweils einen Sessel und ein Bett, das man leicht an die Wand schieben konnte. Ein waagrechter, mit Haken versehener Balken diente zum Aufhängen der Kleidung. Die Laufkundschaft wurde von den Mädchen in einem der anderen sechs Zimmer empfangen, die von dem Korridor abgingen.

Als die Mama einen der Vorhänge zur Seite schob, sahen die Mädchen Kao, die mit angezogenen Beinen zur Wand gedreht schlief. Sie bemerkten auch ihre schwarzen Fußsohlen.

Chong wandte voll Mitleid den Kopf ab.

»Und das hier drüben ist euer Reich«, sagte die Mama. Ohne Kao zu wecken, begab sie sich nach nebenan.

Chong trat ein. Entlang der Wand stand ein Bett mit einem Bambuskopfkissen, gerade groß genug für zwei, wenn diese sich eng umschlangen. Durch einen Fensterdurchbruch blickte man auf die Backsteinwand des Nebengebäudes. Darunter befand sich ein Bambuskasten, und daneben war an der Wand ein Kleiderrechen befestigt. In einer Vase standen verwelkte Feldblumen, die wohl noch von der letzten Bewohnerin stammten. Ursprünglich waren es wilde Veilchen, die mittlerweile verdorrt und trostlos grau geworden waren.

Die Mädchen wuschen sich, säuberten die Zimmer, die man ihnen zugewiesen hatte, und sanken erschöpft von der Reise jede in ihr Bett. Aber Chong erhob sich nach einer Weile leise, um in einen der vorderen Räume zu gehen, wo sich Kao und Yumei unterhielten.

»Hast du dich noch nicht hingelegt? Du musst doch müde sein …«

Die erstaunte Yumei machte die beiden anderen miteinander bekannt: »Das ist Lenhwa, sie ist heute angekommen.«

Sie erzählten sich nun gegenseitig, wo sie herkamen und wie ihr Leben bislang verlaufen war. Kao und Yumei waren beide aus Fukien. Yumei war drei Jahre älter als Chong, Kao zwei Jahre jünger.

»Wenn du eine Hwachia warst, warum bist du dann hier gelandet?«

Um diese Frage beantworten zu können, musste Chong wohl oder übel erzählen, was ihr in Chinchiang passiert war.

»Man hat dich an einen hundsmiserablen Ort verkauft, weißt du das?«

»Ist es denn hier wirklich so schlimm?«

»Unsere Kunden sind Männer, die wie wir verkauft worden sind. Sie sollen Neuland erschließen und in den Minen arbeiten. Ab und zu kommen auch Handelsschiffe vorbei, dann haben wir auch Matrosen, manchmal sogar aus dem Westen.«

»Wir haben noch nicht im Entferntesten das Geld beisammen, um unsere Schulden abzubezahlen«, seufzte Kao.

Chong erfuhr von ihnen, dass sich auch Mama Sialan prostituierte. Ihr Herr, Atung, war in den Rotlichtvierteln von Tainan geboren worden, wo seine Mutter als Hure arbeitete. Selbst während der Schwangerschaft hatte sie nicht aufgehört und war nach neun Monaten mit einem Mischlingskind niedergekommen, das sich durch seine Augen und seine Haare von den anderen Kindern unterschied. Als die Chinesen nach Tainan kamen, hatten die Holländer ihnen viele Mestizen hinterlassen. Atung gehörte zu ihnen. Er hatte die Gegend, in der er geboren und aufgewachsen war, nicht verlassen, selbst nachdem seine Mutter gestorben war. Irgendwann war er der Beschützer von Sialan geworden, um sich dann, als er etwas Geld auf die Seite gelegt hatte, in Keelung niederzulassen. Das war nun mehr als zehn Jahre her. Die beiden waren alles in allem recht erfolgreich.

»Aber Vorsicht! Es ist besser, unserem Herrn nicht zu sehr zu vertrauen«, fügte Yumei hinzu. »Sialan versteht uns, sie kennt ja den Beruf aus eigener Erfahrung, aber Atung kann einem schon Angst machen.«

Kao wollte mit guten Ratschlägen auch nicht zurückstehen: »Es gibt nur zwei Möglichkeiten, hier wegzukommen. Entweder du findest einen Mann, der deine Schuld abbezahlt, oder du schaffst es aus eigener Kraft. Aber da könnte man auch versuchen, die Sterne vom Himmel zu holen.«

Sie berichteten von dem Wunder, das einer Kollegin widerfahren war. Ein Kunde, der auf einer Pflanzung arbeitete, hatte sie geheiratet, und nun hatten sie sogar Kinder. Möglich war das nur gewesen, weil der Mann genügend gespart hatte, um seine Angebetete auszulösen.

»Was wird aus denen, die es nicht schaffen?«

Kao und Yumei schauten sich an, bevor die eine antwortete: »Wenn du so alt wirst, dass dich die Männer nicht mehr wollen, dann verkaufen sie dich noch für ein Butterbrot.«

Die andere wandte sich ab, um sich die Tränen aus den Augen zu wischen.

Bevor er die Mädchen an die Arbeit schickte, ließ Atung einen Stoffhändler kommen und ihnen ordentliche Kleidung schneidern. Sie erhielten außerdem Handtücher, eine Waschschüssel und Schminkutensilien.

»Seht ihr dieses Verzeichnis? Ich habe in Fuchou fünfhundert Nyang bezahlt. Zählt man den Transport, die Verpflegung, die Kleider und die Kosmetik dazu, dann hat mich jede von euch bei vorsichtiger Schätzung mindestens tausend Nyang gekostet. Jetzt müsst ihr euch mächtig ins Zeug legen, um mir das zurückzuzahlen. Die Hälfte der Einnahmen ist für euch, aber ihr zahlt auch noch zwanzig Prozent Zinsen auf eure Schuld. Bei einem Geldverleiher wären es übrigens dreißig. Dazu kommen noch Abgaben für die Küche, das Zimmer und das Essen. Ihr könnt fünf Nyang pro

Freier nehmen, zehn, wenn er über Nacht bleibt. Mehr als eine ist schon mit einem kleinen Vermögen von hier weggegangen. Es hängt ganz von euch ab, was ihr daraus macht.«

Das Essen wurde gemeinsam in dem Raum zwischen der Küche und dem Wohnzimmer der Herrschaft eingenommen. Wenn sie die ganze Nacht gearbeitet hatten und spät aufstanden, konnten sie die Köchin bitten, ihnen Nudeln zuzubereiten oder ihnen Teigtaschen zu besorgen. Mit den zwei Erfahrenen und den Neuankömmlingen zählte der *Wind des Südens* von nun an sechs Mädchen. Yumei war die Älteste und Lingling zusammen mit Kao die Jüngste. Deshalb wurde Yumei von den anderen *Große Schwester* genannt, und alle zusammen wurden sie zu einer eingeschworenen Gemeinschaft. Wenn eine von ihnen Ärger mit einem Kunden hatte, waren gleich die anderen zur Stelle, um sich gegen den Unruhestifter zu verbünden.

Atung nahm Chong beiseite, bevor sie zum ersten Mal an die Arbeit ging.

»Da du ja eine Hwachia warst, zähle ich wirklich auf dich. Ich werde dir die guten Kunden vermitteln. Gib also dein Bestes. Von den Trinkgeldern, die du erhältst, bekomme ich dreißig Prozent. Wenn du dich gut machst, dann schicke ich dich vielleicht in ein, zwei Monaten nach Tamsui. Wir werden sehen.«

Chong verstand nicht recht, was er damit meinte. Jedoch hatte sie den Ausführungen von Yumei und Kao genau zugehört, und sie war fest entschlossen, so bald wie möglich von hier fortzukommen. Es würde vielleicht ein bis zwei Jahre dauern. Dabei behielt sie eines im Kopf: Wenn es dir gelingt, die Unterstützung eines mächtigen Mannes zu erhalten, dann wird sich alles regeln lassen, selbst in aussichtslosen Situationen. Von Yumei lernte sie, welche die Stammkunden des Hauses waren, mit denen man sich gut stellen musste. Es handelte sich dabei um Rodungshelfer, Minenarbeiter, Goldwäscher, die in Keelung nach Gold suchten, und

Seeleute oder Händler, die in der Meerenge hin- und herfuhren. Die besten Kunden waren die japanischen und europäischen Matrosen, deren Schiffe draußen vor Anker gehen mussten. Wenn die Mädchen sich ihnen gegenüber aufmerksam zeigten, brachten ihnen selbst die ärmeren unter ihnen Geschenke mit wie zum Beispiel Kampferkonzentrat, das gut gegen Geschlechtskrankheiten sein sollte. Man erzählte sich auch, dass das Schicksal einer Prostituierten eine neue Wendung genommen hatte, nachdem ihr Geliebter ihr einen Goldklumpen in der Größe einer Nuss verehrt hatte, den er im Keelung-Fluss gefunden hatte. Kurz gesagt, eine fleißige Hure konnte sich einen großen und ihr gegenüber aufmerksamen Kundenstamm erarbeiten, und wenn ihr das Glück hold war, dabei auch ein Vermögen machen.

Die Mädchen mussten als Einstand die ersten Freier kostenlos bedienen. Nachdem sie sich angezogen und geschminkt hatten, versammelte Atung seine Schützlinge in dem Raum mit dem Altar: »Heute Abend kommt der *Große Bruder* des Hafens mit seinen Leuten. Hier gibt es keine Zuhälter und keine Vermittler. In der Gegend von Xi Guling und den Minen schon, aber hier nicht. Wenn ihr euch also unbeliebt macht, dann ist unser ganzes Haus davon betroffen. Eure Einnahmen natürlich auch. Wir bezahlen jeden Monat unsere Steuern. Ihr werdet also jeden von ihnen empfangen, als wäre es euer Verlobter.«

Chong, Shaowei, Shutian und Lingling saßen auf der Holzbank und warteten auf die angekündigten Kunden. Man hatte sich davor gehütet, die Bambusrollos an den Fenstern hochzuziehen, konnte aber nicht verhindern, dass einige Stammgäste die Mädchen sahen. Atung verwies sie an Yumei und Kao mit dem Hinweis, die Neuen seien noch nicht bereit. Spät am Abend ließen sich Stimmen vernehmen. Ein Mann erschien. Er trug den örtlichen Gepflogenheiten entsprechend ein eng geschnittenes Hemd und hatte einen Dolch im Gürtel stecken. Er betrachtete die sitzenden und wartenden Mädchen, dann wandte er sich an Atung, der unter der Tür zum angrenzenden Raum stand.

»Man hat mir berichtet, dass es hier neue Blumen gibt, die darauf warten aufzublühen.«

»Werter Herr, das ist richtig. Sie warten schon auf Sie«, erwiderte Atung, eine Hand auf der Brust, deutete er mit der anderen auf den Eingang.

Daraufhin rief der Kerl jemandem zu, der offensichtlich draußen geblieben war: »Gebieter, Sie können kommen!«

Ein trockener Husten kündigte den nun eintretenden Mann an. Er war in den Vierzigern, hatte einen kurz geschnittenen Schnurrbart, und seine Haare waren vorne abrasiert, der Rest war hinten zu einem Zopf geflochten. Von seinem reich verzierten runden Käppi baumelte ihm ein gelbes Ornament aus Bernstein in die Stirn. Er trug eine weiße Jacke über einer blauen Hose sowie Schuhe aus Leder. Dabei stützte er sich auf einen Stock mit einem Griff aus Rhinozeroshorn. Zwei stark gebaute Leibwächter, die ihn um einiges überragten, folgten ihm. Sie mussten sich bücken, um durch den Türstock zu passen. Sialan erschien von nebenan und gesellte sich zu Atung.

Daraufhin verneigte sie sich: »Mein Herr, es ist schon eine Weile her, dass wir Sie bei uns empfangen durften.«

»Mir scheint, es gibt ein paar neue Gesichter hier?«

Als Antwort zeigte Atung auf die Mädchen, die artig im Nebenzimmer saßen. Chong und die anderen Mädchen sagten unisono mit gefalteten Händen ihren üblichen Spruch auf: »Gnädiger Herr, es wird uns eine große Ehre zuteil, uns Ihnen vorstellen zu dürfen.«

Er musterte eine nach der anderen, nickte beifällig und machte ein paar belanglose Komplimente über ihr Aussehen. »Ja, ich sehe schon, ihr seid alle jung und hübsch.«

Honigsüß lächelnd lud Sialan ihn ein: »Mein Herr, ein Willkommenstrunk wartet schon auf Sie.«

Sie führte ihn in den großen Raum neben dem Hof. Der hölzerne Fensterladen war außen nach oben geklappt und mit einem Holzstock abgestützt worden. An der Wand stand das Bett, und in der Mitte des Zimmers hatte man einen Tisch auf eine große geflochtene Matte gestellt. Sialan schob die Vorhänge an der Tür zur Seite, damit die Luft zirkulieren konnte, und sogleich war die kühle Abendbrise zu spüren. Eine rote Laterne, rund wie der Mond, verbreitete gedämpftes Licht. Der Große Bruder nahm in der Nähe des Fensters Platz. Gemäß den Anweisungen der Mama ließen sich Chong und Lingling links und rechts von ihm nieder. Zugleich empfingen Shutian und Shaowei seine Bewacher in einem anderen Raum. Sialan, die zwischen beiden Zimmern hin und her wechselte, brachte Gläser mit Reiswein und einen Teller mit Dim Sum. Danach wollte sie sich zurückziehen, aber der Große Bruder reichte ihr sein gerade geleertes Glas und forderte sie auf: »Trink mit uns, Mama.«

»Wie könnte ich es wagen, ein Glas von Ihnen anzunehmen?«

»Ist es wegen Atung?«

Während ihr Chong eingoss, fügte sie kokett hinzu: »In unserem Geschäft weiß man gar nicht richtig, was ein Ehepaar ist. Es ist noch gar nicht so lange her, dass ich selbst Kunden bedient habe.« Damit prostete sie ihm zu.

Der Große Bruder lachte dermaßen, dass sein Kopf vor und zurück wackelte: »Zum Glück für dich bist du nie an mich geraten!«

Sialan leerte ihr Glas: »Oh! Mein Herr, ich habe mich immer um die unerfahrenen Jünglinge gekümmert!«

Noch während dieser schlüpfrigen Neckerei ließ sich plötzlich ein lauter Donner hören, gefolgt vom Geräusch der ersten Regentropfen auf den Bananenblättern. Ein feuchter Windstoß fuhr in den Raum, und die Laterne flackerte. Daraufhin durchzuckte ein Blitz den Nachthimmel, begleitet von krachendem Donner. Dann brach das Unwetter los, es prasselte auf die Ziegeldächer nieder, und ein Geruch nach feuchter Erde breitete sich aus. Gedankenversunken sagte Chong ein Gedicht auf:

Auf dieser fremden Welt
Weine ich Tränen der Sehnsucht.
Während ich in die Ferne blicke,
Verschwindet ein Segelschiff am Horizont.

Der Große Bruder wandte sich ihr zu: »Und du, wo kommst du her?«

Sialan schaltete sich ein: »Lenhwa war eine Hwachia in einem Haus in Chinchiang.«

»Ich bin aus Kanton, und immer wenn der Dezember naht, dann denke ich an mein Heimatland.«

»Es hätte schon viel früher regnen müssen«, sprach Sialan weiter. »Dieses Jahr hat sich die Regenzeit verspätet.«

Man hörte das Gluckern des Wassers, das über das Dach rann, bevor es sich in den Hof ergoss. Ein heftiger Windstoß warf die Laterne um.

»Herr, erweisen Sie uns Ihre Gunst. Ich darf mich kurz entschuldigen, aber wenn diese jungen Dinger aus Unerfahrenheit sich Ihnen gegenüber das Geringste zuschulden kommen lassen, zögern Sie nicht und rufen Sie mich sofort, indem Sie in die Hände klatschen. Ich stehe Ihnen jederzeit zur Verfügung.« Sialan verneigte sich höflich und zog sich zurück.

Im Nebenraum schienen die Handlanger des Großen Bruders jede Zurückhaltung fallen gelassen zu haben. Man hörte sie lachen und herumalbern. Die Tafeln wurden aufgehoben, und die beiden zogen sich, jeder mit seinem Mädchen, in ein Zimmer zurück. Chong und Lingling rückten das Bett von der Wand und bereiteten es vor. Nun half Chong dem Großen Bruder, sich hinzulegen.

»Machen Sie es sich bequem.«

»Dann werden wir uns mal ein bisschen vergnügen …«

Chong öffnete die Knöpfe seiner Jacke und schob diese zur Seite, um seine Hose ausziehen zu können. Danach legte sie ihr eigenes Kleid ab, indem sie es mit einer einzigen Bewegung über den Kopf streifte. In diesem Geschäft trugen die Mädchen niemals Unterwäsche, ein langes Seidenhemd war ihr einziges Kleidungsstück. Sie machte Lingling ein Zeichen, es ihr gleichzutun, aber diese saß steif am Fuße des Bettes und konnte sich nicht dazu überwinden. Chong forderte sie noch einmal eindringlich dazu auf, indem sie auf die Beine des Mannes deutete. Schließlich war Lingling dann doch nackt und hockte sich hin. Chong kniete neben dem Mann und zog an seiner Schulter, damit er sich umdrehte. Sobald er auf dem Bauch lag, setzte sie sich auf seinen Rücken und begann sanft, seine Schulterpartie zu massieren. Der Große Bruder stöhnte auf. Lingling nahm einen seiner Füße, legte ihn auf ihren Schoß und fing an ihn zu kneten. Man hatte ihr erklärt, wie sie mit besonderen Gästen verfahren sollte. Chong nahm etwas Duftöl aus einer Porzellanschale, die neben dem Bett stand, rieb sich die Hände damit ein und fuhr fort, die Schultern und den Rücken ihres Kunden kräftig durchzuwalken. Lingling war mittlerweile bei den Waden angekommen. Chong verteilte nun ein paar Tropfen Öl auf ihrem Busen, ihrem Bauch und ihrem Unterleib, bevor sie sich auf dem Rücken des Mannes ausstreckte. Sie massierte seinen ganzen Körper, indem sie ihre Brüste von oben nach unten entlang seiner Wirbelsäule rieb, über seine Hüfte bis zu seinem Gesäß. Dies wiederholte sie ein paar Mal. Dann hob sie einen entspannt daliegenden Arm des Mannes hoch und flüsterte: »Jetzt kommt die andere Seite dran.«

Der Große Bruder drehte sich auf den Rücken. Sein Geschlechtsteil, das zwischen seinen Schenkeln eingeklemmt gewesen war, sprang plötzlich hervor.

Chong lächelte in sich hinein und dachte: Jetzt wirst du sehen, wie ich dich gleich dahin bringe, wo ich dich haben will. Aber ich werde nicht im Mindesten erregt sein, ich lasse mich niemals gehen, ich werde nur so tun, als ob.

Sie nahm ihr Unterfangen wieder auf und wanderte mit ihren Brüsten auf seinem Körper auf und ab, ein Kommen und Gehen. Sein Glied zuckte, wenn sie wie zufällig daran vorbeistreifte. Der Mann stöhnte und griff nach Chongs Schenkeln. Aber diese schob sanft seine Hände weg. Unterdessen kümmerte sich Lingling um seine Lenden. Mit einem schelmischen Lächeln nahm Chong seine Rute zwischen ihre Brüste und richtete sich halb auf. Der Mann ließ sich fallen und schloss die Augen. Sein Glied stand kurz vor der Explosion. Mit hoch erhobenem Kopf taxierte Chong ihre Beute. Siehst du, du kannst dich kaum noch beherrschen. Sie öffnete leicht die Schenkel, hob ihren Hintern an und umfing langsam den Penis. Sie wiegte sich vor und zurück, dann hob und senkte sie sich über ihm. Auch der Mann rührte sich und passte seine Bewegungen denen des Mädchens an. Aber sie hielt inne und löste sich von ihm. Sie legte sich neben ihn und legte ihren Mund auf den des Mannes. Der Bart kratzte ihr die Lippen und das Kinn auf. Lingling ihrerseits war nun an der Reihe, den Ritt fortzusetzen. Der Mann schnaufte wie ein Stier. Vor lauter Lust stöhnte er nicht länger, sondern grunzte nun tief.

Mehrere Male tauschten Lingling und Chong die Rollen, bevor sie sich auf das Bett fallen ließen. Daraufhin griff sich der Mann Chong, um zu zeigen, dass er nun der Herr im Ring sein wollte. Chong wandte den Kopf ab und betrachtete die sich bewegenden Schatten auf der Wand. Es erinnerte sie an einen Nachtfalter in einer Laterne. Die Stöße wurden härter und schneller. Chong täuschte Erregung vor, stieß kleine Schreie aus, hob die Beinen hoch, streckte die Brust heraus, warf den Kopf auf dem Kopfkissen hin und her, stöhnte und wimmerte. Dann umklammerte sie ihren Stier mit den Armen und grub ihm die Fingernägel in den Rücken.

Der Mann zog sich zurück, gönnte sich eine kleine Atempause und bestieg Lingling, als er wieder etwas zu Kräften gekommen war. Obwohl sie in der Shumachia entjungfert und gefügig gemacht worden war, war sie nach wie vor unfähig, die Scham zu ertragen, wenn es zum Geschlechtsakt kam. Die Gewalt, die dabei im Spiel war, lähmte sie. Sobald der Mann anfing seine Lenden zu bewegen, fing sie an zu schluchzen. Als sie die Schatten der beiden an der Wand sah, verstand Chong, was ihrer Gefährtin die Tränen in die Augen trieb. Es waren die Hoffnungslosigkeit und die Erniedrigung. Aber der Mann verstärkte seine Bemühungen in der Meinung, es sei der Ausdruck ihres unglaublichen Vergnügens. Katzenartig kroch Chong zu ihm hin, fasste ihn an den Schultern und drehte ihn zu sich herum.

»Jetzt bin aber ich wieder dran!«

Der Mann glitt in sie hinein, und Chong fing an zu gurren und umklammerte ihn mit den Beinen wie ein Schraubstock. Er, ganz der wilde Reiter, vergrub seinen Kopf in den Haaren seiner Stute. Mit der einen Hand hielt er sie im Nacken gefasst, mit der anderen hielt er ihren Schenkel umschlungen und presste sie mit all ihm noch zur Verfügung stehenden Kraft heftig gegen seinen Unterleib. Chong, die ohne Unterlass stöhnte und spitze Schreie ausstieß, drehte den Kopf weg. Im tiefsten Inneren lachte sie höhnisch.

Vorsicht, mein Lieber! Gleich wirst du zusammenbrechen, und eine große Leere wird dich überkommen. Dann rauchst du Opium und wirst ins Nichts hinüberdämmern.

Ein letzter Stoß, eine plötzliche Erstarrung und er entlud sich. Sein ganzer Körper erschlaffte. Es war nichts mehr übrig von seiner Furcht einflößenden Männlichkeit.

All die Abscheu war vorbei. Durchs Fenster strömte feuchte Luft herein, aber der Regen hatte etwas nachgelassen. Die Tropfen, die vom Vordach fielen, ergaben abwechselnd mit denen, die auf Bananenblättern auftrafen, ein munteres Stakkato. Ich werde überleben. Chong strich Lingling, die am Fußende des Bettes kauerte und den Kopf zwischen die Knie gesteckt hatte, über den Kopf und flüsterte ihr zu: »Wir können jetzt gehen.«

Lingling tastete nach Chongs Hand und umschloss sie fest, als sie sie gefunden hatte. Zusammen traten sie auf den Gang.

In Keelung regnete es von Dezember bis Februar in Strömen. Nicht von ungefähr hatten die Seeleute und die Händler die Stadt umbenannt in Yugang, Hafen des Regens. Oft waren die Sturzbäche zusätzlich von Stürmen begleitet. Manchmal war es nur ein Nieselregen, der dafür aber vom Morgen bis zum Abend andauerte. An manchen Tagen verschwand alles hinter einem Sprühnebel. Auch wenn der Niederschlag aufhörte, blieb der Himmel wolkenverhangen, und das Meer erschien immer grau in grau. Verließ man den Hafen, tauchte man in einen so dichten Nebel ein, dass man nicht einmal die nahe gelegene Insel Heping erkennen konnte.

Es gab hier nur zwei Jahreszeiten: die Trocken- und die Regenzeit. Der Sommer wurde durch Taifune verdorben, und die Menschen aus der Gegend hatten ein Sprichwort, das besagte: Was man an schönen Tagen verdient, gibt man an Regentagen wieder aus. Atung wiederum wusste, dass das schlechte Wetter gut für das Geschäft war. Der Regen unterbrach die Arbeit der Goldwäscher, die dann verschleuderten, was sie geschürft hatten, Streit anfingen und ihre Zeit im Hafen vertrödelten. Die Eigentümer der Gruben versuchten dies zu verhindern, indem sie, statt Geld auszuzahlen, Gutscheine verteilten, die nur vor Ort eingelöst werden konnten. Auch die Plantagenbesitzer verfuhren so. Die meisten Arbeiter, von den paar Ureinwohnern abgesehen, waren Einwanderer, die ohne ihre Familien gekommen waren. Unter den dreihundert Menschen, die auf der Teeplantage an den Ausläufern des Xi Guling arbeiteten, war nur eine einzige Frau, und die war steinalt.

Die Verwaltung des Landes erlaubte Fremden den Zutritt nur mit einer Sondergenehmigung. Daher war es so gut wie unmöglich, seine Familie mitzubringen. Lange Zeit waren die Häfen in der Hand von Spaniern, Holländern und Japanern gewesen, die ihre eigenen Gesetze dort etablierten. Die Festlandchinesen wiederum benutzten das Eiland nur als Ausgangsbasis für ihre Seeräuberei. Nachdem sie die Splittergruppen, die gegen die Ch'ing-Dynastie zu Felde zogen, zerschlagen hatten, hatte die örtliche Verwaltung den Zuzug von ausländischen Arbeitern erlaubt. Allerdings nur zum Zwecke von Rodungen zur Erschließung von Neuland und unter der Bedingung, dass sie Steuern zahlten und sich aktiv an der wirtschaftlichen Entwicklung des Landes beteiligten. Für eine kurze Zeit war den Familien die Einreise erlaubt worden, aber nachdem es immer wieder zu Streitigkeiten gekommen war, wurde die Maßnahme wieder eingestellt. In der Folge verbrachten die Arbeiter Zeiten der Arbeitslosigkeit zu Zehntausenden damit, zu trinken, Karten zu spielen oder sich zu prügeln. Um im weiteren Umkreis auf eine Frau zu treffen, musste man sich schon bis nach Keelung begeben.

Formosa fiel unter die Gerichtsbarkeit der Provinz Fukien, die einen Gouverneur und einen Militärkommandanten dort eingesetzt hatte. Ein Offizier war in Tamsui stationiert, hatte aber nur hundertzwanzig Mann unter sich, von denen eine Einheit von fünfzig nach Keelung verlegt worden war. Davon waren ganze zehn für den Hafen zuständig, der Rest war für die Verteidigung und die Sicherheit des Leuchtturms verantwortlich. Die Soldaten im Hafen sahen sich also gezwungen, sich nach den Wünschen und Launen einflussreicher Personen, den Großen Brüdern, zu richten oder nach den Herren über die Plantagen und die Rodungen. Die bedeutenden Händler wohnten in Tainan, im Süden der Insel, oder im Nachbarhafen Tamsui. Da diese in regem Schiffsverkehr mit dem Kontinent standen, verfügten sie meist über einen weiteren Wohnsitz in Kanton oder Fuchou, wo sie einen Großteil des Jahres verbrachten. Wenn die Geschäfte sie auf die Insel riefen, so wohnten sie in Tamsui, das der sicherere, wohlhabendere und belebtere Hafen war.

Aus Sicht Atungs gab es keinen besseren Ort als Keelung, um ein Bordell zu betreiben. In Tamsui fand man zwar die vermögenderen und gebildeteren Leute, aber man musste auch Unsummen investieren, um erst einmal Fuß zu fassen. Dort konnte es auch vorkommen, dass man an einem Tag überhaupt keine Kunden hatte. Also war unter dem Strich in Tamsui kein gutes Geschäft zu machen, wenigstens schätzte er es so ein. Obwohl die Kunden in Keelung nur einfache Leute waren, so hatten sie doch ihre sexuellen Bedürfnisse, und sie kamen trotz ihrer schmalen Geldbörsen jeden Tag. Seinen Mädchen predigte Atung immer wieder: »Im Norden dieser Insel gibt es Zehntausende von Männern, denen nicht das Glück beschieden ist, eine Frau zu haben, schlimmer noch, sie haben noch nicht einmal die Möglichkeit, den Duft einer Frau zu atmen, geschweige denn eine Hand zu ergreifen. Ihr seid ihr Bodhisattwa … nun ja, ein Bodhisattwa der Hölle, nicht wahr?«

Bei Einbruch der Nacht hatte sich der Niederschlag verdoppelt. Vor den Bordellen leuchteten die roten Laternen. Man konnte meinen, der Regen wolle die Lettern des Schriftzuges *Wind des Südens* abwaschen, der auf dem Schutzglas der Laterne stand, die neben dem Portal im Wind schaukelte.

Tagsüber musste sich immer ein Mädchen in dem nach außen offenen Empfangsraum zeigen, am Abend saßen jetzt alle hübsch zurechtgemacht auf der Bank. Irgendwo in der Nachbarschaft erklangen die klagenden Töne einer Erhu. Viele Männer gingen erst einmal in die Kneipen im Hafen, um etwas zu trinken, bevor sie sich den anderen Vergnügungen zuwandten, die sich in den etwas abseits liegenden Häusern abspielten. An diesem Abend lag Atung im Eingangsbereich auf der Lauer. Das Geschäft war noch nicht recht in Schwung gekommen, und er war schlecht gelaunt. Da drang ein Lärm an sein Ohr. Yumei lehnte sich aus dem Fenster, und Sialan ging auf die Straße. Eine wahre Kompanie Männer näherte sich dem Rotlichtbezirk. Sie suchten einen Ort, um ihren Liebeshunger zu stillen.

Atung, der seiner Frau gefolgt war, befahl sofort den Mädchen: »Schnell, macht euch bereit! Es sind die Goldschürfer!«

Die Neuen hatten nicht ganz begriffen, was das bedeutete. So erklärte ihnen Yumei: »Wir werden diese Nacht keinen Schlaf bekommen.«

Die Mädchen hatten sich noch nicht wieder zurückgezogen, als die Menge schon auf den Eingang zuströmte. Atung hatte schnell einen Tisch und einen Stuhl vor die Tür gestellt, während Sialan den Vorhang hinter sich schloss.

Der Vorarbeiter, ein guter Bekannter von Atung, trat vor: »Es scheint, ihr habt Frischfleisch?«

»Aber ja, mein Lieber. Wie viele seid ihr heute Abend?«

»Nur die mir zugeteilten, das sind so über den Daumen gepeilt zweihundert. Wenn ich euch achtzig hierlasse, schafft ihr das?«

»Aber natürlich. Unser Haus ist ja das größte im Viertel, und unsere Mädchen sind die schönsten und saubersten!«

Der Polier wandte sich mit lauter Stimme an seine Leute: »Wir können nicht alle gleichzeitig hinein. Stellt euch in einer Reihe auf … Jeder kommt dran … Reißt euch zusammen!«

Der Lärm vergrößerte sich, und es gab Gerangel um die Plätze. Manche hatten einen Regenumhang aus Stroh um, aber die im Hemd, und das waren die meisten, sahen aus wie gebadete Mäuse.

Derweil trafen die Mädchen letzte Vorkehrungen in den Zimmern, die für die Schnellabfertigung gedacht waren. Die Neuen unter ihnen hatten zwar schon Kunden bedient, aber immer nur ein bis zwei pro Nacht. Noch nie waren sie mit einer solchen Meute konfrontiert gewesen. Sialan ging von einem Zimmer ins nächste und gab ihnen letzte Ratschläge: »Macht es kurz! Wenn nicht, dann seid ihr schnell müde. Wie ich euch schon gesagt habe, geht es am besten, wenn ihr die Schenkel gut zusammendrückt, dann spritzen sie sofort ab. Keine Gespräche. Wenn sie trödeln, dann treibt sie an, und sobald sie fertig sind, schmeißt ihr sie rundweg raus.«

Sie verteilte Baumwollhandtücher und jeweils ein Schwämmchen an einer Schnur an die Mädchen. »Ihr habt keine Zeit, euch nach jedem Freier zu waschen. Steckt euch den Schwamm tief hinein, danach zieht ihr ihn an der Schnur wieder heraus, spült ihn kurz in der Schüssel aus und wischt euch den Rest mit dem Handtuch ab.«

Vor dem Eingang hatte man es mittlerweile geschafft, sich in einer Schlange aufzustellen, die mehrere Windungen bildete. Unterdessen kaufte der Polier, neben Atung sitzend, Gutscheine.

Atung flüsterte ihm zu: »Ich habe da ein besonderes Mädchen, Sie dürfen sie als Erster ausprobieren.«

»Ich komme lieber, wenn es etwas ruhiger ist«, sagte der Polier, den im Moment seine Vermittlungsprovision mehr interessierte.

Wenn so große Gruppen kamen, gab der Chef des Hauses Gutscheine aus, die dann am Ende des Monats bezahlt wurden. Der Vermittler bekam anteilig an der Menge der Kunden, die er gebracht hatte, eine prozentuale Beteiligung. Der Vorarbeiter passte jetzt auf wie ein Schießhund. Er schaute jeden Arbeiter genau an, bevor er ihm die Hälfte des Gutscheins gab. Den Abriss bekam Atung, der die Männer darauf aufmerksam machte, dass sie ihren Teil dann dem jeweiligen Mädchen abzuliefern hatten.

Denjenigen, die mit einer Flasche in der Hand erschienen, erklärte er: »Keinen Alkohol. Du kannst dich danach dumm und dusselig trinken.«

Der Polier nahm die Flaschen an sich, die sich nach und nach auf dem Tisch ansammelten.

Sialan erschien wieder und klatschte in die Hände. »Jetzt geht es los!«, rief sie.

Diejenigen, die die Kontrolle schon hinter sich hatten, traten ein, und Sialan hatte alle Hände voll zu tun, Schummler zurückzuweisen.

Bei nur sechs Frauen mussten die Nachfolgenden warten, bis der erste Schwung befriedigt worden war. Noch während die sechs zu den Zimmern geführt wurden, brach unter den Wartenden ein Tumult aus, denn einer wollte sich den Zutritt mit Gewalt erzwingen. Zwei Männer nahmen ihn in den Schwitzkasten.

»Dein Platz ist dahinten! Setz dich in die Ecke und gib Ruhe.«

»Ich will doch nur mal schauen!«

»Wenn du es so eilig hast, dann hol dir selbst einen runter!«

Der Polier ließ einen Schrei los: »Still jetzt da drinnen! Hier benimmt man sich, wie es sich gehört! Wie in der Kantine.«

Es kehrte wieder Ruhe ein, aber die armen Kerle fieberten vor Ungeduld.

Chong wartete auf ihrem Bett. Der Vorhang teilte sich, und Sialans Kopf erschien: »Verlier keine Zeit.« Sie schob einen Mann herein. »Die nächsten warten schon.«

Ein durchnässter Mann, einen zerknüllten Schein in der Hand, trat ein.

»Ziehen Sie sich aus und kommen Sie«, wies ihn Chong an, während sie sich auf dem Bett hinlegte.

Der Mann war so aufgeregt, dass er den Knoten seiner Hose nicht aufbrachte. Mit den Nerven am Ende, riss er das Bändel einfach entzwei. Als er sein Hemd hochhob, sah man, dass seine

Unterwäsche in desolatem Zustand war. Vorsichtig näherte er sich dem Mädchen. Chong entkleidete sich nicht, sondern schob nur den Rocksaum ihres Ch'ip'ao hoch. Die Ausdünstungen des Mannes waren eine Mischung aus Schweiß, Lauch und Alkohol. Er drückte seine Knie zwischen Chongs Schenkel, öffnete den Kragen ihres Kleides und griff nach ihren Brüsten.

Aber sie stieß die Hände weg: »Nicht anfassen! Beeil dich lieber mal!«

Der Mann sagte nichts und machte sich ans Werk, wobei er ihre Schultern fest umklammerte. Sein röchelnder Atem drang Chong unangenehm ins Ohr. Zu erregt hielt er nicht lange durch, und er kam zum Erguss. Schwer lag er auf Chong, doch als sie sich von ihm lösen wollte, hielt er sie in der Taille fest.

»Bitte, noch einmal … bitte …«, bettelte er.

Der zum Leben im Nirgendwo Verdammte, benebelt von zu viel Alkohol und zu viel Arbeit, durfte endlich eine Frau berühren. Ein Gefühl, das er nicht loslassen wollte.

Nach kurzem Zögern fragte Chong: »Haben Sie Geld?«

Der Mann stotterte in einem südlichen Dialekt: »Nein, später … ich … bringe dir später … Gold … wenn ich welches finde.«

Sie rief nach der Mama: »Wir sind fertig hier!«

Sialan schob den Vorhang zur Seite und fuhr den nackten Mann an: »Schleich dich. Die anderen warten schon!«

Mit verschränkten Armen blieb sie stehen, während er sich anzog. Sobald er verschwunden war, drehte sich Chong weg, um den Schwamm herauszuziehen und sich abzuputzen. Sie hatte kaum Zeit, ihr Gewand wieder fallen zu lassen, als der nächste Mann auftauchte.

Sie legte sich hin und schürzte ihr Ch'ip'ao: »Was ist los? Beeilen Sie sich doch!«

Der Mann zögerte. Dann zog er sich die Schuhe aus und holte etwas daraus hervor. Es war ein Papierbriefchen, das er auseinanderfaltete, und er zeigte Chong den Inhalt: »Ich heiße Tsunli, sei nett zu mir.«

Chong schaute in seine geöffnete Hand. Da lag etwas Winziges, kaum größer als ein abgeschnittener Fingernagel. Es funkelte im Licht. Sie hatte zwar schon mal gehört, dass so etwas passierte, aber sie selbst erlebte es zum ersten Mal und war unschlüssig, was sie tun sollte.

Da fuhr der Mann fort: »Ich wünsche nichts Besonderes von dir. Ziehen wir alles aus.«

Schnell nahm sie den Splitter, wickelte ihn in das Papier und steckte es unter ihr Kopfkissen. Dann öffnete sie die Knöpfe ihres Ch'ip'ao und zog ihn sich über den Kopf aus. Der Goldschürfer bewunderte ihren nackten Körper.

»Worauf warten Sie?«

Jetzt entledigte auch er sich seiner Kleider und legte sich ohne Hast neben sie. Während er sie zärtlich streichelte, murmelte er: »Du bist wirklich ein schönes Mädchen … noch nicht verbraucht.«

Der Mann hatte es am Ende genauso eilig wie der vorherige. Chong brauchte nicht einmal die Schenkel zu benutzen. Sie musste nur mit geschlossenen Augen steif wie ein Brett daliegen und dem Prasseln des Wassers draußen lauschen. Schnell kam für ihn die Erlösung, und er bewegte sich nicht mehr. In Chongs Ohren war der Regen zu einer unendlichen, schwermütigen Melodie geworden. Der beschleunigte Herzschlag, den sie an ihrer Brust spürte, vermischte sich mit den Tropfen, die auf den Boden fielen. Sie hatte den Eindruck, ihre Kammer treibe im Nichts.

»Seid ihr noch nicht fertig?«

Sialan ging im Flur auf und ab und trieb die Mädchen an. Chong schob den Mann von sich. Er wischte sich die schmierige Schicht aus Nässe und Schweiß vom Körper.

Sie stand vom Bett auf und wusch sich in der Hocke. Während er sich anzog, fragte Tsunli leise: »Wie heißt du eigentlich?«

Sie tat so, als habe sie ihn nicht gehört. Sialan hob den Vorhang an: »Warum dauert denn das so lange hier? Die anderen Zimmer sind schon alle frei!«

Bevor er hinausging, drehte sich der Mann mit dem Splitter noch für einen letzten Blick um. Während sie ihr Gewand anzog, sagte Chong: »Wenn Sie eines Tages allein herkommen, dann sage ich Ihnen meinen Namen.«

Der nächste Freier stand schon an der Tür, mit nacktem Oberkörper, das ausgewrungene Hemd um den Hals gelegt. Seinen Gutschein warf er achtlos hin und stürzte sich auf Chong, die kaum Zeit hatte, ihr Kleid zu raffen.

In weniger als drei Stunden hatten die Mädchen des *Wind des Südens* die achtzig Männer durchgeschleust. Über den Tag verteilt, wäre dies ein normales Tagwerk für jede von ihnen gewesen, aber so, ohne Pause dazwischen, waren sie einfach erschöpft.

Am nächsten Tag lagen um die Mittagszeit noch alle im Bett. Vergebens rief Sialan vor ihren Türen. Verdrossen ging sie hinein, um die Mädchen wach zu rütteln: »Wenn ihr jetzt nicht zum Essen kommt, dann verderbt ihr uns den ganzen Tag.«

Yumei tauchte als Erste auf, die Lider auf halbmast. Kao drehte sich einfach weg und stopfte sich das Laken unter den Kopf. Die große Shutian zeigte sich auf dem Gang mit der Bettdecke über dem Kopf. Aus dem Schlaf gerissen und mit geschwollenen Lidern strauchelte Chong bei jedem Schritt. Durch die Fenster der Kundenzimmer sahen die Mädchen, dass der Regen aufgehört hatte. Aber es tropfte noch leicht von den Palmwedeln der Kokospalmen und den Blättern der Bananenstauden. Bei Atungs Schlafraum war der Vorhang hochgezogen, aber er schlief noch den Schlaf des Gerechten, das Laken um die Beine gewickelt. Sie machten es wie Sialan und schlichen auf Zehenspitzen daran vorbei. In der Küche war der Tisch schon gedeckt, und die Köchin füllte Reis in die Schüsseln.

Vor Freude schrie Shutian laut auf: »Hurra, Schweinebraten, das ist mein Lieblingsessen!«

Wie immer hatte sie einen mächtigen Appetit. Aber Yumei und Chong sanken auf ihre Stühle und blickten stumpf vor sich hin. Sie hatten keine Lust auf Essen, und wenn es noch so köstlich war.

Sialan erkundigte sich bei der Köchin: »Gibt es irgendeine Suppe. Nicht zu fett?«

»Ihr werdet jetzt Gemüsesuppe mit Muscheln bekommen. Ein Spruch von Shutian gefällt mir am besten. Das größte Glück ist, wenn man beim Essen nicht wählerisch ist und einen guten Appetit hat.«

Chong und Yumei gähnten abwechselnd, die Stäbchen erhoben. Die Köchin schob ihnen zwei Schälchen mit Reis hin, gefolgt von einem Suppentopf und einer Schöpfkelle. Sialan füllte zunächst ihre Schale, dann die der Mädchen. Nachdem Chong einen Schluck davon genommen hatte, blickte sie sich plötzlich suchend um und fragte: »Lingling, ist sie denn noch nicht auf?«

»Kao und Lingling, sosehr ich auch gerufen habe, es rührte sich nichts bei ihnen.«

»Und Shaowei?«, erkundigte sich nun Yumei.

»Sie wird schon noch kommen, sie ist doch immer etwas langsam. Du kennst sie doch.«

An den Tagen nach solchen arbeitsreichen Abenden war der Tisch ganz besonders reich gedeckt. Da gab es guten Fisch, Krabben – und für die Mädchen vom Land, die Fisch nicht mochten, Schweinefleisch und Ente.

»Ich sorge mich etwas um Lingling«, meinte Sialan.

»Und Kao?«, fügte Yumei hinzu.

»Kao hat keine Lust zu arbeiten, das weiß ich wohl«, grinste Sialan. »Aber Lingling, sie ist mir zu mager.«

Chong setzte ihre Reisschüssel ab, die sie nicht einmal zur Hälfte geleert hatte, und legte die Stäbchen daneben: »Dreizehn Männer für jede, das ist einfach zu viel!«

»Warum sollte das zu viel sein?«, entgegnete Sialan und schaute Chong prüfend an. Dann setzte sie ruhig hinzu: »Yumei und Shutian hatten jeweils fünfzehn! Yumei, wie viele waren das noch gleich, die du letztes Jahr bedient hast, als das japanische Schiff da war?«

»Ich weiß nicht mehr genau … zweiunddreißig vielleicht«, antwortete Yumei langsam, während sie auf einem Krabbenschwanz herumkaute.

Shaowei kam herein. Sie hatte die nackten Arme vor der Brust verschränkt und machte einen Buckel. »Mir ist so kalt, ich würde gerne eine heiße Suppe essen.«

»Es ist nicht kalt«, murmelte die Herrin über die Küche. »Das kommt nur daher, weil du nackt schläfst. Die Nächte sind frisch, da musst du dich halt zudecken.«

»Ich verlange nicht übermäßig viel«, wurde Sialan jetzt Chong gegenüber deutlicher. »Aber mein Mann ist aus einem anderen Holz geschnitzt. Wenn es nicht so gut läuft, dann macht er Druck.«

Chong stand auf und bat die Köchin: »Kann ich bitte eine Schüssel Suppe für Lingling haben?«

Diese gab zurück: »Es wäre besser, sie käme selbst. Sonst reißt das vielleicht noch ein. Außerdem, um hier wegzukommen, muss jede schon für sich selbst sorgen.«

Überrascht blieb Chong vor dem Tisch stehen.

Nichtsdestotrotz machte sich die Herrin über die Töpfe daran zu schaffen. »Eine gute Suppe, das wird sie aufwecken. Für Lingling hast du gesagt?«

Chong steckte noch einen Löffel in die Porzellantasse und ging auf die Suche nach ihrer Freundin. Lingling schlief nicht mehr. Sie lag, die Beine in ein Laken gewickelt, zur Wand hin, fuhr aber herum, als sie den Klang von Chongs Stimme hörte.

»Aber du musst doch etwas mit uns essen«, forderte Chong sie auf.

Lingling drehte sich wieder mit dem Gesicht zur Wand: »Nach einer solchen Nacht, wie können wir da alle zusammen essen, als sei nichts geschehen?«

Chong blieb stumm stehen, die Schale in der Hand.

Lingling sprach weiter: »Ich glaube, ich kann das wirklich nicht mehr, außerdem tut mir der Unterleib zu sehr weh. Ich würde am liebsten einfach sterben, einschlafen und tot sein, bevor der Abend kommt.«

»Selbst falls du heute Abend sterben müsstest, jetzt jedenfalls iss erst einmal deine Suppe!«

Chong reichte ihr die Schale. Die Suppe roch wohl wirklich lecker, denn Lingling hob den Kopf und richtete den Blick darauf. Ihr standen Tränen in den Augen, aber sie nahm den Löffel und fing an zu essen.

Chong sagte zu ihr: »Ich verspreche dir, wir werden schnell unsere Schulden abbezahlen und dann von hier weggehen. Ich werde dich nach Hause in deinen Heimatort bringen, das schwöre ich.«

Lingling setzte das leere Schüsselchen ab. »Bis ich hierherkam, habe ich noch nie so köstlichen Reis gegessen. Bei uns, in den Höhen des Shaohsing, bekommen nur die Alten weißen Reis, und das nur an Feiertagen. Ich habe sechs Brüder und Schwestern, und bei uns gibt es nur Nudeln aus Hirse oder Weizen, sonst nichts! Und selbst davon haben Mama und ich manches Mal nichts abbekommen.« Sie wischte sich die feuchten Wangen mit dem Handrücken ab.

»Bis wir aber so weit sind«, sagte Chong und strich Lingling über die Haare, »werden wir erst einmal genügend Geld verdienen, damit wir ein Polster haben. Früher gehen wir nicht. Wenn wir uns ranhalten, dann können wir in zwei Jahren alles bezahlen.«

Linglings Augen blitzten auf, und sie flüsterte: »Glaubst du, dass ich hier einen guten Mann kennenlernen könnte? Selbst an einem Ort wie diesem?«

»Nein«, sagte Chong mitfühlend. »Hier gibt es keine guten Leute … Hier denkt jeder nur ans Geld.«

Lingling fuhr mit der Hand unter ihr Kopfkissen. Sie zog zwei kleine silberne europäische Geldstücke hervor. »Schau mal, ich habe die ganze Zeit geheult, und doch war da einer, der mir das gegeben hat.«

Chong warf einen Blick Richtung Tür und hob dann kurz entschlossen die Matte hoch, die am Fußende des Bettes auf dem Boden lag. Ein paar Kakerlaken stoben in alle Richtungen auseinander. »Wir verstecken sie hier«, schlug sie leise vor. »Wenn Atung davon Wind bekommt, wird er sie dir nehmen als Abschlag. Ich habe auch schon was versteckt.«

Lingling saß auf ihrem Bett, das Kinn in die Hände gestützt, und dachte nach: »Es waren so viele Kerle, dass ich mich nicht erinnern kann, welcher von ihnen sie mir gegeben hat. Ich habe nicht die kleinste Erinnerung an sein Aussehen.«

»Wir hatten einen Traum, und in diesem Traum sind all die Leute wie Geister gekommen und haben uns besucht.«

Der Regen fällt auf den Hafen des Regens
Er wird zu Nebel über dem Meer des Regens
Er verwischt das Kielwasser meines Geliebten
Die Regentropfen auf dem Dach
Füllen die leeren Flaschen

Yumei sang dieses bekannte Lied immer dann, wenn sie betrunken war. Mit ihr, der Ältesten der Mädchen im *Wind des Südens,* verstand sich Chong am besten. Yumei wusste ganz genau, wie der Hase lief, hielt sich selbst aber nicht an die Ratschläge, die sie den anderen gab. Statt ihre Zusatzeinkünfte zu verstecken, kaufte sie sich davon Schnaps und Opium. Als Atung sie deswegen zur Rede stellte, gab sie ihm die Trinkgelder ihrer Kunden und bot ihm Alkohol und andere Annehmlichkeiten an.

»Als ich vor drei Jahren hierherkam«, erzählte sie Chong, »da waren wir zu viert, Sialan eingeschlossen. Zwei von uns sind tot. Kao kam erst später. Mit dem, was wir angeschafft haben, hat er dann das Haus erweitert und euch gekauft.«

Eine ihrer beiden Gefährtinnen plante zu fliehen. Sie ertrug das Leben in Keelung nicht länger. Als den Mädchen klar geworden war, dass sie es selbst nach Jahren der Prostitution niemals schaffen würden, ihre Schulden abzutragen, hatten sie die Idee, mit einem Schiff zu entkommen. Aber ohne Passierschein durften sie noch nicht einmal auf den Kai, der von Soldaten bewacht wurde. Also blieben ihnen eigentlich nur zwei Möglichkeiten. Entweder sie errangen die Zuneigung eines Matrosen oder besser noch wurden seine Geliebte, in der Hoffnung, er könne sie an Bord schleusen, oder sie machten sich heimlich aus dem Staub und erreichten den Nachbarhafen Tamsui oder gar das entfernte Tainan. Doch dieser Weg konnte sich als gefährlicher erweisen als eine Flucht übers Meer auf den Kontinent, denn in beiden Orten gab es Bordelle. Die Großen Brüder dort waren knallhart. Wenn ihnen Nachrichten über ein entflohenes Mädchen zu Ohren kamen, dann griffen sie dieses ganz schnell auf und gaben es gegen eine Aufwandsentschädigung zurück. Zwar bestand noch eine Variante darin, sich in einem Eingeborenendorf in den Bergen zu verstecken, doch das bedeutete, ein genauso elendes Leben zu führen wie die Einheimischen. In einer Lehmhütte zu wohnen, zum Überleben nur das zu haben, was man unter Aufbietung aller Kräfte dem selbst gerodeten und bestellten Boden abrang, dafür waren diese Mädchen nicht geeignet.

»Wenn dich die Männer aus diesem Milieu einmal in den Fängen haben, dann schlagen sie dich, lassen dich halbtot liegen, und die gezahlten Aufwandsentschädigungen kommen zu deinen Schulden noch dazu. Mit anderen Worten, du fängst wieder bei null an.«

Gegen jede Hoffnung versuchten die Mädchen zwangsläufig vom ersten Jahr an unter den Land- und Minenarbeitern oder gar den Matrosen einen festen Geliebten zu finden. Da der Geliebte nur einer der Stammkunden sein konnte, drückten die Chefs ein Auge zu.

»Das Problem ist nur, dass die Kerle, die zu uns kommen, nicht besser dran sind als wir. Wenn sie dann auch noch ihr Gehalt verprassen, um zu trinken, zu spielen oder in Bordelle zu gehen, dann werden sie anfällig für Krankheiten, können nicht mehr arbeiten oder geben gar den Löffel ab. Andere gehen auch wieder zurück aufs Festland.«

Ihr standen Tränen in den Augen und sie war leicht angetrunken, als Yumei mit der Andeutung eines Lächelns fortfuhr zu erzählen: »Stell dir mal vor, in einer Regennacht wie dieser kommt ein netter Kunde zu dir, bringt dir Teigtaschen wie ein Ehemann, wie könntest du ihn vergessen?«

Eine ihrer Kolleginnen hatte es mit ihrem Geliebten bis nach Tainan geschafft, aber sie wurde aufgegriffen. Sie war so verprügelt worden, dass sie unfähig war zu arbeiten. Da sie ihren Geliebten nicht vergessen konnte, verbrachte sie die Zeit mit Trinken, und eines Tages ging sie ins Meer. Ihr Körper trieb eine ganze Weile im Wasser, bevor sie von Küstensoldaten herausgefischt wurde. Gesicht und Brust waren von Krabben abgenagt worden. Eine andere hatte sich eine Geschlechtskrankheit eingefangen. Solche Krankheiten wurden in der Regel von ausländischen Schiffen eingeschleppt. Es gab zwar in Keelung zwei Krankenstationen, aber chinesische Medikamente wirkten meist nicht sonderlich gut. Tripper bekämpfte man mit Wasserstoffperoxyd und einigen Pillen. Aber Syphilis war heimtückisch. Die ersten Symptome waren geschwollene Lymphknoten und Hautausschlag. Später fielen einem die Haare aus, und in fortgeschrittenem Stadium waren Nase und Finger von Wundbrand zerfressen. Der ganze Körper war infiziert. Oft vergingen nach einiger Zeit die Symptome wieder, und man dachte, man sei geheilt. Aber das Übel schlug aus heiterem Himmel wieder zu. Diesmal im Gehirn oder anderen lebenswichtigen Organen. Lähmungen und Auflösung des Gehirns führten bei den Betroffenen zum Tode. In den Freudenhäusern von Macao und Kanton verwendete man europäische Antiseptika und traditionelle chinesische Desinfektionsmittel parallel. Hier und dort lernten die Neuen von den erfahrenen Huren, welche Vorsichtsmaßnahmen man treffen konnte. Am besten sollten die Prostituierten vor jedem Geschlechtsverkehr die Männer kontrollieren. Allerdings hatten sie selten Zeit dazu, diese Vorkehrungen genau einzuhalten, wenn die Freier sich die Klinke in die Hand gaben. War einem das Glück nicht gewogen, hatte man sich schnell etwas geholt. Auf dem Festland schickten die Behörden Ärzte in die Bordelle, die die kranken Mädchen aussonderten. Während die Syphilis eine Krankheit mit schwerem Verlauf war, so konnte eine Gonorrhö innerhalb von vierzehn Tagen behandelt werden. Das Mädchen, das gestorben war, hatte Syphilis gehabt und war von den Behörden mitgenommen worden. Keiner hatte sie jemals wieder gesehen. Mit den entsprechenden Medikamenten hätte sie noch eine ganze Reihe von Jahren mit der Krankheit überleben können, aber wie hätte sie sich in dieser Zeit versorgen sollen? An der anderen Hangseite von Xi Guling gab es einen nach Süden gerichteten Friedhof mit kleinen Grabstellen ohne Namen. Das waren die Gräber der Kulis und Prostituierten, die weit entfernt von ihren Familien gestorben waren.

»Wenn du viele Kunden bedienst, dann werden sie sich um dich streiten. Jeder möchte dein Liebling sein, aber das hält nicht lange an … Nach jedem Geschlechtsverkehr musst du den in die Scheide eingeführten Schwamm auswaschen und dich beim leisesten Verdacht sorgfältig mit einer Alaunlösung spülen. Hast du aber einen Geliebten, dem du alles erlaubst, wirfst du diese Vorsichtsmaßnahme eines Tages über Bord, bis dann die Übelkeit kommt. Der Chef zwingt dich, die Schwangerschaft abzubrechen und eine schrecklich schmeckende chinesische Arznei zu trinken, die zu einem Abgang führt. Du versuchst natürlich, das Kind deines Geliebten unter allen Umständen zu behalten. Wenn du die ersten sechs Monate überstanden hast, bevor man die Rundung deines Bauches sieht, dann wagt es der Herr nicht mehr, denn dann wäre dein Leben in Gefahr.«

Es war ihr eigenes Kind, von dem Yumei sprach: »Mein Mann war Matrose. Er ist an so einem Regentag wie heute gekommen. Ein Mischling holländischer Abstammung wie Atung, der zur Besatzung eines Handelsschiffes gehörte, das auf dem Weg nach Batavia war. Er war drei oder vier Tage in Keelung, in denen sie eine Ladung Tee und braunen Zucker luden, bevor es weiter nach Batavia und Java ging. Von da an kam er jedes Jahr ein Mal nach Keelung und Tamsui. Sein Name war Caron, nach seinem Vater, aber im Hafen hatten ihm die Leute den Spitznamen *Sigao* gegeben, was so viel wie *sehr lang* bedeutete. Schon in der ersten gemeinsamen Nacht haben wir uns beide sehr gefallen.«

Wenn ein Kunde in dieser Art von Freudenhäusern einen bestimmten Betrag bezahlte, dann war das Mädchen eine bestimmte Zeit davon befreit, andere Freier zu empfangen. Dies war ein verbrieftes Recht, und der Abschlag nannte sich Baozu. Immer wenn Sigao nach Keelung kam, zahlte er die Baozu für drei Tage, gelegentlich sogar bis zu zehn Tagen. Yumei konnte dann diese Zeit ausschließlich mit ihm verbringen. Wiederum war es in Keelung üblich, dass eine Prostituierte mindestens sechs Freier am Tag bedienen musste. Kam sie nicht auf diese Zahl, dann wurde eine Strafzahlung zu ihrer Schuld hinzugerechnet. Diese wuchs nach und nach, bis der Besuch einer großen Gruppe es erlaubte, etwas davon abzubauen oder dafür zu sorgen, dass die Schuld zumindest nicht weiter anwuchs.

»Dank Sigao konnte ich auf die Insel Heping fahren, die gegenüber vom Xi Guling in der Mündung des Keelung liegt. Ah, wenn du nur wüsstest, wie gut das tut, einmal nicht arbeiten zu müssen, die Abende einfach nur mit ihm und mit Essen und Trinken zu verbringen. Am Ufer des Keelung war niemand, der uns gestört hätte.«

Zwei Jahre nach ihrem ersten Treffen hatte Yumei Veränderungen an ihrem Körper festgestellt. Ihr war öfter übel, und ihr Bauch wurde dicker, aber sie dachte sich nichts weiter dabei, außer dass sie zugenommen hätte. Daraufhin ließ sie Mahlzeiten aus, ohne beunruhigt zu sein. Es war Sialan, die schließlich erriet, was vor sich ging. Auch Atung hatte es bemerkt und setzte ihr von da an jeden Tag zu, doch endlich abzutreiben. Yumei flehte ihn an, ihre Schwangerschaft zuzulassen, und sie versicherte ihm, Sigao werde die Baozu weiter zahlen, wenn es so weit war. Die Liebenden waren übereingekommen, dass sie weiter Freier empfangen würde, aber auf keinen Fall abtriebe. Sie arbeitete bis zum neunten Monat und kam dann mit einem Mädchen nieder, das viel von ihrem Vater hatte. Kastanienbraune Haare, lange Beine und Augen von hellem Braun. Dann jedoch war Sigaos Schiff nicht mehr wiedergekehrt. Es war ein Streit zwischen der ostindischen Handelsgesellschaft und der Provinzregierung von Fukien ausgebrochen, sodass der Handel mit Batavia für einige Jahre unterbrochen war und Sigao nicht mehr nach Keelung zurück konnte. Yumei fing wieder an zu arbeiten und vertraute ihre Tochter den Kolleginnen an, wenn diese frei waren. Als das Kind sechs Monate alt war, überzeugte Sialan Yumei davon, die Kleine, wie es in solchen Fällen üblich war, zur Adoption freizugeben. Mädchen waren leichter in Familien unterzubringen als Jungen, da sie recht früh Aufgaben im Haushalt übernahmen. Außerdem konnte man sie leichter verkaufen, wenn sie herangewachsen waren. Das war der Moment, in dem Yumei den Glauben daran verlor, irgendwann einmal genügend Geld verdient zu haben, um fortgehen zu können. Atung wiederum drängte sie nicht, ihre Schulden abzubezahlen, er warf ihr nur vor, dass sie zu viel Opium rauchte und trank. Von Zeit zu Zeit schrie er sie deswegen an, mehr aber nicht. Im Laufe der Jahre war Yumei quasi zu einem Familienmitglied geworden.

Chong beschloss, dass für sie nur ein hohes Tier infrage kam, wollte sie sich einen Geliebten nehmen. Sie nahm sich vor, einen zu finden, der einflussreich genug war, um Macht über die Chefs der Freudenhäuser in Keelung zu haben.

Sie verstand außerdem, dass es ihr helfen würde, sich weiter der Umgangsformen und Sitten zu befleißigen, die sie von Kiu im *Tempel des Glücks und der Freude* gelernt hatte. Aus diesem Grund beauftragte sie Yumei, ihr eine Erhu zu besorgen. Die Spieltechnik war die gleiche wie bei den Instrumenten, die sie kannte, aber der mit Schlangenhaut bespannte Resonanzkörper war deutlich kleiner.

Wenn sie am Abend keine Kunden hatte, spielte sie in dem Empfangsraum. Das Gerücht über das schöne Mädchen im *Wind des Südens* machte unter den Händlern die Runde. Atung schürte es noch, indem er verbreiten ließ, dass Lenhwa eine berühmte Kurtisane aus Nanking war. Von da an wurde Chong auch gebeten, bei Einladungen zu singen und zu spielen. Die Folge war, dass ihre Kunden zunehmend aus den besseren Schichten kamen. So ging auch Atung dazu über, sie die Hwachia im *Wind des Südens* zu nennen, um ihr dadurch seine Anerkennung zu zeigen.

Eines Tages, die Regenzeit war schon fast vorüber, obwohl ein kräftiger, feuchter Wind über die Insel fegte, tauchte ein Untergebener des Großen Bruders des Hafens auf.

Er fragte: »Gibt es bei euch ein Mädchen namens Lenhwa?«

»So ist es. Um was handelt es sich denn?«

»Der Chef hat mir aufgetragen, sie unverzüglich zu ihm zu bringen.«

»Er mag noch so sehr dein Chef sein, aber wie kommt er dazu, unsere Hwachia zu wollen? Noch dazu, wo die Geschäfte gerade nicht so gut laufen?«

Der Mann war einer dieser Ganoven, von denen es auf dem Festland nur so wimmelte, und damit beauftragt, in der Gasse, in der der *Wind des Südens* lag, für Ordnung zu sorgen. Er setzte Atungs Gejammer ein Ende, indem er ihm androhte: »Willst du, dass wir dir eine Fahne aufs Dach setzen?«

Eine Fahne aufs Dach setzen bedeutete, dass vor diesem Haus gewarnt wurde. Sobald der Große Bruder des Hafens ein Freudenhaus so kennzeichnete, konnte es den Betrieb einstellen, da sich niemand mehr dorthin traute.

Angesichts des verdrießlichen Schweigens von Atung gab ihm der andere zu verstehen: »Hör zu, er ist der Chef. Wenn er ein Mädchen für sich will, dann bezahlt er auch die Baozu. Da hat er seine Prinzipien. Heute Abend erwartet er Leute aus Tamsui, und er möchte, dass sie kommt und musiziert. Sie soll ja auf der Erhu hervorragend sein.«

Chong, die die Unterhaltung verfolgt hatte, hob den Vorhang. »Geben Sie mir eine Minute«, sagte sie und verbeugte sich vor dem Besucher. »Ich ziehe mich nur rasch um.«

Atung hatte nichts mehr dagegen einzuwenden, da die Baozu ja bezahlt werden würde. Er erlaubte sich nur noch hinzuzusetzen: »Wird Lenhwa allein denn ausreichen? Wollen Sie nicht vielleicht noch ein, zwei Mädchen mehr mitnehmen?«

Der Mann winkte ab: »Ich denke gar nicht daran. Ich habe den Auftrag, diese hier zu bringen, und genau das werde ich tun.«

Chong erschien wieder. Sie hatte ihren Ch'ip'ao gegen ein Hemd, eine Hose und eine leichte, knisternde Weste ohne Ärmel getauscht. Sie war geschminkt und frisiert. Hinter ihr folgte Yumei, die ein dunkelblaues Kleid unter ihrem Ch'ip'ao trug. Der Mann war hingerissen von der Schönheit der beiden Frauen, die sich so geschickt zurechtgemacht hatten.

»Uiuiui! Yumei, so angezogen erkenne ich dich ja kaum wieder. Aber ich habe nur den Auftrag, Lenhwa mitzubringen.«

»Wenn es Musik geben soll, dann braucht es auch Gesang«, bekräftigte Atung. »Yumei ist in ganz Keelung bekannt für ihre Gesangsdarbietungen.«

Zu guter Letzt nahm der Handlanger des Großen Bruders doch beide Mädchen mit. Sie gingen die Gasse hinunter, bogen in die große Hafenstraße ein, passierten einige Geschäfte, Kneipen und bessere Lokale und erreichten schließlich ein stattliches, weiß gekalktes Gebäude, das sich mit seinen wuchtigen Steinen beeindruckend gegen das Meer abhob. Am samtvioletten Himmel dahinter war noch ein dünner, heller Streif am Horizont zu sehen. Zu beiden Seiten einer mächtigen Treppe standen Palmen, Riesenfarne und Bambusbüsche, aufgehellt durch blühende Pfingstrosen und Orchideen. Hinter dem mit unzähligen Lampen versehenen Eingang erblickte Chong großzügige Empfangsräume, wie sie sie vom Festland her kannte.

In der Mitte eines dieser Säle entdeckte sie den Großen Bruder Longsan. Zusammen mit Männern im Frack saß er an einem mit Tellern, Gläsern und Flaschen übersäten Tisch. Longsan hatte die Händler aus Tamsui und die Beamten von Keelung eingeladen, um ihre guten Beziehungen weiter zu festigen. Um einen großzügigen Raum zu erhalten, hatte man die Trennwände zwischen den Zimmern entfernt. Die Decke war so konstruiert, dass sie für eine Verteilung der kühlen Luft sorgte, die durch die Fenster hereinkam. Sie waren weit geöffnet, da die Regenzeit bereits vorbei war.

Der Mann, der Chong und Yumei in den Saal geführt hatte, verkündete: »Herr, hier sind die Musikantin und eine Sängerin.«

»Sehr gut. Du kannst gehen. Und ihr zwei, wir sind ganz Ohr.«

Yumei und Chong, die ihr Instrument unter dem Arm hatte, legten die Hände aneinander und verbeugten sich. Nachdem sie ihre Namen genannt und sich durch Blickkontakt kurz verständigt hatten, fingen sie an:

In einen Abendhimmel ohne Wolken fliegt eine blaue Elster,
Der Mond, der gestern noch verschwunden war, ist heute wieder da.
Er nimmt zu, er nimmt ab, das ist sein immerwährender Lauf.
Heute Abend habe ich wieder meine Laterne angezündet,
Doch der Brief meines Liebsten ist schon ganz verblichen.

Yumei sang mit ausdrucksvoller Stimme dieses bekannte Volkslied in vollkommener Einheit mit der Erhu. Unter den Zuhörern war es still geworden, und manche hatten die Augen geschlossen. Wenn der Refrain kam, schlugen etliche den Takt auf ihren Knien mit. Als sie geendet hatten, lud Longsan die beiden Frauen ein, etwas mit ihm zu trinken.

Mit gesenktem Kopf nahm Chong das Glas entgegen, das ihr der Herr des Hauses reichte. Yumei machte es ebenso. Nachdem er die Flasche wieder abgesetzt hatte, richtete Longsan das Wort an Chong: »Mir ist, als hätte ich dich schon einmal gesehen …«

Nachdem sie ihr Glas mit Bambusschnaps geleert hatte, sah Chong dem Mann in die Augen und antwortete: »An dem Tag, an dem ich nach Keelung kam, habe ich Sie bedient.«

»Oh, ja gut«, stieß dieser etwas verlegen hervor.

Ein Gast in Amtskleidung mischte sich ein: »Kann sich denn ein Schmetterling im Frühling an alle Blumen erinnern, auf denen er sich niedergelassen hat?«

Die Gesellschaft brach in Gelächter aus.

Longsan grinste breit: »Du bist also diese Lenhwa, von der man im ganzen Hafen spricht? In welchem Haus bist du?«

Yumei sagte schnell: »Wir sind im *Wind des Südens*.«

Longsan fuhr fort: »Dies ist ein Abend zum Feiern. Ich werde die Baozu bezahlen, und ihr könnt hierbleiben und euch vergnügen.«

Longsans Bankett dauerte bis spät in die Nacht. Yumei erfreute sich der Aufmerksamkeit eines Kaufmannes aus Tamsui. Chong selbst aber wurde gebeten, Longsan in sein Kontor auf dem Marktplatz zu folgen und die Nacht mit ihm zu verbringen. Das Haus verfügte über zwei Etagen, von denen das Erdgeschoss dazu diente, die Besucher zu empfangen. Im Oberstock waren seine Wohnung und die seiner Männer. Longsan besaß darüber hinaus noch ein Haus in einer reinen Wohngegend, auf dem Hügel von Xi Guling. Seine Leibwächter, die sich die Zeit mit Mah-Jongg vertrieben, waren erstaunt, ihn so spät wiederkommen zu sehen. In seinem Zimmer, das in der hintersten Ecke des Wohnbereichs lag, gab es einen Schreibtisch mit Blick aufs Meer und weiter hinten im Raum ein behagliches Bett mit lackierten Pfosten und prachtvollen Vorhängen. Zwei Diener brachten ein Tablett mit Früchten, eine Kanne Tee, ein kleines Gefäß mit Opium und zwei lange Pfeifen. Außerdem noch einen Eimer heißes Wasser, eine Waschschüssel und ein Handtuch. Nachdem sie das Tablett auf den Tisch, den Wasserkübel ans Fußende des Bettes gestellt und die Schüssel befüllt hatten, warteten sie ab.

»Boss, soll ich Ihre Füße waschen?«

Longsan saß auf dem Bett und war dabei, seine Schuhe auszuziehen, als Chong ihn bat: »Lassen Sie mich das machen!«

Die Diener verließen nach einem Wink ihres Herrn gehorsam das Zimmer. Chong zog ihm Schuhe und Socken aus. Dann tauchte sie ihre Hände in die Schüssel und begann, ihm die Fußsohlen zu massieren. Er schloss die Augen und lächelte selig. Sie holte neues Wasser, um ihm Gesicht und Hände zu waschen. Danach tranken sie den Tee. Longsan war von dem Alkohol benebelt, und seine Lider waren schwer, als er fragte: »Wie kam es, dass ein Mädchen wie du auf dieser Insel gelandet ist und dass du noch dazu verkauft wurdest?«

»Ich bin in Hangchou Menschenhändlern in die Fänge geraten, und sie haben mich an ein Shumachia verkauft.«

»Ich ahnte es«, nickte er verstehend. »Fast allen Mädchen hier ist Ähnliches widerfahren. Sag mir doch, was du gerne machen würdest?«

Chong dachte nach. Was sollte sie von ihm erbitten? Sie ließ sich Verschiedenes durch den Kopf gehen, aber erklärte dann schlicht: »Erlauben Sie mir, Ihnen zu dienen.«

Gerührt von dieser Antwort, wollte er sich noch nicht geschlagen geben: »Oh! Aber … ich habe schon eine ganze Handvoll Münder, die ich satt kriegen muss!«

»Nein, nein. Es genügt mir, wenn Sie mich rufen lassen, wann immer Sie Zeit haben.«

Chong stopfte ihm eine Pfeife, erwärmte das Opium in einem Kupfergefäß über einer Öllampe und legte es, als es die richtige Temperatur erreicht hatte, mittels zweier Stäbchen in den Pfeifenkopf. Bei Herrn Ch'en hatte sie gelernt, wie man das machte.

Longsan zog ein paarmal zufrieden daran: »Rauch doch auch. Schau, es sind zwei Pfeifen da.«

Mit Kuan zusammen hatte Chong schon gelegentlich nach dem Baden Opium geraucht. Daher nahm sie das Angebot an. Zunächst hatte sie das Gefühl, ihr ganzer Körper fließe auseinander.

Ihre Kräfte verließen sie. Die beiden Opiumraucher ließen sich nebeneinander auf das Bett sinken und sogen auf der Seite liegend an ihren Pfeifen. Irgendwann fingen sie an, sich gegenseitig auszuziehen. Sie gaben sich dem Liebespiel hin, indem sie den Höhepunkt immer wieder hinauszögerten. Chong betrachtete es als ihre Aufgabe, laut zu stöhnen und ihn mit ihren Pobacken und Schenkeln zu stimulieren.

Am nächsten Morgen wachten sie ziemlich spät auf, aus dem Schlaf gerissen durch den Lärm, den die Männer im Erdgeschoss machten. Chong zog sich als Erste an, wobei Longsan sie halb aufgerichtet durch die Vorhänge hindurch beobachtete.

»Bring mir meine Jacke, dort drüben.«

Sie brachte ihm das Gewünschte. Aus einer Tasche zog er einen Ledergeldbeutel, den er ihr, ohne ihn zu öffnen, entgegenstreckte: »Hier, nimm das. Das deckt die Baozu für mindestens zehn Tage ab.«

Chong war schon am Gehen, als er sie fragte: »Du willst nicht mehr im Hafen arbeiten?«

Auf diese Frage hin brachen in Chong die Dämme, und sie schluchzte leise.

»Ich verstehe«, fuhr Longsan fort. »Aber meine Aufgabe ist es, den Handel und die Freudenhäuser der Gegend zu schützen. Ich werde trotzdem versuchen, für dich etwas zu arrangieren.«

Sie stand immer noch unter der Tür.

»Ich werde zusehen, ob ich dich in Tamsui unterbringen kann«, fügte er hinzu. »Danach musst du dich dann selbst weiter durchschlagen.«

Chong verbeugte sich tief. Es war schon fast Mittag.

Als sie beim *Wind des Südens* ankam, wurde sie von einem wütenden Atung draußen erwartet: »Yumei ist schon eine ganze Weile zurück, und sie ist auch schon wieder bereit, an die Arbeit zu gehen. Aber du, warum kommst du erst jetzt? Wo hast du dich herumgetrieben?«

Chong nahm den Geldbeutel heraus und warf ihn auf den Tisch. »Der Große Bruder zahlt für zehn Tage meine Baozu, also kein Grund, mich anzuschnauzen.«

»Wird der Große Bruder dich von nun an aushalten?« Sialan kratzte sich an der Nase, während Atung das Geld zählte.

»Die Abrechnung machen wir dann später«, verkündete Atung. »Mach dich jetzt für den Abend fertig. Ein Schiff aus Luzon ist vor Anker gegangen.«

»Ich habe eine Baozu«, erwiderte Chong. »Ich arbeite heute Abend nicht.«

Sie war schon hinter einem Trennvorhang verschwunden, um sich umzuziehen, als Atung in die Luft ging: »Was?«, schrie er und riss den Vorhang herunter. »Du empfängst heute keine Freier? Wie kannst du es wagen, so etwas auch nur zu denken? Weißt du, wie viel ich für dich bezahlt habe? Eine Göre wie dich kann ich sofort wieder in den Süden verkaufen. Möchtest du dir in irgendwelchen dreckigen Spelunken die Syphilis holen? Meinst du, ich würde es nicht übers Herz bringen, dich da hinzuschicken?«

Chong, oben herum nackt und nur im Rock, hatte keine Lust, sich über den Tisch ziehen zu lassen: »Der Große Bruder hat die Baozu für zehn Tage bezahlt! Davon abgesehen, wer hat hier was für Unkosten gehabt? Ich wurde entführt und weiß nicht, was Sie in der Shumachia ausgehandelt haben. Glauben Sie, ich werde dieses erniedrigende Leben als Hure noch lange so weiterführen? Ich bin keines dieser unbedarften Mädchen aus den Bergen.«

Als Atung die wild gestikulierende und schimpfende Chong sah, bekam er einen Hustenanfall und zog sich zurück. Chong aber ließ sich auf ihr Bett fallen. Sie wurde von Schluchzern geschüttelt und war unfähig, sich zu beruhigen.

Da trat Sialan ins Zimmer und legte ihr ein Hemd um die Schultern. Sie sagte: »Beruhige dich, Atung ist im Unrecht. Seine Wut kommt nur daher, weil Lingling ihm kurz vor dir das Gleiche gesagt hat. Auch sie hat eine Baozu und Atung einen Teil abgegeben. Sie will heute Abend ebenfalls nicht arbeiten. Wenn man sich dermaßen aufgeregt hat, dann braucht man eben manchmal etwas Zeit, die Dinge in einem anderen Licht zu sehen, oder?« Sialan versuchte, das Mädchen etwas zu besänftigen, indem sie ihr die Schultern massierte.

Chong hörte auf zu weinen. Sie sagte sich, wenn sie so weitermachte, dann würde sie geschwollene Augen bekommen, könnte nichts mehr essen und bräuchte Tage, um wieder in Ordnung zu kommen. Dann wäre sie die Verliererin. Sie stieß einen letzten Seufzer aus und holte tief Luft. Hastig zog sie ihr Hemd an und sammelte die zu waschenden Kleidungsstücke zusammen. »Entschuldigen Sie mich bitte gegenüber dem Herrn, Sie kennen mich und wissen, dass ich eigentlich nicht so bin …«

Atung befand sich draußen vor der Eingangstür und hustete unaufhörlich. Sialan machte sich anscheinend Sorgen um ihn, denn sie beeilte sich, zu ihm zu gelangen. Chong, die in die andere Richtung zum Innenhof unterwegs war, warf einen Blick zu Lingling hinein. Sie schlief wie immer mit angezogenen Beinen, das Gesicht zur Wand.

»Lingling …«

Langsam drehte sich Lingling zu ihr um. »Bist es du, Lenhwa?« Sobald Chong neben ihr saß, fragte Lingling im Liegen: »Hast du dich mit Herrn Atung gestritten?«

»Ach, ich bin nur etwas laut geworden. Stimmt es, dass du keine Freier empfangen willst?«

»Ja, ich habe für drei Tage eine Baozu.«

Ein glückliches Lächeln machte sich um Linglings schmalen Mund breit, was selten genug vorkam. Seit ihrer Ankunft in Keelung war sie mindestens einmal pro Tag in Tränen aufgelöst. Wie ein kleines Hündchen, das es nicht erträgt, eingesperrt zu sein.

Chong fragte nach: »Wer ist es denn, der deine Baozu bezahlt?«

»Jemand ganz Liebes«, antwortete Lingling. Diesmal war ihr Lächeln so strahlend, dass der nasse Schimmer in ihren Augenwinkeln kaum ins Gewicht fiel.

Bei dem Jemand handelte es sich um einen Arbeiter, der eines Abends mit einer größeren Gruppe gekommen war. Chong erinnerte sich nur ungenau an ihn. Der junge Mann war nicht wie die Festlandchinesen frisiert. Er trug lediglich einen Pferdeschwanz, der von einem Baumwollband zusammengehalten wurde. Jedenfalls war er groß, und groß waren auch seine Hände und Füße, sodass er an einen Bären erinnerte. Wenn er lachte, wurden seine Augen winzig klein, und in den Augenwinkeln erschienen unzählig viele kleine Fältchen.

»Ein Arbeiter? Er hat so viel Geld, dass er deine Baozu bezahlen kann?«

»Er ist Aufseher auf der Teeplantage. Außerdem gibt es wohl keinen, der ihn an Kraft übertreffen kann. So verdient er mehr als die anderen.«

»Gefällt er dir?«

Lingling nickte mehrmals heftig. »Er ist gekommen, um mich zu besuchen, und wir haben ausgemacht, dass wir uns später am Hafen treffen. Aber der Herr hat mir gesagt, das ginge heute unmöglich!«

Chong stand mit ihrer Wäsche im Arm auf: »Zerbrich dir darüber jetzt nicht den Kopf«, verkündete sie. »Wir werden das schon hinkriegen.«

Zunächst kühlte Chong sich in der Waschküche neben der Küche ab und goss sich mit einer Schöpfkelle Unmengen von Wasser über den Kopf. Daraufhin ging sie nackt wieder in ihr Zimmer, zog den Ch'ip'ao an und legte Schminke auf. Als sie an der Eingangstür auftauchte, hatte sich Atung immer noch nicht beruhigt und sah demonstrativ in die andere Richtung. Sialan, die in dem Raum stand, in dem sich die Mädchen präsentierten, musterte ihn kurz von der Seite. Dann rief sie voll Begeisterung aus: »Uiuiui! Schau doch mal, wie schön sie ist. Was für eine Erscheinung! Da können die Männer aber kommen.«

Chong wandte sich an Atung: »Gewiss empfange ich heute Abend Kunden, wenn Sie im Gegenzug Lingling erlauben auszugehen. Bitte, sie hat doch eine Baozu.«

Atung warf nur einen Blick auf ihr Aussehen und sagte voller Missbilligung: »Ts, ts, ts. Die, die keine Lust haben zu arbeiten, werden am Ende auf ihren Schulden sitzen bleiben! Hier ist der Reis nicht umsonst.«

Nach der unerträglichen Hitze des Tages brachte der Abend endlich Wind vom Meer und damit etwas Abkühlung. Mit Jacke und Hose bekleidet wie ein normales Mädchen, hatte Lingling das Haus verlassen, während die anderen stark geschminkt vor dem Eingang Platz genommen hatten. Man erwartete westliche Seeleute, was Atung und seinesgleichen hoch erfreute.

Auf dem Festland waren die Häfen seit dem Vertrag von Nanking für Ausländer wieder geöffnet. Man hatte der britischen Armee sogar eine Menge Zugeständnisse gemacht. Aber auf Formosa, das lange Zeit von Portugiesen, Spaniern und Holländern besetzt gewesen war, wurde den Seeleuten aus dem Westen der Zugang zu den Häfen noch verwehrt. Nichtsdestotrotz wurde europäischen Schiffen in Keelung und Tamsui gestattet, einige Schiffslängen außerhalb des Hafens vor Anker zu gehen. Man wollte damit weiteren Auseinandersetzungen aus dem Weg gehen, galt es doch, die Gewinne aus dem Tauschhandel nicht zu gefährden. Während be- und entladen wurde, war es der Besatzung erlaubt, eine Nacht an Land zu verbringen. Allerdings mussten sie den Prostituierten das Zehnfache dessen bezahlen, was ein Ortsansässiger berappen musste.

»Sie kommen!«

Mit diesem Ausruf eilte Atung auf die Straße. Sialan forderte die Mädchen auf, sich in einer Reihe hinzusetzen, und nahm selbst bei ihnen Platz.

Chong flüsterte Yumei zu, die neben ihr saß: »Empfängt die Mama heute Abend etwa auch Kunden?«

»Die aus dem Westen sind nicht in der Lage, das Alter einer asiatischen Frau zu erkennen, oder sie wollen es gar nicht wissen. Wenn also europäische Schiffe da sind, dann schafft sie wieder mit an.«

Die Seeleute kamen in Grüppchen. Atung rief sie in einer Sprache an, die die Mädchen nicht verstanden. Fünf von den Männern traten ein, nachdem sie die Auswahl im Inneren in Augenschein genommen hatten. Auch Sialan sprach jetzt ausländisch. Es handelte sich um Weiße, deren Haut allerdings vom Wetter gegerbt war. Sie trugen Vollbärte oder mindestens einen Schnurrbart. Aus dem Ausschnitt ihrer Hemden quoll schwarzes Brusthaar wie Wolle, und manche trugen einen Ring im Ohr. Ein Rothaariger mit ebensolchem Bart wandte sich an Chong, die ihn jedoch nicht verstand.

»Du gefällst ihm«, stellte Yumei fest.

Chong bedachte ihn daraufhin mit einem Lächeln. Auch die anderen trafen ihre Wahl. Um Sialan stritten sich sogar zwei Männer, wohl weil diese sich mit ihnen verständigen konnte. Atung setzte ihnen auseinander, dass sie für eine schnelle Nummer auch zu zweit sein könnten, für die ganze Nacht aber nur einer von beiden möglich sei. Drei weitere Freier kamen herein. An diesem Abend waren sie, Sialan eingerechnet, zu sechst. Es mussten also Kunden abgewiesen werden. Atung kümmerte sich geschäftig um die Bezahlung. Manche zahlten mit Silberstücken, andere mit

Opiumklumpen, die in Ölpapier eingewickelt waren. Da Opium gewisse Vorteile bot, zogen die Chefs diese Art der Entlohnung vor. Auf dem Festland benutzte man Opium wie eine eigene Währung, da die Schiffe aus dem Westen genauso viel Opium transportierten wie Baumwolle.

Chong ging mit dem Rotschopf in ihr Zimmer. Nachdem dieser ja eine erkleckliche Summe für die Nacht entrichtet hatte, ließ er sich Zeit. Yumei hatte sie schon vorgewarnt, dass manche Männer bis zum Morgengrauen tapfer durchhielten. Der Seemann saß nun auf dem Bett, hielt Chong ein Silberstück hin und machte die Bewegung des Trinkens. Sie verließ den Raum und fand Atung allein an seinem Tisch, der ganz betrübt dasaß. Aus den Abteilen drang vereinzeltes Lachen. Manche mussten sich direkt auf ihre Beute gestürzt haben, denn es war auch das gewisse Keuchen zu hören.

»Ich glaube, er möchte Alkohol.«

Zerstreut deutete Atung zur Küche. »Dort stehen schon fertige Tabletts mit Getränken und Essen. In Keelung darf man zwar in einem Haus wie unserem keinen Alkohol verkaufen, aber bei den Europäern sagt keiner was.«

Bevor sie ihn wieder allein ließ, konnte Chong nicht umhin, ihn noch zu provozieren: »Um Geld zu scheffeln, lassen Sie sogar Ihre eigene Frau anschaffen?«

Er bedachte sie mit einem flüchtigen Blick und erwiderte unwirsch: »Das ist nun einmal üblich in diesem Gewerbe. Kümmre du dich nur um deinen eigenen Kram.«

Chong kehrte mit einer Flasche roséfarbenem Bambuswein und zwei Tellern mit Dim Sum in ihr Zimmer zurück.

Der Rothaarige füllte zwei Gläser und reichte Chong eines davon. Mit einer Hand klopfte er sich auf die Brust und sagte: »Beck, Beck.« Chong begriff und antwortete, sich mit dem Zeigefinger auf die Brust deutend: »Lenhwa, Lenhwa.«

Beck war es heiß, und er zog sein Leinenhemd aus. Auf seinem Rücken war ein Tattoo zu sehen, das in blauer und roter Tinte vier Segelschiffe darstellte. Es waren diese stattlichen Windjammer, die man zu dieser Zeit nur ab und an zu Gesicht bekam. Auf jedem seiner muskulösen Oberarme war ein arabischer Säbel eintätowiert. Der Oberkörper war bedeckt von rotem Brusthaar, und er verbreitete einen Geruch, eine Mischung aus Schweiß und Regen wie ein nasser Hund. Als er versuchte, ihr die Zöpfe zu lösen, half sie ihm dabei und nestelte selbst ihre Haarbänder auf. Die langen Haare fielen ihr nun bis auf die Schultern. Der Mann redete, während er ihre schöne schwarze Haarpracht streichelte. Da er ja Chongs Sprache nicht beherrschte, machte er weiterhin Gesten, die selbsterklärend waren. Chong nickte bloß, als hätte sie ihn verstanden. Er trug eine eng anliegende helle Hose, einen Gürtel mit einer großen, runden Schnalle und Soldatenstiefel, die ihm bis zum Unterschenkel reichten.

Chong ging in die Hocke und hielt seinen Stiefel fest. »Die ziehen wir aus.«

Der Mann ließ sich nach hinten auf das Bett sinken und lachte laut. Er hob einen Fuß, und Chong zog aus Leibeskräften, aber der Stiefel rührte sich nicht. Er bewegte den Fuß, um beim Ausziehen zu helfen, bis Chong mit dem Stiefel in der Hand hinterrücks umfiel. Gekränkt war sie den Tränen nahe. Der Seemann hatte jedoch großen Spaß daran und zeigte mit dem Daumen nach oben, sodass auch sie in sein Lachen mit einstimmte. Daraufhin hob er das andere Bein etwas höher. Chong drehte sich diesmal um, ergriff den Stiefel und suchte nach einem sicheren Stand, sodass sie, als der Fuß herausschlüpfte, nur ein paar Schritte nach vorne machen musste, um das Gleichgewicht wiederzufinden. Der Gestank der Baumwollsocken war ekelerregend. Chong zog sie ihm aus und rollte sie zusammen, damit sie sie so weit wie möglich von sich werfen konnte. Der Rothaarige hielt ihr lächelnd das Glas hin. Gemeinsam leerten sie die ganze Flasche, bevor sie sich entblößten. Bei Chong war dies mit einem Handgriff erledigt, denn sie trug wie immer den Ch'ip'ao. Beck, der an der Bettkante saß, hob Chong auf seine Knie. Er stank schauderhaft, und mit seiner Körperbehaarung sah er aus wie ein Tier, aber er verhielt sich ganz zärtlich. Sich an Yumeis Ratschlag erinnernd, nahm Chong vorsichtig den kleinen Mann in ihre Hände, der sich zwischen Becks massigen Oberschenkeln schon leicht regte. Sie drückte ihn fest und untersuchte ihn auf Anzeichen für Tripper, was ihren Kunden zum Lachen brachte. Obwohl er nicht aufhörte, in seiner Sprache weiter zu plaudern, zeigte er ihr, wie er es gerne hätte, hoch und runter, hoch und runter. Chong sagte sich, dass hier einmal einer sei, der vor Gesundheit strotzte. Sie streckte sich auf dem Bett aus. Sein Schwanz war nun dermaßen groß, dass sie den Eindruck hatte, ein ganzer Arm durchpflüge ihren Unterleib.

Nachdem sie seinen Ansturm mehrere Male erduldet hatte, schlief der Fremde endlich ein. Chong nutzte die Gelegenheit, sich zu waschen. Dann zog sie ihren Ch'ip'ao wieder an. Auf dem Gang draußen hörte sie jemanden weinen. Auf Zehenspitzen schlich sie näher und entdeckte Kao, die völlig aufgelöst auf dem Boden hockte. Chong setzte sich zu ihr und strich ihr die Haare aus dem Gesicht: »Kao, was ist denn?«

»Ich kann nicht mehr, mir tut alles weh. Aber er will ununterbrochen und absolut nicht schlafen.«

Aus dem Zimmer erklangen wilde Verwünschungen eines betrunkenen Mannes. Nebenan hob Sialan den Vorhang hoch: »Was machst du denn wieder für einen Zirkus?«

»Kao hat zu arge Schmerzen.«

»Warte eine Weile, dann geht es schon wieder vorbei«, tat Sialan es ab. »Wenn du dich sorgfältig wäschst, dann wird morgen früh noch nicht einmal mehr eine Schwellung zu sehen sein. Alles kommt wieder in Ordnung.«

Plötzlich wankte ein nackter Mann auf den Gang und stieß unverständliche Beschimpfungen aus. Er packte Kao bei den Haaren, zog sie mit Gewalt zu sich und schlug ihr ein paar Mal mit der Faust in Gesicht und Bauch. Kao wehrte sich schreiend. Yumei, Shutian und Shaowei erschienen nun ebenfalls, um ihr beizustehen. Noch bevor Sialan eingreifen konnte, nahm sich Chong das Handgelenk des Mannes vor und biss hinein. Yumei überhäufte ihn wie eine Maschinengewehrsalve mit den wüstesten Schimpfworten, die sie in der Sprache des Westens kannte.

Sie bemächtigte sich seines Ständers, während Shutian und Shaowei auf seinen Hals und den noch freien Arm losgingen. Er stand schnell auf verlorenem Posten, aber Yumei und die anderen Furien hörten nicht auf zu schreien und ließen nicht von ihm ab. Nun erschien einer der Gefährten des Betrunkenen, um ihm aus der Patsche zu helfen. Auf seinen Rat hin trat der Mann zu guter Letzt ziemlich zugerichtet den Rückzug an. Am Ende ihrer Kräfte ließen sich die Mädchen zu Boden sinken.

»Ist das zu glauben«, sagte Yumei. »Kao hätte unter den Schlägen sterben können. Heute Abend arbeiten wir nicht mehr weiter.«

Gemeinsam gingen die Frauen in die Küche. Sialan rief Atung auf den Plan. Chong kümmerte sich um Kao, deren Lippen und Nase ganz blutig waren. Mit einem nassen Handtuch tupfte sie das Blut ab.

Yumei fragte: »Habt ihr alle schon mehrere Male hinter euch?« Die anderen nickten. Da fuhr sie fort: »Wenn der Kerl Kao nicht entschädigt, dann kehren wir anderen heute nicht mehr in unsere Zimmer zurück.«

Sialan und Atung, die sich nicht die Mühe machten, sich hinzusetzen, versuchten die Mädchen zu beruhigen: »Ein besoffener Mann hat nicht mehr im Hirn als ein Hund. Geh, er wird dich nicht wieder schlagen.«

»Und ihr anderen, habt ihr den Verstand verloren? Ihr wurdet für die ganze Nacht bezahlt, ihr könnt nicht einfach verschwinden!«

Yumei kreischte los: »Da Sie deren Sprache sprechen, sagen Sie dem Typ, der Kao geschlagen hat, er muss ihr noch eine weitere Nacht bezahlen, sonst kommt sie nicht zurück!«

Atung ging ohne ein Wort der Erwiderung, so aufgebracht war er, und begab sich zu den Seeleuten, die mittlerweile alle in dem Raum am Eingang versammelt waren. Atung gab die Nachricht weiter. Die Matrosen machten dem Betrunkenen Vorwürfe, sammelten etwas Geld und übergaben es dem Chef des Hauses, bevor sie in ihre jeweiligen Zimmer zurückkehrten, diesmal jedoch, um zu schlafen. Atung kam wieder in die Küche, wo alle Mädchen mit Ausnahme von Sialan dabei waren zu trinken.

»Auf jetzt. Zurück in eure Betten«, knurrte er. »Wenn ich gewusst hätte, dass dies heute eine kurze Angelegenheit wird, dann hätte ich mehrere Schichten von Freiern entgegengenommen. Die anderen sind jetzt schon zur Konkurrenz gegangen.«

Die Mädchen hatten einfach keine Lust mehr, wieder an die Arbeit zu gehen.

Chong hob ihr Glas und prostete Atung zu: »Kommen Sie, genehmigen Sie sich einen Schluck mit uns. Ihre Kasse ist heute Abend doch gut gefüllt worden, oder etwa nicht?«

In diesem Moment hob jemand den Vorhang an, schob kurz den Kopf hindurch, um gleich darauf wieder zu verschwinden.

»Lingling, ich weiß, dass du es bist«, sagte Sialan streng. »Wo kommst du zu dieser Stunde her?«

Atung riss wütend den Vorhang auf. Mit gesenktem Kopf stand das junge Mädchen dort. Er musterte sie einen Moment, bevor er mit dem Fuß auf den Boden stampfend zum Eingang ging. Chong erhob sich, nahm ihre Kollegin bei der Hand und führte sie in den großen Raum, der wie ausgestorben war.

Sie setzte sich neben Lingling mit Blick zum Hof. »Ist alles gut gegangen?«, fragte Chong.

»Ja!«, antwortete Lingling fröhlich, die Hände auf der Brust. »Wir haben zusammen gegessen und einen Spaziergang auf dem Markt gemacht, wo wir eine Menge Affen gesehen haben.«

»Warum hast du ihn nicht mitgebracht?«

»Ich habe gedacht, dass es dem Herrn bestimmt nicht recht ist. Er hat sich im Hafen in einem leeren Kahn schlafen gelegt. Morgen früh holt er mich ab.«

Chong nahm sie bei der Hand: »Er hat die Baozu für drei Tage bezahlt. In dieser Zeit ist er wie dein Ehemann. Komm morgen mit ihm hierher und verbringt die Nacht zusammen.«

Ein Schatten flog über Linglings Gesicht: »Ich möchte ihn nicht nur drei Tage haben. Wenn er doch nur für mich zahlen könnte, dann würde ich mit ihm mitgehen, egal wohin.«

Der Hafen von Keelung erfuhr allein durch die Anwesenheit der Schiffe einen großen Aufschwung. Aber die Luft wurde von Tag zu Tag zunehmend schwüler und stickiger. Doch als sie ausreichend Tee und Zucker geladen hatten, legten die Schiffe aus dem Westen wieder ab.

Auf der Suche nach etwas Erfrischung schütteten sich die Mädchen des *Wind des Südens* in regelmäßigen Abständen Kübel kalten Wassers über den Kopf und nahmen in den kühleren Zimmern Zuflucht. Es dauerte immer eine Weile, bevor sie Schlaf fanden, so quälend war die Hitze. Da niemand tagsüber auf die Straße ging, herrschte in den Gassen eine Totenstille. Erst gegen Abend zeigten sich vereinzelt ein paar Betrunkene. Größere Grüppchen hatten am Ufer des Meeres Stühle aufgestellt, spielten Mah-Jongg und tranken. Die Gluthitze wurde ein wenig gedämpft, als sich ein feuchter Wind erhob, der in Böen auffrischte. Der Wind ermunterte die Männer dazu, Liebe machen zu wollen. So kamen sie reichlich spät und mühten sich keuchend ab, ihren schweißnassen Bauch an den des jeweiligen Mädchens gepresst. Ihre Körper schwitzten und stöhnten gleichermaßen. Dann gingen die Männer wieder, erschöpft und mit heraushängenden Zungen, als wären sie streunende Hunde.

Nach ihrer Schicht entledigte sich Chong mit einem großen Wasserschwall der Schamhaare, die die Fremden auf ihr hinterlassen hatten.

Oh, wo er wohl jetzt ist?

Von Zeit zu Zeit musste sie an Tongyu denken, aber die Erinnerung an ihn verblasste zunehmend, und sie bemühte sich, sein Bild ganz zu verscheuchen, so wie man das Spiegelbild des Mondes im Wasser zerstört, indem man mit dem Finger hineintaucht.

Dank der Baozu verbrachten Lingling und ihr Geliebter jeden Monat drei bis vier Tage zusammen. Er hatte mit den anderen Mädchen Freundschaft geschlossen und kam, um mit ihnen in der Küche zu essen. Atung drückte beide Augen zu, seitdem Linglings Freund ihm Hirsche brachte, die er in Fallen fing. Sagte man nicht, es gäbe mehr Hirsche in den Bergen als Schweine in den Dörfern? Jedenfalls erschien Linglings Geliebter jedes Mal mit seiner Beute auf den Schultern. Alle Leute liebten Hirschfleisch, und sie pökelten es, wenn etwas übrig blieb. Glaubte man Lingling, so gerbte ihr Freund die Felle, um sie zu Geld zu machen und ihre Schulden zu tilgen. Hirschfelle waren in Keelung sehr gefragt, vor allem bei japanischen Kaufleuten.

Im Oktober belebte sich der Hafen von Tamsui, und Chong wurde zum ersten Mal dort hingeschickt. Der Menschenhändlerring, der dort das Sagen hatte, forderte fünfzehn Mädchen aus Keelung an. Dabei hatten sie sich nicht nur an Atung, sondern auch an alle anderen Freudenhäuser gewandt. Aus dem *Wind des Südens* wurden nur Chong, Yumei und Lingling ausgewählt. Die Großen Brüder von Keelung und Tamsui kannten sich, da sie früher demselben

Chef gedient hatten. Ihr gemeinsames Netzwerk reichte sogar bis Tainan. Sie arbeiteten zusammen, da sie so mehr Profit herausschlagen konnten. Die beiden benachbarten Häfen Keelung und Tamsui unterstanden dem gleichen Regiment, und die Handelsgesellschaft hatte das alleinige Recht auf Einfuhr- und Ausfuhrgeschäfte. Die Unterweltbosse versorgten sie mit ausreichend Arbeitskräften und kontrollierten die Schenken, die Freudenhäuser, die Spielsalons und die Opiumhöhlen. Andere Handelsgesellschaften und sogar die Polizei, die mit kaum hundert Mann nicht gerade zahlreich war, überließen der hiesigen zumindest teilweise die Aufrechterhaltung von Recht und Ordnung. Daher gaben sie gemeinsam mit den Unterweltbossen auch die Spielregeln für die Bordelle vor. Wenn nach der Teeernte die Handelsschiffe in Tamsui festmachten, dann forderten die Bordellbetreiber die benötigten Mädchen aus Keelung an, um sie nach der Hochsaison wieder zurückzuschicken.

Es gab zwei Möglichkeiten, um von Keelung nach Tamsui zu kommen. Die eine bestand darin, mit dem Schiff die Nordspitze der Insel zu umrunden, für die andere musste man über den Xi-Guling-Berg gehen und dann mit einem Boot auf dem Keelung, vorbei an unermesslich ausgedehnten Teeplantagen, bis zur Mündung nach Matō hinunterfahren. Normalerweise wurde bei der Hinfahrt die Variante über den Landweg und den Fluss genommen, und die Rückfahrt erfolgte dann über das Meer. Berücksichtigte man die Nähe der beiden Häfen zueinander, so durfte die Reise nicht mehr als einen halben Tag dauern. Man holte sich für die großzügigen ausländischen Händler natürlich die schönsten Frauen. Die Besitzer der Freudenhäuser in Keelung schickten ihre Mädchen jedoch nur unter der Bedingung, dass sie die Hälfte der Einnahmen erhielten.

Die Männer des dortigen Großen Bruders waren dafür zuständig, die Frauen über den Xi Guling zu führen. Und die Freudendamen freuten sich sehr, einmal das Haus verlassen zu können, aus dessen vier Wänden sie sonst kaum herauskamen. Für sie war es, als machten sie einen Spaziergang. Auf dem Schiff war die Stimmung ausgelassen. Sie lachten aus vollem Herzen, und Chong hatte ihre Erhu ausgepackt. Natürlich würden sie dort Freier bedienen müssen, aber vor allem würden sie vor den vornehmen Gästen musizieren, was ihnen mit Sicherheit sehr gute Trinkgelder einbrachte. Dies hatten ihnen Yumei und Sialan jedenfalls versichert.

Das Boot näherte sich Tamsui. Nahe der Flussmündung gab es eine Stelle, an der die Fähren anlegten. Der Handelshafen lag noch etwas weiter flussabwärts. Matou war das Viertel, wo der Bakoupalast, ein Heiligtum, aufragte. Auf dem Platz vor dem Palast wurde ein Markt abgehalten, von dem kleine Straßen abgingen, die sich, gesäumt von roten Backsteinhäusern, bis zu den Hügeln erstreckten. In der Nähe des Flusses reihten sich Gasthäuser und Schenken aneinander. Danach fand man die Läden, schon in den ersten Ausläufern der Hügel die Herbergen und zu guter Letzt die Bordelle. In der Flussmündung von Matou machten nur Dschunken, Sampans und Kähne fest. Die großen Segelschiffe und die Dampfschiffe ankerten flussabwärts in der Bucht.

Sobald das Boot in Matou angekommen war, begleiteten die Männer des Großen Bruders die Mädchen zu dessen Wohnsitz, einem zweistöckigen Gebäude aus Backsteinen. Wie es bei den Betuchten der Gegend üblich war, so verfügte es über einen großartigen Eingangsbereich, einen Empfangssaal und eine herrschaftliche Treppe mit Geländer. Der Hausherr saß inmitten seiner Getreuen mit den Chefs der Freudenhäuser von Tamsui zusammen. Der Verantwortliche für den Transport der Mädchen aus Keelung reichte ihm eine Liste mit den Namen. Der Gastgeber gab die Liste an seine Handlanger weiter, nachdem er ein paar Worte mit den Gästen gewechselt hatte. »Wir werden jedem Freudenhaus fünf zuteilen.«

Einer der Männer antwortete: »Wir müssen aber auch noch ein paar für das Bankett zurückbehalten.«

Der Große Bruder hatte nichts dagegen einzuwenden. »Vielleicht ist ja eine Hwachia unter ihnen?«

Eine Frau mit ergrauten Haaren schaltete sich ein: »Das glaube ich nicht, sie werden sich wohl nicht von ihren Hwachias getrennt haben. Ich werde selbst auswählen.«

Sie begutachtete jede Einzelne von Kopf bis Fuß, dann ließ sie sechs vortreten. Von den drei Mädchen aus dem *Wind des Südens* war nur Chong bei den Auserwählten. Die Dame fragte sie: »Du hast eine Erhu mitgebracht, kannst du sie auch spielen?«

»Ich war die Hwachia in einem Vergnügungstempel in Nanking.«

Der Große Bruder betrachtete die Auswahl und wandte sich dann ebenfalls an Chong: »Kennst du meinen Bruder Longsan?«

»Ja, mein Herr. Ich war ihm schon bei einem Bankett zu Diensten.«

Daraufhin drehte er sich zu einem der Männer um: »Ist es diese, um die wir uns auf Longsans Bitte hin kümmern sollen?«

»Genau, das ist sie. Das ist Lenhwa aus dem *Wind des Südens*.«

Die Frau musterte Chong. Ihr Fächer verströmte den frischen Geruch von Kiefern. Sie war gewiss schon in den Fünfzigern. Trotz einiger Falten um ihre Augen konnte man aber erkennen, dass sie in ihrer Jugend sehr schön gewesen sein musste. Ihr Ch'ip'ao war in einem so dunklen Blau, wie es nur das Meer bei Nacht hervorbringt. Etwas Lidschatten und blassrosa geschminkte Lippen gaben ihrem Gesicht einen Teil des ehemaligen Liebreizes zurück. Sie trug Jadeohrringe, und ihre Haare waren im Nacken zu einem Knoten zusammengesteckt, der von einem schwarzen Stab aus Büffelhorn gehalten wurde, dessen oberes Ende in Form einer Blume geschnitzt war.

Ihre Augen begegneten Chongs, die den Blick mit einem freimütigen Lächeln erwiderte. Sie fragte: »Du warst also Hwachia in Nanking? Wie kam es, dass du bis hierher verkauft worden bist?« Die Dame griff Chongs Bemerkung auf und zeigte freundliches Interesse.

»Ich war mit meinem Geliebten unterwegs, doch wir sind Menschenhändlern in die Falle gegangen …«

Als Chong den Satz beendet hatte und den Kopf senkte, nickte die Frau verständnisvoll: »Keiner kann den Fängen der Shumachia entkommen.«

Von den sechs Mädchen, die in einer Reihe vor ihr saßen, wählte sie dann jedoch nur fünf aus.

Chong fasste sich ein Herz und fragte: »Mit mir ist eine Kollegin gekommen, die sehr gut singt. Könnten Sie in Betracht ziehen, uns beieinanderzulassen?«

»Wenn sie gut singen kann, dann brauche ich sie. Wer ist sie?«

Auf Weisung der grauhaarigen Frau trat Yumei nun vor. Diese bedeutete ihr, während sie sich eifrig Luft zufächelte, näher zu kommen. »Du bist schon ein wenig älter … aber du singst gut?«

»Ich singe Volkslieder, wenn die Gäste mich darum bitten«, antwortete Yumei und verbeugte sich.

So wurde sie gegen eine der zuvor Ausgewählten ausgetauscht. Zufrieden wandte sich die Dame an den Großen Bruder: »Ich nehme diese Mädchen, beehren Sie mich doch ab und zu einmal. Die Leute für die Abrechnung können Sie mir dann später schicken.«

Der Große Bruder verneigte sich. Sie jedoch schenkte ihm keine Beachtung, sondern forderte die Mädchen auf: »Folgt mir!«

Nach einem Blick des Bedauerns in Linglings Richtung, machte sich Chong zusammen mit den anderen auf den Weg. Die Gruppe verlor sich in einem Gewirr von Gässchen, überquerte den Matouplatz und anschließend den Markt. Die Straße war mit Ziegelsteinen gepflastert, um Fahrzeugen das Vorankommen zu erleichtern. Schilder und Lampen wiesen auf Restaurants hin. Hinter den Geländern der Balkone zweistöckiger Häuser sah man Männer, die tranken und sich lautstark unterhielten. Als der kleine Tross vorüberging, reckten sie die Hälse vor wie Schildkröten, um einen Blick auf die Mädchen zu erhaschen. Diese wiederum zwinkerten ihnen zu und lachten.

Das Haus, in dem sie erwartet wurden, nannte sich *Bambusgarten*. Das Erdgeschoss diente als Restaurant und als Bar, im ersten Stock befanden sich ein Festsaal und mehrere Zimmer. Es war etwas kleiner als der *Tempel des Glücks und der Freude* in Chinchiang und hatte auch bei Weitem nicht so viele Angestellte. Aber alles hier war sauber und gepflegt wie in den anderen einschlägigen Häusern in Tamsui. Die Räume im Oberstock waren gut belüftet, und die rundbogenförmigen, hohen Fenster boten einen wunderbaren Ausblick auf den Hafen.

Die Dame führte die Mädchen in ihre Unterkunft, einen großen Raum, der durch eine Schiebetür abgeteilt war. Der Hausverwalter, ein Mann mittleren Alters in einem weißen, kurzärmligen Hemd und einer Hose aus schwarzer Seide, erwartete sie schon. Die Mädchen der Stammbelegschaft, die im Nebenraum damit beschäftigt waren, sich zu schminken, kamen, um ihre neuen Mitstreiterinnen in Augenschein zu nehmen. Jede Neue bekam vom Verwalter drei verschiedene Gewänder ausgehändigt. Einen Ch'ip'ao in prächtigen Farben und Mustern, eine Kombination aus Jacke und Hose und eine Art Robe für festliche Anlässe.

»Wir benötigen hier weder eine Lingchia noch eine Hwachia, da das Etablissement Frau Shang Yüan gehört. Macht euch fertig, um Kunden empfangen zu können. Man wird euch holen, sobald sich Gäste einstellen, die in Gesellschaft trinken wollen. Werden auch Dienste im Bett gewünscht, so wird euch das zuvor mitgeteilt. Am Ende eures Einsatzes hier bekommt ihr euren Lohn von den Männern des Großen Bruders in Keelung ausgezahlt. Geben euch Gäste ein Trinkgeld, dann könnt ihr es behalten, nachdem ihr den Dienern ihren Anteil abgegeben habt. Diese Kleider sind teuer, passt also darauf auf. Macht ihr sie schmutzig, so müsst ihr sie auf eigene Kosten reinigen lassen. Ach ja, vergesst nicht, sie am Ende zurückzugeben. Bemüht euch, die Schminksachen nicht zu verschwenden. Am unteren Ende der Dienstbotentreppe findet ihr die Toiletten und das Badezimmer. Achtet auf körperliche Hygiene und bereitet den Kunden keine Unannehmlichkeiten. Ihr werdet hier oder in dem Raum nebenan schlafen und zum Essen in die Küche gehen. Schaut, dass ihr möglichst gleichzeitig esst.«

Sobald der Verwalter mit seinen Ermahnungen fertig war, gab die Dame des Hauses ihm das Zeichen, sich zu entfernen, und wandte sich nun selbst an die mittlerweile vollzählig versammelten Mädchen: »Mit den fünf Neuen seid ihr zwölf. Zeigt euch untereinander kameradschaftlich, damit ihr alle eine gute Zeit habt. Heute Abend werden wir ab sieben Uhr Kundschaft empfangen, und noch etwas, nennt mich nicht Mama. Für euch bin ich einfach Frau Shang.« Dann drehte sie sich zu einer von der alten Garde um. »Yinghua wird euch erklären, wie es bei uns abläuft.«

Das Mädchen war ungefähr in Yumeis Alter, hatte runde Knopfaugen und war ziemlich klein. Sie ging strahlend auf die Neuen zu.

»Sobald die Sonne untergegangen ist, werden uns die Kunden die Tür einrennen«, fuhr Frau Shang an Yinghua gerichtet fort. »Nach diesem heißen Tag werden die Mädchen ein erfrischendes Bad brauchen. Sieh zu, dass sie danach etwas essen.«

»Ich werde dafür sorgen, Frau Shang.«

Alle waren schon dabei, ihr zu folgen, als eine Stimme Chong zurückrief: »Wie war noch mal dein Name?«

»Ich heiße Lenhwa.«

Die Frau nahm Chongs Gesicht zwischen ihre Hände: »Es ist wirklich ein Jammer. In deinem Alter. Als ich dich sah, musste ich an meine Jugend denken. Deshalb habe ich dich auch eingehender befragt. Da du als Mätresse schon Erfahrung hast und noch dazu eine Hwachia warst, brauche ich dir ja nichts weiter zu erklären. Du wirst dich nachher bei den reichen Händlern bestimmt hervorragend präsentieren.«

»Gnädige Frau, ich werde mein Bestes tun.«

Tamsui lag an einer Mündung, die gleich von zwei Flüssen gespeist wurde, dem Keelung und dem Tamsui. Dadurch war eine weite, fruchtbare Ebene entstanden, auf der es unzählige Reisfelder und Teeplantagen gab. Man baute dort eine Sorte Schwarztee an, den Oolong, und gewann aus den Blättern gleichzeitig auch Schwefel, welcher zur Herstellung von Munition gebraucht wurde. Der Hafen von Tamsui bot den Schiffen einen idealen, leicht zugänglichen Ankerplatz, da das Meer an dieser Stelle sehr tief war und gleichzeitig das Massiv des Berges Tatun die Passatwinde abhielt. Matou und Kingsui waren als Hauptumschlagplätze sehr belebt, und es gab dort viele Handelshäuser.

Chongs Leben im *Bambusgarten* unterschied sich kaum von dem, das sie bisher gekannt hatte. Anders war lediglich, dass sie nur Freier empfing, die sie vorher reserviert hatten. Darüber hinaus spielte sie an manchen Abenden auf der Erhu, sang dazu und versorgte die Gäste bis in die tiefe Nacht hinein mit alkoholischen Getränken. Manchmal musste sie sehr lange auf den Kunden warten, der sie gebucht hatte. Yumei zog ihren Vorteil aus der Zusammenarbeit mit Chong, da die Trinkgelder immer großzügig waren.

Frau Shang, erfahren und weitsichtig, sah sich in ihrer Vorgehensweise bestätigt: Die Kunden kamen zuhauf. Sie behandelte ihre Mädchen, als seien sie ihre eigenen Kinder, verlangte aber auch von ihnen, dass sie nicht tranken oder um Geld Karten spielten. Untertags stand es ihnen frei auszugehen. Selbst wenn sie erst kurz vor Beginn des Abendgeschäftes wiederkamen, sagte Frau Shang nichts, zumindest solange die Mädchen nicht, aus Schlafmangel oder weil sie getrunken hatten, Schwäche zeigten. Sie duldete es jedoch nicht, dass sie allein ausgingen, und sie verlangte, sofort in Kenntnis gesetzt zu werden, sollte jemals einer von ihnen etwas Unangenehmes passieren. Chong hatte sehr schnell mit der knopfäugigen, kleinen Yinghua Freundschaft geschlossen. Deren Augen waren wirklich so groß und rund wie bei einem Hasen, den man an den Ohren zieht. Sie war dermaßen gewitzt, dass sie schon am Klang der Stimme erkannte, in welcher Stimmung Frau Shang war. Von ihr erfuhr Chong, dass ihre Chefin in ganz jungen Jahren Gesellschaftsdame in Kanton gewesen war, dann aber bald entführt und nach Tainan verkauft worden war, wo man sie sogleich in einem Bordell eingesperrt hatte. Der Große Bruder dort hatte sie unter seine Fittiche genommen, und sie hatte so viel Geld verdient, dass sie sich freikaufen konnte. Dank der Unterstützung des Großen Bruders ließ sie sich in Batavia nieder und war zehn Jahre lang die Geliebte eines Europäers. Als dieser gezwungen war, in sein Heimatland zurückzukehren, überließ er ihr sein Haus und etwas Geld. Vor ungefähr fünfzehn Jahren war Frau Shang dann nach Formosa zurückgekehrt. Sie hatte dieses Freudenhaus eröffnet, ohne jemals die schlimmen Jahre ihrer Jugend vergessen zu haben. Großzügig gab sie den Armen Geld und Essen. Wenn der Große Bruder auch Herr über Recht und Ordnung in den Straßen des Hafens war, so war jedoch Frau Shang die Königin des Nachtlebens, das Parfum der Nacht.

Es war in dieser Zeit in Tamsui, dass Linglings Schwangerschaft ans Tageslicht kam. An diesem Nachmittag waren Chong und Yinghua zum Krebsessen in die Chongchianstraße gegangen, vorbei am heiligen Bokupalast und angezogen wie ganz normale Mädchen.

Sie waren ungeschminkt und trugen ein Hemd mit halblangen Ärmeln, eine Hose und Holzpantinen. Der Krebs, den sie aßen, hatte Scheren, dick wie Männerarme, weswegen sie sich danach, entgegen des Verbots von Frau Shang, zur Verdauung ein paar Gläser Bambuswein gönnten. Auf dem Heimweg gingen sie leichtfertig durch die Gässchen des Rotlichtbezirks, das hinter dem Bokuheiligtum lag. Ein paar Mädchen in ihrem Alter, die auf niedrigen Schemeln saßen, summten Volkslieder vor sich hin.

Leise sagte Yinghua zu Chong: »Sie täuschen sich, wenn sie meinen, uns so ärgern zu können ...«

Sie senkten die Köpfe und beschleunigten ihre Schritte, aber eine der Huren packte Chong am Ärmel und hielt sie auf: »Aber ... bist du nicht Lenhwa?«

Chong hob den Kopf. Sie erkannte das Mädchen wieder, denn es stammte ebenfalls aus Keelung. Sie arbeitete im Bordell neben dem *Wind des Südens*.

»Kommst du, um nach Lingling zu sehen? Weißt du Bescheid?«

»Worüber denn?«, fragte Chong alarmiert. »Was ist denn mit Lingling?«

»Sie ist schwanger! Sie hat sich den Bauch mit Bändern eingeschnürt und hat wohl Brechanfälle gehabt. Weil Kunden geplaudert haben, ist es herausgekommen. Gestern sind die Männer des Großen Bruders gekommen und haben sie abgeholt. Ich denke, sie werden ihr eine gehörige Lektion verpassen, bevor sie das Kind abtreiben und sie nach Keelung zurückschicken!«

»Danke, dass du mir Bescheid gegeben hast.«

Sobald sie in den *Bambusgarten* zurückgekehrt waren, suchte Chong ohne Verzögerung Frau Shang auf und setzte sie darüber in Kenntnis. Diese hörte ihr aufmerksam zu.

Dann sagte sie: »Wie konnte sie nur alle in Bedrängnis bringen. Sie werden ihr einen Trank verabreichen, der den Abort herbeiführt. Das ist die festgesetzte Strafe. Unter keinen Umständen darf man versuchen, die Chefs zu hintergehen … und noch dazu hat sie hier ja einen Auftrag zu erfüllen.«

Chong war in Tränen aufgelöst: »Lingling ist ein armes Mädchen, das von den Menschenhändlern einer Shumachia entführt worden ist. Wir haben uns gegenseitig getröstet, und für mich ist sie wie eine kleine Schwester. Ich werde für sie mit meinem Verdienst zahlen.«

Nach kurzem Schweigen sagte Frau Shang: »Komm mit!«

Chong folgte ihr zur Amtsstube des Großen Bruders von Tamsui, in der sie schon nach ihrer Ankunft am ersten Tag gewesen war. Nach ihrem Eintreten brachten ihnen die Leibwächter erst einmal eine Tasse Tee und hießen sie warten. Eine ganze Weile später bequemte sich der Chef, sie zu empfangen. Er war im Hausgewand, nur ein wallendes Hemd, und seine Pupillen waren erweitert.

»Er hat geraucht, umso besser!«, flüsterte Frau Shang. Sie erklärte, dass sie für Lingling bürge und die Kosten übernähme. Sie würde sie als Hausmädchen bei sich anstellen. Aber offensichtlich war er über diese Sache gar nicht im Bilde. So wandte er sich an den Mitarbeiter, der ihm am nächsten stand: »Was ist das für eine Geschichte?«

»Ach, sie ist es gar nicht wert, Ihnen vorgetragen zu werden.«

»Aber meine liebe Frau Shang ist sogar höchstpersönlich erschienen. Man soll mir die Schuldige sofort vorführen.«

Die Männer beeilten sich, aus dem Raum zu verschwinden. In Windeseile brachten sie eine zerzauste Lingling herbei. Ihre Kleidung war zerknittert und verrutscht. Frau Shang musterte sie, dann drehte sie sich zu Chong um, die zur Bestätigung nickte. Daraufhin legte Erstere einen kleinen Ledergeldbeutel auf den Tisch.

»Dies ist zu Ihrer Entschädigung. Regeln Sie das mit ihrem Besitzer.«

Lingling ließ sich in Chongs Arme sinken. Sie schluchzte, den Kopf an der Brust ihrer Freundin vergraben. Zu dritt gingen sie dann zum *Bambusgarten* zurück. Chong brachte Lingling ins Badezimmer. Frau Shang gab ihr einen Ch'ip'ao mit einer weiten Taille. Das Bad und die entspannte Situation nach der langen Nacht in einem fensterlosen Raum halfen ihren Lebensgeistern wieder auf.

»Du hättest es mir sagen müssen!«, warf ihr Chong vor. »Von wem ist das Kind denn?«

Furchtsam antwortete Lingling: »Weil ich dir keinen Kummer machen wollte und weil ich Angst hatte, Atung würde mich zwingen, es abzutreiben.«

»Von wem ist es denn nun? Wer ist der Vater?«

»Das ist doch sonnenklar, Lan natürlich.«

Lan, der schon öfter die Baozu für sie bezahlt hatte. Chong legte ihrer Freundin die Hände auf den Bauch. »Er zahlt die Baozu, und schon seid ihr so innig miteinander! ... Wann ist es denn passiert?«

Lingling stieß Chongs Hände weg und tastete ihren Bauch ab. »Ich glaube vor fünf Monaten ... vielleicht ... so ungefähr.«

»Woher weißt du so genau, dass es von Lan ist?«

Lingling entfernte sich trotzig von Chong und sagte: »Was meinst du damit? Das ist passiert, als es das erste Mal so heiß wurde und Lan gerade seine dritte Baozu bezahlt hatte.«

Chong fand wieder zu ihrer Besonnenheit zurück. »Entschuldige, das war dumm von mir. Wahrscheinlich bin ich nur etwas eifersüchtig. Kiu sagt, dass die Frauen es immer genau wissen, von Natur aus.«

»Wer ist Kiu?«

In Chongs Kopf zogen jetzt die Erinnerungen an Kiu vorbei, der Lingchia von Chinchiang, an Kuan, an den *Tempel der Glücks und der Freude* und zu guter Letzt an Tongyu, von dem sie getrennt worden war. Abwesend betrachtete Chong die Mündung des Tamsui, bis jemand hereinkam.

»Aber ja, die Frauen wissen immer, wer der Vater ihres Kindes ist!«

Frau Shang musste den letzten Teil der Unterhaltung zwischen den beiden Mädchen gehört haben, als sie die Treppe heraufgestiegen war. Sie legte nun ihrerseits die Hände auf Linglings Bauch, die es nicht wagte, sich dem zu widersetzen. Nur den Kopf wandte Lingling ab.

Frau Shang tastete den Unterleib ab: »Ich würde sagen, sechster Monat. Man muss jetzt gut achtgeben.«

»Kann ich nicht mehr arbeiten?«

»Diese Frage musst du nicht deinem Chef stellen, sondern dem Vater deines Kindes. Er braucht nur für dich zu zahlen, und schon kann er dich mitnehmen.«

Lingling ließ ihren Kopf hängen: »Lan ist nur ein Vorarbeiter auf einer Teeplantage … Es übersteigt seine Mittel, mich zu kaufen.«

Frau Shang stand lächelnd auf: »Jedenfalls bleiben dir noch fünfzehn Tage, bevor du mit Lenhwa und Yumei nach Keelung zurückkehren musst. Bis dahin wirst du mir in der Küche helfen.«

Chong und Lingling verbeugten sich bis zum Boden.

Lingling brauchte nun nicht mehr den Bauch mit Bändern enger zu schnüren. Davon befreit, Kunden empfangen zu müssen, konnte sie durchatmen. Wenn die Mädchen des Etablissements am Morgen in die Küche hinuntergingen, sahen sie Lingling mit der Schürze zwischen den anderen Küchenfrauen stehen, die gewöhnlich vor sich hin summten, während sie den Abwasch erledigten oder Essen auftrugen. Obwohl die Arbeit nicht leicht war, nahm Lingling zu, da es immer etwas zu knabbern gab. Ihre Arme und ihre Wangen wurden runder. Auch Chong und Yumei schätzten es, dass sie das Glück gehabt hatten, in diesem Haus arbeiten zu dürfen. Zwar mussten sie ab und zu mit den Kunden eine Menge trinken, was ihren Mägen hart zusetzte, aber die Leute hier hatten ein angenehmes Wesen und gaben großzügige Trinkgelder.

Ihr Einsatz neigte sich dem Ende zu. Am Vorabend der Abreise ließ Frau Shang einen üppigen Tisch decken für die Mädchen, die weggehen würden. Die Stammbelegschaft des *Bambusgartens* hatte an diesem Abend frei bekommen und gesellte sich dazu. Alle zusammen sangen sie, während Chong die Erhu und ein anderes Mädchen eine Art Mundorgel, Sheng genannt, spielten. Dann wurde getanzt. Später am Abend wollte Chong sich von Frau Shang verabschieden, die noch vor den anderen gegangen war. Sie hatte zwar nicht viel getrunken, schien aber trotzdem müde zu sein, denn sie war in einem Sessel in der Nähe des Fensters eingeschlummert, den Fächer noch in der Hand. Chong hatte leise das Zimmer betreten und wollte sich beim Anblick ihrer schlafenden Chefin gerade zurückziehen, als diese murmelte: »Was ist denn, Lenhwa?«

»Da wir Sie morgen ja verlassen, möchte ich Ihnen Auf Wiedersehen sagen.«

»Das ist aber nett. Setz dich doch.«

Frau Shang richtete sich auf und machte Chong etwas Platz.

»Yumei, Lingling und ich, wir verdanken Ihnen viel.«

»Ich habe den Eindruck, du hast keine große Lust, nach Keelung zurückzukehren?«

»Das ist wahr, aber ich habe noch nicht genug verdient, um meine Schulden abbezahlen zu können.«

»Du musst schauen, dass du sie schnell loswirst«, sagte Frau Shang eindringlich. »Warte noch sechs Monate ab. Wenn wieder ein Einsatz hier ansteht, werde ich dich erneut anfordern. Dann werde ich mit dem Großen Bruder von Tamsui und dem von Keelung sprechen und danach versuchen, dich zu behalten.«

Chong war sprachlos. Schon früh am Morgen kamen die Handlanger aus Keelung, um die Mädchen abzuholen und auf eine Dschunke zu bringen, die in Matou vor Anker lag. Sie mussten noch eine Kontrolle in der Amtsstube des Großen Bruders über sich ergehen lassen, dann gingen sie an Bord.

DAS REGENKIND

In Keelung war wieder die Zeit des Jahres angebrochen, in der die Nebel wallten und es fast ununterbrochen regnete. Dies hatte zur Folge, dass die Plantagen und Minen vorübergehend verwaist waren, was den beschäftigungslosen Arbeitern die Gelegenheit gab, in den Freudenhäusern der Stadt auf den Putz zu hauen, auch wenn ihre Mittel beschränkt waren.

In den Augen der anderen war Lingling nun zum schwarzen Schaf geworden. Bei ihrer Rückkehr aus Tamsui ließ sich ihr Zustand nicht länger verheimlichen. Sialan und Atung wagten es nicht, sie zur Abtreibung zu zwingen, da sie schon im sechsten Monat war. Lingling schickte Lan eine Nachricht, der prompt aus seinem Dorf Kajia herbeieilte. Aber er konnte die Summe nicht aufbringen, um sie auszulösen. Ihm fiel nichts Besseres ein, als trübselig und wie ein kleines Kind greinend neben seiner Geliebten zu hocken. Seine verheulten Augen und sein Verhalten standen in krassem Gegensatz zu seiner großen Statur. Die Mädchen aus dem *Wind des Südens* beachteten ihn gar nicht. Wenn sie an ihm vorbeigingen, drehten sie noch nicht einmal den Kopf, ließen aber geräuschvoll ihre Absätze auf den Fliesen klappern.

Atung machte dem schließlich ein Ende, indem er Lan klipp und klar sagte: »Was willst du eigentlich von mir? Ich bin nicht schuld daran. Wenn du für Lingling zahlst, kann sie jederzeit mit dir gehen. Aber je länger ihr wartet, umso höher werden ihre Schulden. Du kannst gerne in den anderen Bordellen herumfragen, ob da die Schwangeren auch nicht arbeiten.«

Mit hängenden Schultern schlich sich Lan durch den Regen davon und traute sich eine ganze Weile nicht, wiederzukommen. In ihrem weiten Baumwollhemd saß Lingling meistens lange im Empfangsraum hinter dem Fenster. Erst wenn alle anderen Mädchen weg waren, bekam sie noch einen verspäteten Freier ab. Gelegentlich hatte sie auch einen Stammkunden, der unbedingt sie wollte. Manche Gäste wählten Lingling aber gerade wegen ihrer Schwangerschaft.

Sialan meinte dazu: »Es ist wie beim Essen. Wenn man immer das Gleiche bekommt, dann möchte man mal eine Abwechslung. Diese Typen kommen, weil sie eine besondere Befriedigung aus der Vorstellung ziehen, mit der Frau eines anderen zu schlafen.«

Irgendwann kam Lan wieder und brachte etwas Geld mit, sodass Lingling durch die Baozu wenigstens ein paar Tage ausruhen konnte. Chong, die nach ihrer Schicht spät am Abend in die Küche kam, fand ihn dort vor. Er saß allein vor einer Flasche Kaoliangschnaps und einer Schale gedämpfter Erdnüsse.

Sie nahm ihm gegenüber Platz und sagte: »Wo ist Lingling? Und wo ist die Köchin?«

Lan leerte zunächst sein Glas, bevor er antwortete: »Lingling hat geblutet, die Köchin hat sie zu einem Arzt gebracht.«

Chong versuchte sich ihren Schreck nicht anmerken zu lassen und sagte leichthin: »Ach, das hat bestimmt nichts zu bedeuten. Jedenfalls darf sie keine Freier mehr empfangen. Ich werde Atung und Sialan schon meine Meinung sagen!«

Lan stellte sein Glas hin und wischte sich mit dem Ärmel die Augen trocken: »Um für sie zahlen zu können … da muss ich noch zwei Jahre arbeiten … und das Kind … wie und wo sollen wir es denn großziehen?«

»Zerbrich dir darüber nicht den Kopf. Wir werden uns abwechselnd darum kümmern. Schau du, dass du in dieser Zeit das Geld verdienst, um Lingling auszulösen.« Dann senkte sie die Stimme: »Oder du suchst mit ihr das Weite, sobald das Kind da ist.«

Lan riss seine winzigen Äuglein weit auf: »Wohin sollen wir denn fliehen?«

»Das kann ich dir nicht sagen, das musst du schon selbst wissen.«

Seine Pupillen wanderten jetzt schnell hin und her, während er wohl überlegte, wohin er sie bringen könnte. Dann ließ er den Kopf hängen, und seine Augen wurden wieder ganz klein. Resigniert sagte er: »Ich weiß nicht, wo wir hingehen könnten. Auf der Plantage gibt es nur Männer, dort können wir nicht zusammenleben. Vielleicht … in die Berge?« Er riss erneut die Augen auf und fuhr fort: »Natürlich, in ein Dorf der Einheimischen …«

»Ich glaube, dass es ziemlich hart ist, an so einem Ort zu leben. Es gibt da nur Strohhütten.«

»Wenn es andere schaffen, dort zu leben, dann können Lingling und ich das auch!«

»Nicht so laut!«, sagte Chong und legte den Finger auf den Mund. »Es kommt gar nicht infrage, den Plan sofort in die Tat umzusetzen.«

»Wann wäre es also günstig?«

»Frühestens einen Monat nach der Geburt.«

Plötzlich war die dröhnende Stimme der Köchin zu hören: »Sialan, komm hierher.«

Chong und Lan traten auf den Gang. Sialan eilte herbei, und sie hasteten gemeinsam zum Eingang. Dort hielt die Köchin eine völlige aufgelöste Lingling in dem einen Arm, mit dem anderen balancierte sie einen Ölpapierschirm über ihren Köpfen. Lan stürzte vor, um Lingling aufzufangen.

»Also, was hat er gesagt? Geht es dem Baby gut?«, erkundigte sich Chong.

Als Antwort lachte die Köchin bitter auf und höhnte in Sialans Richtung, die immer noch unter dem Vorhang stand, den sie zur Seite geschoben hatte: »Ganz fabelhaft! Das hat ihr den Rest gegeben! Wenn sie weitermacht in eurer Tretmühle, dann stirbt sie und das Baby gleich mit dazu. Wie hartherzig du geworden bist! Denk doch einfach mal an deine Jugend, du Teufelin!«

Sialan verschränkte die Arme und sagte, indem sie abschätzig das Gesicht verzog: »Wenn man eine Schwangerschaft als Vorwand braucht, um nicht mehr arbeiten zu müssen, dann muss man schon sehr schwindsüchtig sein! Welches Haus gestattet den Schwangeren nicht zu arbeiten? Sie ist einfach ein Schwächling.«

Lan maß sie mit zusammengekniffenen Augen, während die Köchin, die ihren nassen Rock auswrang, fortfuhr: »Auf jeden Fall braucht sie jetzt etwas Warmes. Das Kind wird in einem Monat kommen, und du wirst mit Atung reden.«

Schweigend sah Sialan zu, wie die anderen Mädchen sich geschäftig um Lingling kümmerten und ihr frisches Bettzeug und Tee brachten. Dann folgte sie der Köchin in deren Reich. Diese hatte in der Zwischenzeit Feuer gemacht und blickte nun zu der am Tisch sitzenden Sialan auf: »Da fällt mir auf, ich habe den Chef heute noch gar nicht gesehen!«

»Er ist krank«, seufzte die Hausherrin. »Wie du weißt, ist das mit seinen Lungen in letzter Zeit immer schlimmer geworden. Das wird mit ihm nicht mehr lange gehen.«

Die Köchin, die gerade das Feuer anfachte, hielt in ihrer Bewegung inne: »Was soll das heißen?«

»Gestern Nacht hat er viel Blut gespuckt. Wenn er nicht mehr da ist, dann gebe ich das alles hier auf.«

Von diesem Tag an verlangte Sialan von Lingling nicht mehr, dass sie Kunden empfing. Der Regen ließ nicht nach. Manchmal waren es Sturzbäche, manchmal war es nur ein Nieseln. An den wenigen Tagen, an denen es gar nicht regnete, lastete stattdessen bis zum späten Nachmittag dicker Nebel über dem gesamten Hafen. Erst dann konnte man schemenhaft die vor Anker liegenden Schiffe ausmachen. In der vergleichsweise kühlen Regenzeit florierten die Geschäfte der Freudenhäuser. In den Schenken war den ganzen Tag über viel Betrieb, und die Seeleute und Händler suchten, wenn sie betrunken genug waren, die Huren auf. Sogar am helllichten Tag, wenn man das Zwielicht so nennen konnte, mussten deswegen die Laternen und Kerzen brennen, und die Mädchen hatten Kunden. Auch diejenigen, die aus den Opiumhöhlen kamen, fanden in die Bordelle, sobald ihr umnebelter Geist in der Lage dazu war.

Das Ende der Regenzeit kündigte sich typischerweise mit einem Taifun an. Die Vorboten waren ein leichter Landregen und Wolkenmassen, die sich aufbauten und immer dunkler wurden. Dann überzogen Blitze den Himmel, begleitet von Donnergrollen, als stünde der Hafen unter Beschuss. Der Regen wurde stärker, und dicke Tropfen peitschten herab, von heftigen Windböen getrieben. Überall wurden Schilder und Laternen abgenommen, Türen und Fenster verbarrikadiert, und alle warteten darauf, dass der Gott des Windes sich wieder beruhigte. Um seine Wut zu besänftigen und Schäden möglichst abzuwenden, zündete man Räucherwerk an und sandte Stoßgebete zu ihm. Die Dächer bebten unter dem Wirbelsturm, die Balken und Pfetten der Häuser ächzten, und der Wind bahnte sich den Weg durch die letzte Ritze bis ins Innere. Das Wasser brodelte aus den Gullys empor, und jedes noch so kleine Brett gab stöhnend unheimliche Laute von sich. Die Bananenblätter im Hof flatterten im Wind wie alte

Lappen, während sich die Palmen standhaft immer wieder aufbäumten.

Lingling biss die Zähne zusammen. Als der Schmerz unerträglich wurde, begann sie zu wimmern. Chong und die Köchin unterstützten sie nach Kräften beim Warten darauf, dass das Kind endlich kam. Nachdem die Fruchtblase geplatzt war, reichte die Köchin, die am Fußende des Bettes stand, Chong ein Baumwolltuch: »Sie soll da draufbeißen.«

Chong, die neben Lingling hockte, hielt deren Hand ganz fest. Jetzt tupfte sie ihr die Stirn ab und steckte ihr das Tuch in den Mund. Lingling presste mit aller Anstrengung die Kieferknochen aufeinander, um ihre Schreie zu unterdrücken.

»Ja, ja, Pressen, es kommt. Jetzt hol ein paarmal tief Luft … und Atem anhalten … und pressen!« Die Köchin trieb sie an. Lingling schrie wie am Spieß, als würde sie umgebracht.

Eilige Schritte ließen sich auf dem Gang vernehmen, und die Mädchen steckten ihre Köpfe durch den Spalt des Vorhangs, darunter auch Sialan, die als Einzige eintrat. Die anderen blieben fassungslos dort stehen, wo sie waren. Man konnte sehen, dass sie die Qualen des Gebärens mitlitten, mit gerunzelter Stirn, weit aufgerissenem Mund und gebannt auf ihre Kollegin blickend, die dort in den Wehen lag. Nur eine Einzige schaute nicht hin: Yumei. Zweifellos musste sie an den Moment denken, in dem sie das Gleiche durchgemacht hatte. Sie hatte sich zur Wand gedreht und weinte lautlos. Als sich unter dem Jubel der Mädchen die ersten Schreie des Neugeborenen mischten, suchte sie Zuflucht in ihrem Zimmer. Chong spürte, wie ihr Linglings zarte Finger kraftlos aus der Hand glitten. Nach der Niederkunft schien sie sich aufzugeben. Ihr Kopf fiel zur Seite und blieb reglos auf dem von Schweiß und Speichel durchtränkten Kopfkissen liegen. Die Köchin durchschnitt die Nabelschnur. Dann hob sie das kleine Etwas, das noch ganz blutverschmiert war, hoch und zeigte es Sialan und den anderen, die im Hintergrund geblieben waren.

»Schaut nur her, wie hübsch sie ist!«

Das Neugeborene wand sich und zappelte schreiend mit seinen Ärmchen und Beinchen. Dabei hatte es die Lider geschlossen.

Chong schüttelte Lingling am Arm: »Lingling, wach auf!«

Da schlug sie zaghaft die Augen auf, lächelte die Freundin an und ließ ihren Blick langsam von einer Seite zur anderen wandern. Chong rief nach der Köchin, die daraufhin das Baby zu seiner Mutter brachte. Immer noch strampelte und weinte die Kleine. Shaowei, Shutian und Kao kamen jetzt von der Tür herbei und umringten Lingling.

»Es ist ein Mädchen«, verkündete die Köchin, wobei sie das Baby schräg von der Seite vor Lingling hielt. »Ich werde sie erst einmal waschen, dann kannst du sie besser sehen.«

»Wir kommen gleich wieder mit deinem blitzsauberen Baby!«, bekräftigte Chong und drückte Linglings Hand.

Die anderen Mädchen beglückwünschten die frischgebackene Mutter.

»Das hast du prima gemacht, Lingling!«

»Was für eine süße Kleine!«

»Sie hat doch tatsächlich schon winzige Fußnägel.«

In der Küche beeilte man sich. Das wiederentfachte Feuer knisterte, und sie hängten den großen Kessel darüber. Während die Köchin einen Waschzuber holte, suchte Chong ein paar Handtücher zusammen. Mit der allergrößten Vorsicht nahm sie das winzige Wesen auf den Arm. Das Gefühl dieser zarten Haut, dazu der kleine Brustkorb, der sich mit der Atmung hob und senkte – Chong trieb es die Tränen in die Augen. Sialan, die kurz hereingeschaut hatte, war in ihr Zimmer gegangen, um Stoff zu holen, der als Zudecke dienen konnte.

Die Köchin brachte eine Schüssel und gab abwechselnd heißes und kaltes Wasser hinein. Sie konnte ihre Sorge nicht verbergen. Als sie sich die feuchten Haare aus der Stirn strich, murmelte sie: »Du, kleines Würmchen. Du kommst ausgerechnet an so einem Regentag auf die Welt. Man merkt gleich, dass du das Kind einer Prostituierten bist.«

»Pssst, sie hört Sie doch«, bat Chong eindringlich. »Es gibt gar keinen Grund zur Sorge. Sie hat doch Eltern!«

Als sie mit dem Baden fertig waren, streckte Yumei den Kopf herein und gab ihnen Babywäsche: »Zieh ihr das hier an.«

Es waren drei Kleidungsstücke aus sehr feiner Baumwolle. Chong trocknete die Kleine ab, bevor sie sie auf die Tücher legte, die Sialan gebracht hatte. Als sie ihr einen Strampelanzug anzog, rief sie aus: »Aber der ist ja fast neu!«

Yumei fühlte sich besser, und sie nahm die Finger des Babys und zog sanft daran. »Gut, dass ich die Sachen nicht weggeworfen habe.«

Chong sagte nichts, denn sie wusste, dass Yumeis eigene Tochter schon nach ein paar Monaten einer Familie überlassen worden war. Plötzlich wurden die Stimmen der Mädchen nebenan lauter.

»Kommt schnell!«

»Schnell, beeilt euch doch!«, riefen Shutian und Kao aus Linglings Zimmer. Sialan und Yumei rannten hinüber, gefolgt von Chong und der Köchin.

»Was ist denn los?«, rief Sialan hastig.

Shaowei, die dem Bett am nächsten stand, zeigte auf das Laken zwischen Linglings Beinen: »Sie blutet und hat das Bewusstsein verloren.«

»Wir müssen sie zum Arzt bringen«, meinte Sialan.

»Nein, nein. Besser ich hole ihn her«, mischte sich die Köchin ein.

Als Schutz vor dem Regen setzte sie sich einen Bambushut auf und legte einen Strohumhang um, bevor sie sich in das Unwetter stürzte. Chong lief ungeduldig auf dem Gang hin und her. Dabei wiegte sie das Neugeborene, das, gewickelt und in ein Tuch geschmiegt, eingeschlafen war. Von Zeit zu Zeit kräuselten sich seine Lippen kaum wahrnehmbar. Die Bäume im Hof bogen sich immer noch unter den starken Windböen, und der Regen peitschte fast waagrecht an die Hauswand. Türen, die nicht fest verriegelt waren, schlugen unablässig hin und her.

Obwohl er sofort gekommen war, konnte der Arzt nichts mehr für Lingling tun. Sie atmete zwar noch, aber sehr flach. Als der Wind sich in der Mitte der Nacht endlich legte, tat auch sie ihren letzten Atemzug wie eine Kerze, die niedergebrannt war. Das Kind schlief tief und fest, aber als es erwachte, wollte es gestillt werden. Lan war noch nicht benachrichtigt worden. Er war noch nicht aufgetaucht, weil er wohl annahm, die Niederkunft ließe noch auf sich warten. In diesem heißen Land war es üblich, dass man Verstorbene so schnell wie möglich verbrannte oder begrub. Aber die Regengüsse erschwerten dies. Hinzu kam, dass Atung noch immer das Bett hütete. So erledigte Sialan die notwendigen Gänge. Sie heuerte Goldgräber an, die den Leichnam in eine von den Matten einrollten, die zum Trocknen von Früchten verwendet werden, und die ihn dann zu den Abhängen des Xi Guling trugen. Immer noch regnete es ohne Unterlass. Die Mädchen aus dem *Wind des Südens* wollten den Männern zum Friedhof folgen, aber Sialan hielt sie zurück.

»Was wollt ihr denn dort?«, fragte auch die Köchin. »Ihr seid doch eh unter einem schlechten Stern geboren. Ihr solltet besser nicht dabei sein, davon kriegt ihr nur Albträume. Verabschiedet euch hier von ihr.«

Sobald die Männer den Körper weggetragen hatten, verstreute Sialan überall im Haus Salz. Die Mädchen versuchten das Neugeborene mit Reisbrei zu füttern, aber es spuckte ihn wieder aus. Glücklicherweise fanden sie ein Restaurant, dessen Spezialität eine Suppe aus Ziegenmilch war.

Lan erschien erst zehn Tage nach Linglings Ableben wieder im *Wind des Südens*. Chong hatte ihn eintreten sehen, als sie gerade auf die Kleine aufpasste, und so trafen sich ihre Blicke. Sie hatte unwillkürlich innegehalten, und auch Lan blieb auf der Stelle wie angegossen stehen, ohne die Tür zu schließen. Yumei, die ebenfalls anwesend war, ließ ihrer Zunge freien Lauf: »Welcher Teufel hat dich denn geritten, erst so spät hier aufzukreuzen?«

Lan stammelte ungeduldig: »Das Baby … von wem … ist das Baby?«

Chong ging auf ihn zu. Lan verrenkte sich schier den Hals, um einen Blick auf das Kind zu erhaschen.

»Schau mal, das ist dein Papa«, flüsterte Chong dem Baby ins Ohr.

Lan lächelte schon strahlend: »Das ist … das ist unseres? Aber wo ist Lingling?«

Er schob den Vorhang zur Seite, um einzutreten, und stieß unsanft mit der Hausherrin zusammen, die voller Ironie aufschrie: »Au! Was für eine Überraschung!« Sialan musterte den Mann von Kopf bis Fuß. »Du, der du so groß und stark bist, schaffst es nicht einmal, dich um deine Frau zu kümmern?«

»Ich habe eine Baozu mitgebracht.«

Eisig erwiderte Sialan: »Selbst wenn du mit allen Baozus der Welt kämest, Lingling ist fort.«

Lan fiel aus allen Wolken. Er ergriff Sialans Hände und fragte aufgeregt: »Ihr habt sie verkauft?«

»Sie starb bei der Geburt, vor gut zehn Tagen.«

Lan rannte in Linglings Zimmer, dann kam er schwankend zurück. Verzweifelt blickte er sich um, dann ging er zu Chong und stand eine Weile schluchzend vor dem Baby. Niemand sagte ein

Wort, bis Lan plötzlich den Blick hob und zu Sialan sagte: »Ich werde das Kind mitnehmen.«

»Rede doch nicht so einen Unsinn!«, stieß Sialan hervor. »Du weißt genau, wie viel Lingling mir schuldet. Wenn du die Kleine willst, dann musst du erst die Schulden ihrer Mutter bezahlen.«

Lan ließ sich auf eine Bank sinken. Sialan schaute ihn verächtlich an und verschwand hinter dem Vorhang.

Yumei versuchte, ihn zu trösten, und hielt ihn an den Schultern: »Wie würdest du es denn auf der Plantage machen mit dem Baby? Es gibt dort doch nur Männer!«

Chong reichte ihm sein Kind. Aufgewühlt riss Lan es ihr aus den Armen und verschlang die Kleine richtiggehend mit seinen Blicken. Nun redete Chong auf ihn ein: »Dort gibt es doch niemanden, der sich um sie kümmern kann und der sie füttert. Hier sorgen wir gut für sie, und du kommst sie einfach von Zeit zu Zeit besuchen.«

Lan gab ihnen all sein Geld, das er für die Baozu mitgebracht hatte. Er behielt nicht einen Fen für einen Kneipenbesuch.

So fand die Regenzeit, die so lange gedauert hatte, ein trauriges Ende. Sobald die Mädchen aus dem *Wind des Südens* am Vormittag etwas freie Zeit hatten, drehte sich alles nur noch um die Kleine. Mit der Zeit erkannte diese die Gesichter wieder, die sich über sie beugten, und sie fing an zu brabbeln. Atung schaffte es dank der wundersamen Heilkraft der Tränke, die ihm Sialan den lieben langen Tag zubereitete, wieder bis zur Haustür. Er fand seine Angestellten bei dem kleinen Mädchen, wie sie es herzten und mit ihm herumalberten.

»Wie heißt sie denn?«

Keine antwortete ihm, denn die Kleine hatte in der Tat noch keinen Namen.

Chong sagte: »Am Tag ihrer Geburt war sie wie eine Bananenstaude im Regen.«

Atung überlegte eine Weile und sagte beiläufig: »Dann lasst sie uns *Yutsao* nennen.«

Als Atung wieder gegangen war, diskutierten die Mädchen darüber, und eine nach der anderen sprach sich nach einigem Hin und Her für Yutsao aus. Sie hatten sich also auf diesen Namen geeinigt.

Wenn Chong keine Kunden hatte, die über Nacht blieben, dann schlief sie neben Yutsao. Sie fühlte sich an ihre eigene Kindheit erinnert, an das kleine Mädchen, das seine Mutter nie kennengelernt hatte und das nur überlebt hatte, weil die Frauen aus dem Dorf ihm aus Mitleid mit dem blinden Vater Milch gegeben hatten.

Meine Kleine, weine nicht,
Wir werden deine Mutter besuchen
Und ihr Reiskuchen mitbringen.
Die Berge sind zwar sehr hoch,
Aber wir werden sie auf allen vieren erklimmen.
Der Fluss ist zwar tief,
Aber wir werden ihn schwimmend überqueren.

Das war ein Lied, das sie gelernt hatte, als sie im Nachbarort, einem Fischerdorf, auf die Kinder aufgepasst hatte. Mit seinen zwei Strophen war es ein passendes Wiegenlied, um Babys in den Schlaf zu geleiten. Die anderen Mädchen aus dem *Wind des Südens* verstanden natürlich den Text zu dieser wehmütigen Melodie nicht, da er in einer ihnen fremden Sprache gesungen wurde. Am Anfang hörten sie nur mit halbem Ohr hin, aber weil Chong das Lied so häufig sang, kannten sie die Weise nach einer Weile in- und auswendig. Yumei dichtete ihre eigenen Verse darauf.

Der Name des Babys,
Der ist Yutsao.
Der Name der Mama,
Der ist Lingling.
Die Mama ist
Mit dem Wind gegangen.
Das Baby ist
Mit dem Regen gekommen.

Wieder kam die Zeit der Teeernte, gefolgt von der großen Hitze, und es näherte sich der Zeitpunkt für einen weiteren Einsatz in Tamsui. Die Hundstage gaben Atung den Rest. Jeder wusste nun, dass seine Krankheit im Endstadium war. Sialan hatte schon vor geraumer Zeit verkündet, sie werde den *Wind des Südens* schließen und die Mädchen sollten ihre Schulden bezahlen. Dies war auch dem Großen Bruder in Keelung zu Ohren gekommen. In der Nacht, in der Atung seinen letzten Atemzug tat, nicht ohne zuvor zwei Schalen voll Blut gespuckt zu haben, stattete Chong am frühen Abend dem Herrn des Hafens einen Besuch ab. Einer seiner Leibwächter führte sie ins obere Stockwerk. Der Große Bruder hatte es sich im Liegen gemütlich gemacht und rauchte nach einem opulenten Mahl eine Opiumpfeife.

Chong legte die Hände aneinander und verbeugte sich: »Lenhwa grüßt Sie.«

Mit getrübtem Blick starrte der Mann sie erst eine Weile an, bevor er die Hand zum Gruß hob. »Welcher gute Wind führt dich hierher? Massiere mir doch ein wenig die Beine.«

Chong setzte sich zu ihm auf das Bett und begann, die Waden zu bearbeiten, um dann mit den Oberschenkeln fortzufahren. »Mein Herr«, fing sie an, ohne ihre Tätigkeit zu unterbrechen. »Unser Haus wird aufgelöst werden. Ich würde gerne zu Frau Shang wechseln, der der *Bambusgarten* in Tamsui gehört. Sie hatte den Wunsch geäußert, mich bei nächster Gelegenheit wiederkommen zu lassen.«

Er fragte träge: »Weißt du, wie viel du kostest?«

»Ja, mein Herr, was noch offen ist, das wird Frau Shang übernehmen.«

Der Mann nahm einen tiefen Zug aus seiner Opiumpfeife, dann langte er mit einem Arm ans Kopfende des Bettes. Chong, die seine Absicht erriet, führte ihm die Tasse mit kaltem Tee, die dort stand, zum Mund. Zufrieden trank er ein paar Schlucke, bevor er Chong bedeutete, sie könne sich zurückziehen: »Deinen Wunsch habe ich zur Kenntnis genommen. Wenn du morgen kommst, werde ich dich von einem meiner Männer begleiten lassen. Packe das Nötige für die Fahrt nach Tamsui.«

Chong machte eine Verbeugung und ging die Treppe hinunter. Als sie im *Wind des Südens* ankam, weilte Atung nicht mehr unter den Lebenden, und Sialan klagte laut. Der Leichenbestatter kam kurz vor Mitternacht, vollzog die rituellen Waschungen und bahrte den Verblichenen auf. Die Besitzer der umliegenden Freudenhäuser fanden sich ein, genauso wie die Männer des Großen Bruders. Es war in dem Gewerbe üblich, dass die Konkurrenten aus Pietät ihre Bordelle schlossen, wenn einer der ihren starb. Selbst die Huren aus dem Viertel hatten etwas Geld gesammelt und brachten Speisen und Getränke für die Totenwache mit. Der Leichnam befand sich in dem Raum mit dem kleinen Buddha-Altar. Man stellte einen Wandschirm auf und entzündete eine große Anzahl Räucherstäbchen. Die Männer hatten sich auf mehrere Räume verteilt. Ein Teil hielt sich bei dem Verstorbenen auf, die anderen waren in dem Empfangszimmer mit dem Fenster nach draußen, das die Mädchen normalerweise benutzten. Sitzend oder stehend unterhielten sie sich, fächelten sich Luft zu, verzehrten kleine Leckereien und vor allem tranken sie. Die Frauen hatten sich jeweils zu fünft oder zu sechst in die Zimmer der Mädchen zurückgezogen.

So waren sie beim Trinken unter sich. Sialan und die Köchin mühten sich ab, die Männer zu bedienen. Aber die Mädchen des Hauses hoben nicht den kleinsten Finger, um ihnen zur Hand zu gehen.

Shutian und Kao prosteten sich kichernd zu: »Dieser Blutsauger von Atung wird uns nicht mehr zur Ader lassen.«

»Schau dir nur Mama Sialan an, die heult ja wie ein Schlosshund.«

Chong stand auf und ging hinaus. Im Vorbeigehen zwickte sie Yumei in die Hüfte. Diese folgte ihr verwundert.

»Lenhwa, was ist los?«

Chong schlüpfte in den hinteren Hof und hieß Yumei näher kommen: »Beim Morgengrauen werden wir nach Tamsui aufbrechen.«

»Was? Du willst abhauen?«

»Ich habe den Großen Bruder gebeten, uns gehen zu lassen. Er ist einverstanden, wenn Frau Shang unsere Restschuld zahlt. Was kann Sialan uns schon vorwerfen, wenn sie zu ihrem Geld kommt?«

Yumei war den Tränen nahe: »Weg aus Keelung, endlich! Oh! Ich habe schon nicht mehr daran geglaubt!«

Chong fuhr entschlossen fort: »Ich werde Yutsao mitnehmen und sie wie eine Tochter aufziehen.«

Bevor sie in ihre Zimmer zurückgingen, besprachen sie noch eingehend die Einzelheiten ihrer Flucht.

Am frühen Morgen waren die Leute endlich alle gegangen. Die Luden aus der Nachbarschaft hatten sich mit dem Versprechen zurückgezogen, später zur Einäscherung wiederzukommen. Bevor sie schlafen gingen, halfen die Mädchen noch Sialan und der Köchin aufzuräumen. Diese beiden würden die Totenwache an Atungs Sarg fortsetzen, wenn auch mehr schlafend als wachend. Chong wartete, bis überall Ruhe eingekehrt war, dann zog sie ihr Bündel unter dem Bett hervor. Die schlafende Yutsao band sie sich auf den Rücken, kreuzte die Riemen vor dem Körper und zurrte sie in der Taille gut fest. Gebückt schlich sie durch den Gang. Yumei saß schon wartend auf dem Bett, ihre Habseligkeiten in einem Tuch vor der Brust. Sobald sie Chong erblickte, stand sie auf und folgte ihr auf dem Fuß.

Frau Shang war nicht wenig erstaunt, sondern hocherfreut, als sie sah, wer da ankam. Yumei und Chong gaben ihr jede ein Papier mit der Aufstellung ihres Schuldenkontos, das auswies, wie viel sie schon getilgt hatten und welcher Betrag am Ende des letzten Monats noch offen gewesen war. Des Weiteren händigten sie Frau Shang auch alles Trinkgeld aus, das sie bekommen hatten, Schmuck, westliches Geld und Goldpartikel. Chong zog aus dem Saum ihres Ärmels noch eine schwarze Perle, die ihr einmal ein Matrose von den Inseln im Süden gegeben hatte. Sie wollte das Schmuckstück Frau Shang schenken. Die Puffmutter stellte zunächst eine Endabrechnung auf, dann gab sie dem Abgesandten des Großen Bruders, der die Mädchen begleitet hatte, eine Börse mit Geld. Sein Chef würde dann die Summe, die Sialan noch zustand, an diese weiterleiten.

Yumei und Chong begaben sich in den ersten Stock, einen Ort, den sie ja sehr gut kannten, und Yinghua und die anderen Mädchen bereiteten ihnen ein herzliches Willkommen. Dass der Empfang so überschwänglich ausfiel, lag aber vor allem an dem Baby, das Chong zum Schlafen auf ein Bett gelegt hatte. Jede wollte es einmal auf den Arm nehmen. Frau Shang entging die Aufregung natürlich nicht.

»Lingling ist tot«, erklärte Chong ihr. »Seine Mama, das bin jetzt ich!«

»Arme Lingling … armes Mädchen!«, rief Frau Shang mit Tränen in den Augen, zog ein Taschentuch hervor und putzte sich die Nase, bevor sie fortfuhr. »Heute Abend dürft ihr das Kind noch behalten, aber morgen werden wir es woanders unterbringen. Das ist ein ungeschriebenes Gesetz in unserem Gewerbe. Im Falle einer Geburt verschafft man entweder der Mutter eine Stelle in einem Haushalt, die es ihr erlaubt, ihren Nachwuchs selbst großzuziehen, oder man gibt das Kind in Betreuung. Mach dir keine Sorgen, ich werde sie einer Nachbarin anvertrauen, und du kannst sie so oft besuchen, wie du willst.«

Spontan umarmte Chong Frau Shang und bedankte sich.

Dank des musikalischen Talentes, das Chong und Yumei im *Bambusgarten* unter Beweis stellten, erwarben sie sich schnell einen hervorragenden Ruf. Die von ihnen begeisterten Händler aus der näheren Umgebung empfahlen sie ihren Geschäftspartnern weiter. Wurde eine festliche Abendeinladung gegeben, wandte man sich an sie. Unter den Mädchen waren weitere gute Musikerinnen zu finden, eine Flötistin beispielsweise, und Yinghua tanzte ausgezeichnet. Sie übten gemeinsam, und ihre Darbietungen wurden immer perfekter. Frau Shang nahm dies durchaus wahr, und sie ließ die Mädchen vor dem Verwalter des Hauses eine Vorstellung geben.

Er zeigte sich ungemein beeindruckt: »Ich hätte niemals erwartet, so begabte Mädchen in Tamsui zu finden. Ihre Kunstfertigkeit entspricht der der Kurtisanen in Kanton.«

»Sie sind auf einem guten Weg«, verbesserte ihn Frau Shang. »Früher habe ich ebenfalls gesungen und getanzt. Auch wenn es schon eine Weile her ist, so kann ich das beurteilen. Ich werde mich nach jemandem umsehen, der ihnen hilft, sich zu verbessern.«

Einige Tage danach führte Frau Shang eine bescheiden gekleidete Dame herein, die nicht mehr die Jüngste war. Die Mädchen waren nach einer arbeitsreichen Nacht noch nicht richtig wach, und Chong, die einen Auftritt in einem der Restaurants vor Ort gehabt hatte, war sogar gerade erst zurückgekehrt. Frau Shang versammelte alle im oberen Stockwerk. Die Frau mit den grau melierten Haaren hatte sich vor sie hingehockt und musterte die Mädchen ausdruckslos.

Frau Shang stellte sie vor: »Dies ist Meisterin Wenji. Für mich ist sie wie eine große Schwester, und sie hat mir sehr geholfen, als ich noch in Tainan war. Sie beherrscht fast alle Instrumente und versteht sich auf die Tänze aus dem Süden und vom Kontinent.«

Meisterin Wenji verbeugte sich, die Hände auf den Knien. Chong vermutete sofort, dass sie keine Chinesin war. Da war etwas an ihr. In Formosa lebten ja Leute aus aller Herren Länder, unter anderem auch aus dem Westen und natürlich etliche Mestizen. Nun bat Meisterin Wenji die Mädchen, ihr zu zeigen, was sie konnten, und sie trugen die Stücke vor, die sie kürzlich geübt hatten.

Die Meisterin schaute zu, ohne eine Miene zu verziehen. Dann fragte sie Chong: »Seit wann spielst du Erhu?«

»Ich habe gelernt, P'ip'a zu spielen, aber das Erhuspiel habe ich mir selbst beigebracht.«

Dann war die Reihe an Yumei, und befragt über den Ursprung ihrer Lieder, musste sie zugeben, sich die Texte auch selbst ausgedacht zu haben. Dann zeigte die Dame Yinghua ein paar Handbewegungen, ohne selbst aufzustehen, und fragte, ob sie diese kenne. Das junge Mädchen verneinte.

»Wisst ihr, wenn ihr nur auftretet, um eure Kunden zufriedenzustellen, dann werdet ihr keine Fortschritte machen. In erster Linie müsst ihr die Kunst um ihrer selbst willen lieben. Wenn ihr tanzt, spielt oder singt, dann müsst ihr Freude daran haben und mit ganzem Herzen dabei sein.«

Von diesem Tag an gab Meisterin Wenji, die extra aus Tainan gekommen war, den Mädchen Unterricht im Tanzen, Singen und Musizieren. Sie ließ ihre Schülerinnen berühmte Opernmelodien, aber auch Volkslieder unzählige Male wiederholen und korrigierte dabei jeden kleinen Fehler, sei es in der Melodie oder beim Rhythmus. Als sie den Gesang besser beherrschten, ging es weiter mit dem Tanz. Die Meisterin brachte ihnen eine Vielzahl neuer Schrittfolgen bei. Eines Tages zeigte sie ihnen Handbewegungen, die von einer Leichtigkeit und unglaublicher Geschmeidigkeit waren, gefolgt von einem ungewöhnlichen Tanz, der aus ihrer Heimat stammte, wie sie sagte. Sie war außerdem eine hervorragende P'ip'aspielerin. Mithilfe ihres Plektrons aus Büffelhorn zauberte sie einen Ton von unglaublicher Feinheit und unvergleichlicher Reinheit hervor. Verwendete sie für die Zupffinger Fingerhüte aus Horn, entlockte sie dem Instrument einen außergewöhnlich wehmütigen Klang. Meisterin Wenji war in einem kleinen Zimmer neben der Küche untergebracht, und wenn sie keinen Unterricht gab, dann ging sie nach oben, um nach Yutsao zu sehen. Als Chong spaßeshalber einmal an den Fingern und Zehen der Kleinen saugte, lachte die Lehrerin aus vollem Halse, und ihr geöffneter Mund gab dabei preis, dass ihr mehr als ein Zahn fehlte. Wenn sie unter sich waren, nannte Frau Shang sie Fumiko, was Chongs Vermutung bestätigte, dass sie keine Chinesin war. Einmal, als Meisterin Wenji Yutsao auf dem Arm hatte und das Kind an ihre Wange drückte, kamen der alten Dame die Tränen.

Chong nahm ihr sofort das Kind ab: »Was ist denn, gnädige Frau?«

»Ach, es ist nichts. Ich habe nur an früher gedacht. Wenn man in die Jahre kommt, dann schwelgt man öfter in alten Erinnerungen …«

Chong erkannte, dass auch sie einmal eine Kurtisane gewesen sein musste. »Darf ich fragen, wo Sie herkommen? Ich stamme aus Kaoli.«

»Kennst du die Ryūkyū-Inseln?«

Chong schüttelte den Kopf.

»Das ist ein sehr schönes Land, umgeben von Meer. Mit zehn Jahren bin ich auf den Kontinent verkauft worden.«

Frau Shang erklärte einmal bei einer späteren Gelegenheit, dass die junge Wenji, aus Ryūkyū stammend, an ein Handelshaus in Fuchou als Hausmädchen verkauft worden war. Wie Chong war sie eine Weile mit einem Gaukler unterwegs gewesen in den Provinzen Fukien und Kuangdong. Dort war sie in Kanton an ein Freudenhaus weiterverkauft worden, in dem sie als Kurtisane und Artistin gearbeitet hatte. Bei ihrer Ankunft in Tainan war sie schon über zwanzig Jahre alt gewesen. Mit sechsundzwanzig, einem Alter, in dem die meisten Mädchen in diesem Gewerbe schon ans Aufhören dachten, war sie Hwachia geworden. Dabei hatte sie Frau Shang kennengelernt, die ihr als Neuling überantwortet worden war. Während Chong so zuhörte, kam ihr der Gedanke, dass die Welt unheimlich groß sein musste, ohne Grenzen, und dass unendlich viele Menschen an unendlich vielen Orten auf dieser Welt lebten.

Dank der Ausbildung von Meisterin Wenji und den zahllosen Proben waren die Mädchen des *Bambusgarten* in der Lage, bei ihren Aufführungen auf hohem Niveau zu spielen. Chong brillierte auf der Erhu, Taohwa auf der Flöte, Yinghua im Tanz und Yumei mit Gesang. Immer öfter kamen nun anspruchsvolle Gäste. Nicht nur reiche Händler aus Tamsui, sondern auch aus Tainan, die auf der Durchreise waren und im *Bambusgarten* haltmachten. Sie bestellten wiederum ihre Kunden dorthin. Japanische Geschäftsleute, die in Keelung an Land gingen, kamen nur deswegen nach Tamsui und blieben die ganze Nacht.

Schiffe aus dem Westen, die unter holländischer, britischer oder amerikanischer Flagge fuhren, mussten ja außerhalb der Mole vor Anker gehen, bevor sie nach Batavia, Luzon oder Singapur weitersegelten. Den Mannschaften und Händlern vom Kontinent war es jedoch offiziell erlaubt, in Begleitung eines Übersetzers und in chinesischer Kleidung für einen Tag an Land zu gehen. Ihre Schiffe ankerten in der Tamsui-Mündung, genau gegenüber den Kasematten des Pali-Hügels, und sie fuhren mit Kähnen hin und zurück.

In Tamsui waren Wind und Regen niemals so stark wie in Keelung, noch nicht einmal mitten in der Monsunzeit. Der Hafen verfügte nicht nur über den natürlichen Schutz des Berges Tatun, sondern auch die Göttin der Barmherzigkeit Kuanyin wachte von einem Hügel herab über ihn. Im Winter wehte ein kühler Wind, der den Regen von den Bergen abhielt, allerdings breitete sich ein dicker Nebel bis zum Meer hin aus.

Eines Morgens kündigte ein Vertreter der Handelsgesellschaft im *Bambusgarten* an, dass am gleichen Abend äußerst wichtige Kunden kämen, die Zerstreuung suchten. Frau Shang erhielt die Anweisung, sie bestmöglich zu empfangen. Alle mussten ihren Beitrag leisten, um den Festsaal, den Eingangsbereich, die Treppe und schließlich das ganze Erdgeschoss zu reinigen und herzurichten. Der Verwalter des Hauses hatte Anweisung gegeben, den gesamten Blumenschmuck in den Räumen zu erneuern, das Wasser im großen Becken auszutauschen und sogar die Blätter der Seerosen zu polieren. Man zündete so viele Laternen an, als wäre es Neujahr. Die Sänfte mit den Vertretern der Handelsgesellschaft kam als Erste, gefolgt von einem Zweispänner, der die Geschäftspartner brachte. Es waren sechs Gäste darin; vier davon waren bereits in Tamsui bekannt, die anderen beiden schienen westlicher Herkunft und hatten den Vorgaben entsprechend P'aos an. Ein P'ao ist das traditionell chinesische Festgewand. Sobald sie eingetreten waren, entledigten sie sich der Roben und erschienen kurz darauf in engen Hosen, Schuhen mit Absatz, taillierten Jacken und mit seidenen Halstüchern. Einer der beiden Männer, er hatte grau meliertes, kurz geschnittenes Haar, war trotz seiner europäischen Kleidung offensichtlich Chinese. Der andere hatte das braune Haar mit Pomade zurückgekämmt, und neben einem Backenbart prangte ein ausladender Schnurrbart in seinem Gesicht. Obwohl dadurch die untere Hälfte verdeckt war, konnte man erkennen, dass es sich um einen jungen, schmächtigen Mann mit lebhaften Augen handelte. Beide wurden in den großen Empfangsraum im ersten Stock geleitet. Vom Balkon aus hatte man einen enormen Blick auf die Lichter der Stadt am Fuße des Kuanyinhügels und auf das tiefschwarze Meer mit den Booten darauf.

Die Gläser wurden gefüllt, und das Essen wurde aufgetragen. Die Mädchen, die der ganze Stolz von Meisterin Wenji waren, trafen letzte Vorbereitungen, während die anderen neben den Gästen Platz nahmen, um sie zu bedienen und zu unterhalten. Nun erschienen die vier Künstlerinnen und verbeugten sich. Nach ein paar Liedern spielten Chong und Taohwa ein Stück so bewegend, dass man Regen heraushören konnte, der sintflutartig über den Bergen herniederging, und danach Wasser, das in einem Bach plätscherte. Die begeisterten Zuhörer tranken bis spät in die Nacht. Chong bekam die Anweisung, mit einem der Kunden die Nacht zu verbringen. Daraufhin ging sie nach nebenan in ihr Schlafzimmer, verbrannte Weihrauch und stellte Wasser bereit. Als sich die Tür öffnete, sah sie den großen, jungen Europäer eintreten.

Sie erhob sich und faltete die Hände zum Gruß: »Ich, Lenhwa, Sie grüßen.« Sie kramte ein paar ausländische Worte hervor, die sie in Keelung aufgeschnappt hatte.

»Mein Name ist James, aber Sie können mich Jim nennen.«

Der Mann legte seine Jacke und sein Hemd ab, zündete sich eine Zigarette an und sagte stotternd auf Chinesisch zu Chong, dass sie ihm gefiele. Da zog sie ihm Schuhe und Strümpfe aus, wusch seine Füße in einer Schüssel und legte ihm anschließend noch ein feuchtes Handtuch auf das Gesicht. Sie wusste, dass

Europäer eine besondere Vorliebe für das volle Haar von Asiatinnen hatten, weswegen sie ihre Büffelhornspange löste und den Kopf schüttelte. Dann knöpfte sie, oben anfangend, langsam ihren Ch'ip'ao auf. Der Mann wartete nicht einmal ab, bis sie damit fertig war. Er fasste sie bei den Schultern, senkte den Kopf zu ihrem Busen und begann, an ihren prallen, samtweichen Brüsten zu knabbern und zu saugen. Um ihn weiter zu erregen, stöhnte Chong ein paarmal auf, dann ließ sie sich nach hinten sinken.

Am nächsten Morgen stand James erst auf, nachdem er die Lippen, den Nacken und die zehn Finger seiner Königin der Nacht geküsst hatte. Er hinterließ zehn Silberstücke unter dem Kopfkissen.

Auf der Türschwelle drehte er sich noch einmal um: »Wir werden uns wiedersehen!«

Von den Mitgliedern der Handelsgesellschaft betreut, erreichte er noch vor der Abenddämmerung wieder sein Schiff.

Einen Monat später sprach eines Abends der chinesische Übersetzer, der James beim letzten Besuch begleitet hatte, allein im *Bambusgarten* vor. Er hatte eine lange Unterredung mit Frau Shang, bei der es um Chong ging. Daraufhin stieg sie hoch in den ersten Stock, um mit ihrem Schützling zu reden.

»Der Mann, der mir seinen Abgesandten geschickt hat, ist bereit, deine Restschuld zu zahlen. Es handelt sich um einen unverheirateten Europäer. Er wird dich wie eine Ehefrau behandeln, bezahlt dir aber darüber hinaus noch ein Gehalt, das zehnmal so hoch ist wie dein Verdienst hier, selbst wenn man die Trinkgelder hinzurechnet. Er hat außerdem noch Diener und eine Köchin.«

»Und das Baby? Kann ich es mitnehmen?«

»Nein, das Kind habe ich nicht erwähnt. Männer ziehen es vor, junge Mädchen zu haben statt Mütter.«

»Gut, dann habe ich keine Lust zu gehen. Ich lebe lieber hier mit Ihnen und Tante Wenji.«

Frau Shang nahm Chong bei der Hand: »Du bist noch jung. So eine Chance bekommst du nie wieder. Du schickst mir alle halbe Jahr Geld für Yutsao. Wenji kehrt nicht nach Tainan zurück, sondern zieht Yutsao an deiner Stelle für dich groß. Wenn dir das Leben dort eines Tages nicht mehr gefällt, dann kommst du zurück nach Tamsui. Du bist hier immer willkommen.«

Chong wollte immer noch nicht zusagen, da rief Frau Shang im Treppenhaus: »Fumiko? Fumiko!«

Meisterin Wenji kam mit Yutsao herbei. Die drei Frauen nahmen auf einer Bank auf dem Südbalkon Platz.

»Tante Wenji«, begann Chong. »Mama schlägt mir vor, als Konkubine eines Europäers in den Süden zu gehen. Könnten Sie in meiner Abwesenheit meine kleine Yutsao versorgen?«

Meisterin Wenji schien bereits im Bilde zu sein. »Das Gleiche ist vor langer Zeit meiner *Jungen Schwester* Shang widerfahren. Für uns ist es ein großes Glück, die Geliebte eines europäischen Mannes zu werden. Dadurch gewinnt man seine Freiheit. Wer würde eine solche Gunst ausschlagen? Zögere nicht! Ich hätte sofort zugestimmt, wenn man mir in meiner Jugend so ein Angebot gemacht hätte.«

Kopfschüttelnd redete sie eindringlich weiter: »Du bist jung, begabt und schön. Es wäre zu schade, wenn du hierbliebest. Geh! Du musst Geld verdienen, wenn du eines Tages unabhängig sein willst. Ich werde mich um Yutsao kümmern. Es passt mir ausgezeichnet, hier bei meiner Freundin bleiben zu können, ohne das Gefühl haben zu müssen, dass sie mich ohne Gegenleistung durchfüttert.«

Chong schaute erst die eine, dann die andere an, bevor sie antwortete: »Also, wenn Sie beide so darüber denken, dann nehme ich an.«

»Na endlich, eine weise Entscheidung«, bekräftigte Frau Shang mit Tränen in den Augen. »Ich hätte dich gerne bei mir behalten, aber ich habe meine Vergangenheit nicht vergessen.«

Chong schlang die Arme um Yutsao, die sich auf dem Schoß von Tante Wenji zurechtgekuschelt hatte. »Yutsao, meine Tochter, komm einmal zu mir!« In Chongs Armen fing die Kleine an, zu kichern und mit den Beinen zu strampeln.

»Du wirst dort mehrere Jahre verbringen«, sagte Meisterin Wenji. »Pass auf deine Gesundheit auf. Wenn du zurückkommst, wird Yutsao sprechen und laufen können, und dann gehen wir alle gemeinsam in mein Heimatland, nach Ryūkyū.«

Frau Shang stand auf: »Große Schwester Fumiko, höre doch auf, von einer so fernen Zukunft zu sprechen. Es ist auch an der Zeit, dass wir dem Herrn Bescheid sagen.«

Der Abgesandte saß vor dem Fenster und schlürfte Tee. Als die beiden Frauen näher kamen, stand er auf und nahm ihnen gegenüber Platz. Er zog aus der Tasche ein rundes Objekt, das an einer goldenen Kette befestigt war, öffnete eine Art Klappe und warf einen Blick darauf: »Es ist Zeit für das Mittagessen. Erlauben mir die Damen, Sie einzuladen? Mein Name ist übrigens Hufu.«

»Zu viel der Ehre«, antwortete Frau Shang, »aber wir essen niemals mit einem Kunden, außer wir bedienen ihn. Lenhwa ist einverstanden, Ihnen nach Singapur zu folgen.«

Ein Strahlen ging über sein Gesicht, und zufrieden rieb sich Hufu die Hände. Er sagte: »Da bin ich aber froh! Unser Schiff geht in drei Tagen, und wir haben wenig Zeit. Aber Sie brauchen keine großartigen Vorkehrungen zu treffen, wir leben in einem zivilisierten Land, man bekommt dort alles, was man braucht!«

DER MANN UND DIE UHR

Am Vorabend ihrer Abreise ging Chong in Begleitung von Hufu an Bord einer Barke, die sie zu dem Dampfschiff brachte, das gegenüber der Festung seinen Liegeplatz hatte. Das Schiff lichtete bei Tagesanbruch den Anker und verließ die Bucht von Tamsui.

Die Matrosen hissten die Segel am Bug und am Heck, der Kessel wurde angeheizt, und die beiden großen Schaufelräder zu beiden Seiten setzten sich unter Dampf in Bewegung. Bis auf den Kapitän und die Mechaniker bestand die Besatzung aus Chinesen und Malaien. Nur wenige Passagiere waren an Bord des Frachters. Die Sonne war noch nicht am Himmel zu sehen, aber der Horizont färbte sich schon rötlich. Von dem höher gelegenen Deck aus beobachtete Chong, wie der Hügel der Kuanyin immer kleiner wurde, bis sie Hufu sagen hörte: »Gnädige Frau, lassen Sie uns doch in Ihre Kabine gehen.«

Chong blickte sich um, aber außer ihr war niemand zu sehen.

Hufu wiederholte: »Gnädige Frau, Ihr Frühstück ist angerichtet.«

Jetzt erst begriff Chong, dass sie gemeint war.

Hufu stieg ihr voran die Stufen zum Unterdeck hinab. Chong folgte ihm zu ihrer Kabine. In der Außenwand war ein Bullauge eingelassen mit Blick auf das Meer. Die Einrichtung bestand aus einem Tisch, Stühlen, einem Schrank, einer abgetrennten Waschgelegenheit und einem Bett, das an der gegenüberliegenden Holzwand stand. Chong nahm Platz, nachdem Hufu sie dazu aufgefordert hatte. Der Tisch war gedeckt. Dort standen ein Teller mit einer Haube darauf, eine Kanne Tee und eine Tasse.

»Wie es die Sitte verlangt, werde ich Sie von heute an gnädige Frau nennen. Aber darf ich trotzdem nach Ihrem Namen fragen?«

»Lenhwa.«

»Fortan werden Sie Lotos genannt werden.«

»Was bedeutet das?«

»Lotos ist die westliche Bezeichnung für Lenhwa. Sie können zu mir Verwalter Hu sagen. Ich arbeite für die *Ostindische Gesellschaft*, genauer gesagt, in deren Büro in Singapur. Herr James ist unser Vizedirektor.«

Hufus Blick fiel auf den Porzellanteller, und er entfernte die Abdeckhaube. Dann sagte er: »Frühstücken Sie jetzt erst einmal. Danach … ziehen Sie sich um. Sie werden westliche Kleidung vorfinden. Wenn Ihnen langweilig ist, zögern Sie nicht, wieder an Deck zu gehen. Dort gibt es einen Salon. Oder Sie schnappen auf dem Oberdeck ein wenig frische Luft.«

Hufu stand auf und wollte sich entfernen, aber Chong hielt ihn zurück: »Mein Herr, entschuldigen Sie bitte, aber warum soll ich mich umziehen? Was ich im Augenblick trage, ist nagelneu! Und was ist ein Salon?«

»Nennen Sie mich doch nicht *Herr*. Und ein Salon ist eine Art Teehaus, ein kleiner Raum, in dem Tee serviert wird. Außerdem ist es dort, wo wir jetzt hinfahren, besser, wenn man westlich gekleidet ist. In chinesischen Gewändern würde man auf Sie herabsehen. Dort gelten andere Regeln als in Formosa.«

Chong blieb ratlos zurück, nachdem Hufu sich verabschiedet hatte, nicht ohne ihr vorher mit gefalteten Händen seine Reverenz zu erweisen.

Sie richtete ihr Augenmerk auf den Teller. Darauf waren zwei Stück Pökelfleisch, ein Spiegelei, etwas Brot und eine Masse, die nach Fett aussah, aufgetürmt. Neben dem Teller lagen ein Messer und eine kleine Gabel mit drei spitzen Zinken. Chong pikte mit der Gabel in das Fleisch. Es war salzig und fettdurchzogen. Danach versuchte sie es mit dem Ei, aber es glitt ihr immer wieder weg, sodass sie die Finger zu Hilfe nahm.

Ausgebreitet auf dem Bett lagen ein blassrosa Kleid, ein ausladender Rock, der aus mehreren Lagen zu bestehen schien, und eine weiße Hose, die nach Unterwäsche aussah. Ergänzt wurde das Ganze durch einen Hut mit breiter, runder Krempe, der auf dem Kopfkissen ruhte. Davor standen ein paar Schuhe mit goldenen Troddeln und weißen Strümpfen. Im Unterbewusstsein vernahm sie ein Klopfen, war aber zu sehr damit beschäftigt, den Ch'ip'ao abzulegen und zu überlegen, wie sie der Reihe nach mit den Kleidungsstücken verfahren sollte. Da räusperte sich hinter ihr jemand dezent.

Chong fuhr herum und entdeckte zu ihrem größten Erstaunen eine westlich gekleidete Frau mit einer Schürze, die dastand, ohne sich zu rühren, die Hände sittsam ineinandergelegt.

»Ich bin Ihre Amah. Ich bin da, Ihnen zu helfen.«

Und dann half sie Chong mit einer außerordentlichen Fingerfertigkeit dabei, in die Strümpfe zu schlüpfen, die bis zu den Knien hochgezogen wurden. Die Hose, die sie mit Knöpfen befestigte, reichte genau bis zum Rand der Strümpfe. Der folgende Unterrock war aus feinem Stoff, aber dermaßen gestärkt, dass er der nächsten Schicht ein unglaubliches Volumen verlieh. Nun streifte Amah ihr das Kleid über, das im Brustbereich einen formenden Einsatz hatte, der nun durch Schnürung am Rückenteil so fest angezogen wurde, dass Chong glaubte zu ersticken. Zum Anziehen der Schuhe musste sie sich setzen. Als sie dann auf den Absätzen stand, fühlte Chong, wie sich ihre Gesäßbacken anspannten und ihr Busen nach vorne herausgedrückt wurde. Der krönende Abschluss war der Hut, der mit Bändern befestigt wurde.

Die Frau schob Chong zu einem Schrank, der in der Nähe der Kabinentür stand und über einen so großen Spiegel verfügte, dass man sich in ganzer Länge betrachten konnte. Chong hatte auf einmal das Bild einer ihr völlig fremden Frau vor sich. Da Amah ihr den Dutt gelöst hatte, fiel ihr Haar unter dem ausladenden Hut über die Schultern herab, die bis auf Höhe des Schlüsselbeins nackt waren. Ihre Brüste traten unter der Spitze des Kleides extrem hervor.

»Lotos«, sprach Chong ihren neuen Namen aus, wie sie es einst mit Lenhwa getan hatte, und war sich bewusst, dass sie von nun an weder Chong noch Lenhwa sein würde. Aus dem Spiegel lachte ihr Lotos entgegen, den Mund weit aufgerissen: »Ha, ha, ha!« Erneut hörte sie hinter sich ein Räuspern. Sie riss sich von ihrem Spiegelbild los und drehte sich um.

»Wenn Sie fertig sind«, sagte die Amah, »dann ziehe ich mich jetzt zurück.«

Chong aber setzte sich und forderte die Dienerin ebenso dazu auf. »Ich hätte noch ein paar Fragen an Sie. Gibt es in Singapur nur Europäer?«

»Oh nein. Die Chinesen sind dort deutlich in der Überzahl.«

»Und Sie, wie kommen Sie hierher?«

»Ich arbeite bei dem Vizedirektor im Haus. Herr Hu, der Verwalter, hat mich vor drei Jahren angestellt.«

»Aber wie kommen Sie dann auf dieses Schiff?«

»Der Herr hat mich geschickt, um Sie zu begleiten.«

Chong, die die ganze Zeit mit gesenktem Kopf dagesessen hatte, schaute plötzlich auf, da ihr noch etwas anderes auf der Seele brannte: »Bin ich die erste Geliebte, oder gab es vor mir schon welche?«

Die Amah zögerte und wusste nicht, was sie darauf antworten sollte.

Ungeduldig erhob Chong die Stimme: »Hufu hat mir eh schon alles erzählt. Seit wann ist sie weg?«

»Letztes Jahr. Sie ist nach Kalkutta zurück.«

»Wo ist das denn?«

Verlegen zwirbelte die Frau an ihrer Schürze.

»Das weiß ich nicht so genau. Mir wurde gesagt, das sei in Indien.«

»Also war die Frau Inderin?«

»Ja, wir hatten Mühe, sie zu verstehen. Anscheinend lebte der Herr seit seiner Rückkehr aus Indien mit ihr zusammen.«

Chong entnahm ihrem Gepäck eine Haarspange aus Bernstein und reichte sie der Amah: »Das ist für Sie.«

Die Frau verbarg beide Hände hinter ihrem Rücken: »Sollte der Verwalter jemals erfahren, dass ich etwas angenommen habe, würde ich sofort entlassen.«

»Da brauchen Sie keine Angst zu haben. Von heute an werden Sie auf meiner Seite sein, so wie ich auf Ihrer bin. Also, warum ist diese Frau nach Indien zurückgegangen?«

Mit der Spange in der Hand schickte sich die Amah an, ihr Rede und Antwort zu stehen: »Uns wurde gesagt, sie sei krank gewesen, aber wir hatten den Eindruck, dass etwas anderes dahintersteckte. Bestimmt war das, weil sie die Befehle des Herrn missachtet hat.«

Chong fragte nicht weiter.

Trotz des Passatwindes, der ihnen entgegenblies, hielt der Dampfer mit seinem hohen Schornstein, aus dem schwarzer Rauch quoll, unverdrossen auf den Äquator zu. Chong schlug die Zeit tot, indem sie unter einem Sonnenschirm aus Seide an Deck flanierte oder im Salon Tee trank. Ab und an begegneten ihr europäische

Mitglieder der Besatzung, die ihr höflich zunickten oder achtungsvoll im Vorübergehen militärisch salutierten. Mit der Zeit gewöhnte sich Chong an die westliche Kleidung. An den Sonnenschirm, den ihr die Amah gegeben hatte, ebenso wie an das Taschentuch, den Fächer, den breitkrempigen Hut und das Handtäschchen. In dem Schrank in ihrer Kabine hatte sie ein hellblaues und ein elfenbeinfarbiges Kleid mit den jeweils passenden Accessoires gefunden sowie eine Reisetasche aus Leder. Während der zehn Tage, die ihre Reise dauerte, hatte sie Zeit, sich mithilfe von Amah, wie sie sie bald nannte, in der zivilisierten Welt zurechtzufinden.

Die Europäer an Bord behandelten Hufu mit Respekt, er war ja schließlich auch verantwortlich für die Ladung. Eines Tages gab er Chong einen seltsamen Gegenstand, ähnlich diesem runden silbernen Ding, das er selbst gelegentlich aus seiner Hosentasche zog und betrachtete, nur kleiner und aus Gold. Daran war eine lange Kette befestigt, die ebenso aus Gold war und einen Verschluss hatte.

»Gnädige Frau, ich denke, das werden Sie brauchen …«

Ohne nachzudenken, griff Chong danach. Als sie den mit Rosen verzierten Deckel des Dinges öffnete, hätte sie es vor Schreck fast fallen lassen. Unter einem Glas bewegte sich unaufhaltsam eine Nadel, so fein wie ein Faden.

»Aber was ist das? Ist das lebendig?«

»Das nennt man eine *Uhr*«, erklärte ihr Hufu, ohne eine Miene zu verziehen, wie es sich in seinem Beruf gehörte. »Wenn Sie diesen kleinen Knopf an der Seite drehen, dann ziehen Sie sie damit auf, damit sie nicht stehen bleibt.«

»Wozu dient sie denn?«

»Sie zeigt die Uhrzeit an. Für Europäer ist dies ein äußerst wichtiger Gegenstand.«

»Die Uhrzeit?« Fragend starrte Chong auf die Zeiger.

»Der Tag ist in Stunden unterteilt, und die Uhr zeigt an, welche Stunde des Tages gerade angebrochen ist. Amah wird es Ihnen erklären.«

Bevor er Chong verließ, fügte er, erstmals mit der Andeutung eines leichten Lächelns, hinzu: »Es gibt ein Sprichwort, das besagt: Zeit ist Geld.«

So machte sich Amah daran, Chong die Uhrzeit zu erklären und wie man sie ablas. Da waren drei Nadeln, eine große, eine kleine und eine längere, die sich schnell bewegte. Obwohl diese immer wieder an den gleichen Platz zurückkehrte, lernte Chong, dass sich die Uhrzeit trotzdem änderte. Sie erfuhr außerdem, dass das Aufstehen, das Morgen-, Mittag-, Abendessen und das Zubettgehen von der Uhrzeit bestimmt wurden.

Amah setzte ihr das genau auseinander: »Wenn man keine Uhr hat, dann ist man völlig hilflos. Man muss doch wissen, um welche Uhrzeit der Herr ins Büro fährt und wann er mittags oder abends zum Essen heimkommt.«

Chong fragte ängstlich: »Leben alle in Singapur so?«

»Jeder. In den Läden, im Hafen, auf dem Markt, überall.«

Singapur kam in Sicht. Tropische Wolkenmassen luden noch schnell große Regenmengen ab, bevor sie jenseits der Meerenge vorbei an den Bergen Sumatras weiterzogen. Die Insel Singapur liegt direkt in Verlängerung der malaiischen Halbinsel wie eine Kugel vor dem Rachen eines Drachen. In der riesigen Bucht ankerten Handelsschiffe, Dschunken und Segler. Der Dampfer konnte an einem schwimmenden Pier aus Bohlen festmachen, der durch einen Holzsteg mit dem gepflasterten Hafenkai verbunden war. Auf der Mole türmten sich die Waren, die chinesische und indische Kulis von den Schiffen entluden. Chong heftete sich Hufu an die Fersen. Dahinter folgte Amah, die die Reisetasche trug. Nicht weit von der Anlegestelle entfernt, wartete ein Zweispänner.

Hufu half Chong und Amah dabei, einzusteigen, dann verabschiedete er sich mit den Worten: »Dies ist der Wagen unserer Gesellschaft, der Sie nach Hause fahren wird. Ich habe hier noch zu tun. Bis später dann, Frau Lotos.«

Chong sah mit großen Augen Geschäfte, Restaurants und eindrucksvolle Steingebäude mit Verwaltungsbüros vorüberziehen. Palmen wiegten sich im Wind und ließen letzte Tropfen des vorausgegangenen Schauers auf die vorübergehenden Fußgänger herabregnen.

Die Kutsche bog in ein mit Bäumen bestandenes Grundstück ein, folgte einem gepflasterten Weg und hielt vor einem Holzhaus auf einem Hügel über dem Meer. Eine Treppe führte zu einer mit einem Geländer umrahmten Veranda. In den weit geöffneten Fenstern wehten weiße Vorhänge in der Brise. Ein glatzköpfiger Mann kam die Stufen herabgeeilt, gefolgt von einem jüngeren. Sie trugen Hemden im europäischen Schnitt mit engen Ärmeln und hatten so etwas Ähnliches wie Kellnerschürzen umgebunden.

Amah sagte leise zu Chong: »Das sind der Koch und Sissu.« Dann reckte sie energisch das Kinn vor, gab die Reisetasche dem jungen Mann, den sie Sissu genannt hatte, und forderte die Männer auf: »Begrüßt die gnädige Frau.«

Die beiden nahmen sich des Gepäcks an und verneigten sich. Dann erklommen sie, gefolgt von Amah und Chong, die Freitreppe. Oben angekommen, konnte man zwischen den Bäumen im hinteren Teil des Gartens das Meer erkennen. Auf der Terrasse fanden sich ein Tisch, Stühle und ein Sessel, dessen Füße auf gebogenen Kufen befestigt waren.

»Dies ist der Lieblingsplatz unseres Herrn.«

Sie betraten den Salon, von wo aus man den Garten und das Meer ebenfalls bewundern konnte. Im Innern bestaunte Chong Tische, Sessel und Bücherregale und in der Mitte der einen Wand eine Uhr, deren Pendel gleichmäßig hin- und herschwang.

Amah ging zielstrebig in das angrenzende Esszimmer, in dem eine große, mit acht Lehnstühlen umstandene Tafel prangte, auf der ein wunderschöner Strauß Narzissen stand. An einer der Wände zeigte ein Bild den Hafen im Abendlicht. Doch auf der gegenüberliegenden Wand war eine schreckliche Schnitzerei zu sehen, die einen nackten Mann darstellte, dessen ausgebreitete Arme auf Holzbalken genagelt waren.

»Was ist das denn?«, fragte Chong und blieb vor der absonderlichen Gestalt stehen.

»Das ist der Gott der Europäer«, erklärte Amah und faltete ehrerbietig die Hände.

»Der Gott? Heißt das, er ist wie ein Bodhisattwa?«

»Man sagt, das sei der Sohn des Herrn, der im Himmel regiert. Man hat ihn getötet und an ein Holzkreuz geschlagen.«

Chongs Gesicht verdüsterte sich: »Aber das ist ja schauderhaft! Und sie beten vor diesem festgenagelten Mann?«

In diesem Moment ließ sich der Klang einer Glocke vernehmen. Erstaunt fragte Chong: »Gibt es hier in der Nähe einen Tempel?«

»Nein, das ist die Uhr. Wenn Sie die Schläge mitzählen, dann können Sie sagen, wie spät es ist, ohne auf das Zifferblatt sehen zu müssen.«

Chong überzeugte sich mit eigenen Augen davon, bevor sie weitergingen in das Schlafzimmer, in dem die Diener schon ihre Reisetasche abgestellt hatten. Eingerichtet war es mit einem Himmelbett mit Volants aus Musselin und einem zurückgeschlagenen Moskitonetz sowie mehreren Schränken und Stühlen. Eine Tür führte in das angrenzende Bad. Auf der anderen Seite des Ganges befanden sich weitere Räume, unter anderem ein Gästezimmer.

»Der Herr kommt um sechs Uhr«, wurde Chong von Amah ins Bild gesetzt. »Bis dahin nehmen Sie ein Bad und ziehen sich um. Ich werde Ihnen das Nötige herrichten.«

Die Badewanne war mit heißem, schäumendem Wasser gefüllt. Da Chong schon auf dem Schiff das Baden auf europäische Weise kennengelernt hatte, war sie nicht im Geringsten überrascht. Als sie danach in die Küche hinunterging, waren die Vorbereitungen für das Abendessen in vollem Gange. Auch Amah hatte sich umgezogen. Sie trug nun eine Schürze und auf dem Kopf eine kleine, runde Kappe.

Einige Minuten nachdem die Uhr sechs geschlagen hatte, hörte man das Klappern von Hufen auf dem Pflaster.

»Der Herr ist da«, stellte Amah fest.

Sie schlüpfte in den Salon, öffnete die Eingangstür und postierte sich auf der Veranda, während der junge Diener die Stufen hinuntereilte. Chong hielt sich hinter Amah im Hintergrund, die Hände hatte sie in ihrem Schoß verschränkt. Derselbe Wagen, der sie vorhin hergebracht hatte, hielt nun am Fuße der Treppe.

Bekleidet mit einem Zylinderhut, einem Gehrock mit zwei langen Schößen und einer engen Hose, entstieg James der Kutsche. In der Hand hatte er eine lederne Aktentasche, die ihm sofort von Sissu abgenommen wurde, bevor er unverzüglich die Stufen emporgeschritten kam. Amah machte einen kurzen Knicks.

Chong erkannte den Mann anhand seiner äußeren Erscheinung wieder. Natürlich war es für eine Prostituierte nicht leicht, sich an das Gesicht einer einzigen Nacht zu erinnern, aber seitdem sie erfahren hatte, dass ein Europäer mit Bart und Schnurrbart sie zur Konkubine hatte haben wollen, hatte sie sich mühevoll seine Erscheinung ins Gedächtnis gerufen. In seinem Zuhause, inmitten seiner Dienerschaft, erschien ihr James größer und bedeutender zu sein als der Mann, den sie in dem Freudenhaus in Tamsui getroffen hatte. Aber sie ließ sich dadurch nicht verunsichern. Anstatt sich zu verbeugen, bedachte sie ihn mit einem strahlenden Lächeln und hielt seinem Blick stand.

James nahm den Zylinder ab, legte Chong eine Hand auf die Hüfte, beugte sich vor und küsste sie auf die Wange. Sein Atem roch nach Zigarrenrauch, und sein Schnurrbart kitzelte sie. Auf Englisch sagte er zu ihr: »Seien Sie willkommen. Ich bin entzückt, Sie wiederzusehen.«

»Ihr Haus ist wirklich prachtvoll«, antwortete Chong auf Chinesisch.

Aber da keiner von beiden den anderen verstand, eilte Amah zu Hilfe mit den paar Brocken Englisch, die die Einheimischen aus den unteren Schichten im Laufe der Zeit aufgeschnappt hatten: »Ihr Name, Lotos, sie sagt: schönes Haus.«

James wandte sich Richtung Esszimmer: »Ich habe Hunger«, rief er aus. »Bringe Chop Chop.«

Amah schüttelte missbilligend den Kopf: »Sie, erst waschen, umziehen, sonst kein Chop Chop.«

»Natürlich wasche ich mir erst die Hände und kleide mich um.«

Mit einem Blick auf die leeren Stühle links und rechts setzte sich Chong auf den Platz, den Amah ihr zugewiesen hatte. Sie saß am einen Ende der Tafel, dem Gedeck auf der anderen Seite des Tisches genau gegenüber.

James kam in einem bequemen Hausanzug wieder, seine Haare hatte er zurückgekämmt. Er setzte sich, dann senkte er den Kopf und sprach mit gefalteten Händen leise vor sich hin. Das dauerte eine Weile.

Als er wieder aufblickte, fragte Chong Amah: »Was hat er sich denn gerade in den Bart gemurmelt?«

»Die Europäer danken jedes Mal vor dem Essen ihrem Gott für Speisen und Getränke.«

James schien etwas verlegen. Ohne ihn anzusehen, hakte Chong nun in normaler Lautstärke nach: »Dankt er dem, der dort gekreuzigt ist?«

Amah antwortete: »Über kurz oder lang werden Sie dasselbe tun, da bin ich sicher.«

Der junge Diener und Amah servierten nun abwechselnd. Chong begann zu essen, sorgfältig darauf bedacht, Gabel und Messer zu verwenden, wie sie es auf dem Boot gelernt hatte.

»Es ist einfach erstaunlich«, sagte James. »Wenn ich Sie anschaue, wie Sie mir gegenüber dasitzen, dann habe ich den Eindruck, wieder in meinem Heimatland zu sein. Lotos, Sie haben mir gefallen, seit ich Sie das erste Mal gesehen habe.«

Chong lächelte James stumm an.

Amah, die mit einem Emailtopf zurückkam, gab ihr die nötige Erklärung: »Der Herr war vom ersten Augenblick an in Sie verliebt.«

»Ich habe etwas Angst.«

Amah übersetzte für James: »Lotos Angst haben Ihnen.«

»Angst vor mir? Aber warum?«

Amah legte dem Vizedirektor vor, während sie Chongs Antwort weitergab: »Sie, Europäer, lange Nase, viele Haare am Körper, Angst machen.«

James unterdrückte ein Lächeln und begann zu essen. Dann wandte er sich an Amah: »Mir ging es am Anfang so mit dem Grinsen der Chinesen. Ich wusste nie, ob sie mich an- oder auslachten.«

Nach dem Essen trank er noch eine Tasse Tee und zündete sich eine Zigarre an. Dann nahm er Chong bei der Hand und führte sie auf die Veranda hinaus. Er ließ sich in seinem Schaukelstuhl nieder und hieß Chong, auf einem Stuhl neben sich Platz zu nehmen. Nach Sonnenuntergang frischte der Wind auf, und die Blumen verströmten einen noch intensiveren Geruch. James rief nach dem Sissu, der ihm eilfertig ein Glas Wein brachte. Dann versank er ganz in der Bewunderung des Bildes, das sich ihm bot: das Meer in der Ferne, auf dem die Lichter der Fischerboote aufflackerten. Im Haus waren alle Lampen angezündet worden. Der Koch und Amah zogen sich in ihre Hütte im unteren Garten zurück, und bevor Sissu seinen Dienst beendete, fragte ihn James noch: »Da sind keine Moskitos mehr, oder?«

»Alle erschlagen, und das Moskitonetz ist herabgelassen.«

James nahm Chong bei der Hand, durchquerte mit ihr den Salon, stieß die Tür zur Rechten auf und betrat das Schlafzimmer. Geschützt durch eine Glaskugel, brannte dort die Flamme eines Lämpchens. Während Chong zunächst ihre Kleidung Stück für Stück in den Schrank räumte, zog er sich aus. Dann ging er zu ihr, knöpfte ihr Kleid auf und löste die Kordel des Mieders. Sie legte den Rock und die Unterhose ab, wie Amah es ihr gezeigt hatte. Über ihren nackten Körper zog sie ein Nachthemd aus Spitze. James goss Wasser in eine große Blechschüssel. Dann gab er einige Tropfen aus einem kleinen Fläschchen dazu, das mit einer rötlichen Flüssigkeit gefüllt war.

»Erst kommt das Waschen, dann kommt das Schlafen.«

Chong verstand nicht, was er wollte, und beugte sich vor, um ihm die Schuhe auszuziehen. Aber er schob sie lächelnd von sich: »Bevor wir miteinander schlafen, waschen Sie sich da, und danach wasche ich mich auch.«

Aufgrund seiner Gesten verstand Chong, was er ihr sagen wollte. Sie schloss daraus, dass er wohl Angst vor Krankheiten hatte und ihr nicht vertraute.

Während er das Moskitonetz über sich zusammenzog, murmelte er: »Syphilis, Syphilis macht Angst.«

Dazuhocken und sich im Schritt desinfizieren zu müssen vermittelte Chong das Gefühl, wieder in dem Freudenhaus in Keelung zu sein. Sobald sie mit der Waschlösung in Kontakt kamen, standen ihre Schamlippen in Flammen. Das Mittel, das in Keelung verwendet worden war, ein Sud aus Alaun, hatte zwar fürchterlich gestunken, war aber bei Weitem angenehmer für die Haut gewesen. Nachdem sie sich den kleinen Schwamm eingeführt hatte, näherte sich Chong dem Bett.

James öffnete das Moskitonetz einen Spalt: »Kommen Sie schnell, eine Mücke ist direkt hinter Ihnen!«

Hurtig streckte sie sich neben ihm aus. Er vergewisserte sich noch, dass der Voile auch wirklich gut übereinanderlag und nicht das kleinste Schlupfloch für Insekten bot, aber in dem Moment, in dem er sich hinlegte, hörte er ein Sirren.

»Dieser Faulpelz Sissu!«, tobte er. »Dem werde ich morgen aber die Hammelbeine langziehen!«

James versuchte, die Mücke mit den Händen zu erschlagen, und als er glaubte, erfolgreich gewesen zu sein, untersuchte er seine Handflächen im Schein der Lampe. Chong fand es ziemlich amüsant, dass er Angst vor Moskitos hatte. In diesen Breiten ließen einen diese Plagegeister nie lange in Ruhe. Wie oft war sie bei der Arbeit in Keelung gestochen worden! Daher ahmte sie jetzt deren hohes Sirren nach und fuhr mit ihren Zeigefingern vor James' Gesicht hin und her. Dieser vergaß seine schlechte Laune und warf sich lachend auf sie, woraufhin die Bewegungen seiner Hände nach kurzer Zeit in Streicheln übergingen.

Chong lernte, dass die Europäer einen eigenen Kalender hatten, der die Woche in sieben Tage einteilte. James ging an sechs davon zur Arbeit. Um achtzehn Uhr kam er pünktlich zum Abendessen heim, außer an Samstagen, an denen er nur vormittags arbeitete. Diese Nachmittage verbrachte er dann zu Hause, besuchte seine Freunde oder trieb Sport mit ihnen. Den Sonntag verbummelte er meistens im Bett, bis er zur Kirche ging.

Chong hätte gern gewusst, wie diese Kirche aussah, aber James weigerte sich strikt, sie dorthin mitzunehmen. An einem Sonntag, als er bei seinen Freunden war, fragte sie Amah, ob sie nicht zusammen kochen wollten, denn sie hatte genug von kalten Platten mit Brot ohne etwas Warmes.

Mit einem verschwörerischen Blinzeln, das sie sich von den Europäern abgeschaut hatte, raunte Amah ihr zu: »Es ist so, samstags und sonntags essen wir, die Angestellten, alle gemeinsam drüben.«

»Oh! Wenn das so ist … könntet ihr mich dann nicht einladen?«

Die andere nickte und streckte ihr die Hand entgegen. Chong verstand den Sinn dieser Geste nicht: »Was soll das bedeuten?«

»Europäer besiegeln ein Geschäft mit einem Handschlag. Dazu sagen sie *Abgemacht*. Jedenfalls werden wir uns jetzt etwas kochen, ohne dass der Herr davon erfährt.«

»Abgemacht!«

So schüttelten sie sich lange die Hände.

In der Hütte im unteren Garten fanden sie den Koch und Sissu. Der vertraute Geruch nach Sojasoße und Meeresfrüchten hing in der Luft. Im Gemeinschaftsraum standen ein Tisch und Rattanstühle. Ein nicht mehr ganz sauberer Vorhang hing an der Tür zur Küche, und auf den beiden Längsseiten ging jeweils ein Schlafzimmer ab. Der Knoblauch und die würzige Soße kitzelten Chong angenehm in der Nase.

Sie stellte gleich klar: »Nennt mich auf keinen Fall *gnädige Frau!*«

Amah schüttelte den Kopf: »Wenn Herr Hufu auch nur einmal mitbekommt, dass wir Sie anders anreden, dann werden wir sofort entlassen. Wir müssen uns an die Regeln halten.«

»Aber wer bestimmt denn die Regeln?«

»Das sind die Europäer. Nach denen ist Herr Hufu der Ranghöchste, natürlich abgesehen von Ihnen. Dann sind da die Angestellten, die die Büroarbeit machen, und die Diener und Bediensteten im Haus kommen an letzter Stelle.«

Chong wandte sich an den Koch, der gerade mit einem großen Messer Knoblauch zerkleinerte, und an Sissu, der das Gemüse putzte: »In der Sprache der Europäer bin ich Lotos, und wie heißt ihr?«

Der Koch grinste breit: »Harry. Mein Familienname ist Sung.«

Der junge Diener stellte sich nun seinerseits vor: »Und ich bin Jacques!«

»Was gibt es denn heute Leckeres zu essen?«

Harry Sung lachte: »Wir haben Schweinefleisch in Sojasoße mit Knoblauch und in Sojapastete gedünstete Goldbrasse.«

»Das wird ordentlich stinken«, kicherte Chong.

Der verlockende Duft nach warmem Reis entströmte einem Bambuskörbchen.

»Wenn wir nicht im Haus sind, dann können Sie mich Liu nennen«, willigte nun Amah ein.

»Sie haben keinen westlichen Namen?«

»Doch, ich habe schon einen, Maggie, aber niemand verwendet ihn. Die Europäer vergessen selbst oft die Namen, die sie uns gegeben haben. Der Kleine da würde sich gerne Jacques rufen lassen, aber jeder sagt nur Sissu, was so viel wie *Junge* bedeutet. So gibt es den Tee-Sissu, den Restaurant-Sissu … je nachdem, welcher Beschäftigung sie nachgehen.«

Das Essen war fertig und angerichtet. Der Koch Harry, der Sissu Jacques, die Amah Liu und die gnädige Frau Lotos setzten sich. Jeder nahm sich eine Schale Reis, und Stäbchengeklapper setzte ein.

»Ach, wie gerne würde ich jeden Tag hier essen …«

Amah riss die Augen auf: »Das darf der Herr niemals erfahren! Das gehört eindeutig zu den verbotenen Dingen!«

Chong pikte mit den Stäbchen in die Luft: »Was ist denn sonst noch alles verboten?«

Die zwei Männer aßen gierig weiter, die Köpfe über ihre Schüsseln gebeugt.

Amah antwortete: »Ich kenne nicht alle Regeln. Unser Herr ist in vielerlei Hinsicht recht großzügig, aber es gibt ein paar Dinge, bei denen er unerbittlich ist, und da sollte man besser gehorchen. Wenn Sie die missachten, dann schickt er Sie zurück.«

Chong lachte schelmisch: »Wenn ich also in meine Heimat zurück möchte, dann brauche ich nur ungehorsam zu sein!«

»Vielleicht, aber dann verletzen Sie den Vertrag, und Ihr Gehalt wird komplett einbehalten.«

»Meinen Vertrag?«, fragte Chong verärgert.

»Alle, die hier angestellt sind, haben einen Vertrag«, erklärte Harry.

Chong schaute zu Amah, die langsam nickte mit großen, ernsten Augen, um dem mehr Nachdruck zu verleihen.

»Herr Hufu, Sie, wir drei, wir sind alle durch eine Vereinbarung an den Herrn James gebunden. Das heißt, eigentlich ist es die Gesellschaft, die uns angestellt hat.«

Das Essen war hervorragend, und Chong verbrachte einige gemütliche Stunden mit Amah und den anderen. Sie trank sogar mehrere Gläser Kaoliang. Plötzlich hielt die Hausangestellte erstarrt inne.

»Wie spät ist es?«, fragte sie den Koch.

Dieser stand auf und hob den Küchenvorhang an: »Ojemine! Vier Stunden sind schon vergangen!«

Amah setzte ihr Glas ab und erhob sich: »Wir sind spät dran! Der Herr, der nach dem Gottesdienst bestimmt noch mit seinen Freunden Karten spielen gegangen ist, wird gegen fünf Uhr wiederkommen. Ich muss schnell sauber machen und alles fürs Abendessen vorbereiten. Rasch, sputen wir uns!« Sie klatschte in die Hände.

Von diesem Tag an nutzte Chong James' Abwesenheit, um es sich mit dem Personal gemütlich zu machen.

Wegen des Weckers, den James nicht immer hörte, wachte Chong jeden Morgen vor ihm auf. Der Wecker war ungefähr so groß und rund wie eine Reisschale. Das Gehäuse war aus Silber, und auf der Rückseite steckten zwei Schlüssel. Mit dem einen konnte man die Zeiger bewegen, der andere zog eine Feder auf. Das Ticken hielt Chong anfänglich vom Schlafen ab, aber mit der Zeit gewöhnte sie sich daran und hörte es schließlich gar nicht mehr. Allein am Morgen bewirkte das Klingeln des Weckers, dass sie senkrecht im Bett saß, nur um sich den Kopf dann schnell mit dem Kopfkissen zuzudecken. Sie fand, dass James der Sklave dieser Apparatur war. Einmal hatte er sich auf den Bauch gedreht und war wieder eingeschlafen. Er war dann viel zu spät aufgestanden und musste sich beeilen, ins Büro zu kommen. Statt eine Dusche zu nehmen, spritzte er sich schnell etwas Wasser ins Gesicht und schimpfte mit Chong, der er vorwarf, ihn nicht rechtzeitig geweckt zu haben. Sie jedoch hatte aus Rücksicht seinen Schlaf nicht unterbrechen wollen. Bitter enttäuscht hatte sie ausgiebig geweint, nachdem er das Haus verlassen hatte.

Drei Monate, sechs Monate, die Zeit verging. Nach zehn Monaten konnte Chong sich schon mühelos in James' Muttersprache unterhalten. Zwar verstand sie nicht viel, wenn er sich mit Hufu über geschäftliche Dinge austauschte, aber was Haushaltsangelegenheiten betraf, so drückte sie sich besser aus als die anderen. James hatte ihr seine Sprache beigebracht, indem er sie geduldig alles wiederholen ließ und sie gegebenenfalls korrigierte.

Er mochte es nicht, wenn sie morgens nach ihm aufstand. Auch wollte er, dass sie ihm beim Frühstück Gesellschaft leistete, und zwar schön angezogen und zurechtgemacht. Eines Morgens kündigte er ihr an, nachdem er schweigend seinen Kaffee getrunken hatte: »Heute Abend werde ich Gäste haben … daher werden Sie Ihre Mahlzeit im Gästezimmer einnehmen.«

»Um wen handelt es sich denn?«

»Die Herren sind aus dem Büro«, antwortete James und schaute ihr direkt in die Augen.

»Soll ich dann beim Servieren helfen?«

»Nein«, sagte James und zog eine Augenbraue hoch.

Er ließ sie auf der Veranda zurück, ohne sie zum Abschied wie gewöhnlich auf die Wange zu küssen. Am Ende der Treppe drehte er sich noch einmal um: »Es ist Tradition … diese Art Abendeinladung ist nur für Weiße.«

Nach dieser Erklärung stieg er in die Kutsche, die sich sofort in Bewegung setzte. Chong wandte sich fragend an Amah, die hinter ihr stand: »Was soll das heißen: *Tradition?*«

»Das soll heißen, dass wir anders sind als diese Leute. Wenn sie solche Worte benutzen, dann heißt das, dass wir uns im Hintergrund halten sollen.«

»Also wirst auch du nicht servieren?«

»Nein, das wird Sissu besorgen. Der Koch und ich, wir bleiben in der Küche.«

Nachdem sie die Einkäufe erledigt hatten, machten sich der Koch und Sissu am frühen Nachmittag daran, die Abendeinladung vorzubereiten.

Auf ein großes, weißes, besticktes Tischtuch stellten sie Kerzenleuchter aus Silber, mit Weintrauben verzierte Teller sowie mehrere Wein- und Whiskyflaschen. Jacques, der seine Haare mit Öl sorgfältig gekämmt hatte, trug eine Jacke und eine Hose aus weißem Leinen. Er fühlte sich außerordentlich erhaben und würdigte Amah und Chong keines Blickes.

Als die Wanduhr sechs schlug, gab Amah Chong ein Zeichen: »Gehen Sie jetzt ins Gästezimmer. Ich werde Ihnen dann Ihr Abendessen bringen. Dann werden wir ganz unter uns ein Glas zusammen trinken.«

Chong beschloss nun endlich, die Frage zu stellen, die sie schon die ganze Zeit beschäftigte und die ihr auf der Zunge gebrannt hatte: »Schämt sich James für seine chinesische Konkubine?«

»Aber nein, meine Liebe. Die Engländer hier haben alle eine Inderin, Vietnamesin oder Chinesin. Das weiß auch jeder. James hat es Ihnen doch gesagt, diese Abendeinladung im Kreise reiner Engländer ist einfach eine Tradition hier.«

Chong ging mit sich zurate. Sie spürte eine leichte Verbitterung, als sie daran dachte, dass sie sich mit Desinfektionsmittel waschen musste, bevor sie mit James schlief. *Man muss sich an die Gepflogenheiten halten,* wurde ihr ununterbrochen gesagt. Statt wie befohlen in das Gästezimmer zu gehen, zog sie die Leiter herunter, die auf den Dachboden führte, und kletterte vorsichtig hinauf. Vom Fenster aus konnte sie auf die Holzterrasse hinunterschauen.

James' Einspänner kam als Erster in Sicht, gefolgt von einem vierrädrigen Landauer, dem drei Personen entstiegen. James stand schon am Fuße der Freitreppe. Die ersten beiden waren Männer, dahinter kam eine strohblonde Frau in einem weißen Kleid. Einer der Männer hatte ihr die Hand gereicht, um beim Aussteigen behilflich zu sein.

Mit durchdringender Stimme rief sie aus: »Wie herrlich ist es hier!«

Unterdessen hatte sich ein weiterer Wagen dazugesellt. Die Herren, die damit gekommen waren, trugen Zylinder und waren ungefähr in James' Alter. Sobald die Leute im Salon verschwunden waren, verließ Chong den Speicher. Vom Gang aus konnte sie hören, dass sie sich lebhaft unterhielten, ohne jedoch den Inhalt des Gesprächs zu verstehen. Das Gästezimmer war spärlich möbliert. Ein Bett, ein Tisch und vier Stühle. Obwohl hier nie jemand residierte, hatte Amah den Auftrag, das Parkett jeden Tag zu reinigen.

Auf einem Stuhl sitzend blickte Chong in den Hinterhof hinaus, als die Tür sich öffnete.

»Ich bin da!« Es war James, der noch seinen Büroanzug trug.

»Ich habe die Gäste ankommen sehen, vom Dachboden aus. Das war das erste Mal, dass ich eine europäische Frau gesehen habe.«

James zog einen Kamm hervor und richtete sich die Haare wie ein Schauspieler hinter der Bühne. Er rieb sich die geschlossenen Augen. »Das ist die Frau eines Kollegen aus einer anderen Firma. Sie wissen, dass Sie da sind.«

Schon auf der Schwelle fügte er noch hinzu: »Sie werden hier mit Amah essen. Meine Gäste gehen so um neun Uhr.«

Etwas später kam Amah mit einem Tablett. Sofort legte sie ihre Schürze und ihr Häubchen ab und setzte sich zu Chong.

Resigniert meinte Chong zu ihr: »Diese Europäer. Obwohl sie mit uns leben, schämen sie sich für uns.«

Amah, die bereits angefangen hatte, mit den Stäbchen ihr Gemüse zu essen, schaute verwundert hoch, dann brach sie in Gelächter aus: »Nein. Sie schämen sich nicht für uns. Für sie sind wir wie Hunde oder Katzen, die sie füttern. Wir Frauen haben es da noch gut, den Männern geht es schlechter! Wenn zum Beispiel europäische Frauen Kricket spielen und Pipi machen müssen, dann schauen sie sich um, ob andere Leute in der Nähe sind. Sind keine Weißen zu sehen, sondern nur Hausangestellte, dann scheuen sie sich nicht, ihr Höschen herunterzulassen und wie ein Hund vor anderen Hunden zu pinkeln.«

Chong trank ihren Wein in kleinen Schlucken. Ihr wurde langsam warm im Gesicht, und sie fühlte sich besser. Amah stellte die gebrauchten Teller auf der einen Seite des Tisches zusammen, dann goss sie sich ein Glas Wein ein.

»Meine Liebe, wollen Sie seine gesetzlich angetraute Ehefrau werden?«

Chong fragte sich, ob es wirklich das war, was sie wollte. Sie versuchte, sich die Gesichter der Männer ins Gedächtnis zu rufen, die ihr im Laufe ihres Lebens begegnet waren und eine Bedeutung für sie gehabt hatten. Aber ihre Spuren waren verblasst. Sie konnte sich nicht einmal mehr an die Stimme Tongyus erinnern, obwohl er ihre erste große Liebe gewesen war und sie ihn am Anfang herzlich vermisst hatte. Hatte sie überhaupt jemals die Ehefrau von jemandem sein wollen? Mit Tongyu in Hangchou ein Geschäft aufzumachen und mit ihm zusammenleben zu wollen, war dies nicht nur ein flüchtiger Traum gewesen, der kaum ein paar Tage gewährt hatte?

Im Grunde genommen war sie nichts weiter als ein Mädchen, das gekauft und verkauft worden war, und sie war nur hier, weil im Gegenzug für ihren Körper bezahlt wurde. Sehnte sie sich danach, frei zu sein? Konnte auf dieser Welt ein Mensch überhaupt frei sein? Sie wusste noch nicht einmal, wer sie wirklich war. Sie hatte niemals ernsthaft geliebt. Sie befand sich an diesem Flecken der Erde ohne Aussicht, jemals dorthin zurückkehren zu können, wohin sie wollte. James war ja der Meinung, die Europäer seien dabei, die Welt zu verändern, sie nach ihren Vorstellungen zu gestalten, sie zu modernisieren …

Gedankenverloren tippte Chong ihren Zeigefinger in die Wassertropfen auf dem Tisch. Amah goss den restlichen Wein in ihr Glas.

»Es gibt einen Weg, die gesetzlich angetraute Ehefrau eines Europäers zu werden, nämlich wenn man ihm Kinder gebärt. Die Inderin, die vor Ihnen da war, wollte Kinder, aber man hat sie gezwungen abzutreiben.«

Chong musste an Yutsao denken. »Ich habe schon eine Tochter!«

»Sie waren also schon verheiratet?«, fragte Amah erstaunt.

Über Chongs Gesicht huschte ein Lächeln.

»Es ist die Tochter einer Freundin, die bei der Geburt gestorben ist. Ich habe sie in Tamsui gelassen.«

»Ich bin aus Kanton, bin aber schon als kleines Mädchen hergekommen. Ich habe keine Erinnerung mehr an den Ort, an dem ich geboren wurde. Fast alle Chinesen hier kommen aus Kanton.«

Chong verstand, warum die Konkubinen in Singapur alle die legitime Ehefrau eines Europäers werden wollten. Wenn sie verheiratet waren, dann konnten sie ihren Ehemann begleiten, wenn dieser in seine Heimat zurückging, oder zumindest hier ein Haus und etwas Geld erben. Frau Shang konnte mit dem Geld, das sie in den zehn Jahren ihres Zusammenlebens verdient hatte, und dem, was sie als Abfindung bei der Scheidung von ihrem Mann erhalten hatte, ihr Freudenhaus in Tamsui eröffnen.

»Ich würde gerne Nachrichten nach Tamsui schicken, wie stelle ich das an?«

»Das ist nicht schwierig. Gehen Sie zum Geschäft unseres Herrn und bitten Sie Herrn Hufu, sich darum zu kümmern. Er könnte sogar das Schreiben für Sie übernehmen und in Ihrem Namen Geschenke besorgen lassen. Alles zusammen wird er dann einem Schiff übergeben, das in Formosa vorbeifährt.«

Gut gelaunt und mit glänzenden Bäckchen, was dem Wein geschuldet war, schlug Amah Chong vor, sich doch Freundinnen zu suchen. »Meine Liebe, Sie dürfen doch ausgehen.«

»Ich weiß aber gar nicht, wohin …«

»Es gibt da einen Ort, an dem sich Frauen wie Sie regelmäßig treffen. Wenn der Herr dann nach Kalkutta, Hongkong oder Shanghai reist, ist er mehr als einen Monat weg. Dann können Sie Ihre Freundinnen auch hier im Haus empfangen.«

Seit ihr Geliebter seine Freunde eingeladen hatte, schwelte in ihr das Verlangen, es ihm gleichzutun. Eines Tages musste James nach Penang fahren, weit oberhalb der Meerenge von Malakka. Da Chong wie viele ihrer Leidensgenossinnen nicht schreiben konnte, suchte sie in Amahs Begleitung Hufu auf und bat ihn, einen Brief an Frau Shang zu verfassen.

Verwalter Hufus Büro befand sich in einem niedrigen Ziegelbau, ganz in der Nähe der Gebäude, in denen die ausländischen Gesellschaften residierten. Auf seinem mit Wachs auf Hochglanz polierten Schreibtisch lagen Akten ordentlich in einer Reihe. An der Wand sprang ab und zu aus einem Kasten plötzlich ein Kuckuck hervor und rief sein Lied. Herr Hufu schrieb nach Chongs zögerlichem Diktat, das immer wieder ins Stocken geriet. Als der Brief fertig war, las er ihn zur Kontrolle noch einmal laut vor:

Meine liebe Mama Shang Yüan, dieser Brief ist von mir, Lenhwa. Geht es Yinghua, Yumei und Meisterin Wenji gut? Ist meine kleine Yutsao auch immer schön brav und gesund? Es ist schon fast ein Jahr her, dass ich Sie verlassen habe. Bislang wusste ich nicht, wie ich Ihnen eine Nachricht zukommen lassen sollte. Da ich es aber jetzt herausgefunden habe, werde ich Ihnen öfter Neuigkeiten von mir schicken. Am Anfang habt ihr alle und Tamsui mir so sehr gefehlt, dass ich oft des Nachts geweint habe. Mittlerweile habe ich schon ein bisschen Englisch gelernt, und ich fühle mich ganz wohl hier. James ist auch sehr nett zu mir. Yutsao aber vermisse ich unendlich. Sie muss ja mittlerweile schon sprechen können. Wie gerne würde ich hören, dass sie mich Mama ruft. Ich lege Geld bei für Meisterin Wenji, das für Essen und Pflege von Yutsao gedacht ist. Außerdem schicke ich euch kleine Geschenke. Ich weiß noch nicht, wie lange ich hierbleiben werde, aber wenn ich genügend Geld verdient habe, dann komme ich wieder. Wie gerne würde ich nahe bei Ihnen leben wollen und Yutsao selbst aufziehen. Sobald Sie diesen Brief bekommen, antworten Sie mir doch bitte gleich, damit Ihre Rückantwort mit demselben Schiff abgehen kann und ich schnell von Ihnen höre. Richten Sie bitte allen von mir schöne Grüße aus!

Danach begaben sich die beiden Frauen in das nahe gelegene Viertel mit den Geschäften. Amah kannte eines, in dem man eine Menge importierter ausländischer Waren fand. Kleider, Lebensmittel, Werkzeuge, Medikamente, Papierwaren … Es gab nichts, was es dort nicht gab. Chong kaufte zwei europäische Kleider für Yutsao, mit floralen Motiven bemalte Schirme für Frau Shang und Meisterin Wenji sowie Spangen und Kämme für ihre ehemaligen Kolleginnen.

Nachdem Amah einen schnellen Blick um sich geworfen hatte, öffnete sie rasch eine Tür an der Rückseite des Ladens und bedeute Chong, ihr zu folgen. Von einem langen Flur, wie man ihn oft in chinesischen Häusern fand, gingen zu beiden Seiten mehrere Nebenzimmer ab. In einem von ihnen befanden sich vier oder fünf europäisch gekleidete junge Damen und eine etwas reifere Frau, die einen blauen Ch'ip'ao trug. Durch die Fenster sah man auf das Meer und auf schaukelnde Boote, die vor Anker lagen oder gerade in See stachen.

Die Frau im Ch'ip'ao sprach Chong und Amah an: »Frau Liu, das ist ja ewig her, dass wir Sie das letzte Mal gesehen haben!«

»Ich möchte Ihnen meine neue Herrin vorstellen«, antwortete Amah höflich.

Die Damen waren beim Mah-Jongg-Spiel und hatten die Spielsteine vor sich auf dem Tisch aufgebaut.

»Ich bin entzückt, Sie kennenzulernen«, sagte Chong und verbeugte sich. »Ich heiße Lotos.«

Sofort brachen die Frauen unisono in lautes Gelächter aus. Chong wurde puterrot.

Die Dame mit dem Ch'ip'ao forderte sie auf: »Nehmen Sie doch Platz. Hier stellt man sich nicht mit seinem Namen vor, sondern als die Frau von Herrn Sowieso. Da Sie zu Herrn James gehören, sind Sie Frau James!«

Chong setzte sich zu der Gruppe.

»Ich wünsche Ihnen viel Spaß«, verabschiedete sich Amah. »Ich gehe jetzt heim und komme so gegen sechs Uhr wieder, nachdem ich die Einkäufe erledigt habe.«

»James ist also noch auf Reisen«, stellte eine Frau fest. Sie hatte einen Haarknoten, der von einem roten Band zusammengehalten wurde. »Er sollte seine Neue nicht allzu oft allein lassen.«

»Gewiss doch, deswegen hat sich Tara ja auch nach einem anderen umgeschaut.«

Die Dame mit dem Ch'ip'ao schien die Hausherrin zu sein. Sie war in den Dreißigern, etwas rundlich, und an ihren Armen sah man, dass ihre Haut fast so weiß war wie die einer Europäerin. Sie warf den Klatschweibern einen vorwurfsvollen Blick zu: »Ich habe euch doch darum gebeten, bei mir nicht zu lästern. Also Schluss jetzt, machen wir doch erst einmal die Vorstellungsrunde. Ich bin die Frau von Charles.«

Das rote Band fügte hinzu: »Sie ist die Reichste unter uns und Besitzerin dieses Ladens.«

Eine nach der anderen stellten sie sich vor. Wenn eine etwas kurz angebunden war, dann steuerte Frau Charles noch einige Informationen bei. Das rote Band nannte sich Frau Henry von der Firma Madison. Die, die sich über James' Inderin ausgelassen hatte, war Frau Johnson von Dent. Eine mit kurzen Haaren erklärte, sie sei Frau Thomas von Russel. Die Letzte war sehr stark geschminkt, hatte eine aufwendige Frisur und hieß Frau George. Sie sprachen alle Kantonesisch, und wenn Chong vorher nicht in Keelung und Tamsui gewesen wäre, hätte sie nicht verstanden, was gesagt wurde. Die Frau von Charles war noch als Konkubine nach Singapur gekommen, aber mittlerweile vor dem Gesetz seine Ehefrau geworden. Charles war ein erfolgreicher Geschäftsmann gewesen, der beschlossen hatte, auch im Ruhestand in Singapur zu bleiben. Er hatte Opium nach China verkauft und war dadurch zu einem besseren Händler geworden als die Chinesen selbst. Er sprach perfekt Chinesisch, und so machte er nach wie vor unter der Hand noch das ein oder andere Geschäft mit Unternehmen in Europa, die er gut kannte. Sie lieferten ihm Lebensmittel, aber auch Waren aller Art, und so hatte er für seine Frau den Laden eröffnet. Diese war etwas älter als ihre Freundinnen, die alle Ende zwanzig oder Anfang dreißig waren, aber Chong war bei Weitem die Jüngste. Um vier Uhr servierte Frau Charles der Gesellschaft den Nachmittagstee. Offensichtlich hatten alle großen Respekt vor dieser Sitte ihrer Männer. Frau Charles holte also Tee und Kekse, während die anderen die Spielsteine aufräumten. Eine Flut von Fragen prasselte nun auf Chong ein, die sie aber gern beantwortete.

Dann wollte sie ihrerseits wissen: »Sind alle von uns da?«

»Wie meinst du das?«, fragte Frau George, deren Haare zu Locken gedreht waren.

Das rote Band, Frau Henry, brachte Licht ins Dunkel: »Sie möchte wissen, ob wir, die Konkubinen von Europäern, vollzählig da sind. Das ist doch nicht so schwer zu verstehen, du Dumme!«

Langsam, aber nicht beleidigt fuhr Frau George lächelnd fort: »Oh nein! Hier gibt es ja so viele westliche Firmen, es wimmelt nur so von Konkubinen! Aber die Stadt ist auch voll von Matrosen und anderem Gesindel, das reicht von Arbeitern bis zu den Handlangern der Triaden. Diese versuchen, uns an die Wäsche zu gehen.«

»Eine junge Frau wie du«, riet nun Frau Johnson, »muss immer gut auf sich aufpassen!«

»Wir anderen sind schon über das Alter hinaus, wo wir Aufmerksamkeit erregen«, fügte Frau Thomas hinzu. »Aber unsere größte Sorge ist eigentlich, rechtzeitig unter die Haube zu kommen wie Frau Charles oder uns wenigstens eine Stelle als Amah zu sichern.«

Frau Charles wandte sich plötzlich an Frau Henry: »Musst du nicht los? Es ist Zeit, die Kinder abzuholen.«

»Oje! Wo habe ich nur meinen Kopf!«, rief diese aus und zog eine Taschenuhr hervor. Da haben wir's, ich bin zu spät dran! Jetzt muss ich mich aber sputen.«

Nun stand auch Frau George auf: »Ich gehe auch.«

»Zahle erst deine Schulden, du hast verloren«, forderte Frau Thomas und hielt sie am Ärmel fest.

Aber Frau George riss sich los: »Ich werde das nächste Mal bezahlen!«

Nach dem überhasteten Aufbruch der beiden maulte Frau Thomas: »Sich so abhetzen zu müssen, tsss! Was für ein Gedanke, Kinder haben zu wollen!«

»Das sind nicht ihre!«, stellte Frau Charles klar. »Sie hat sich der Kinder einer Freundin angenommen, die als Prostituierte nach Batavia gegangen ist.«

Auf diese Weise erfuhr Chong, dass es in Singapur eine Menge zurückgelassener Kinder gab. Man konnte mit Fug und Recht behaupten, dass Konkubinen wie Chong eigentlich ziemlich Glück hatten. Die Gassen des Hafens hingegen quollen über von Huren, die man aus Shanghai, Fuchou oder Hongkong hergebracht hatte. Ihre Kunden waren Bauern, Kulis und Minenarbeiter. In Singapur wohnten mehr Kontinentalchinesen als malaiische Ureinwohner, und der Frauenanteil lag gerade einmal bei ein bis zwei von zehn, ähnlich wie in Formosa. Daher florierte der Menschenhandel mit Kulis und Prostituierten. Das Milieu war unter Kontrolle eines Zuhälternetzes, das über Grenzen hinweg Niederlassungen gegründet hatte und über umfangreichen Besitz an Bars, Spielsalons, Opiumhöhlen und Bordellen verfügte. Hier hatte die Prostitution einen noch größeren Zuwachs erfahren als in Formosa. Die vielen Kinder, die in diese Umgebung hineingeboren wurden, fanden sich, ausgesetzt und allein gelassen, als Bettler, Diebe oder als Tagelöhner wieder und wurden weiter ausgebeutet.

Die Ostindische Handelsgesellschaft und die Handelskammer in Singapur waren von Anfang an lediglich an wirtschaftlichen Gewinnen interessiert gewesen, bis Singapur endgültig von England kolonialisiert worden war und man von dort einen Gouverneur entsandt hatte, um auf der Insel die öffentliche Ruhe und Ordnung aufrechtzuerhalten. Wenn die königlich britische Marine auf dem Meer kreuzte, um den Piraten das Handwerk zu legen, so blieben dem englischen Verwaltungsapparat jedoch nur ein paar Gurkhas, um die Sicherheit in der Stadt zu gewährleisten, denn die Verwaltung der Städte auf dem chinesischen Kontinent, die durch den Vertrag von Nanking festgeschrieben worden war, band einen Großteil der englischen Truppen. Das reichte natürlich nicht, um sich wesentlich in das Privatleben der Chinesen und der lokalen Bevölkerung einzumischen. Manche der ausgesetzten Kinder hatten das Glück, von Missionaren in Obhut genommen oder von Europäern adoptiert zu werden, manche wurden nach Indien geschickt.

»Was passiert denn mit den Kindern von Prostituierten?«, fragte Chong die Frau von Charles.

»Die Leute legen zusammen, damit sie nicht verhungern, manche werden auch von der Kirche aufgesammelt.«

Wegen Yutsao war nach diesem Treffen Chongs Interesse an den Kindern von Prostituierten geweckt. Während dieses ersten Jahres in Singapur hatte sich Chong an das Leben dort gewöhnt. Von Zeit zu Zeit lud sie ihre Freundinnen zu sich nach Hause ein, wenn James abwesend war. Die Damen taten zwar nicht viel, außer Klatsch zu verbreiten, aber sie waren unverfälscht und nett. Am meisten schätzte Chong Frau Charles für ihren Takt und ihre

Großzügigkeit, aber auch Frau Henry gefiel ihr, da sie immer gute Laune hatte und gesellig war. Beide waren bald für Chong wie große Schwestern.

Von ihnen hatte sie erfahren, dass ihre Amah auch einmal Konkubine eines Europäers gewesen war. Sie war in recht jungen Jahren als Dienerin in einem Handelshaus angestellt worden und hatte einem der Angestellten gefallen, dem sie zwei Kinder geschenkt hatte. Allerdings war er eines Tages weggefahren unter dem Vorwand, er müsse auf Geschäftsreise gehen. Es dauerte einen ganzen Monat, bevor sie begriffen hatte, dass der Mann für immer gegangen war, ohne ihr etwas hinterlassen zu haben. Sie hatte fortan ihre alte Mutter und zwei Mischlingskinder zu versorgen. Die Kinder waren mittlerweile schon über zehn Jahre alt, und eines hatte Arbeit auf der Werft gefunden.

Eine Tages fragte Chong Amah beiläufig: »Was machen die Prostituierten, wenn sie ein Kind geboren haben?«

»Wie üblich in dem Milieu: selbst erziehen oder bei anderen abgeben. Ab und zu hört man von ausgesetzten Babys, die von Missionaren aufgenommen werden.«

Chong vermied es, Amah Fragen über ihre Familie zu stellen, und fuhr fort: »Ich habe mich mit Frau Charles darüber unterhalten, wir müssen unbedingt etwas für die Kinder von Prostituierten tun.«

»Das ist keine leichte Aufgabe«, antwortete Amah. »Dazu braucht man eine Menge Geld.«

»Wir werden eine Sammlung organisieren. Frau Henry kümmert sich ja schon um die Kinder einer Freundin, wir anderen sollten ihrem Beispiel folgen.«

Amah hörte auf, den Tisch zu putzen. Schnell wischte sie mit der Hand ein paar Tränen aus den Augenwinkeln. Ihr Gesichtsausdruck hatte sich völlig verändert: »Ich habe auch ganz allein zwei Kinder aufgezogen, ich weiß, wie das ist … Manche Mütter reden sich ja ein, es sei besser zu sterben, noch bevor das Kind kommt … Wenn Sie diesen Frauen helfen, werden sie Ihnen auf ewig dankbar sein.«

Chong strahlte: »Ich liebe Kinder! Und ich verdanke der Wohltätigkeit von stillenden Müttern so viel, da ich nur einen blinden Vater als Ernährer hatte …«

Amah schlug zögernd vor: »Sie sollten vielleicht mit Herrn Hufu darüber sprechen. Er ist fast so reich wie die Europäer, aber er ist bescheiden und zuvorkommend.«

»Kennt er Frau Charles?«

»Aber natürlich, sie schätzen einander sehr.«

Als James einmal wieder nach Penang gefahren war, nutzte Chong die Gelegenheit und stattete Hufu einen Besuch ab. Als sie ihr Anliegen vorgebracht hatte, blieb er nachdenklich in seinem Drehstuhl sitzen, sog an seiner Pfeife und dachte nach. »Das ist eine sehr gute Idee, meine Gnädigste. Die Chinesen des Viertels finden zwar das Los dieser Kinder bedauernswert, aber niemand ergreift die Initiative und unternimmt etwas. Nur die Missionare kümmern sich um sie. Ich war in Europa, dort ist der Staat für diese Kinder zuständig. Wollen wir helfen, so müssen wir zunächst ein Haus finden. Dann stellen wir Personal ein, und schließlich sammeln wir die Kinder ein.«

Hufu brach plötzlich ab und blickte Chong an: »Haben Sie eigentlich darüber schon mit Herrn James gesprochen?«

»Nein, bislang nur mit Ihnen, Frau Charles und Frau Henry.«

»Trotzdem wäre es besser, Herrn James mit einzubeziehen. Europäer schenken einem ihr volles Vertrauen, wenn man die Dinge mit ihnen bespricht, aber wenn Sie ohne deren Zustimmung handeln, dann fühlen sie sich übergangen. Auf jeden Fall können Sie auf mich zählen, ich werde Ihnen helfen.«

Von da an sahen sich Chong, Frau Charles und Frau Henry praktisch jeden Tag. Sie fanden eine Unterkunft und engagierten zwei Betreuerinnen für die Kinder. Die eine war die Konkubine eines Europäers, die andere Köchin eines Vergnügungstempels.

Wenn James im Büro war, dann suchte Chong zusammen mit Frau Charles die Bordelle auf, um mit den Mädchen zu sprechen. Zufällig trafen sie dabei auf eine Hwachia, die sich im Milieu sehr gut auskannte und ihnen ihre Unterstützung zusagte. Im Handumdrehen hatten sie auf diese Weise zwanzig Babys beieinander. Da die beiden angestellten Betreuerinnen den Ansturm nicht allein bewältigen konnten, halfen die Damen aus dem Kreis der Konkubinen abwechselnd aus. Die Frau von Charles gründete einen Verein, der allen offenstand, die sich ehrenamtlich engagieren wollten. Hufu und weitere chinesische Händler gaben ihr Scherflein dazu. Die Europäer, die schließlich erfuhren, warum ihre Frauen so oft außer Haus waren, fühlten sich ebenfalls verpflichtet, ihren Teil beizusteuern.

Chong dachte, es sei an der Zeit, sich James anzuvertrauen, aber bevor sie dazu kam, war er es, der das Thema beim gemeinsamen Abendessen ansprach: »Es scheint, dass Sie etwas in der Stadt organisiert haben?«

»Ich wollte sowieso mit Ihnen darüber sprechen. Es handelt sich um die Betreuung von Kleinkindern.«

»Ich gebe Ihnen doch ein großzügiges Taschengeld, also sollte es keinen Grund geben.«

»Es gibt so viele Kinder von Prostituierten, denen kann man helfen. Ich möchte mich um sie kümmern.«

»Aber warum denn nur?«, wandte James ein und hob verständnislos die Arme.

Durch die Widrigkeiten des Lebens geschult, wusste Chong, dass man die Flinte nicht gleich ins Korn werfen durfte. Sie lächelte, ergriff James' Hände und zog sie auf ihren Schoß: »Ich weiß nicht, aber ich liebe die Kleinen. Vielleicht werde ich Ihnen auch eines Tages Kinder schenken …«

»Sie wissen, dass die Umstände dies nicht zulassen …«

Chong gab sich nun ganz zärtlich und strich ihm sanft durch Haare und Bart: »Wenn ich aber doch einmal schwanger würde und Sie in Ihre Heimat zurückkehren müssten, wer würde sich dann um das Baby kümmern?«

»Unmöglich, dieser Fall wird nicht eintreten.«

Da James aber noch in ruhigem Ton sprach, fuhr Chong selbstbewusst fort: »Ich verlange ja nicht viel. Nur etwas Geld für meine Stiftung und die Erlaubnis, von Zeit zu Zeit dort hingehen zu dürfen.«

»Ich habe mit Henry von der Firma Madison zu Mittag gegessen, und er hat mir erzählt, dass Sie mit seiner Frau zusammenarbeiten.«

»Und was hält Herr Henry davon?«

»Auch wenn es nicht immer einfach mit ihnen ist, so liebt er die Kinder seiner Frau sehr. Er hat ihnen Englisch beigebracht, und der Große macht sich ganz gut. Er meint, man solle sich besser um Kinder kümmern, als die Zeit mit Trinken und Mah-Jongg totzuschlagen.«

Chong nickte und lächelte: »Wir müssen uns alle dieser Art von Beschäftigung widmen. Wenn es sich erst herumspricht, kommen bestimmt noch mehr Mischlingskinder oder sogar Chinesenkinder.«

»Vielleicht sollte man diese Aufgabe aber auch den Missionaren überlassen und von den ausländischen Firmen eine finanzielle Beteiligung fordern.«

»Auf jeden Fall können wir mit gutem Beispiel vorangehen.«

James war jedoch nicht so rasch bereit, klein beizugeben, auch wenn er dabei ruhig blieb: »Europäer haben es aber nicht so gerne, wenn ihre Kinder mit Heiden aufwachsen.«

»Hier leben doch alle zusammen«, erwiderte Chong. »Weiße, Chinesen, Malaien … so möchte ich auch die Kinder aufziehen!«

James küsste sie auf die Wange: »Ich fahre in ein paar Tagen nach Kalkutta, dann haben Sie ja freie Bahn, um sich mit Ihren Wohltätigkeitsangelegenheiten zu befassen, nicht wahr?«

»Bleiben Sie lange weg?«

»Ich muss etwas im Land herumreisen und neue Ware beschaffen, das kann schon einen Monat dauern.«

Chong kniff ihn in den Oberschenkel: »Falls Sie auf Tara treffen sollten, passen Sie auf sich auf!«

»Tara … woher wissen Sie?«

Chong zupfte ihn am Bart: »Ich weiß alles. Wenn Sie mich verlassen wollen, dann sagen Sie es mir lieber gleich. In diesem Fall gehe ich nach Tamsui zurück.«

Einige Tage später schiffte sich James auf einem Dampfer ein, der über Penang nach Kalkutta gehen sollte, um dort indisches Opium zu laden. Jeden Tag gingen Chong und Amah zu der Krippe, die sie auf den Namen *Garten der kleinen Schmuckstücke* getauft hatten. Die Idee zu dem Namen war von Hufu gekommen, und er hatte ihn persönlich auf eine Tafel gemalt, die er über der Tür anbrachte. Das Haus, ursprünglich ein Obst- und Gemüseladen, lag im alten Hafenbezirk und war ein traditioneller einheimischer Pfahlbau. Diese Art der Konstruktion diente dazu, die Bodenfeuchtigkeit abzuhalten und Luft zirkulieren zu lassen. Es war ein ruhiger Standort, da die Händler in das neue Geschäftsviertel abgewandert waren, dorthin, wo sich auch die Büros der europäischen Handelsgesellschaften befanden. Ähnlich wie in malaiischen oder javanischen Dörfern hatte das Haus, in dem die Krippe war, Wände aus Schilfrohrgeflecht und ein Dach aus Fächerpalmwedeln. Der Boden wurde von einer großen Strohmatte bedeckt. Die Frauen hatten Teile von Mückennetzen mitgebracht, die aneinandergenäht nun dem ganzen Raum Schutz bieten konnten. Wenn eine Mutter zu Besuch kam, dann brachte sie immer Nahrung und Kleidung mit. Kam eine in den Genuss einer Baozu, dann holte sie ihr Kind für diese Zeit ab. Die Konkubinen der Europäer spendierten Milch und Gemüsesuppe. Selbst die bequemsten unter ihnen, die am liebsten ununterbrochen Karten gespielt hätten, fühlten sich unter dem strengen Regiment von Chong verpflichtet, etwas beizutragen. Früher oder später fanden sie sich dann zusammen mit den anderen wieder, wie sie Windeln wechselten und Münder abputzten.

Eines Tages lud Frau Charles Chong in ihren Laden ein. Dort waren viele ihresgleichen versammelt. Auf dem Tisch standen eine riesige Torte, Wein und Teller mit chinesischen Leckereien.

»Was gibt es für einen Anlass?«, erkundigte sich Chong.

Frau Charles antwortete: »Ich habe heute Geburtstag. Da Charles nicht da ist, wollte ich nicht allein feiern.«

Chong zählte mit dem Kinn die Anzahl der Kerzen. Da waren drei große rote und sechs kleine. »Du bist schon sechsunddreißig?«, rief sie erstaunt.

Frau Charles schlug ihr verschmitzt auf den Arm: »Psst! Wie kannst du nur mein Alter so herausposaunen?«

Die anderen Frauen forderten sie nun auf, die Kerzen auszupusten und die Gläser zu füllen, was sie unter allgemeinem Gelächter und Geklatsche auch tat.

Frau Henry verkündete: »Alles Gute zum Geburtstag, Frau Charles …« Sie hob ihr Glas »… und herzlichen Glückwunsch, Frau George!«

Frau Thomas richtete einen fragenden Blick auf Frau Henry und erkundigte sich spitz: »Was ist denn Frau George so Gutes widerfahren?«

Die Betroffene, die sich jeden Tag mit einer Brennschere Locken in die Haare machte, drehte nun verlegen eine davon um ihren Zeigefinger: »Es ist noch viel zu früh, um darüber zu sprechen …«

Frau Henry fuhr gleich dazwischen: »Warum denn, meine Liebe? Alle Welt wartet doch schon darauf.«

»Worum geht es denn eigentlich«, wollte nun Frau Johnson wissen. »Hat sie am Ende gar einen Geliebten?«

»Du denkst auch nur an das eine! Glaubst du denn, Frau George ist wie du?«

Frau Henry entschloss sich, alles aufzuklären, schließlich hatte sie ja Frau George in diese missliche Lage gebracht: »Unsere Männer arbeiten doch beide bei der gleichen Gesellschaft. George wird nach Indien versetzt, und er möchte sie heiraten und mitnehmen.«

»Das ist doch alles noch nicht genau festgelegt, man weiß ja nie …« Frau Thomas bemerkte wie immer schnippisch. »Man soll die Haut des Bären nicht verteilen, bevor er erlegt ist … Ihr wisst doch genauso gut wie ich, dass die Europäer, wenn sie versetzt werden, dort schnell eine neue Frau als Ersatz finden.«

»Aber Henry hat mir gesagt, dass ihm George höchstpersönlich diese Neuigkeit mitgeteilt hat, als sie ein Glas zusammen getrunken haben. Er hat die Absicht, seine Liebste zu heiraten.«

»Ist das wirklich wahr?«, platzte es aus Frau George heraus, und sie rang die Hände.

Frau Henry hob ihr Glas: »Ja, natürlich ist das wahr! Herzlichen Glückwunsch!«

Alle gratulierten ihr, und Frau Charles fügte hinzu: »Das ist wirklich schön! Es ist schon lange keine mehr aus unserem Kreis eine legitime Ehefrau geworden. Ich freue mich für Frau George!«

Frau Thomas schaltete sich ein: »Im Moment ist der chinesische Markt in Bewegung! Jeder scheint daran teilhaben zu wollen. Die Engländer haben sechs Häfen geöffnet. Alles, was zwei Beine hat, geht dorthin und treibt Handel. Ich glaube, Thomas wird über kurz oder lang auch nach China gehen.«

Frau Charles pflichtete ihr bei: »Ja, ich habe auch schon davon reden hören. Offensichtlich verspricht man sich vom chinesischen

Markt genauso hohe Gewinne wie vom indischen. Man wird in Chinesisch verhandeln müssen. Wir sprechen viel besser Englisch als die sogenannten Übersetzer mit ihrem Pidgin-English. Da wird sich bestimmt die ein oder andere Gelegenheit bieten.«

»Aber was für eine Art Geschäft kann eine Frau denn übernehmen?«, wagte Frau Henry einzuwenden. »Wir können doch nur irgendeine Bar oder ein Bordell aufmachen.«

Frau Charles verteilte nun Kuchen in der Runde: »Frau James' betrachten wir es doch einmal so. Wenn man besser gestellt ist, dann muss man wissen, wie man anderen helfen kann. Vergessen wir nicht die Zeit, als wir alle hierher verkauft wurden ...«

Frau Henry nickte zustimmend: »Das stimmt! Unsere Freundin hat wirklich Schlimmes durchgemacht, aber sie hat nie den Mut verloren. Sie wird es noch weit bringen.«

Chong schluckte ein Stück Cremetorte hinunter und schloss die Augen: »Ich habe mir geschworen, eines Tages frei zu sein und an einem Ort zu leben, an dem mir niemand etwas vorschreiben kann.«

»Heißt das, du willst in dein Heimatland zurückkehren?«

Heimatland, der Ausdruck überraschte Chong. Es war so lange her, dass sie ganz vergessen hatte, wo ihre Heimat eigentlich war.

Mit der Lebenserfahrung, die sie durch ihr Alter gewonnen hatte, fügte Frau Charles hinzu: »Wer von uns würde wohl nicht gerne in sein Heimatland zurückkehren? Aber man braucht nur das Meer zu betrachten. Mit der Zeit und mit dem Wind geht es hierhin und dorthin. Am besten, wir schaffen einen Ort für uns, der uns allein gehört.«

Chong war ergriffen von der Weisheit dieser Bemerkung. »Irgendwann und irgendwo werde ich einmal ein Haus bauen.«

Während James in Indien weilte, wurde die Singapurer Gesellschaft von verschiedenen Vorkommnissen erschüttert. George von der Firma Madison erlitt große Verluste auf dem chinesischen Markt. Er hatte einem Händler Wechsel übergeben, mit denen dieser in Fuchou Tee kaufen sollte. Aber sein Mittelsmann war unzuverlässig und verwendete die Mittel anderweitig auf eigene Rechnung, sodass der Verkäufer des Tees sich weigerte, die Ladung herauszugeben.

Damit er seinen Fehler wiedergutmachen konnte, wurde George nach Indien geschickt, wo er sich um Baumwollplantagen und Mohnanbau kümmern sollte. Es war offensichtlich, dass sein Arbeitgeber ihn mit dieser neuen Stelle und den damit verbundenen untergeordneten Aufgaben praktisch strafversetzt hatte. Unter diesen Umständen war es natürlich unmöglich, dass ihn seine Konkubine begleitete. Im Gegenteil, er musste das Boot besteigen, ohne seine langjährige Lebensgefährtin angemessen versorgt zu haben. Diese hatte sich verzweifelt in Frau Charles' Hinterzimmer vergraben und tagelang geweint. Ihr blieben jetzt nur zwei Möglichkeiten, entweder sie verdingte sich als Dienerin, oder ein anderer Europäer übernahm sie. Da die ganze Stadt von ihrem Schicksal wusste, musste sie ihre Hoffnung in Neuankömmlinge setzen. Zumindest sprach sie sehr gut Englisch, was ein Vorteil war. Charles und Henry boten aus Freundschaft an, sich in Batavia oder Luzon nach jemandem umzuschauen, der eine Konkubine benötigte.

Außerdem war da auch noch Frau Johnson, die sich einen Liebhaber genommen hatte, einen Gurkha der Küstenwache. Er war groß und schlank, hatte einen Bart und trug einen Turban, kurz, er war eine stattliche Erscheinung in seiner Uniform als britischer Soldat. Frau Thomas war diejenige, die als Erste die Vermutung geäußert hatte. Sie war ihrer Schicksalsgefährtin sowieso nicht ganz grün, und sie hatte Frau Johnson zufällig gesehen, als diese mitten am Tag in Begleitung eines jungen Mannes einen Gasthof verließ. Als Frau Charles davon erfuhr, nahm sie die

Schuldige ins Kreuzverhör. Diese leugnete zu Anfang, gab es aber zu guter Letzt doch zu. Sie hatte sich in dieselbe Lage gebracht wie Tara, die frühere Konkubine von James, der man aufgrund ihres Techtelmechtels mit einem indischen Soldaten den Laufpass gegeben hatte.

Frau Charles versuchte, ihrer Freundin ins Gewissen zu reden: »Dass Frau George nicht geheiratet worden ist, darauf hatte sie nun wirklich keinen Einfluss. Deshalb versuchen wir ihr zu helfen. Aber wenn du selbst alles dafür tust, entlassen zu werden, dann wird dir niemand unter die Arme greifen. Auch wenn wir nur Konkubinen sind, wir dürfen unsere Männer nicht betrügen.«

In Tränen aufgelöst, schilderte ihr Frau Johnson, wie sie darüber dachte: »Glaubt ihr denn, dass Johnson mich wie ein menschliches Wesen behandelt? Er verlangt jedes Mal, bevor wir miteinander schlafen, dass ich mich desinfiziere. Das brennt fürchterlich! Aber was noch schlimmer ist, nur alle paar Monate hat er Verlangen nach mir! Außerdem ist er ständig auf Reisen, was seiner Rolle als mein Mann auch nicht gerade zuträglich ist.«

»Glaubst du, dass das nur auf dich zutrifft?«, seufzte Frau Charles. »Schau Frau James an. Sie ist sehr selbstständig. Sie verlässt sich nicht auf den Mann. James kann gar nichts gegen sie unternehmen. Je schlechter es dir ergeht, umso stolzer solltest du auf dich sein.«

Was nun den *Garten der kleinen Schmuckstücke* betraf, so lief dort alles reibungslos. An die vierzig Kinder waren bislang aufgenommen worden. Immer mehr europäische Firmen wurden darauf aufmerksam und unterstützten die Krippe finanziell und mit Medikamenten. Auch die Missionare trugen dazu bei, indem sie den nötigen Rückhalt boten.

So gingen drei Jahre ins Land. James Geschäfte liefen sehr gut, und er trug sich mit dem Gedanken, ein Büro in Shanghai zu eröffnen. Zuvor musste er aber noch für einige Zeit in sein Heimatland fahren. Außerdem plante die Firma Madison, die Seidensparte auszubauen und sich vom Teegeschäft zu trennen, das man zunehmend als Ballast empfand. Sie zählten auf James, um mit seiner Hilfe den Tauschhandel mit Suchou und Hangchou in Schwung zu bringen. Deshalb würde er erst in sechs Monaten wieder nach Singapur zurückkehren.

»Lotos, nach meiner Rückkehr werde ich Sie mit nach Shanghai nehmen. Ich brauche dort eine Frau wie Sie. Wenn Sie meine Ehefrau werden möchten, dann werden wir uns in der Kirche trauen lassen.«

Chong hatte jedoch etwas ganz anderes im Sinn. »Wir wollen nichts überstürzen«, antwortete sie ihm. »Ich wünsche Ihnen erst einmal eine gute Reise, über alles andere reden wir, wenn Sie wieder da sind.«

Als seine Abreise näher rückte, gab er ein Fest für seine englischen Freunde und ein weiteres für seine chinesischen Geschäftspartner, zu denen Hufu zählte, und eines für die Freunde von Chong. Am Tag der Einschiffung kam Chong nicht mit zum Hafen, sondern verabschiedete ihn auf der Freitreppe. Sie zog ernsthaft in Betracht, sich von James zu trennen, sobald er wiederkam.

Frau Charles' Erstaunen kannte keine Grenzen, als Chong ihr von ihren Plänen erzählte: »Das ist wieder typisch! Du bist wirklich nicht wie die anderen! Jede andere träumt davon, von einem Europäer geheiratet zu werden. Warum nicht auch du?«

»Ich werde mir meinen Ehemann selbst aussuchen. Gewählt zu werden, das ist doch nicht erstrebenswert, oder? Die Männer verlangen von uns, dass wir uns vor dem Beischlaf desinfizieren. Bei James war es am Anfang auch so. Und wir dürfen nicht mit ihren europäischen Freunden zusammentreffen …«

Im Grunde war Frau Charles einer Meinung mit Chong, aber sie machte deutlich: »Am Anfang bewahren wir Abstand, auch weil wir nicht derselben Rasse angehören. Aber nimm Charles und mich, wir sind heute wie jedes andere Ehepaar auch.«

Chong setzte dem entgegen: »Ich bin kein Anhängsel, kein Gegenstand!«

»Aber was willst du anfangen, wenn du ihn verlassen hast?«

Da brauchte Chong nicht eine Sekunde zu überlegen: »Ich werde nach Tamsui zurückkehren, wo meine Tochter Yutsao auf mich wartet.«

Sie nutzte James' Abwesenheit wieder einmal für einen Besuch bei Hufu. Diesmal erkundigte sie sich nach der Höhe ihres Vermögens. Sie hatte ihre Einkünfte Hufu überlassen, der sie zusammen mit seinem Geld in Opium aus Indien investiert hatte, das er in Kanton gegen hochwertigen Pu-Erh-Tee eingetauscht hatte. Der Verkauf des Tees wiederum hatte einen satten Gewinn eingebracht, und Hufu zahlte Chong ihren Anteil in Silberstücken aus. Er behandelte sie mittlerweile wie ein Familienmitglied, da sie sein Vertrauen gewonnen hatte. Die Krippe war nicht mehr auf Chongs Mitarbeit angewiesen, und so war sie bereit, dieses Kapitel ihres Lebens abzuschließen.

Als James ein halbes Jahr später nach Hause kam, empfing ihn Chong auf den Stufen der Veranda.

Kurze Zeit später, James saß in seinem Schaukelstuhl und rauchte eine Zigarre, teilte sie ihm mit: »Ich werde Sie verlassen.«

Er begriff nicht recht und drehte sich zu ihr um: »Was soll das heißen?«

»Ich möchte nach Tamsui zurückkehren.«

James warf seinen Stumpen in den Garten und brüllte: »Was? Wie können Sie es wagen? Ich habe Sie aus dem Dreck gezogen und aus Ihnen eine Dame gemacht, ich möchte Sie heiraten … Und Sie ziehen es vor, wieder als Hure nach Tamsui zu gehen?«

Chong ließ sich nicht einschüchtern, sondern sagte ruhig: »James, Sie sind doch Geschäftsmann, also werden Sie das verstehen. Wir haben einen Vertrag geschlossen, ich bin Ihre Angestellte, und Sie bezahlen mich dafür. Wenn der Vertrag ausläuft, könnten wir entweder einen neuen machen oder Sie suchen sich eine neue Frau.«

Er war hochrot vor Erregung, aber weit entfernt davon, aufzugeben: »Wollen Sie einen neuen Vertrag? Wie viel wollen Sie?«

Chong senkte die Stimme: »Mir genügt meine Abstandssumme, dann werde ich gehen.«

Ohne ein weiteres Wort lief er aus dem Zimmer und schlug die Tür hinter sich zu. Chong übernachtete allein im Gästezimmer.

Am nächsten Morgen fragte er beim Frühstück: »Wann möchten Sie fahren?«

»Sobald es ein Schiff nach Formosa gibt.«

»Ich werde mich bei Hufu erkundigen«, sagte er knapp, wobei er vermied, sie anzuschauen.

Chong beschloss, das Schiff der Madison-Gesellschaft zu nehmen, das Kanton und Tamsui zum Ziel hatte. In den folgenden Tagen redete James kaum ein Wort mit ihr.

Eines Morgens, er war gerade ins Büro gefahren, sagte Chong zu Amah: »Ich muss dir etwas sagen.«

Amah, die den Boden wischte, hielt inne.

»Ich werde James verlassen. Sobald das Schiff nach Tamsui hier festmacht, werde ich aufbrechen.«

Die Dienerin schlug die Augen nieder: »Das wusste ich schon. Harry und Jacques haben sich darüber unterhalten. Sie hatten Ihre Auseinandersetzung mitbekommen.«

»Da es bis zu meiner Abfahrt nur noch wenige Tage sind, möchte ich meine Freundinnen morgen einladen.« Dann zog Chong drei kleine Seidensäckchen hervor, und in jedem war ein Geldstück. »Ich wollte euch eigentlich erst später einweihen, aber ihr hättet es euch sonst angesichts des Besuches meiner Freundinnen morgen zusammengereimt. Bitte nimm das von mir, obwohl es nicht viel ist. Gib bitte eines dem Koch und das andere Sissu.«

Lius Augen wurden feucht. »Gnädige Frau, Sie werden uns fehlen. Sie waren einfach einzigartig …«

»Nenne mich doch bitte nicht mehr gnädige Frau. Ich bin auch weder Frau James noch Lotos. Mein Name ist Lenhwa.«

Amah hatte sich Chong gegenüber hingesetzt: »Wissen Sie, eine Frau wie Frau George, die der Mann verlassen hat, ist so eingebildet, dass sie niemals eine Hausangestellte werden könnte wie ich. Aber Sie, Sie sind eine Ausnahme. Die Leute im Hafen sagen über Sie, dass Sie eine wahre Yelaihsiang sind. Ich kenne keine andere Frau, die den Antrag eines Europäers zurückgewiesen hat.«

»Ich möchte so leben, wie mein Herz es mir sagt«, entgegnete Chong.

Am nächsten Tag empfing Chong ihre Freundinnen, die Frauen Charles, Henry und Thomas. Der Koch und Sissu hatten eine wunderschöne Tafel hergerichtet mit chinesischen Gerichten wie Meeresfrüchten und Gemüse mit verschiedenen Soßen. Frau Johnson war nicht erschienen. Sie hatte wegen ihres Liebhabers mit ihrem Mann Streit, und im ganzen Hafen wurde darüber geklatscht.

»Wenigstens hat er ihr bis jetzt noch nicht den Laufpass gegeben, wie es Frau George passiert ist«, bemerkte Frau Henry. »Aber du, Frau James, bist von uns allen am besten dran!«

»Was wirst du denn in Tamsui machen?«

Chong überlegte einen Moment lang: »Als Erstes werde ich Yutsao in den Arm nehmen und dann … soll ich wieder die Männer im *Bambusgarten* empfangen?«

»Aber hast du nicht die Nase voll davon?«, rief Frau Thomas aus, die dies für bare Münze nahm.

»Ja, aber ja doch«, sagte Chong und brach in Lachen aus. »Trotz ihrer Bärte und ihrer gewichtigen Mienen sind die Männer doch wie Kinder, so verletzlich.«

Der Tag der Abreise nahte, und Chong ging noch ein letztes Mal zur Krippe. Sie spielte einige Stunden mit den Kindern, dann verabschiedete sie sich von den Angestellten. Dem jungen Priester, der von einem Orden hergeschickt worden war, gab sie einen Teil ihrer Abfindung, die ihr Hufu in James' Namen ausgehändigt hatte. Der Mönch segnete sie mit einem Kreuzzeichen und sprach ein Gebet. Als sie ging, gab er ihr noch als Andenken einen Rosenkranz, auf dessen Anhänger ein gekreuzigter Jesus abgebildet war.

Chong suchte ein letztes Mal Hufu auf, der sie in ein Teehaus in der Nähe seines Büros einlud. Er betrachtete sie wohlwollend über den Rand seiner Brille hinweg: »Sie gehen also wirklich nach Tamsui zurück? Dabei ist das noch nicht einmal Ihr Heimatland?«

»Aber dort sind Menschen, denen ich sehr zugetan bin.«

»Also hat Herr James Ihnen nicht genügend Zuneigung entgegengebracht?«

Chong behielt sich vor, nicht darauf zu antworten.

»In der Geschäftswelt lügt man nicht, und man hält seine Verträge. Dadurch, dass sie sich an diese Prinzipien halten, sind die Europäer so weit gekommen und so erfolgreich geworden.«

»Ich ziehe aber die Welt, die ich vorher hatte, dieser vor.«

Hufu lächelte verschmitzt: »Ich auch, aber man kann den Lauf der Zeit nicht aufhalten.«

Bevor er aufstand, gab er ihr ein kleines Samtkästchen. »Auf Wiedersehen, Lenhwa, ich hoffe sehr, wir treffen uns eines Tages wieder.«

»Ich danke Ihnen für alles.« Aus Lotos war wieder Lenhwa geworden. Sie legte ihre Hände aneinander und verbeugte sich, wie man es im südlichen Teil von Asien machte.

Hufu sagte noch: »Die Krippe ist eine gute Sache. Vielen Dank dafür. Mögen Sie glücklich sein, wo immer Sie auch hingehen.«

Als Chong heimkam, suchte sie nach dem Koch, Sissu und Amah und fand sie in der Küche. Jeder der drei übergab ihr ein kleines Geschenk. Harry hatte einen Mondkuchen gebacken, obwohl es noch weit hin war bis zum nächsten Mondfest. Von Jacques bekam sie europäische Bonbons, die in buntes Papier eingewickelt waren, und Amah hatte ihr einen hellblauen Ch'ip'ao genäht. Chong ging in ihr Zimmer, um zu packen. Die europäischen Kleider hängte sie in den Schrank zurück. Was sie bei ihrer Abreise aus Tamsui getragen hatte, legte sie in ihre Tasche und verstaute sorgfältig ihre Geschenke. Nur die Uhr und den Rosenkranz ließ sie auf dem Tisch zurück. Diese Dinge gehörten in eine andere Welt, die Welt, die sie vorhatte zu verlassen.

Am Abend vor ihrer Abreise kam James früher nach Hause als sonst. Er hatte schlechte Laune, weswegen Chong ihn in Ruhe ließ. Ohne sich frisch zu machen, blieb er gleich im Salon, dann zog er sich in seinen Sessel zurück und starrte aufs Meer.

Schließlich brach Chong das Schweigen: »Ich danke Ihnen für Ihre Hilfe.«

James antwortete: »Sie müssen auf ein Dampfschiff warten. Das Boot, das morgen abgeht, ist nur eine Dschunke.«

»Es ist ja wohl nicht das erste Mal, dass ich an Bord einer Dschunke gehe.«

Stille. Man hörte nur, wie Frau Liu den Tisch deckte.

Zögernd sprach James weiter: »Ich habe ... mit Ihnen zusammen viel Schönes erlebt. Sie waren für mich wie eine Ehefrau ...«

»Tatsächlich? Wenn Sie nach Shanghai fahren, dann besorgt Ihnen Ihre Firma doch immer junge, willige Mädchen.«

James ließ seine Arme von den Sessellehnen gleiten. Chong kannte diese Geste der Resignation. Leise sagte James: »Wollen Sie gar nicht wissen, wie mein Aufenthalt in meiner Heimat war?«

»Sie haben mir doch gesagt, dass Sie Ihre Familie besucht haben.«

Er hatte einmal extra eine Karte ausgerollt, damit Chong sehen konnte, wo Manchester lag. Die Insel, die er ihr gezeigt hatte, war wie eine Seidenraupe geformt, und Chong hatte sich gefragt, in welchem Winkel der Erde sie wohl lag.

»Ich kann nicht so weiterleben wie bisher«, fuhr James fort. »Ich habe beschlossen zu heiraten.«

»Sie kehren nach Hause zurück?«

»Nein. In Shanghai gibt es ein Ausländerviertel. Dort kann man auch mit einer europäischen Familie leben.«

James ging zum Tisch: »Kommen Sie, lassen Sie uns auf Ihre Abreise anstoßen. Lotos, durch Sie habe ich begriffen, dass ich eine Familie gründen sollte.«

»Das freut mich sehr. Lassen Sie eine Frau aus Ihrer Heimat kommen?«

»Das würde ich gerne, gesetzt den Fall, ich finde eine, die bereit ist, in dieser entlegenen Ecke der Welt zu leben.«

In trauter Zweisamkeit nahmen sie nun das Abendessen ein und unterhielten sich noch eine Weile ungezwungen. Danach ging James in sein Schlafzimmer, während Chong sich in das Gästezimmer zurückzog. Bevor sie sich niederlegte, zog sie die europäischen Kleider aus und probierte ihren Ch'ip'ao an. Sie flocht sich das Haar wie früher und steckte sie mithilfe der Spange aus Büffelhorn im Nacken hoch. Dann versprach sie ihrem lächelnden Ebenbild im Spiegel: Du bist es, die ich wiederfinden werde, und davon wird mich niemand abhalten.

Am nächsten Morgen stand sie spät auf, sodass die Kutsche schon am Fuße der Freitreppe wartete. Die Angestellten waren erstaunt, als sie Chong im Ch'ip'ao sahen. Der Koch, Sissu und Amah stritten sich darum, wer ihr die Tasche tragen durfte. Bevor sie in den Wagen einstieg, drehte sie sich noch einmal zu dem

Haus um, in dem sie vier Jahre ihres Lebens verbracht hatte. Die Dienstboten winkten, um ihr Lebewohl zu sagen.

Am Pier erwarteten sie Frau Charles und Frau Henry. Letztere versorgte sie mit Proviant für die Reise. Frau Charles schenkte ihr noch Kinderkleider für Yutsao, die sie aus dem Sortiment ihres Ladens ausgewählt hatte.

Dschunken durften nicht am Kai anlegen, weswegen Chong zunächst in dem Kahn übersetzen würde, dessen Waren gerade entladen wurden.

Frau Charles ergriff ihre Hände: »Gute Reise! Ich wünsche mir von ganzem Herzen, dass du jemand Nettes kennenlernst und bis an dein Lebensende glücklich sein wirst.«

Frau Henry setzte noch hinzu: »Wir werden dich nie vergessen. Ich hoffe, du wirst eines Tages in deine Heimat zurückkehren.«

Chong umarmte die beiden Frauen, die sich Taschentücher an die Augen drückten. Sie ließ sie an der Mole zurück und stieg in das Beiboot. Angetrieben von kräftigen Ruderschlägen, entfernte es sich immer weiter vom Hafen, eine beachtliche Heckwelle hinter sich herziehend.

An Bord der Dschunke angekommen, warf sie einen Blick zurück zum Kai, wo die beiden Frauen standen, die nicht aufgehört hatten, mit ihren Taschentüchern zu winken. Die Matrosen hissten die Segel mithilfe von Seilen und Umlenkrollen. Einer der Seeleute forderte sie auf, das obere Deck zu verlassen. Also begab sie sich in den Aufenthaltsraum für Passagiere.

Einen ganzen Tag lang brauchte das Schiff, um die malaiische Halbinsel zu umrunden und in Richtung Borneo in die offene See zu stechen. Zehn Tage dauerte es, bis sie das Südchinesische Meer erreichten. Von den Passatwinden vorangetrieben, segelte die Dschunke nach Nordosten. Appetitlos verbrachte Chong, vom Schlingern des Schiffs gequält, die meiste Zeit in der Horizontalen auf ihrem Bett.

DER PALAST IM MEER

Eines Morgens, es dämmerte gerade erst, kam Tamsui in Sicht. Geweckt durch laute Stimmen an Deck, machte Chong sich auf den Weg zum Oberdeck. Die anderen Passagiere hatten sich bereits alle dort versammelt. Plötzlich mischte sich, herangetragen von einer kühlen Brise, der Geruch von Erde in die salzige Meeresluft. Als Chong sich umwandte, sah sie die grünen Hügel von Tamsui in den ersten Sonnenstrahlen des Tages hell aufleuchten. Daraus ragten majestätisch die Berge Kuanyin und Tatun hervor.

Die Dschunke fuhr in die Hafenanlagen ein. Beim Anblick der dicht an dicht stehenden roten Backsteinhäuser stiegen Chong die Tränen in die Augen. Selbst die schrecklichen Erinnerungen an den Hafen von Keelung machten sie wehmütig. In Singapur war zwar ihr Leben angenehm und friedlich verlaufen, aber sie hatte sich immer allein und fremd gefühlt. Ganz zu schweigen von der Eintönigkeit ihres Daseins dort.

Kaum hatten sie geankert, umringte eine Vielzahl von Booten die Dschunke wie Entenküken ihre Mutter. Als die Passagiere von Bord gingen, kamen Matrosen herbei, um mit ihren starken Armen zu helfen. Beladen mit einer großen und einer kleinen Tasche, setzte Chong ihren Fuß am Anlegesteg von Matou an Land. Sogleich brachen die Hitze, die Gerüche der Freiluftgarküchen und der Lärm des Marktes über sie herein. Da sie ihre Ankunft nicht angekündigt hatte, war niemand vom *Bambusgarten* da, um sie zu empfangen. Chong überquerte den Marktplatz und bog in die altbekannte Straße ein, vorbei an den Häusern mit den Balkonen. Die Teehäuser, die Restaurants, nichts hatte sich verändert. Sobald der vertraute Namenszug in Sicht kam, fing ihr Herz an, heftig zu klopfen.

Chong blieb stehen, um die Taschen in die andere Hand zu wechseln. Passanten drehten sich nach ihr um. Von dem Balkon über ihr ertönte ein Schrei, begleitet von heftigem Winken: »Aber nein … bist du das, Lenhwa?«

Sofort erkannte Chong Yinghuas Stimme: »Yinghua, ich bin es!«

Yinghuas runder Kopf verschwand hinter der Balustrade, und Chong hörte das Stimmengewirr mehrerer Mädchen, die durcheinanderriefen, und dann bewegte sich der Lärm auf die Straße zu. Als Chong durch die Tür des *Bambusgarten* trat, kam ihr Frau Shang entgegengeeilt. Ohne Rücksicht auf die Kunden, die bei einer Tasse Tee im Foyer saßen, ließ Chong ihre Taschen fallen und warf sich ihrer Gönnerin in die Arme.

»Mama, ich bin wieder da!«

Frau Shang drückte ihren Zögling an ihre Brust: »Letzte Nacht habe ich von dir geträumt … und jetzt bist du wirklich da!«

So standen sie eine Weile eng umschlungen. Dann löste Chong sich aus der Umklammerung, als sei plötzlich alle Kraft aus ihr gewichen. Sie sah ein kleines Mädchen auf sich zulaufen. Dahinter stand lächelnd Meisterin Wenji.

Frau Shang drehte sich um: »Ja, du hast es erraten. Das ist deine Tochter. Sie ist jetzt fünf.«

Ergriffen rief Chong mit belegter Stimme: »Yutsao! Yutsao!«

Die Kleine hatte Angst und drehte sich nach Meisterin Wenji um. Da ging Chong in die Hocke, beugte sich vor und breitete die Arme aus: »Yutsao, meine Süße, komm doch zu deiner Mama!«

Doch Yutsao lief von ihr weg. Chong, die sich so danach sehnte, ihre Tochter zu umarmen, folgte ihr und zog sie an sich. Das Kind fing an zu heulen.

Chong war fassungslos und wollte die Kleine schon Meisterin Wenji geben, da legte Frau Shang ihr beruhigend die Hand auf die Schulter und sagte: »Kinder müssen viel schreien, damit sie eine schöne Stimme bekommen, weißt du? Nimm sie trotzdem einfach fest in den Arm.«

Meisterin Wenji ging ein paar Schritte vor, während sie gleichzeitig versuchte, Yutsao zu beruhigen. Bewundernd sagte sie zu Chong: »Lenhwa, du bist schön wie eh und je!«

Ungefähr die Hälfte der Mädchen, die Chong gekannt hatte, war noch im *Bambusgarten* beschäftigt, und Yinghua war zur Hwachia des Hauses aufgestiegen. Zusammen begleiteten sie nun die Heimkehrerin zur Treppe, die in den ersten Stock führte. Der Verwalter des Restaurants und seine Angestellten trugen die Taschen hinterher.

»Gehen wir in unser Zimmer?«, fragte Meisterin Wenji, wobei sie die immer noch weinende Yutsao aus Chongs Arm entgegennahm.

»Nein, wir gehen natürlich zu uns Mädchen!«

Gemeinsam begaben sich alle ein Stockwerk höher.

»Was ist mit Yumei?«, erkundigte sich Chong bei Yinghua.

»Sie ist verheiratet«, antwortete Frau Shang.

»Wo lebt sie?«

»Gleich um die Ecke. Wir brauchen nur jemanden zu ihr zu schicken, dann kommt sie bestimmt sofort. Sie kümmert sich sehr viel um Yutsao.«

Am nächsten Morgen besuchte Chong Yumei in ihrem kleinen Nudelrestaurant am Marktplatz. Es gab dort draußen eine Bank und drinnen einige Tische. Ganz hinten war ein kleines Zimmer. Chong betrat mit Yinghua zusammen die Küche, die zur Straße hin lag. Yumei hatte eine Schürze umgebunden und kümmerte sich um den Abwasch. Außer sich vor Freude fiel sie Chong um den Hals, ihr schossen die Tränen in die Augen, und sie drückte ihr Gesicht ganz fest an Chongs Wange.

Yumeis Mann war klein, immer gut aufgelegt und hatte früher in der Küche eines Freudenhauses gearbeitet. Als Yumei nur noch Kunden annehmen wollte, die sie wegen ihres Gesangs schätzten, hatte Frau Shang es durch ihre guten Beziehungen fertiggebracht, einen Ehemann für sie zu finden. Sehr schnell hatten sie dann einen Sohn bekommen, der gerade quengelnd durch das Hinterzimmer robbte. Yumeis Mann putzte Gemüse und schmetterte dabei Volkslieder, die er zweifelsohne von ihr gelernt hatte. Der Text stimmte, aber er sang fürchterlich falsch. Yinghua und Chong, die sich an einer Schüssel voll Nudeln gütlich taten, prusteten mit vollem Mund los.

Yumei verdrehte die Augen: »Ist er nicht süß?«

»Süß? Mmmmph …«, machte Yinghua und riss die Augen auf wie noch nie, worauf alle drei Frauen in schallendes Gelächter ausbrachen.

Einen Monat nach Chongs Rückkehr begann die Zeit der Taifune. Regen und Wind fegten ohne Unterlass durch die Straßen der Stadt. Danach beruhigte sich das Wetter für einige Tage, bevor erneut ein Taifun aus dem Pazifik die Insel traf.

Chong wohnte zusammen mit Yutsao im Zimmer von Meisterin Wenji. Die erste Zeit litt die selbst ernannte Adoptivmutter sehr unter der Ablehnung der Kleinen. Aber nach und nach wurden sie vertrauter miteinander, und bald konnte das Kind keinen Augenblick mehr ohne Chong sein. Yutsao redete ununterbrochen, aber sie drückte sich gut aus, und Chong verbrachte oft Stunden damit, sich mit ihr zu unterhalten.

Eines Tages wollten Chong, Meisterin Wenji und Yutsao den Nachmittagstee oben innerhalb der Festungsmauern einnehmen.

Sie betraten das höchstgelegene Teehaus, direkt auf der Spitze des Hügels. Außer ihnen war niemand da. So setzten sie sich an eines der Fenster, das weit geöffnet war und von dem aus man eine wunderbare Sicht auf das Meer hatte. Yutsao lief plappernd mal hierhin, mal dorthin. Eine leichte Brise wehte von der See herauf und bewegte den Klöppel eines Windspiels aus Bambus. Die beiden Frauen saßen eine Weile still da, versunken in die Aussicht.

Plötzlich fragte Meisterin Wenji: »Was hast du denn jetzt vor?«

»Ich müsste eigentlich wieder einer Arbeit nachgehen, aber welcher …« Chong war von dem Wunsch angetrieben worden, ihre Tochter und ihre Freunde wiederzusehen. Darüber hinaus hatte sie sich keine Gedanken gemacht. Ihre frühere Tätigkeit konnte sie nicht wieder aufnehmen, selbst wenn sie es gewollt hätte. Frau Shang wäre dagegen.

»Jetzt, wo du da bist, bin ich ja überflüssig geworden …«

Chong ging eine Idee durch den Kopf: »Wenn wir selbst ein Amüsierlokal eröffnen würden?« Ihr fiel nichts Besseres ein, und sie glaubte, dass es das Einzige war, was sie gut konnte.

»Shang Yüan hat doch ihr Etablissement hier«, antwortete Meisterin Wenji. »Du kannst ihr schlecht Konkurrenz machen. Darüber hinaus bräuchtest du das Einverständnis des Großen Bruders, und das bekommst du ohne Shang Yüans Hilfe nicht. Versetze dich doch einmal in ihre Lage. Du würdest ihr bestimmt die Hälfte der Kundschaft wegnehmen … Da kannst du doch nicht auf ihre Unterstützung zählen.«

Dagegen konnte Chong nichts einwenden. Meisterin Wenji hatte recht. »Und wie wäre es mit Tainan? Dort gibt es genug Möglichkeiten. Sie haben selbst lange dort gelebt, würde es Ihnen nicht gefallen, mit mir dahin zurückzukehren?«

Meisterin Wenji schaute weit auf das Meer hinaus, jenseits des Kuanyin-Berges. Sie schloss die Augen und holte tief Luft. Mit geschlossenen Lidern antwortete sie: »Wenn überhaupt, dann werde ich nur nach Ryūkyū zurückkehren …«

Als Chong die grauen Haare betrachtete, die der anderen in die Stirn fielen, wurde sie schlagartig traurig. Sie erinnerte sich, dass ihre Wohltäterin ihr bei der Abreise damals gestanden hatte, Heimweh nach ihrer Heimat zu haben.

»Dieses Ryūkyū, ist das weit weg von hier?«

»Nein, eigentlich ist es sogar ziemlich nah. Von Ilan aus kann man mit dem bloßen Auge die ersten Inseln erkennen.«

»Wann waren Sie denn das letzte Mal dort?«

»Als kleines Kind und seither nie wieder. Als ich noch Prostituierte in einem Freudenhaus in Tainan war, hat einmal ein Matrose die Baozu für mich bezahlt. Zusammen sind wir dann nach Ilan gefahren, so habe ich die Inseln wenigstens aus der Ferne sehen können.«

»Lassen Sie uns nach Ryūkyū gehen«, sagte Chong und griff nach den Händen von Meisterin Wenji. »Lassen Sie uns dort mit Yutsao leben!«

Von diesem Tag an wurde Chongs Wunsch, in dieses Königreich Ryūkyū zu reisen, immer stärker. Als sie Frau Shang davon erzählte, lächelte diese nur. Aber ein paar Tage später verkündete sie: »Fumiko hat wirklich Glück. Sie darf in ihre Heimat zurückkehren.«

»Mama, möchtest auch du dahin zurück?«

Frau Shang lachte: »Dort ist niemand, der mich erwartet. Hier ist der Ort, an dem ich bis ans Ende meiner Tage bleiben möchte.«

Chong bemerkte: »Für mich ist es eigentlich überall gleich, aber der Name Ryūkyū gefällt mir.«

»Wirf nur dein Geld nicht zum Fenster raus, sonst läufst du Gefahr, wieder deinen Körper verkaufen zu müssen. Wo auch immer du hingehst, kaufe ein Haus oder ein Stück Land. Damit kannst du dann ein Geschäft eröffnen.«

Die Passagierschiffe, die regelmäßig zwischen Japan, Fuchou und Kanton verkehrten, steuerten auch die Inseln von Ryūkyū an. Sie kamen allerdings nicht in Tamsui, sondern in Keelung vorbei. Glücklicherweise gab es aber noch die Frachtschiffe, die von Tamsui aus nach Ryūkyū fuhren. Um einigermaßen ruhige See zu haben, wollten sie jedoch lieber den September abwarten. Meisterin Wenji nutzte die Zeit und nähte für die drei Reisenden – Chong, Yutsao und sich selbst – Yukatas, die japanische traditionelle Tracht.

Frau Shang erkundigte sich danach, welche Transportschiffe infrage kämen, und erhielt für Chong und Meisterin Wenji ausnahmsweise eine Passage auf einem Frachter, der Pfeffer, Zimt und Zucker transportierte. Er sollte aus Luzon kommen und nach einem Zwischenstopp in Tamsui weiter nach Naha gehen. Die Reisenden sollten pro forma als Begleiterinnen eines Kaufmanns gelten.

Chong wechselte ihr Silbergeld in die gebräuchlichen hufeisenförmigen Silberstücke um, die mit der Prägung der Stadt Tamsui versehen waren und daher überall im Ausland zu Geld gemacht werden konnten. Natürlich musste sie eine Umtauschgebühr zahlen, aber ihre Entlohnung für vier Jahre Konkubinendienste und ihre Gewinne aus der Geldanlage durch Hufu ergaben ein nettes Sümmchen für eine so junge Frau.

Mit Meisterin Wenji sprach Chong sehr oft über Ryūkyū. Sie lernte einige Lieder von den Inseln, die so vorgetragen wurden, dass man immer lauter sang und dann abrupt endete. Außerdem machte sie sich mit dem Instrument Shamisen vertraut, das der Erhu und der P'ip'a ähnlich war.

»Hier ist das Meer tief und unberechenbar. Das macht mir Angst. Aber dort ist das Wasser grün, und die Fischerboote wiegen sanft in der Dünung. Die Küste ist gesäumt von weißen Stränden mit Palmen und Mangrovenwäldern. Nette kleine Häuschen schmiegen sich an die Flanken der Hügel. Wenn man in einer Hütte schläft, durch die der Wind hindurchwehen kann, dann hört man die Wellen auf seinem Bambuskopfkissen. Hier brennt die Sonne unbarmherzig, dort scheint sie angenehm, da der Wind die Strahlung abmildert.«

Frau Shang verkündete ihnen nach einer Weile die gute Nachricht: »Das Schiff kommt am fünfzehnten dieses Monats. Drei Tage liegt es dann hier vor Anker. Uns bleibt also gerade noch genug Zeit, um eure Abreise vorzubereiten.«

Bei ihrem Aufbruch nach Singapur war Chong das Herz nicht sonderlich schwer gewesen, da sie wusste, sie würde eines Tages zurückkehren. Aber dieses Mal hatte sie das Gefühl eines endgültigen Verlustes. Frau Shang und Yumei waren ihre Familie, die einzige, die sie jemals gehabt hatte. Nachdem sie nach Formosa verkauft worden war, hatte sie alle Menschen vergessen, die sie auf dem Kontinent gekannt hatte. Nicht einmal an die Gesichter von Kuan oder Tongyu konnte sie sich erinnern. Selbst von James, den sie erst vor Kurzem verlassen hatte, waren ihr nur noch der Bart und der Schnurrbart präsent. *Lotos,* wenn sie diesen Namen laut aussprach, hatte sie nicht den Eindruck, sie sei damit gemeint, sondern sie dachte dabei eher an einen Paradiesvogel oder ein gänzlich unbekanntes Tier.

Der Frachter lief in den Hafen ein. Sogleich suchten Chong und Meisterin Wenji in Begleitung ihres Fürsprechers die Händler aus Ryūkyū auf, mit denen sie zu reisen gedachten. Die Herren bereiteten ihnen einen herzlichen Empfang und zollten Meisterin Wenji Anerkennung dafür, dass sie ihre Muttersprache nicht vergessen hatte. Sie hatten dunkle Augen, dicke Augenbrauen und kupferfarbene Haut.

Am letzten Abend vor der Abreise lud Chong alle Mädchen des *Bambusgarten* zum Essen ein, und dem Küchenpersonal gab sie Schnaps aus. Sie spielte Erhu und Yumei sang dazu:

Als die Freundin mich verließ,
Unser beider Heimat zugewandt,
Da fehlten mir zum Abschied
Einfach nur die Worte.
Jetzt seh ich sie vor mir
Im Kreise der Familie,
Wie ein jeder sie in die Arme nimmt
Zum warmen Willkommensgruß.
Ob von den Alten, die ich kannte,
Wohl jemand noch am Leben ist?

In des Flusses klaren Wassern
Stehen Frauen Wäsche waschend.
Ihr Lachen hell erklingt.
Dem strudelnden Wasser zugewandt, reiße ich
Das Schleifenband von meiner Jacke Saum
Und überlasse es den Fluten.
Es treibt davon, vielleicht bis an
Die Gestade meiner Heimat.
Ob dort wohl jemand ist,
Der meinen Kindernamen ruft?

Chong hütete sich davor, irgendwelche Versprechen abzugeben. Sie wusste zu genau, dass das Schicksal oft sehr eigene Wege ging.

Im Morgengrauen des darauffolgenden Tages begaben sich die beiden Frauen zum Kai. Frau Shang und Yinghua halfen ihnen mit dem Gepäck, und Yumei hatte die noch schlafende Yutsao auf dem Arm. Obwohl sie sich schon voneinander verabschiedet hatten, standen allen die Tränen in den Augen. Dann übernahm Chong es, Yutsao zu halten. Da wachte die Kleine auf und blickte verwirrt um sich. Frau Shang sagte dem Mädchen Lebewohl, und Yumei umarmte sie zum Abschied noch einmal ganz fest.

»Ich muss unbedingt uralt werden«, fügte Frau Shang hinzu. »Damit ich es erlebe, wenn Yutsao heiratet.«

An Bord einer Schaluppe erreichten Meisterin Wenji und Chong das Schiff, das noch beeindruckender war als eine Dschunke. Das breite Schiff hatte vorne und hinten mächtige Aufbauten. In der Mitte ragte ein hoher Mast empor und auf dem Vorderdeck ein etwas kleinerer. Den Bug zierte ein aufgemalter Drache, dessen Maul weit aufgerissen war. Am Heck stand zu lesen: *Guter Wind, gute Überfahrt*. Das altmodische Holzschiff erinnerte Chong an den Tag, als sie so abrupt aus dem Leben in ihrem Heimatdorf gerissen worden war.

Die Montur der Besatzung bestand aus gelben Jacken und Hosen sowie Stirnbändern. Der Kapitän und die Kaufleute trugen entweder einen Haori aus Leinen oder einen Nagagi, eine Art leichten Mantel mit weiten Ärmeln. Chong und Yutsao hatten die Yukatas von Meisterin Wenji angezogen. Die Kaufleute und die übrigen Passagiere richteten sich in ihren Kabinen ein. Tagsüber hielten sie sich meistens auf dem Oberdeck auf, um die hin und wieder am Horizont auftauchenden kleinen Eilande zu bewundern oder einfach nur, um Luft zu schnappen.

Nach einem Tag und einer Nacht ließen sich in einiger Entfernung größere Inseln ausmachen. Sie gehörten schon zum Königreich Ryūkyū. Die vorderen hießen Yaeyama und Yonakuni, dahinter kamen Iriomote, Hateruma und Ishigaki. Das Meer zeigte sich mal grün, mal rötlich und manchmal schäumend, je nachdem, ob sich Sand, Korallenriffe oder Felsen unter der Oberfläche befanden, gleich einem riesigen Blumenbeet, das mitten auf dem Meer treibt. Dann war für ein paar Stunden kein Land in Sicht, bevor aus dem Nichts eine kleine Insel auftauchte, gespickt mit Felsnadeln.

Meisterin Wenji faltete die Hände vor der Brust: »Das ist Tarama. Als ich mit meinem Vater in seinem Fischerboot die Insel verließ, war sie in das orange Licht der untergehenden Sonne getaucht. Ich habe noch seine Stimme im Ohr …«

Klitzekleine Inseln tauchten auf und verschwanden wieder am Horizont. Je näher Meisterin Wenji ihrer Heimat kam, desto mehr wurde sie zu Fumiko. Aufgeregt rief sie: »Lenhwa, das hier ist mein Heimatland! Von nun an werden wir deinen Namen *Lenka* aussprechen!«

»Wie Sie wollen. Ich habe nichts dagegen.«

Fumiko kam ursprünglich von der Insel Miyako, die sich in der Mitte des weitläufigen Archipels Ryūkyū befand. Am anderen Ende der Inselkette lag Naha, die Hauptstadt des Königreichs, mit ihrem Schloss Shuri. Das Schiff legte einen Zwischenstopp in Miyako ein. Einige Passagiere kamen an Bord, andere stiegen aus, und auch ein Teil der Ladung wurde gelöscht.

Vom Deck aus erklärte Fumiko den Hafen: »Lenka, schau, dort ist der Markt, auf dem meine Eltern ihren Fisch verkauft haben!«

Noch vor dem Abend wurde der Anker wieder gelichtet. Zwei Tage später legte der Frachter in Naha an. Die Sonne ging gerade unter und tauchte die Segel, die Kleider und sogar die Gesichter der Menschen an Bord in ein kräftiges Orangerot. Fischerboote kehrten in die Hafenanlage zurück, deren Schutzmauer sich wie ein Bogen krümmte. Das Frachtschiff drehte bei. Sofort näherten sich kleine, spitz zulaufende Boote mit Drachenköpfen am Bug. Vor dem Segler lag nun die tiefe, aber nicht sehr breite Bucht. Bei Einsetzen der Nacht wurden in den belebten Gassen des Hafens Lichter angezündet. Auf einer Anhöhe darüber konnte man die roten Dächer eines Schlosses nicht übersehen.

»Das ist Schloss Shuri«, erklärte Fumiko. »Dort wohnt der König.«

Chong war überwältigt und betrachtete alles mit großen Augen. Im letzten Licht des Tages schienen ihr der Hügel, die Wälder und die Stadt Naha von einer unglaublichen Schönheit zu sein. Im Gegensatz zu den anderen Städten, die sie gezwungenermaßen kennengelernt hatte, fühlte sie sich hier willkommen, fast als sei hier ihr Zuhause. Alle Unruhe war von ihr abgefallen. Sie sah, wie aus den Schornsteinen der Häuser Rauch aufstieg. Es war Abendessenszeit.

Die beiden Frauen und das Kind gingen von Bord. Chong trug Yutsao und Meisterin Wenji das Gepäck. Die Stadt lag an der Flanke eines Hügels, sodass es überall Treppen gab sowie Stützmauern aus Stein, die die Terrassen der Stadt bildeten. Die drei machten sich auf den Weg durch Gassen und über Treppen. Es roch hier nach gegrilltem Fisch, dort wurden plötzlich Männerstimmen laut, und manchmal waren auch die Klänge einer Shamisen zu hören. Sie kamen an Lokalen und Herbergen vorbei. Vor den Freudenhäusern, deren vielsagende Namen in gut sichtbar angebrachte Holzpaneele geritzt waren, saßen Mädchen in Yukatas. In Hockstellung, mit einem Knie am Boden. Chong fühlte, wie ihr Herz stärker zu klopfen begann.

Fumiko betrat den Hof eines von einer Steinmauer umfriedeten Gasthauses. Es war ein lang gezogener Bau mit einem recht niedrigen Vordach, an dessen breiter Front sich eine hölzerne Veranda erstreckte. Inmitten des Hofes befand sich ein Brunnen, und entlang der Außenmauer wuchsen mehrere Palmen. Eine Dame, die in einem kleinen Winkel gesessen hatte, eilte auf ihren Getas herbei, wobei die Holzsandalen bei jedem Schritt klackerten: »Meine Damen, seien Sie herzlich willkommen.« Sie verbeugte sich tief, die Hände vor der Brust aneinandergelegt.

»Wir würden gerne ein paar Tage hier verbringen. Haben Sie ein ruhiges Zimmer?«, fragte Fumiko.

Mit einem zuvorkommenden Lächeln wies die Dame ihnen den Weg. Sie gingen über große, in regelmäßigen Abständen verteilte Steinplatten. Das Zimmer befand sich auf der Rückseite des

Gebäudes und verfügte ebenfalls über eine kleine, vorgelagerte Veranda. Es hatte zwei Schiebefenster aus Reispapier, von denen das eine nach Norden, das andere nach Osten zeigte. Auf dem Boden lag ein fein geflochtener Teppich. Die Einrichtung beschränkte sich auf einen Schrank und ein niedriges Tischchen, aber in einer Ecke gab es ein Bad und, durch eine Wand abgetrennt, eine Toilette, die von kleinen Lampions erhellt wurde. Als Chong nach dem Abendessen ausgestreckt auf ihrer Matte lag, sagte sie sich, dass es ihr hier gut gefiel. Fünf Tage blieben sie in diesem Ryokan.

Die ersten drei Tage machte sich Fumiko allein auf, um Häuser zu besichtigen, dann bat sie Chong mitzukommen. Sie schlug ihr vor, ein Nachtlokal mit Niveau zu eröffnen, in dem es vor allem künstlerische Darbietungen geben sollte. Dazu würde sie zwei oder drei gute, junge Musikerinnen anstellen, die auf Kundenwunsch spielen würden.

»Am Anfang wird es genügen, wenn es gerade für unseren Unterhalt reicht. Später, wenn wir uns dann eine Stammkundschaft erarbeitet haben, dann wird das Geld wie von selbst fließen.«

Chong war vollkommen ihrer Meinung. Fumiko nahm Chong zur Besichtigung eines Hauses mit, das sie in einem ruhigen Viertel gefunden hatte, abseits des Trubels, der auf dem Markt herrschte. Das Objekt verfügte über einen großen Garten, und es lag relativ weit oben auf dem Hügel, nicht weit weg von dem Dorf Kumemura, das in der letzten Zeit zunehmend von chinesischen Neuankömmlingen besiedelt worden war. Außerdem hatte man einen schönen Blick auf die tiefer gelegenen Grundstücke, die Bucht und das Meer. Ein sanfter Wind strich durch die Palmblätter und Farne. Der Komplex bestand aus einem Haupthaus im hinteren Teil des Gartens, flankiert von zwei kleineren vorgelagerten Pavillons. Im Garten, um einen kleinen Teich herum, standen mehrere Bananenpflanzen und Kirschbäume. Die Wohnsitze auf der Insel hatten keine Tore, sondern einfach nur eine Öffnung in der Außenmauer, vor der quer ein kleines Mäuerchen verlief. Um in das Haus zu gelangen, musste man also durch den Einlass treten und sofort entweder links oder rechts um das Mauerhindernis herumgehen, auf dem gewöhnlich ein Öllämpchen stand, das bei Einbruch der Dunkelheit angezündet wurde. Der Waschraum und die Toiletten befanden sich im hinteren Bereich des Haupthauses, ebenso die Waschküche und in einiger Entfernung davon ein Brunnen. Von den beiden angebauten Pavillons aus konnte man den Teich im Garten bewundern.

Über eine Treppe, die sich direkt vom Hafen heraufschlängelte, war die Örtlichkeit schnell zu erreichen. Neben dem erhöhten Standpunkt war ein weiterer Vorteil, dass das Viertel zunehmend bürgerlicher wurde.

Für die Genehmigung, ein Unterhaltungslokal eröffnen zu dürfen, begab sich Fumiko zum Verwaltungsbüro am Marktplatz, und zu ihrer Zufriedenheit wurde diese sofort erteilt. Der Marktplatz begann am Hafen und erstreckte sich wie bei einem Schneckenhaus in einer Spirale ein Stück bergauf. An den Hängen des Hügels, auf dem Schloss Shuri stand, war ein Viertel entstanden, in dem die Reichen und die hohen Beamten wohnten. Ein schmaler Kanal führte Meerwasser direkt bis zum Fuß dieser Anhöhe. Ein weitverzweigtes Netz solcher Kanäle durchschnitt mäandernd die Stadt, zerteilte sie in Viertel und endete schließlich am Meer. Rundbogenbrücken überspannten die Wasserwege, damit es den Kähnen möglich war, darunter durchzufahren. Kleinere Bäche überquerte man watend oder über große Steine.

Doch vor der Eröffnung des Lokals musste erst Personal eingestellt werden. Fumiko hatte diese Gegend in sehr jungen Jahren verlassen, daher war sie sich unsicher, was die Gäste erwarteten. Sie ging davon aus, dass sie mindestens drei junge, zuvorkommende

Dienerinnen brauchten. Außerdem Musikerinnen und vor allem eine gute Okami, wie hier die Vorsteherin genannt wurde.

Obwohl Chong schon im Vorfeld begonnen hatte, sich von Fumiko in der Landessprache von Ryūkyū unterweisen zu lassen, so beschränkten sich ihre Kenntnisse bislang auf die einfachsten Wörter des täglichen Lebens. Es reichte gerade, dass sie die Einkäufe auf dem Markt erledigen konnte. An einem der Tage, sie war mit Yutsao und Fumiko zum Hafen gegangen, wollten sie in einer Garküche zu Mittag essen. Es war schon etwas spät, und der Koch saß mit seiner Frau an einem Tisch, eine Schüssel Soba vor sich, Buchweizennudeln. Das Paar entschuldigte sich und nahm die Bestellung auf. Fumiko wollte Chanpuru haben, ein Tofugericht mit eingelegtem Gemüse und gebratenem Schweinefleisch.

»Sind Sie Chinesin?«, mischte sich die Wirtin neugierig in das Gespräch der beiden Frauen ein und fächelte ihnen etwas Luft zu.

»Nein, aber ich habe lange in China gelebt. Ich bin nun mit meiner Nichte und ihrer Tochter wieder in die Heimat gezogen.«

»Viele Leute kommen wieder zurück, nachdem sie einige Zeit in China verbracht haben. Wir waren zum Beispiel in Fuchou und auf Formosa. Ist es nicht ein Glück, die Heimat wiederzusehen?«

»Natürlich. Ich liebe vor allem den Geruch des Meeres.«

»Womit haben Sie vor, Ihren Lebensunterhalt zu verdienen?«

Fumiko zögerte, fragte dann aber: »Meinen Sie, dass es leicht sein wird, einen guten Koch zu finden?«

»Haben Sie vor, so eine Garküche wie die unsere zu eröffnen?«

»Nein, es wird vielmehr ein Lokal.«

Die Frau nickte und antwortete: »Bei der Anlegestelle hinter der Brücke gibt es eine ganze Reihe von Kneipen. Dort finden Sie bestimmt Köche, die nach Arbeit suchen.«

Da streckte ihr Mann den Kopf aus der Küche heraus: »Ich kenne da einen … den kann ich Ihnen wärmstens empfehlen.«

»Denkst du an den alten Roku, den Säufer?«, vergewisserte sich seine Gattin.

»Ja, warum denn nicht?«

Der Mann gesellte sich zu ihnen und wandte sich direkt an Fumiko: »Er hat für Leute aus der feinen Gesellschaft gearbeitet. Als seine Frau starb, ist er zur See gefahren und hat die Kombüse unter sich gehabt, aber mittlerweile ist er in die Jahre gekommen und arbeitet als Aushilfe in Schenken. Für einen in seinem Alter ist es nicht leicht, damit über die Runden zu kommen.«

»Aber … trinkt er viel?«, erkundigte sich nun Fumiko.

Die Frau warf ihrem Mann einen schnellen Blick zu, bevor sie antwortete: »Na ja, das schon … aber einen Koch wie ihn findet man kein zweites Mal.«

Fumiko fasste das Gespräch für Chong zusammen. Diese meinte, sie sollten ihn sich ansehen.

»Dann organisieren Sie doch bitte ein Treffen mit ihm«, sagte Fumiko.

»Wenn es klappt«, antwortete der Mann, »müssen Sie auf jeden Fall einen Vorschuss zahlen. Vater Roku ist nicht irgendein Koch.«

»In der ersten Zeit werden wir ihn einen Monat im Voraus bezahlen. Arbeitet er gut, könnten wir bis zu drei Monate aufstocken.«

Das Paar verständigte sich mit Blicken, nickte dann, und der Mann sagte abschließend: »Wenn es bei Ihrem Angebot bleibt, dann kommen Sie morgen um dieselbe Zeit wieder.«

Fumiko kam am nächsten Tag allein wieder. Zwei Gäste waren gerade beim Essen, jeder in seiner Ecke. Ein älterer Mann saß an einem der Tische nahe der Tür. Das musste Roku sein. Der Besitzer der Garküche eilte herbei, hieß Fumiko willkommen und forderte sie auf, bei dem Mann Platz zu nehmen.

Nachdem sie sich begrüßt hatten, musterte Fumiko diesen Roku stumm. Er trug einen Yukata in einer Farbe, die völlig aus der Mode war. Seine Haare waren vorne am Kopf zu einem Knoten gebunden, darunter trug er ein Stirnband, und seine geschwollenen Lider verdeckten seine Augen fast völlig. Schnurrbart und Bart waren ungepflegt, was ihm das Aussehen eines weit gereisten Seemannes gab. Seine große, rote Nase verriet, dass er dem Alkohol zugetan war. Im Übrigen stand eine Flasche Sake vor ihm, neben einem kleinen Teller mit gedämpften Bohnen.

»Es scheint so, als ob Sie mir Arbeit geben wollen?«

»Ja, ich werde bald ein Lokal eröffnen, und ich suche einen Koch.«

»Kommen Sie vom Kontinent, aus dem Süden?«

»Ich stamme aus Ryūkyū, habe aber lang auf Formosa gelebt.«

Roku leerte sein Glas mit einem Zug. »Willkommen daheim, ich wünsche Ihnen ein friedliches Leben hier«, fügte er hinzu.

»Ich bin aus Miyako«, stellte Fumiko klar. »Ich bin bisher überall zurechtgekommen, wo ich war. Aber Sie, wie können Sie arbeiten, wenn Sie so viel trinken?«

Roku brach in schallendes Gelächter aus. Sollte er sich die Mühe machen, etwas darauf zu erwidern? »Wenn Ihnen das nicht gefällt, dann nehmen Sie mich eben nicht. Nach der Arbeit trinke ich, Punkt. Ein Koch, der nicht singen kann, weiß auch nicht, wie man Fischköpfe richtig zubereitet!«

Später antwortete Fumiko oft, dass es diese Worte waren, die sie bewogen hatten, ihn einzustellen. »Gut. Können Sie gleich mitkommen, um sich Ihre Wirkungsstätte anzuschauen? Wir haben eine ganze Menge zu besprechen.« Sie stand auf.

Bevor Roku sich aber anschickte, ihr zu folgen, fragte er: »Entschuldigung ... ich glaube, Sie haben sich bereit erklärt, mir eine Vorauszahlung zu geben. Wenn es Ihnen nichts ausmacht, würden Sie dann bitte das Geld diesem Herrn geben?«

Der Besitzer und Koch der Garküche hatte sich entfernt, kam aber nun wieder und streckte die Hand aus: »Der Grund ist … dieser Herr, er hat bei uns anschreiben lassen, und Sie haben doch zugestimmt, ihm ein Monatsgehalt im Voraus zu bezahlen, oder?«

Jetzt verstand Fumiko, warum er so einen Eifer an den Tag gelegt hatte, ihr den Trinker zu empfehlen. Ohne ein weiteres Wort gab sie ihm das Geld. Dann führte sie Roku zu ihrem neuen Domizil, das sie schon ins Herz geschlossen hatte. Chong war gerade beim Putzen und empfing die beiden gut gelaunt.

»Etwas alt«, urteilte Roku, »aber das ist eine gute Wahl.«

»Vom Baustil passt das Anwesen nicht so recht hierher, mit den zwei Pavillons zu beiden Seiten, oder?«, fragte Fumiko.

»Unverkennbar. Das in der Mitte ist schon die hiesige Bauart, aber die beiden Pavillons sind nachträglich angebaut worden. Vielleicht hat ein hoher Beamter aus Satsuma hier gelebt.« Roku sah sich weiter um. »Wenn man es etwas herrichtet, wird dies ein guter Ort der Zerstreuung sein.«

Da er lang genug auf Schiffen gearbeitet hatte, die im Südchinesischen Meer verkehrten, sprach er ganz gut Chinesisch. Chong gefiel es sehr, sich mit ihm zu unterhalten. Am Abend trank er immer seinen Sake, was ihn in eine fröhliche Stimmung versetzte. Dann gab er einige Lieder zum Besten, bevor er einschlief und wie ein Walross schnarchte.

Mit Rokus Hilfe gingen die Arbeiten zügig voran. In den östlichen Pavillon zogen Fumiko, Chong und ihre Tochter ein. Roku bekam das hintere Zimmer des anderen Pavillons und dessen vorderen Raum würden die Geishas benutzen. Sie beschlossen, die Küche im Haupthaus unterzubringen, und in der Eingangshalle sollten die Mädchen die Gäste erwarten. In den beiden Salons, durch eine Schiebetür getrennt, sollten die Gäste bewirtet werden. Man erneuerte die Dielen im Gang ebenso wie die Reispapierschiebetüren und Matten. Vorhänge und Laternen wurden angebracht. Vor allem am Eingang zum Garten sorgte man für eine gute Beleuchtung. An der Fassade verkündete ein Schild in kalligrafischen Buchstaben *Der Meerespalast*. Am oberen Ende einer langen Bambusstange, die am Eingang errichtet werden sollte, würde die gleiche Inschrift auf einer Laterne zu lesen sein.

Roku hatte eine Musikerin namens Naba aufgetan, die Shamisen spielte. In ihrer Jugend war sie Schamanin gewesen, hatte dieses Leben aber geopfert, um nach Naha gehen zu können. Dann hatte sie hier, ähnlich wie Chong auf dem Kontinent, einen Musiker getroffen, der ihr das Spielen beigebracht hatte. Aber ihr Mann war gestorben, sodass sie gezwungen war, sich ihren Lebensunterhalt allein zu verdienen. Sie hatte einige Kollegen an der Hand, die Kokyū, eine Art von Geige, sowie Flöte und Trommel beherrschten. Mit ihrer Hilfe würde es außerdem nicht schwierig sein, Geishas zu finden. Die Musikergruppe sollte jeden Abend spielen, und zwar zu einer festen Zeit, ganz gleich ob Kunden da waren oder nicht.

Fumiko erklärte Naba, wie sie sich die Zusammenarbeit vorstellte: »Ich bin Sängerin und habe in Formosa neue Lieder gelernt. Die Weisen aus Ryūkyū kenne ich natürlich auch, aber das Wichtigste ist, dass sich die Musiker untereinander verstehen. Warum kommt ihr nicht alle morgen Abend, und wir trinken etwas zusammen?«

»Hatten Sie eigentlich auch an Geishas gedacht?«

»Nicht mehr als zwei oder drei …«

»Ich könnte schon eine mitbringen«, antwortete die Musikerin. »Sie ist noch keine fertige Sängerin, aber sie ist sehr hübsch und verfügt über den ganzen Charme der Jugend.«

Am nächsten Tag kam Naba am frühen Nachmittag. Roku hatte schon Getränke und ein paar Appetithäppchen vorbereitet. Naba war in Begleitung einer Kokyū-Virtuosin, die etwa in ihrem Alter war, zweier Männer, die offensichtlich Flöte und Trommel spielten, und eines jungen Mädchens, das über seiner Yukata einen Bashōfu-Nagagi trug, einen langen Mantel aus japanischer Bananenstaude. Sie strahlte Lebendigkeit aus mit ihren funkelnden schwarzen Augen. Das Haar hatte sie sich glatt nach hinten gebunden und das Gesicht weiß geschminkt. Fumiko und Chong setzten sich. Roku, der noch einige Platten mit Essen gebracht hatte, gesellte sich zu ihnen. Naba stellte ihnen ihre Truppe und die junge Geisha vor, deren Name Seri war.

»Wie alt bist du, Seri?«, fragte Fumiko.

»Ich bin neunzehn.«

»Seit wann bist du im Geschäft?«

»Mit vierzehn habe ich angefangen.«

»Und wo kommst du her?«

»Aus Hokuzan, im Norden.«

Fumiko gab sich mit diesen Informationen zufrieden. Das junge Mädchen stand in der Tat in der Blüte ihrer Jugend. Naba gab mit ihrer Shamisen ein Zeichen, und Flöte und Trommel setzten mit ein.

Nach einigen Musikstücken erhielt Seri von Naba einen Wink, woraufhin diese auf ihren Knien etwas vorrutschte und ankündigte: »Ich werde Ihnen Lieder vortragen, die hier aus der Region stammen. Sie wurden von der Dichterin Yoshiya Chiru komponiert.«

Bei den ersten Worten schloss Fumiko die Augen. Es war ein in Ryūkyū sehr bekanntes Klagelied. Seeleute grölten es praktisch immer, wenn sie betrunken waren. Die Verfasserin des Liedes war, wie es armen Bauernmädchen häufig passierte, an ein Freudenhaus in Naha verkauft worden. Als sie auf dem Weg in die Stadt die Hijabashi, die letzte Brücke über den Hija, erreicht hatte, sang sie darüber.

Hijabashi, ich hasse dich:
Es muss ein herzloser Mann gewesen sein,
Der dich hier erbaut hat,
Nur damit ich darübergehen kann.

Unterstützt von der Shamisen, kletterte Seris Stimme mit einem leichten Vibrato nach oben, wo sie an der höchsten Stelle eine kurze Pause einlegte, um der Sängerin die Gelegenheit zu geben, Luft zu holen. Diese geheimnisvolle Pause steigerte jedoch auch die Ergriffenheit der Zuhörer. Die Stimme setzte wieder ein, glitt die Tonleiter stetig hinunter und wiederholte dann lauter und pointierter: *Der dich hier erbaut hat.* Sängerin und Begleiterin verstummten, und die darauf folgende Stille verbreitete einen wunderschönen Zauber. Ohne den Inhalt verstanden zu haben, fühlte Chong, wie Traurigkeit ihr die Brust zuschnürte, und sie konnte ihre Tränen nicht zurückhalten.

Seri trug weitere Lieder derselben Künstlerin vor. Eines befasste sich mit dem Heimweh der Geishas:

Das Rascheln der Guave-Blätter,
Der Frieden, der über dem Bergdorf liegt,
Das Muhen einer angebundenen Kuh,
Das ist die liebliche Musik meiner Heimat.

Was Yoshia innerlich bewegt hatte, das bewegte auch Seri, genauso wie Fumiko, Naba und nicht zuletzt Chong. Melodie und Rhythmus waren bei diesem Lied ebenso ergreifend wie bei dem davor, aber der Ausdruck im Gesang war diesmal noch wehmütiger.

»Das ist so wunderschön …«, flüsterte Chong einfach nur, und zwar in Landessprache. Beeindruckt von Seris Darbietung, wandte sie sich an Naba. »Bitte geben Sie sie mir«, bat sie diese, indem sie ihre Hand ausstreckte.

Naba verstand nicht, was Chong meinte, und blickte hilfesuchend zu Fumiko, die die Aussage zu interpretieren verstand: »Gib ihr bitte das Instrument. Sie kann ebenso gut spielen wie du.«

Mit einem breiten Lächeln reichte Naba die Shamisen an Chong weiter. Nachdem sie ja schon auf der P'ip'a und der Erhu zu Hause war, hatte sie sich auch recht schnell auf diesem Instrument zurechtgefunden. Sie zupfte ein paar Saiten, um die Finger geschmeidig zu machen, dann begann sie mit dem Selbstvertrauen eines Profis zu spielen.

Regen fällt im Hafen des Regens,
Auf dem Regenmeer erhebt sich Nebel,
Er verwischt das Kielwasser meines Geliebten,
Die Regentropfen, die von den Dächern rinnen,
Füllen erneut die leeren Flaschen.

Chong sang ein Volkslied, das sie von Yumei gelernt hatte. Im Unterschied zu denen aus Ryūkyū hatten Lieder aus Formosa fünf Textzeilen statt vier. Während Chong diese Melodie vortrug, musste sie an die Nächte in Keelung denken, und in ihrem Herzen regnete es wie in den Versen. Es war, als würde sie sich die Hölle in Erinnerung rufen. Trotzdem würde sie nie die Lichter des Hafens vergessen, die sie aus ihrem Fenster gesehen hatte, die Positionsleuchten der Schiffe, deren Schimmer sich auf dem Wasser ausbreitete wie Chinatinte auf Maniokpapier.

Vater Roku klatschte und wischte sich Tränen aus den Augenwinkeln. »Lange ist es her, dass ich dieses Lied das letzte Mal gehört habe ...« Für die anderen Anwesenden übersetzte Fumiko das Gedicht Zeile für Zeile.

»Die wahre Künstlerin unter uns ist Frau Lenka«, lobte Naba. »Ihre Art zu spielen ist etwas anders als die unsere, aber so klingt es noch beeindruckender!«

Seri erhob sich und verbeugte sich respektvoll. »Bitte unterrichten Sie mich«, sagte sie.

»Sollen wir nicht erst einmal etwas trinken?«, schlug Roku vor.

Es gab einen hervorragenden Sake. Chong, Naba und Seri plauderten mithilfe von Fumiko, die als Übersetzerin diente.

»Ich möchte auch eure Lieder lernen«, erklärte Chong.

»Ich für meinen Teil würde wiederum gerne die Lieder aus Formosa lernen«, erwiderte Seri. »Denken Sie nicht, dass die Leute hier ganz begeistert davon wären?«

Naba nickte zustimmend: »Ich glaube schon, vor allem weil es hier viele Kontinentalchinesen unter den Einwohnern gibt, obwohl sie fast zu Ryūkyūanern geworden sind.«

Roku warf ein, dass auch die lokale Küche von der chinesischen stark beeinflusst sei. »Hier gibt es nicht wenige Leute, die Chinesisch, Japanisch und eine westliche Sprache beherrschen.«

»Frau Lenka, wie sollen wir Sie denn zukünftig anreden?«, fragte Naba.

»Hier sagt man *Mama-san*«, warf die junge Seri ein.

»Mama-san? Ich bin zu jung, um eine Mama-san zu sein!«, protestierte Chong verunsichert. »Nennt mich einfach Lenka oder Große Schwester.«

Aber Fumiko bestimmte: »Nennt sie Mama Lenka und mich Tante Fumiko.«

Chong und Fumiko, die beschlossen hatten, drei weitere Geishas anzustellen, ernannten Seri zur Okami. Sie fühlte sich so geschmeichelt, dass sie sofort eine Vorauszahlung, die sie von einem anderen Haus bekommen hatte, zurückgab, um ausschließlich für den *Meerespalast* zu arbeiten.

Auf Rokus Rat hin beschlossen sie, vor der Eröffnung den Verantwortlichen in der Verwaltung, den Handelshäusern, der Hotel- und Gaststättenvereinigung und ähnlichen Institutionen kleine Geschenke zu überreichen. Es waren bescheidene Präsente, die das neue Haus bekannt machen sollten, wie zum Beispiel selbst gemachter und schön eingepackter Kuchen aus Adzukibohnen oder frittiertes Gebäck. Roku und Fumiko überbrachten sie persönlich, gekleidet in ihre festlichsten Kimonos. Er ging dabei mit den Päckchen vorneweg, und sie trippelte unter ihrem Schirm hinterher.

Am Abend vor der Eröffnung wuschen sich Chong, Fumiko, Naba und Seri sorgfältig, legten ihre feinsten Kleider an und beteten im Hof zunächst zur Göttin des Brunnens und danach zu der Gottheit, die für die Küche zuständig war. Naba kannte die Zeremonie sehr gut, und die anderen folgten einfach ihren Bewegungen. Fumiko zündete Räucherstäbchen an und betete, wobei sie die Hände aneinanderrieb. Sie sagte die Gebete in einem uralten Dialekt auf, den selbst Naba kaum verstand.

Rot gefärbt hat Gott den Himmel.
Kaum blühten die Morgenblumen auf,
Da geht die Schönheit schon dahin.
Rot gefärbt sind Himmel und Erde
Durch Gottes Kraft.

Am nächsten Tag kehrten Chong, Fumiko und Naba vor dem Tor und sprengten den Boden mit Wasser. Man richtete außerdem den Mast auf, der die Laterne mit dem Schriftzug *Der Meerespalast* trug. Auch das Innere des Hauses wurde überall beleuchtet. Geschminkt und geschmückt saßen die Geishas auf Kissen und warteten auf die ersten Gäste. Von draußen waren Stimmen zu hören, und etliche Männer erschienen. Chong und Seri gingen ihnen entgegen, um sie zu begrüßen. Es waren fünf an der Zahl, und sie kamen aus den Büros der Tauschhandelsbörse. Als sie eintraten, fing Naba an, auf der Shamisen zu spielen, begleite von den anderen Instrumenten.

Seri ergriff das Wort: »Herzlich willkommen. Ich heiße Seri und bin die Okami dieses Hauses.«

Einer der Gäste, er hatte grau melierte Haare, fragte sie: »Dein Gesicht kommt mir irgendwie bekannt vor. Du warst vor Kurzem noch woanders, oder? Und jetzt bist du die Chefin hier?«

»Ich habe unten bei Chamae gearbeitet. Darf ich Ihnen unsere Mama-san vorstellen?«

Seri drehte sich nach Chong um. Diese hatte sich inzwischen hingekniet, rutschte nun ein Stück vor und verbeugte sich: »Seien Sie willkommen. Mein Name ist Lenka.«

Die Männer merkten sofort an ihrer Sprache, dass sie keine Einheimische war. So fragte einer von ihnen: »Lenka, aus China?«

»Ja, mein Herr.«

Der Graumelierte schaltete sich nun wieder ein und sagte auf Chinesisch: »Sehr erfreut, Ihre Bekanntschaft zu machen. Woher kommen Sie?«

»Aus Nanking«, antwortete Chong.

»In unserem Kontor verkehren viele chinesische Händler. Es ist sehr angenehm, eine Mama-san zu haben, die diese Sprache spricht.«

Zusammen mit Seri bot Chong nun Shōchū, eine Art Schnaps, an. Dann verbeugte sie sich erneut: »Ich hoffe, Sie werden eine schöne Zeit bei uns haben. Unsere Okami singt sehr gut. Wenn Sie es wünschen, wird sie Ihnen gerne eine Darbietung ihrer Kunst geben.«

Der Ranghöchste bekundete durch eine Kopfbewegung seine Zustimmung. Daraufhin zogen sich Seri und Chong zurück und gingen zu den Musikern. Seri gab zuerst ein Lied aus Ryūkyū zum Besten.

Die Deigo geht auf
Vor dem Fenster,
Hinter dem ich das Gasri-Muster webe,
So rot wie eine Hand, aus der Blut fließt.

Die Deigo fällt ab,
Auf meinen Ärmel, in den Teich.
Geht die Blüte wieder auf,
Kehrt des Geliebten Schiff zurück.

Nachdem sie geendet hatte, nahm Chong die Shamisen und sang eine Ballade aus Formosa. In diesem Moment traten ein paar neue Gäste ein, es waren höhere Beamte des Bezirkes. Da sie öfter mit den Händlern aus Naha zu tun hatten, tauschten sie durch den Raum ein paar Höflichkeiten mit den Männern aus, die zuvor gekommen waren. Als der Abend fortgeschritten war und die Stimmung feuchtfröhlich, erschienen zwei weitere Männer. Ihr Diener leuchtete mit einer Laterne den Weg. Fumiko, die sofort erraten hatte, dass es sich um Mitglieder der vornehmen Gesellschaft handelte, beeilte sich, sie zu begrüßen.

Der Dienstbote verkündete: »Dies sind sehr wichtige Persönlichkeiten. Haben Sie ein ruhiges Zimmer für die Herrschaften?«

Fumiko verneigte sich äußerst tief vor den beiden Männern, die hinter dem Diener im Halbschatten standen. Dann führte sie sie in den rechten Pavillon. Bekleidet waren die beiden mit hellblauen Nagagis und Hakamas, den traditionellen Hosen mit den Falten vorne in der Mitte. Auf dem Kopf trugen sie quadratische Kappen, die Kopfbedeckung der Männer von Rang.

Fumiko brachte Kissen: »Würden Sie sich bitte einen Moment gedulden?«

Chong und Seri waren von einer der Geishas benachrichtigt worden und zogen sich nun nacheinander unauffällig von der

Gesellschaft zurück. Die Musiker hatten sich schon entfernt, nachdem sie ihr Trinkgeld eingestrichen hatten. Fumiko und Roku beeilten sich, ein Beistelltischchen mit Sake zu holen.

Doch Chong erschien noch vor ihnen: »Lenka entbietet ihren Gruß«, sagte sie und verbeugte sich dabei.

Einer der beiden Neuankömmlinge versteckte sein Gesicht hinter einem Fächer. Der andere hatte sich schräg gegenüber von ihm niedergelassen und erkundigte sich nun: »Bist du die Okami?«

»Nein, mein Herr, ich bin die Mama-san.«

Ohne mit dem Fächeln aufzuhören, fragte jetzt der Mann mit dem Fächer auf Chinesisch: »Kommst du vom Kontinent oder aus Formosa?«

»Beides. Aber ursprünglich bin ich aus Kaoli, mein Herr.«

»Kaoli? Aus Joseon also?«

Chong sah nun zu dem Mann auf. Er war in den Vierzigern, hatte eine blasse Haut, schwarze Augenbrauen und einen intelligenten Blick. Sein Schnurrbart war gleichmäßig und akkurat wie ein Pinselstrich. Der andere, der zuerst gesprochen hatte, war etwas fülliger, und seine Haut war gebräunt. Erfreut, dass jemand ihr Heimatland kannte, fuhr Chong fort: »Mein Vater war blind, und man hat mich nach Nanking verkauft.«

»Ich bin glücklich, dich kennenzulernen. Mein Name ist Kazutoshi.«

Der andere stellte klar: »Uezu, der Fürst von Miyako.«

Aber Chong verstand das Wort nicht. Erst später erklärte ihr Roku, dass es sich bei Kazutoshi um ein Mitglied der königlichen Familie handelte und dass er die Insel Miyako verwaltete. Sein Begleiter war sein jüngerer Bruder Akiyushi. Naba trat zusammen mit den Musikern ein, um aufzuspielen. Chong schenkte derweil zunächst Kazutoshi, dann Akiyushi ein.

Vorsichtig fragte sie: »Wie habt Ihr denn von der Neueröffnung dieses Hauses erfahren?«

»Man hat uns unterrichtet, dass es hier eine junge Chinesin gäbe, die wunderbar Shamisen spiele und Lieder aus Formosa darbiete.«

»Ich bin nichts als eine Anfängerin.«

Kazutoshi sah ihr direkt in die Augen und sagte dann leise: »Man singt gut, wenn man Leid und Elend erlebt hat. Deswegen singen auch die Leute aus Ryūkyū alle gut.«

»Ich werde versuchen, mich der Ehre, die Ihr mir zollt, würdig zu erweisen«, antwortete Chong.

Sie begab sich zu den Musikern, nahm Nabas Shamisen und zupfte an einer Saite, um den Ton anzugeben. Die anderen stimmten ihre Instrumente darauf ein.

Ein entlegenes Dorf am Ende der Felder,
Rauch, der am Abend von den Dächern aufsteigt,
Der Reisende wartet, allein unter dem Vordach,
Der Ruf nach den Kindern ist schon verstummt.
Ein einsamer Vogel zieht seine Kreise am Himmel vor dem Sonnenuntergang.

Chong ließ die zweite Strophe aus und konzentrierte sich darauf, die Melodie auf der Shamisen zu variieren. Auf ein Zeichen von Naba übernahm Seri und führte sich durch eine Ryūka ein:

Auf der anderen Seite des Berges Onna,
Dort liegt euer Heimatland.
Wenn man doch nur das Gebirge abtragen könnte,
Könnten wir dort hingelangen.

Fumiko, die wieder hereingekommen war, tanzte anmutig den Tanz von Nuchibana, unterstrichen durch Bewegungen mit ihrem

Fächer. Lenka und Seri setzten sich nun neben ihre hochrangigen Gäste, um ihnen nachzuschenken.

Seri verbeugte sich: »Mein Name ist Seri, ich bin die Okami dieses Hauses.«

»Ist das Lied, das du gerade vorgetragen hast, nicht von Nabe?«

»Das stimmt. Es ist von Nabe Onna.«

Kazutoshi schloss die Augen und flüsterte: »Die Dichterin weilt nicht mehr auf dieser Welt, aber trotzdem singt so ein junges Mädchen wie du noch ihre Ballade. Obwohl die chinesischen Melodien und die Lieder aus Ryūkyū so unterschiedlich sind, so merkt man doch eine Verwandtschaft, wenn sie auf der Shamisen gespielt werden.«

»Ich möchte gerne auch die Ryūkas lernen. Suyaos, die Lieder aus Formosa, sind meist traurig und bedrückend, wohingegen Ryūkas verschiedene Tonlagen und Stimmungen haben«, sagte Chong.

»Bruder, Ryūkas singt man besser mehrstimmig, nicht wahr?«, warf Akiyushi ein.

»Das ist wahr, mit vier bis fünf unterschiedlichen Stimmen klingt es besser.«

Fumiko kam in diesem Moment an den Tisch, verbeugte sich höflich und stellte sich vor. Kazutoshi schenkte ihr ein warmes Lächeln: »Trink doch ein Glas mit uns.«

»Ich fühle mich sehr geehrt. Ich bin gebürtig aus Miyako.«

»Wann bist du nach Naha gekommen?«

Fumiko zögerte kurz. »Es ist schon lange her, dass ich auf den Kontinent gegangen bin. Hierher zurückgekehrt bin ich erst vor Kurzem.«

»Das alles ist unsere Schuld. Jetzt wirst du aber bei uns bleiben.«

Als Kazutoshi und sein Bruder später den Pavillon verließen, versprachen sie wiederzukommen.

Der *Meerespalast* gewann schnell einen guten Ruf unter den Händlern und Beamten, weswegen Nabas Musikgruppe ihre bis dahin üblichen Auftritte in mehreren anderen Häusern absagte. Seri warb noch zwei weitere Geishas an, sodass sie fortan zu fünft waren. Alle hatten sich angewöhnt, Tante Fumiko und Onkel Roku zu sagen, was diesen zu gefallen schien. Beide fühlten sich nach den Irrfahrten des Lebens auf der Insel wieder zu Hause.

So wie Frau Shang sich um Chong gekümmert hatte, verhielt sich diese jetzt gegenüber Seri und ihren Kolleginnen. Sie berechnete ihnen nur die tatsächlichen Ausgaben und verlangte auch keine Zinsen. So konnten sie ihre Schulden nach und nach von ihrem Gehalt abzahlen. Bekam eine von ihnen großzügige Geschenke von einem Gast, so teilte sie diese mit Fumiko und Roku. Wünschte ein Besucher mit einer der Geishas zu schlafen, so erlaubte Chong dies nur, wenn es sich um einen Stammgast des Hauses handelte. Dafür musste er schon mindestens drei bis vier Mal da gewesen sein. Da es kein Zimmer für solche Gelegenheiten gab, wurden in diesem Fall Träger mit Sänften gerufen, um die Betreffenden in ein Ryokan am Fuße des Hügels zu bringen. Viele der Sitten und Gebräuche hatte Chong vom *Bambusgarten* übernommen.

Das Haus öffnete erst nach Sonnenuntergang. Tagsüber signalisierte ein Holzbalken, der quer vor dem Eingangstor lag, dass noch geschlossen war. Erst wenn Fumiko oder Seri die Laterne anzündeten, wurden Gäste empfangen. Roku und Fumiko standen zeitig auf und gingen auf den Markt. Chong war nicht minder früh auf den Beinen, legte sich aber gerne am Nachmittag hin, wenn nichts dazwischenkam. Yutsao wurde morgens immer früh wach und liebte es, in dem gemeinsamen Bett eine ganze Weile mit Chong zu plaudern. Das Kind war sehr begabt und sprach schon ziemlich gut Ryūkyū-Japanisch, ganz wie ihre Ziehmutter, die ihrem turbulenten Leben die Fähigkeit verdankte, mehrere Sprachen zu beherrschen.

Am Vormittag, wenn die Geishas ausspannten und Fumiko mit Roku auf dem Markt war, spielte Chong mit der Kleinen im Garten. Manchmal gingen sie auch zum Hafen hinunter, um den Booten beim Ein- und Auslaufen zuzusehen. Dabei beobachteten sie eines Tages die Ankunft einer Sänfte. Sie war reich verziert und hatte Vorhänge an den Fenstern, die einen Blick in das Innere verhinderten. Ein Mann in der Livree von Schloss Shuri schritt voran. Die Fußgänger blieben stehen und verbeugten sich. Auch Chong legte die Hände aneinander und tat es ihnen gleich, nicht ohne Yutsao aufzufordern, stillzustehen. Zunächst blieb sie auch einsichtig an der Seite ihrer Mutter, doch plötzlich stürzte sie auf die Sänfte zu, offensichtlich angezogen durch die scharlachroten Troddeln, die durch das Geschaukel hin und her schwangen. Einer der beiden hinteren Träger stieß die Kleine zur Seite, nicht fest zwar, aber sie fiel auf ihr Hinterteil und fing an zu weinen. Chong half Yutsao verlegen auf, während die Sänfte anhielt. Der Vorhang hob sich, und ein Mann mit einer quadratischen Kappe auf dem Kopf und einem hellblauen Nagagi lehnte sich aus dem Fenster.

»Aber ist das nicht Lenka?«

Kazutoshi hatte chinesisch gesprochen. Chong, die sich von den versammelten Leuten beobachtet sah, senkte den Kopf: »Wie befinden sich Eure Hoheit?«

»Wie läuft das Geschäft?«

»Ja, dank Eurer … wir würden uns freuen, Euch wieder bei uns begrüßen zu dürfen.«

Kazutoshi nickte und ließ den Vorhang fallen. Die Sänfte setzte ihren Weg fort. Dieser Vorfall ereignete sich zwei Monate nach dem ersten Besuch des Prinzen im *Meerespalast*.

In Ryūkyū blühten die Kirschbäume im Januar. Sie waren über und über mit üppigen rosa Blüten bedeckt. Das Wetter war fast das ganze Jahr über gleich, und im Winter war es nicht kälter als der chinesische Herbst. Trotzdem war es ein Trugschluss zu glauben, dass der Jahreszeitenwechsel, der nach den Neujahrsfeierlichkeiten folgte, kaum spürbar war. Das neue Jahr begann hier, wenn praktisch über Nacht die Kirschbäume in voller Pracht standen. Es gab davon unzählige rings um Schloss Shuri und in ganz Naha. Volle zehn Tage wurde dann gefeiert. Den Garten des *Meerespalastes* schmückten einige wirklich alte Kirschbäume, sodass wiederholt Gäste kamen, um unter den Bäumen zu picknicken.

An einem dieser Tage, Chong war gerade dabei, mit ihrer Tochter zu spielen, wurden Schritte laut, und ein Diener bog um die Ecke. Dann erschien Kazutoshi auf der anderen Seite des Mäuerchens.

Chong stand hastig auf und eilte ihm entgegen, um ihn zu begrüßen: »Eure Hoheit, tretet doch bitte ein …«

Mit einem Lächeln umrundete der Fürst den Teich und kam näher. »Darf ich denn einfach vorbeikommen, ohne mich vorher anzumelden?«

»Wir werden Euch immer mit Freude erwarten!«

Chong ließ Yutsao im Garten zurück und führte ihren Gast in den linken Pavillon. Sie holte Kissen und verbeugte sich erneut. Der Fürst verharrte schweigend. Dann deutete er auf Yutsao, die Spaß daran hatte, mit den Blüten an den Ästen eines Baumes zu spielen, und fragte: »Ist das deine Tochter?«

»Oh ja. Fürst, ist sie nicht herzallerliebst?«

»Du bist also verheiratet …«

Chong verbarg ihr amüsiertes Lächeln hinter der vorgehaltenen Hand: »Aber nein, ich habe kein eigenes Kind. Sie ist die Tochter einer verstorbenen Freundin. Ich habe sie adoptiert. Ihre Gegenwart tröstet mich.«

Kazutoshi betrachtete zunächst den Raum, dann wanderte sein Blick in den Garten: »Ihr habt tagsüber keine Gäste?«

»Wir öffnen erst am Abend. Aber möchtet Ihr vielleicht hier mittagessen?«

»Nur etwas Tee, bitte.«

Chong ging und kam mit einem Tablett wieder, auf dem Tee und Kuchen standen. »Es ist schon eine Weile her, dass wir Euch das letzte Mal gesehen haben …«

»Ich war auf meinem Lehen. Zum Jahreswechsel musste ich mich mit Unannehmlichkeiten herumplagen, die uns Satsuma beschert hat, was mich sehr beunruhigt.«

Chong hatte schon von Satsuma reden gehört, dem mächtigen japanischen Nachbarn direkt neben dem im Norden Ryūkyūs gelegenen Kyūshū. Der Fürst hatte eine Rechtsstreitigkeit beilegen müssen, Zahlungen betreffend, die Ryūkyūs Bevölkerung als Tribut an Satsuma leisten musste. Sogar an China zahlte das Königreich Abgaben, ohne jemals von den Chinesen unterworfen worden zu sein. Satsuma wiederum hatte in Naha eine Provinzregierung etabliert, die aus einem Gouverneur und japanischen Beamten bestand. Die tatsächliche Staatsgewalt lag längst nicht mehr in den Händen der königlichen Familie, die zwar noch im Schloss Shuri wohnte, aber die Gesandten Satsumas hatten das Heft in der Hand.

Satsuma hatte auch verfügt, dass alle Fürsten von den Inseln nach Naha übersiedeln und in Shuri leben mussten, um sie von den Inselbewohnern zu trennen und die Macht zentralisieren zu können. Die Shō-Dynastie von Shuri vermählte die königlichen Blüten mit dem Hochadel der Inselgruppen. Dadurch verloren diese Fürsten die Herrschaft über ihre Inseln und wurden stattdessen zu Lehnsherrn. In regelmäßigen Abständen wurde ihnen jedoch gestattet, zu ihren Lehen zurückzukehren, damit sie für eine bestimmte Zeit im Jahr die Verwaltung ihrer Landgüter selbst übernehmen konnten. Während der übrigen Monate besorgten das die Daikans der Satsumaregierung. Katzutoshi war einer dieser Inselfürsten, und sein Nachname Toyomioya bedeutete gleichzeitig, dass er den Titel Lehnsherr von Miyako trug.

»Vor allem leidet die Bevölkerung«, seufzte Kazutoshi und nippte an seinem Tee.

Chong antwortete: »Ja, es gibt eine ganze Menge Länder auf dieser Welt, aber egal wo, das Leben ist immer hart für die kleinen Leute.«

Ein heftiges Donnergrollen war plötzlich zu hören.

»Man spricht davon, dass Regen kommen soll«, sagte Chong und stand auf, um nach draußen zu schauen. Sie wollte gerade nach Yutsao rufen, da prasselten schon die ersten Regentropfen auf das Dach.

»Yutsao, komm schnell, du wirst sonst ganz nass!«

Yutsao lief Fumiko und Roku in die Arme, die gerade zurückkamen. Fumiko drückte ihr Bündel Roku in die Hand und nahm die Kleine auf den Arm. Sie eilten in die Küche. Der Platzregen trommelte auf die Bananenblättern.

»Oje. Ich fürchte, ich muss noch eine Weile hier verweilen«, stellte der Fürst fest.

Chong ließ den Vorhang halb herunter: »Es scheint, dass der Himmel mich erhört hat und alle Blumen gemeinsam weinen. Ich bitte Euch doch, einen Moment zu bleiben, etwas zu trinken und den Blütenregen zu bewundern.«

Die Tür öffnete sich, und Fumiko, völlig überrascht, fiel sofort auf die Knie. Sie verneigte sich tief, um den Besucher zu begrüßen.

Kazutoshi setzte, wie er es in der Öffentlichkeit gewohnt war, ein freundliches Lächeln auf und antwortete: »Erfreust du dich guter Gesundheit?«

»Tante Fumiko«, bat Chong, »wärest du so freundlich, uns etwas Shōchū zum Trinken zu bringen?«

Bald kam diese zurück mit einem niedrigen Tischchen, auf dem verschiedenes angerichtet war. Kalter Tofu mit Sojasoße, eine

Auswahl verschiedener Sashimi, die sie gerade vom Markt mitgebracht hatte, mehrere eingelegte Gemüsesorten und eine Flasche Sake.

»An einem Tag wie heute ist heißer Sake besser als jeder Awamori.«

»Eine ausgezeichnete Idee.«

Chong holte ihre Shamisen und reichte dem Prinzen ein Glas, das dieser auf einen Zug leerte.

»Da ich aufgrund des Regens sowieso nicht gehen kann, kann ich mich auch betrinken!«, rief er lachend.

»Nach dem dritten Glas spiele ich Euch etwas vor.«

»Lenka, trinke doch auch mit.«

Chong nahm das Glas, das der Fürst ihr hinhielt, und trank daraus, ihren Kopf anmutig zur Seite neigend, bevor sie dem Prinzen nachschenkte. Die Wirkung des Alkohols ließ nicht lange auf sich warten.

»Ihr erlaubt, dass ich mich eine Weile um Euch kümmere?«

»Aber natürlich, ich verstehe die Frage nicht.«

»Ihr müsst doch wegen Eurer Ämter ein viel beschäftigter Mann sein …«

»Weniger, als man denkt. Was sagt das Wort *Amt* denn schon aus, wenn das ganze Land eigentlich ein Gefangener ist? Für mich ist die Welt ein Gefängnis …«, murrte der Fürst und streckte sein leeres Glas vor.

Chong nahm die Shamisen auf den Schoß und fragte: »Warum sagt Ihr so etwas? Ausgerechnet Ihr, Ihr habt doch so eine hohe Stellung?«

»So viele auswärtige Leute bedienen sich an dem, was mein Volk herstellt … Früher war das Königreich von Ryūkyū ein Paradies, so wie es der Name deines Hauses verheißt.«

»Ich kenne auch ein bisschen von der Welt, ich bin schon an sehr verschiedenen Orten gewesen. Es gibt so viele Länder, wie es

Sterne am Himmel gibt. Im Westen gibt es Staaten, die sehr fortschrittlich sind …«

»Das Königreich von Ryūkyū ist dem Untergang geweiht.«

Fürst Kazutoshi hatte in China, Annam, Luzon und Batavia studiert, und hier auf der Insel Uchina, die Japaner würden sie später Okinawa nennen, tauchten immer wieder neue Dinge aus Europa auf. Seeleute brachten die seltsamsten Sachen von ihren Reisen mit.

»Ich werde Euch etwas auf der Shamisen vorspielen.«

Chong spielte, während es draußen immer wieder donnerte und der Regen unaufhörlich prasselte. Die Geishas waren aufgewacht, hüteten sich aber davor, den Fürsten beim Trinken mit Mama Lenka zu stören. Fumiko brachte eine neue Flasche. Der Fürst leerte noch ein paar Gläser, während Chong weiterspielte. Je mehr er trank, desto wehmütiger wurde er. Seit ihrer ersten Begegnung hatte sich Chong zu diesem Mann im mittleren Alter hingezogen gefühlt. Mit seiner hellen Haut, seinem schlanken Körper und seinem gepflegten Bart wirkte er auf sie wie ein einsamer Reiher am Ufer eines Sees. Gleichzeitig schien er jedoch kein Schwächling zu sein, denn in seinen Augen brannte ein Feuer.

Wie wohlwollend er sich gegenüber Fumiko verhielt, weil sie aus seinem Lehen Miyako stammte, die freundlichen Worte, die er für sie gehabt hatte, als er von ihrer Verbannung aus ihrem Heimatland erfuhr und dass er dies seiner eigenen Unfähigkeit zuschrieb, all das gefiel Chong ausnehmend gut. Sie hatte sofort erkannt, zu welcher Sorte Mann er gehörte. Mit ihren fünfundzwanzig Jahren hatte sie schon alle Härten des Lebens am eigenen Leib erfahren. Als sie Kazutoshi Glas um Glas hinunterstürzen sah, legte sie ihr Instrument zur Seite und lehnte sich zu ihm hinüber.

»Ihr dürft nicht so schnell trinken … Lasst mich Euch dabei Gesellschaft leisten.«

»Es wäre besser, heute keine anderen Gäste zu empfangen, bei diesem Wetter …«

»Warum sollte ich andere Gäste empfangen, wenn Eure Hoheit hier ist? Ich möchte, dass Ihr einfach ein paar schöne Stunden bei uns verbringt.«

»Draußen wartet noch ein Diener auf mich. Sag ihm, dass er gehen kann.«

Chong entfernte sich, um die Nachricht zu übermitteln. Als sie zum Fürsten zurückkehrte, fragte sie: »Werdet Ihr nicht im Schloss erwartet?«

Der Fürst überlegte einen Moment, dann schaute er Chong an und sagte leise: »Meine Frau liegt schon seit einigen Jahren im Koma.«

Später erfuhr Chong, dass Dei Maki, Kazutoshis Ehefrau, schon immer ein schwaches Herz gehabt hatte und bei zu viel Sonne oder zu großer Erregung in Ohnmacht gefallen war. Eines Tages war sie über eine Türschwelle gestürzt, hatte das Bewusstsein verloren und war seitdem nicht mehr aus dem Koma erwacht. Kazutoshi tat sein Möglichstes für sie, er hatte sogar holländische Ärzte aus Kumemura kommen lassen und hatte auf dem Kontinent nach Arzneimitteln schicken lassen, die man auf Uchina nicht finden konnte, aber alle seine Anstrengungen waren vergeblich gewesen.

Der Fürst trank weiter, ohne eine Pause einzulegen. Am Nachmittag hörte der Regen auf, aber dafür erhob sich ein starker Wind. Unter den Klängen von Chongs Shamisen legte sich Kazutoshi der Länge nach hin und schlief ein. Chong schob ihm ein Kissen unter den Kopf, schloss das Fenster und stellte einen Wandschirm um ihn herum auf, der jeden Luftzug abhalten sollte.

Fumiko trat leise ein, um den Tisch abzudecken.

»Tante Fumiko, lass heute Abend den Balken vor dem Tor, wir werden keine weiteren Gäste empfangen.«

»Aber an so einem Regentag kommen doch viele …«

Chong schaute Fumiko tief in die Augen, ohne ein weiteres Wort zu sagen.

»Gut, wie du willst. Kümmere dich um seine Exzellenz.«

Daraufhin rollte Chong einen Futon aus und versuchte, den Mann daraufzuschieben. Dieser drehte sich jedoch auf die andere Seite und schlief mit angezogenen Beinen weiter. Sie musste ein Lachen unterdrücken. Nachdem sie noch eine Decke über ihn gebreitet hatte, verließ sie den Raum und schloss die Tür hinter sich.

Mitten in der Nacht wachte Prinz Kazutoshi auf. Chong hatte eine kleine Laterne brennen lassen, damit er sich zurechtfinden konnte, wenn er aufwachte. Sie hielt im Nebenzimmer Wache, und als sie einen trockenen Husten hörte, stand sie auf und brachte ihm eine Teekanne und heißes Wasser.

»Ihr seid aufgewacht?«

»Wie ist das möglich?«, stieß er hervor. »Wie spät ist es?«

»Es ist nicht mehr weit bis zum ersten Hahnenschrei«, schwindelte sie ihn lächelnd an. »Ihr müsst Durst haben, trinkt erst einmal etwas Tee.«

Kazutoshi brachte seine Kleidung in Ordnung und nahm den Tee. Chong schlug ihm vor: »Bleibt doch noch den Rest der Nacht hier. Euer Bad ist schon bereit.«

»Regnet es noch?«

»Nein, aber es weht ein strammer Wind.«

»Der Wind … der Wind ist ein Vertrauter. Säuglinge schlafen gut an Tagen mit viel Wind.«

Er horchte auf die Böen, die am Fenster rüttelten. »Glaubst du wirklich, ich könnte hierbleiben?«

»Wenn Ihr, ohne Aufsehen zu erregen, hierhergekommen seid, dann könnt Ihr getrost den Rest der Nacht noch bleiben.«

Mit diesem warmherzigen Lächeln, das Chong so für ihn eingenommen hatte, schaute er ihr einen langen Moment in die Augen, dann gestand er: »Vom ersten Tag an habe ich dich geliebt.«

Chong führte ihn in das Badezimmer hinter dem Pavillon, das der alte Roku hergerichtet hatte. Er hatte den Boden mit Holz ausgelegt und darauf eine große gusseiserne Wanne gestellt. Von draußen wurde sie durch einen Ofen mit Holz aufgeheizt. Kaum dass Chong die Tür geöffnet hatte, schlug ihnen schon der Dampf entgegen und löschte das fahle Licht der Laterne.

»Zieht Euch aus, ich werde Euch beim Waschen behilflich sein.«

Als er nackt war, setzte sich Kazutoshi auf den Bodenrost. Chong entkleidete sich ebenfalls und goss dann, mit einer kleinen Schöpfkelle aus Holz, Wasser über den Rücken des Mannes. Obwohl er recht dünn war, hatte er doch feste Muskeln. Mit einer nach Jasmin duftenden Linsenseife rieb und schäumte sie seine Rückseite ein.

Kazutoshi ließ dies artig mit sich geschehen, sagte aber, als sie ihn wieder mit Wasser abspülte: »Jetzt dreh dich um, ich bin dran, dich zu waschen.«

Chong gehorchte, und er ließ ihr die gleiche Behandlung angedeihen.

Daraufhin forderte sie ihn auf: »Nehmt nun ein Bad, das wird Euch guttun.«

»Du kommst aber mit.«

»Nein, das geht nicht, das Wasser würde überlaufen.«

Kazutoshi stieg in die Badewanne. Roku hatte sie mit einem Lattengeflecht ausgekleidet, da man sich sonst leicht an dem Metall verbrennen konnte. Chong gab etwas Minzöl auf die Schultern des Mannes.

»Lenka, komm doch mit herein.«

Sie nahm seine Hand und stieg zunächst nur mit den Beinen ins Wasser, dann tauchte sie langsam auch den Rest ihres Körpers ein. Das Wasser schwappte über und lief gluckernd in den Ausguss. Knie an Knie sitzend schauten sie sich an.

Er strich ihr die nassen Haarsträhnen aus dem Gesicht. Sie löste das Band seines Haarknotens, und seine langen Haare fielen herab. Er streichelte unter Wasser ihre Brüste, ihre Knie, ihren Bauch. Dann küsste er sie behutsam.

»Gehen wir doch ins Schlafzimmer«, sagte sie. »Es ist viel zu heiß hier.«

Sie verließ als Erste die Wanne und holte Handtücher und Nachtgewänder. Chong trocknete sich ab und bedeckte ihre nackte Haut mit einer Yukata, während sie ihn aufforderte: »Hier ist ein Handtuch. Macht es Euch doch gleich in dieser Yukata bequem.«

Im Zimmer hatte Fumiko schon ein Tablett mit Getränken und Kleinigkeiten zum Essen bereitgestellt. Chong öffnete das Fenster einen Spalt und schob den Wandschirm zusammen. Der Wind hatte sich gelegt, und der Geruch nach feuchter Erde vermischte sich mit dem Duft der Kirschblüten.

Mit seinen offenen, auf die Schultern herabreichenden Haaren vermittelte Kazutoshi den Eindruck eines von Kraft strotzenden jungen Mannes. Auf seinem Gesicht und seinem Oberkörper bildete sich immer wieder ein Schweißfilm, sodass er sich ständig aufs Neue abtrocknen musste. Chong reichte ihm eine Tasse kalten Tee, von dem er sogleich mehr haben wollte.

Chong verbeugte sich und sagte: »Heute bin ich ganz zu Euren Diensten.«

Sie schenkte ihm ein Glas Shōchū ein und steckte ihm kleine Leckereien in den Mund. Er ergriff ihr Handgelenk und zog sie zu sich heran, sodass sie auf seinem Schoß zu sitzen kam. Ihre Yukatas öffneten sich wie von selbst, und dann war nichts Trennendes mehr zwischen ihnen. Chong schlang ihre Beine um die Hüften des Mannes. Sie spürte, wie sein Glied mit einer einzigen geschmeidigen Bewegung in sie eindrang. Aufstöhnend warf sie den Kopf zurück. Er nahm einen Schluck Schnaps, behielt ihn aber im Mund und ließ während eines Kusses die Flüssigkeit über Chongs Lippen fließen. Die Schärfe brannte in ihrem Hals, und sie fühlte, wie das Feuer bis in ihre Brust hinabrann. Kazutoshi gab ihr einen weiteren Schluck davon. Einen Moment lang verharrten sie in ihrer Stellung, verschmolzen zu einem einzigen Körper. Mit unglaublicher Langsamkeit küsste er nun den Nacken der jungen Frau, arbeitete sich zu den Brüsten vor, um dann wieder zu den Lippen zurückzukehren. Chong bewegte ihr Becken. Zunächst von links nach rechts, dann rhythmisch auf und ab. Er züngelte über ihre Brüste und knabberte an ihren Brustwarzen. Sie steigerte das Tempo und ließ kleine Seufzer hören. Mit beiden Händen umfasste er ihre Pobacken und drückte sie an sich, während sie sich an seinem Hals festklammerte. Kazutoshis Penis erkundete ihr Inneres im Rhythmus ihrer Bewegungen. Er stieß zu, fuhr nach links, nach rechts, glitt heraus und hinein, wieder und wieder. Bei jedem Stoß entfuhr ihr ein kleiner, spitzer Schrei, obwohl sie die Zähne zusammenbiss. Jetzt presste sie die Schenkel fest zusammen, und er hob sie gerade so viel an, um sich noch bewegen und das Tempo vorgeben zu können. Dann kam der Augenblick, in dem er ihre Hüfte fest umklammert hielt, und sie, an seinem Hals hängend, die Wellen über sich hinwegrollen ließ, bis sie abebbten.

Sorgfältig darauf achtend, dass ihre Umarmung sich nicht löste, hielt Kazutoshi ihre Beine fest, während er seine Knie unter sich zog und Chong nach hinten auf den Futon sinken ließ, sodass sie nun unter ihm lag. Kazutoshi streichelte sanft ihren Busen und wanderten dann über den Bauch, während er langsam seine Hüften auf ihrem Unterleib rotieren ließ. Seine Stöße waren nicht wild, aber erregend. Mit der Eichel seines Gliedes neckte er jetzt zart und ohne Eile ihre Schamlippen. Dabei wirkte Kazutoshi jedoch irgendwie entrückt, als sei er ein außenstehender Beobachter, der ihrem Liebesakt zusah.

Die Zeit stand still. Ein Windhauch ging durch das Zimmer, und die Flamme der Kerze flackerte. Der Duft der Kirschblütenblätter und des feuchten Laubes taten ihr Übriges, um die Stimmung zu vervollkommnen. So blieben sie auf dem Futon liegen, nackt und schweigsam. Chong zog ein Laken über sie beide. Als sie sich nach einer Weile auf die Seite drehte, folgte er ihrer Bewegung und umarmte sie. Sie schmiegte sich eng an ihn.

»Würdest du mit mir kommen?«, fragte er.

»Ich kann Euch nicht nach Shuri folgen.«

»Wir gehen auf meine Burg nach Miyako.«

Chong schwieg.

Der *Meerespalast* hatte im März einen großen Zulauf. Das war die Jahreszeit, in der der Handel zwischen den Kaufleuten aus Ryūkyū und China florierte. Zwei Monate nach diesem letzten Besuch des Prinzen, es war einer der Abende, an denen die Säle bis zum letzten Platz belegt waren, kam eine Geisha herbei und teilte Chong mit, dass der Fürst und sein Bruder gekommen waren.

Chong unterhielt sich gerade mit Staatsmännern aus Satsuma, die sich zwar höflich verhielten, aber wissen ließen, sie seien echte Samurai und daher nicht wie alle anderen Gäste. Jedenfalls würden sie, auch wenn im Hafen von Ryūkyū Waffen verboten seien, sich niemals von den ihren trennen. Als Chong hörte, dass Kazutoshi gekommen war, hatte sie keine Lust mehr, diese besonderen Gäste zu bedienen, und dachte nur noch daran, wie sie sich davonstehlen konnte. Während eines Applauses für Seris Gesang trat sie den Rückzug an, aber ein Samurai bemerkte ihre Absicht: »Die Mama-san wird doch nicht schon gehen?«

Chong verbeugte sich höflich: »Doch mein Herr, ich muss andere Gäste begrüßen.«

»Ich hoffe, dass Eure Rückkehr nicht lange auf sich warten lässt, es ist schon so lange her, dass wir das letzte Mal hier waren.«

Chong verneigte sich ein weiteres Mal, erwiderte aber nichts darauf und verließ den Saal, während Seri ihr nun beisprang: »Die Mama-san und die Okami betreuen nie lange gemeinsam die Gäste. Möchten Sie, dass ich andere Geishas kommen lasse?«

Chong beeilte sich nun, in den rechten Pavillon zu kommen. Als sie die Tür öffnete, Fumiko kam auch gerade mit den Getränken, sah sie Kazutoshi, seinen Bruder und zwei weitere Männer. Diese waren schon älter und trugen chinesische Kleidung.

Chong kniete sich nieder und machte einen tiefen Kotau: »Herzlich willkommen.«

»Ich bin untröstlich, dass ich dich nicht öfter besuchen kann«, sagte der Fürst quasi als Entschuldigung. »Ich habe zwei Kunden aus Fuchou mitgebracht. Rufe Naba und ihre Musiker.«

Chong verbeugte sich. Im Gang bat sie Fumiko: »Informiere heimlich Seri, dass sie mit Naba und den Musikern herkommen muss.«

Tische und Gläser wurden herbeigetragen und ein paar Runden ausgeschenkt. Dann trat Seri ein, gefolgt von ihren Musikern, und begrüßte die Anwesenden. Sie nahmen Platz und begannen zu musizieren. Es waren schon mehrere Lieder und Musikstücke vorgetragen worden, als plötzlich auf dem Gang schwere Schritte den Holzboden erschütterten. Dann wurde die Tür aufgerissen. Es war einer der vier Samurai, und er war schon reichlich betrunken. Die Blicke aller richteten sich auf den Eindringling.

»Ihr seid alle verschwunden und habt uns allein gelassen! Sind wir denn nicht auch eure Gäste?«

Chong erhob sich und erklärte ihm höflich: »Sie haben für eine längere Zeit die Darbietungen unserer Künstler genossen, es ist also nur gerecht, wenn sie sich jetzt um die neuen Gäste kümmern.«

Aber der Mann packte sie am Arm und zerrte sie in den Korridor: »Das kannst du drüben erzählen, die anderen sind schon ganz gespannt darauf!«

»Was für ein Bauernlümmel! Du weißt schon, mit wem du es zu tun hast?«

Der Einwurf kam von Akiyushi. Der Mann ließ Chong los und stürzte ein paar Schritte herein.

»Wer wagt es, in so einem Ton mit einem Samurai aus Satsuma zu sprechen?«

Statt ihm zu antworten, versetzte Akiyushi dem Mann einen Tritt vor das Schienbein. Mit einem Aufschrei ging er zu Boden. Doch sofort hatte Akiyushi ihn schon an der Gurgel wieder hochgezogen: »Du hättest es verdient, dass ich dich zu Brei schlage, aber ich halte mich zurück, da wir in vornehmer Gesellschaft sind. Aber jetzt verschwinde!« Akiyushi warf ihn hinaus, woraufhin der andere davonhinkte.

»Das wird Ärger nach sich ziehen«, sagte Kazutoshi und schnalzte mit der Zunge. »Unter den Leuten sind bestimmt welche, die uns erkennen …«

Einer der Chinesen sorgte sich: »Diese Art Männer zieht doch gleich das Schwert, für nichts und wieder nichts. Ein Betrunkener hat doch nicht mehr Verstand als ein Hund. Denken Sie nicht, wir sollten besser gehen?«

Kazutoshi machte eine beruhigende Handbewegung: »Warten wir es doch ab.« Er bedeutete den Geishas, sich an die hinter den Männern liegende Wand zu stellen.

Kurz darauf näherten sich entschlossene Schritte, und vier Samurai platzten herein. Kazutoshi verbarg sein Gesicht hinter seinem Fächer. Akiyushi stand auf und ging in die Mitte des Raumes. Der Mann, der die Zurechtweisung erfahren hatte, hielt sich hinter seinen Kameraden.

»Wer seid ihr, dass ihr es wagt, andere Leute zu schlagen?«

»Ich bin aus Shuri. Dein Freund hat uns belästigt und hat die Lehre erhalten, die er verdient hat.«

»Shuri? Wieder einer von diesen verarmten Krautjunkern dieses Landes?«, spottete der, der ganz vorne stand.

Ein gewaltiger Fußtritt ließ ihn gegen die Schiebetür taumeln und dann der Länge nach auf dem Boden des Ganges aufschlagen. Einer seiner Gefährten zog das Schwert.

Akiyushi rührte sich nicht, die Fäuste geballt: »Du weißt sehr wohl, dass die Untertanen dieses Königreichs unbewaffnet sind, aber du, du zückst dein Schwert?«

Der Samurai hielt schweigend das Schwert mit beiden Händen, holte aus und tastete sich seitlich fortbewegend tiefer in das Zimmer hinein. Nach zwei Schritten stürzte er sich auf Akiyushi, der dem Schwerthieb auswich und seinerseits nun seine Faust in das Gesicht seines Gegners schlug.

Der Krieger sackte in sich zusammen. Zwei Männer trugen ihn aus dem Zimmer, und ein anderer, der sich bis dahin damit begnügt hatte zuzuschauen, fiel nun auf die Knie und entschuldigte sich: »Meine Freunde haben zu viel getrunken, sie haben unrecht gehandelt.«

Akiyushi antwortete ruhig: »Dies hier ist der Fürst Kazutoshi, und ich bin sein Bruder. Wir verlangen Bestrafung durch den Gouverneur.«

»Wir sind betrunken«, bettelte der Samurai, »und Ihr habt doch schon ausgeteilt. Lasst Gnade walten und vergesst diesen Zwischenfall.«

»Einverstanden, Ihr könnt gehen!«, befahl Kazutoshi.

Der Samurai starrte Kazutoshi an, verneigte sich und suchte das Weite. Am Lärm der Schritte hörte man, dass die Samurai das Anwesen verließen.

Fumiko kam und meldete: »Sie sind weg. Ich habe vor dem Tor Salz geworfen, um das Böse zu vertreiben.

Kazutoshi seufzte: »Wenn sie sich uns gegenüber schon so benehmen, wie gehen sie dann erst mit dem Volk um?«

»Ich gehe morgen zum Gouverneur und werde sie dafür zur Rechenschaft ziehen lassen«, sagte Akiyushi.

»Es ist doch sonnenklar, wie das ablaufen wird«, lachte Kazutoshi höhnisch, »nach außen werden sie sich zwar höflich verhalten, aber tatsächlich glauben sie, dass wir die Schmach verdient hätten. Vergiss es!«

Eine Weile herrschte Stille im Raum.

»Naba, Musik bitte!«, rief Chong, um die getrübte Stimmung zu heben.

Sie schenkte eine neue Runde aus, und Seri fing an zu singen, von Naba auf der Shamisen begleitet.

Einer der chinesischen Kaufleute wandte sich an Akiyushi: »Wie es scheint, seid Ihr in der Kampfkunst bewandert! Welche Techniken übt Ihr?«

»Als ich jünger war«, lachte Akiyushi bitter, »da habe ich mich für die Kampfkunst interessiert, aber wozu soll das heute noch gut sein?«

Um die Neugierde des Chinesen aber zu befriedigen, setzte er noch hinzu: »Seit Jahrhunderten sind auf unseren Inseln Waffen verboten. Zum einen, weil es zu viele blutige Auseinandersetzungen gab, zum anderen, um unseren Nachbarn zu zeigen, dass wir keine kriegerischen Absichten haben. Aber als Satsuma uns angegriffen hat, haben wir Karate wieder aufleben lassen und zudem eine neue Form des Kämpfens entwickelt. Die Adligen von Ryūkyū sind geübt in dem, was wir Shurite nennen, um sich in jedem Fall verteidigen zu können.«

Chong kannte die Geschichte von Ryūkyū gut genug, um zu wissen, dass vor zweihundert Jahren Shimazu Tadatsune, Daimyō von Satsuma, die Inselgruppe überfallen, Amami annektiert und Schloss Shuri besetzt hatte. König Shō Nei war nach Edo verschleppt worden und zwei Jahre dort wie ein Gefangener bewacht worden. Erst als er einen Erlass unterschrieben hatte, in dem er kundtat, er wünsche, die Inselgruppe von Ryūkyū werde von Satsuma regiert, erlangte er seine Freiheit wieder. Die Monarchie existierte von da an nur noch der Form halber, und das Land sah sich plötzlich verpflichtet, Tributzahlungen zu leisten. Ihrer Ämter enthoben, widmeten sich manche Adligen von Shuri der Musik, andere ergaben sich dem Opium. Manche versuchten sich aber auch im Handel mit China. Sie investierten zusammen mit ortsansässigen Chinesen in Dschunken, die nach Fuchou fuhren. Damit sie die traurige Wirklichkeit in Ryūkyū nicht länger mit ansehen mussten, hatten Akiyushi und sein Bruder das Südchinesische Meer befahren und auf dem Kontinent Geschäfte gemacht.

Fast ein Jahr nach ihrer ersten Begegnung im *Meerespalast* hielt Kazutoshi um Chongs Hand an. Mindestens so viel Zeit wie in Shuri verbrachte er im Hafen, wo sein Bruder Schiffe charterte, die nach Südasien fuhren. Ohne Chong war ihm das Leben langweilig geworden.

An einem Nachmittag, es war schönes Wetter und ziemlich heiß, kam Kazutoshi allein zum *Meerespalast*. Chong und Fumiko saßen vor den weit geöffneten Fenstern und genossen die frische Luft, denn in Naha war die Trockenzeit anders als in Formosa. Durch den Meereswind war es auch an heißen Tagen sofort kühl, sobald man sich im Schatten aufhielt.

»Wart Ihr im Hafen?«

»Ja, ein Schiff von uns ist ausgelaufen.«

»Wenn Ihr noch nichts gegessen habt, dann kann ich Euch eine Schüssel Soba bringen.«

Kazutoshi setzte sich unbekümmert auf die Türschwelle. Fumiko und Chong gingen, um eine Mahlzeit herzurichten. Chong ließ es sich nicht nehmen, das Essen selbst zuzubereiten, und auch jede Hilfe von Roku und Fumiko lehnte sie ab. In der Zwischenzeit war der Fürst hineingegangen und auf der Matte am Boden eingeschlafen. Chong setzte ihr Tablett zögernd ab. Sie fürchtete, die Nudeln aus Buchweizen würden durch längeres Stehen aufquellen, deshalb kniff sie ihn vorsichtig. Mit einem kurzen Schrei schreckte Kazutoshi aus dem Schlaf.

»Ich dachte mir, Ihr wollt vielleicht essen, bevor das Soba nicht mehr schmeckt …«

Kazutoshi schlang hastig und heftig schmatzend die Nudeln hinunter, ein Zeichen, dass sie gut waren. Fumiko brachte grünen Tee. Er schien es jetzt nicht mehr eilig zu haben, als habe er etwas auf dem Herzen.

»Haben Sie Sorgen?«, traute sich Chong zu fragen.

Statt einer Antwort holte er, immer noch im Sitzen, eine Lackschachtel aus seinem Ärmel und hielt sie Chong wortlos hin. Arglos hob sie den Deckel hoch und entdeckte ein Paar hellgrüne Jaderinge: »Die sind wunderhübsch! Sollen die etwa für mich sein?«

Kazutoshi lächelte und fragte dann: »Möchtest du dein Leben mit mir teilen?«

Chong wusste nicht, was sie darauf antworten sollte. Um etwaigen Missverständnissen vorzubeugen, machte er deutlich: »Ich möchte, dass wir heiraten.«

Schon seit längerer Zeit hatte Chong nicht mehr an die Ehefrau des Fürsten gedacht. Sie liebte diesen Mann, mit ihm hatten die Jahreszeiten eine neue Bedeutung bekommen, ihr Leben eine neue Richtung eingeschlagen. Ihr Herz schlug, wann immer er in der Nähe war, wann immer er sie mit seinem ruhigen, liebevollen Blick ansah und sie in seinen Augen Aufrichtigkeit las.

»Kann das wahr sein?«

Er wandte sich ab, schaute über den Hof und fasste leise seine Gedanken in Worte: »Es ist jetzt schon drei Jahre her, dass sie niemanden mehr wahrnimmt. Jeder weiß darüber Bescheid. Ich denke, das Schicksal wollte, dass ich dich kennenlerne, weswegen es mich so lange hat warten lassen. Bitte willige ein, meine zweite Ehefrau zu werden.«

Chong nahm Kazutoshis Hand: »Ich möchte mit Euch bis ans Ende meiner Tage zusammenleben.«

Die Hochzeit wurde für den darauffolgenden Monat festgesetzt, und sie würde, wie es die Tradition verlangte, im Tempel von Mireukuji, am Fuße von Schloss Shuri, stattfinden. Eingeladen waren seitens der Braut die Mitglieder ihrer Familie vom *Meerespalast* und von Kazutoshis Seite sein Bruder und Angehörige der königlichen Familie. Zwei Wochen vor der Trauung schickte der Bräutigam die Hochzeitsgeschenke: Seide, Silber- und Goldschmuck, Jade, schöne Kimonos.

Am Tag der Zeremonie kümmerten sich Seri und Fumiko darum, Chong herzurichten. Sie schminkten ihr die Wangen und massierten Kamelienöl in ihr Haar, das sie dann mit vielen Kämmen und Spangen verzierten. Über einen Unterrock aus Seide wurden mehrere Schichten eines speziellen Zeremonienkimonos gebunden, der nur der königlichen Familie von Miyako vorbehalten war. Die Geishas aus dem *Meerespalast* hatten alle neue Kimonos bekommen und Roku ein sehr schönes, festliches Gewand. Yutsao, die entzückend aussah in ihrem Kimono mit rotem Blumenmuster, hatte Fumikos ganze Bewunderung: »Du bist wirklich schon ein großes Mädchen!«

Die Pferdekutsche und die Sänfte der Fürstenfamilie trafen ein. Chong stieg in die Sänfte, die anderen folgten in der Kutsche.

Der große Tempelsaal war bereits voller Gäste. Die prunkvoll gewandeten Musiker des Hofes von Shuri spielten dem Anlass entsprechende Melodien. Auch die Mönche waren in ihren Zeremonialgewändern erschienen. In der Mitte der Halle befand sich ein Tisch mit Blumen und Weihrauchgefäßen. Davor stand

Kazutoshi. Er trug einen Hosenrock und eine Kimono-Überjacke mit dem gestickten Emblem der Königsfamilie, auf dem Kopf die quadratische Kappe. Fumiko und Seri begleiteten Chong, die eine Brauthaube aus Seide auf dem Haar trug, bis zu Kazutoshi. Sie stellte sich ihm gegenüber auf die andere Seite des Tisches.

Die künftigen Eheleute verbeugten sich tief voreinander, tauschten mit Sake gefüllte Gläser aus und verneigten sich erneut. Nun war die Reihe an dem Priester, seines Amtes zu walten und den Bund der Ehe zu besiegeln. Da es sich um eine Zweitehe handelte, war die Zahl der geladenen Gäste limitiert, und die Zeremonie hatte weniger vorgeschriebene Handlungen. Die Leute aus dem *Meerespalast* ließen es dennoch nicht an Festlichkeit und Rührung fehlen. Allein Chong strahlte in ihrem Festtagskimono mit der vollen Schönheit einer erblühten Pfingstrose.

Die frisch Vermählten wurden nun in einer Sänfte mit acht Trägern zu Kazutoshis Herrenhaus gebracht. Die Hochzeitsgäste folgten in Kutschen oder zu Fuß. Die Fahrstraße wand sich in Serpentinen durch den Park. Vorbei an Lorbeerbüschen und Blumen, durch kleine Wäldchen von Maulbeerbäumen und Cycapalmen sowie um Gruppen von einer Vielzahl anderer Bäume herum. Zwischen den Bäumen verzweigten sich durch Trittsteine markierte Wege, und über den Wipfeln ließen sich die Mauern und Dächer weiterer Adelshäuser erahnen. Die Diener des Fürsten erwarteten sie schon am Eingang des Herrschaftssitzes. Links und rechts davor plätscherte das Wasser zweier kleiner Bäche. Auf der anderen Seite des Vorplatzes stand ein Pferdestall, daneben ein Brunnen, und in der Mitte der freien Fläche war ein Meer aus Pfingstrosen und Kamelien um Schmucksteine herum gruppiert. Ging man den gepflasterten Weg weiter, dann tauchte ein Gebäude auf mit einem weit herabgezogenen Vordach und einer schmalen Veranda aus Holzdielen. Zwei finster dreinblickende Steinlöwen mit weit aufgerissenen Mäulern bewachten zu beiden Seiten den Eingang des Hauses.

Als Chong die Eingangshalle betrat, standen die Diener zu ihrem Empfang Spalier. Hinter diesem Hauptgebäude waren drei Pavillons so platziert, dass sich dazwischen ein quadratischer Garten ergab. Der Teich dort wurde von einer Bogenbrücke überspannt, die zum gegenüberliegenden Pavillon führte. Jenseits der hinteren Begrenzungsmauer wurden links und rechts zwei Gebäude sichtbar.

Man hatte die Schiebetüren, die die Halle normalerweise auf beiden Seiten begrenzten, geöffnet, sodass ein geräumiger Saal entstanden war, dessen Boden mit Tatamimatten ausgelegt war. Für das Hochzeitspaar war in der Mitte ein großer Tisch gedeckt worden. Die Gäste, die sich um die Frischvermählten herum niedergelassen hatten, wurden ihrem Rang entsprechend der Reihe nach mit je einem eigenen Tablett versorgt. Musiker und Tänzer begannen mit der Unterhaltung. Für die kleinen Leute, wie es die Mädchen aus dem *Meerespalast* waren, war es ein ganz außergewöhnliches Ereignis, einen Ort wie diesen überhaupt zu Gesicht zu bekommen, an einem Bankett teilzunehmen und von einem Schwarm von Hausangestellten bedient zu werden.

Spät am Abend kamen zwei Diener mit roten Laternen, woraufhin Kazutoshi und Chong sich erhoben und zum Abschied vor allen verbeugten. Dann schritt das Paar über den Brückenbogen und verschwand im hinteren Garten. Die Musiker hörten auf zu spielen, und die Gesellschaft löste sich auf.

Die Neuvermählten standen spät auf. Nach dem Bad begaben sie sich zum Ahnenschrein, um ihnen von ihrer Verheiratung zu berichten. Der Schrein, ein mit einer Schiebetür verschließbarer Schrank im Innern des Hauses, befand sich in einem Raum auf der Nordseite des Hauptgebäudes. Das Schrankinnere bestand aus drei Abteilen. Der Zentralbereich beherbergte den Schrein und die Votivtafeln, flankiert von zwei Blumenvasen. In den beiden anderen Abteilen waren Weihrauchgefäße und Trinkschalen untergebracht.

Chong und ihr Gemahl steckten Blumen in die Vasen, zündeten Räucherstäbchen an, füllten die Schälchen mit Sake, stellten eine Schüssel Reis dazu und verneigten sich ehrfürchtig. In einem Lackkästchen lag eine Tafel, auf der die Namen und Titel aller Vorfahren in silberner Schrift verzeichnet waren. Kazutoshi klatschte in die Hände und verbeugte sich. Chong folgte seinem Vorbild.

»Vor Euch, verehrte Ahnen, knien wir, Kazutoshi Toyomioya und Lenka Toyomioya, nieder, um Euch von unserer Verbindung in Kenntnis zu setzen und den Schwur abzulegen, dass immer Frieden in unserer Familie herrschen soll. Ob die Sonne scheint oder ob es regnet, unsere Liebe möge immer wären und mögen wir hundert Jahre zusammen verbringen. Möge meine kranke Frau wieder genesen, damit unserer Familie Frieden und Glück beschieden sei.«

Danach gingen sie zusammen in den dahinterliegenden Pavillon. Hier herrschte absolute Stille, wodurch in dem Raum eine lastende Atmosphäre entstand. Chong fühlte sich an das Haus des alten Ch'en erinnert. Eine betagte Dienerin, die vom Erscheinen des Paares überrascht worden war, erhob sich eilig. In dem mit Tatamimatten ausgelegten Raum lag Dame Dei Maki, halb verdeckt von einem Wandschirm, unter einer Decke, die bis zum Hals hochgezogen war. Ein Stirnband hielt ihre offenen Haare zurück.

»Meine liebe Frau, ich möchte dir deine Schwester Lenka vorstellen.«

Kazutoshi hatte die Hand der Kranken ergriffen und sprach leise. Die Kranke hatte die Lider geschlossen und zeigte nicht die geringste Reaktion. Einzig und allein ihr kaum vernehmbares Atmen verriet, dass noch Leben in ihr war. Chong kniete sich nieder und verbeugte sich tief, ihre Stirn berührte dabei den Boden. Nachdem sie sich wieder aufgerichtet hatte, legte sie ihre Finger auf die leblose Hand der Bettlägerigen. Da fühlte sie, wie ihr Tränen über die Wangen liefen.

»Große Schwester, ich werde auf Euch aufpassen.«

Das Paar begab sich wieder ins Haupthaus, denn die Familie hatte sich im großen Salon versammelt.

Kazutoshis älterer Sohn wurde als Erster aufgerufen: »Yoshishiro, begrüße deine zweite Mutter.«

Yoshishiro war ein Junge von fünfzehn Jahren, der in die Schule auf Schloss Shuri ging. Im darauffolgenden Jahr würde er seine Studien beendet haben und entweder im königlichen Amt in Ryūkyū arbeiten oder in der Kunst des Handelns unterwiesen werden. Die Lehrer an seiner Schule waren fast alle Chinesen.

Auch die Bediensteten des Hauses kamen, um sich vorzustellen. Chong hatte für Yoshishiro und die Belegschaft kleine Geschenke vorbereitet, die sie jetzt mit ein paar freundlichen Worten überreichte. Anschließend zeigte ihr Kazutoshi das restliche Anwesen bis in die entlegensten Ecken.

Wenn ein Mitglied der königlichen Familie heiratete, so musste dieses innerhalb von drei Tagen um eine Audienz beim König nachsuchen. Kazutoshi hatte schon einen Boten gesandt. Daraufhin waren die Neuvermählten eingeladen worden, am darauffolgenden Morgen vorstellig zu werden. In ihren Festgewändern begaben sie sich zum Schloss.

Der Blick der Eintretenden wurde sofort von dem Podest an der dem Eingang gegenüberliegenden Wand angezogen. An den vorderen Ecken dieses Podests, das von einem Geländer umgeben war, erhoben sich zwei rot lackierte, drachenverzierte Säulen, die einen Baldachin trugen. Vorne in der Mitte war das Geländer unterbrochen und erlaubte so den Zutritt zu der mit Tatami belegten Plattform. Dort saßen der König und die Königin Seite an Seite auf einem großen, breiten Sessel. Der königliche Thron befand sich eigentlich im zweiten Stock, wurde aber nur für wichtige Zeremonien und Staatsempfänge benutzt. Bei allen sonstigen Anlässen bediente man sich dieses Sessels auf der Empore im Erdgeschoss. Kazutoshi und Chong knieten sich in einiger Entfernung zu dem Königspaar nieder, und bei ihrem Kotau berührten ihre Stirnen den Boden.

»Kommt näher«, sagte König Shō Tai mit ruhiger Stimme.

Kazutoshi erhob sich, legte die Hände aneinander und ging mit vorgebeugtem Oberkörper gemessenen Schritts durch den mittleren Torbogen. Chong folgte ihm in einigem Abstand.

»Es scheint, dass mein Neffe endlich nicht mehr allein ist. Was für eine schöne Neuigkeit!«

»Vielen Dank, Ihr seid zu gütig.«

»Mir wurde berichtet, die Ehefrau sei Chinesin. Woher genau stammt sie denn?«

Nun war es an Chong, die, ohne den Kopf aus der Verneigung zu heben, unbewusst in Chinesisch antwortete: »Eure Majestät, ich bin aus Nanking.«

»Sie kommt von weit her«, antwortete der König.

Kazutoshi fügte hinzu, als hätte er die Antwort einstudiert: »Unsere Schiffe fahren sehr oft nach China. Sie befand sich an Bord, um unser Königreich zu besuchen. So haben wir uns kennengelernt.«

»Es ist gut. Ihr könnt Euch erheben«, ließ nun die Königin vernehmen.

Kazutoshi und Chong richteten sich auf. Der König trug eine goldene Krone und ein Gewand aus roter Seide, bestickt mit goldenen Drachen. Das ebenfalls aus Seide gefertigte Kleid der Königin war gelb, nur der Kragen und die Ärmel waren rot abgesetzt. In den Haaren schimmerte eine kleine königsblaue Haube. Die beiden schienen mehr als zehn Jahre älter als Kazutoshi zu sein.

»Was für eine Schönheit!«, bemerkte die Königin. »Mein lieber Fürst, Ihr habt wirklich Glück …«

Der König fragte nun: »Die Gesundheit Eurer Gattin hat sich immer noch nicht gebessert?«

»Nein, Euer Gnaden, sie liegt weiterhin im Koma.«

Der König schüttelte bedauernd den Kopf. Die Königin fuhr fort: »Oje! Welch ein Elend! Wäre es nicht besser, Ihr würdet auf Eurem Landsitz wohnen?«

Ihr Mann äußerte sich nicht dazu.

»Welchen Namen trägt Eure zweite Frau?«, wollte die Königin nun wissen.

»Sie heißt Lenka.«

»Gerade in einem Land, umgeben von Wasser, ist uns dieser Name jederzeit willkommen.«

Chong erwiderte in unbeholfenem Ryūkyū-Japanisch: »Jetzt, wo mir vergönnt ist, Eure Majestät zu kennen, in dem Palast des Königreichs am Meer, glaube ich, dass ich träume.«

»Sie hat auch noch Verstand! Ich werde Euch jetzt unsere Geschenke geben.« Aber der König ergriff noch einmal das Wort: »Ist es richtig, dass es den Menschen in Miyako und in Yaeyama zunehmend schlechter geht?«

»Wir müssen unbedingt die Tributzahlungen an Satsuma neu verhandeln«, antwortete Kazutoshi, »sonst wird das Leben unerträglich für unser Volk!«

»Letztes Jahr gelang es meinem Sondergesandten nicht, den Daimyō von Satsuma zum Einlenken zu bringen. Kazutoshi, du musst dir einen Eindruck von der Lage der Bevölkerung dieses Landes verschaffen, und dann musst du versuchen, den Daimyō dazu zu bringen, Vernunft anzunehmen.«

Jetzt ließ das Herrscherpaar die Geschenke bringen. Seidenstoffe, eine der berühmten Perlen, wie man sie nur in diesem Winkel der Erde findet, und eine rote Lackschachtel mit Intarsien aus Perlmutt. Chong und ihr Ehemann verabschiedeten sich und zogen sich zurück, und sobald sie die Schwelle überschritten hatten, glitt die Schiebetür hinter ihnen zu.

DAS SCHWARZE SCHIFF

Kazutoshi, der Herrscher über Miyako, beschloss, mit seiner neuen Frau und seinen engsten Verwandten auf sein Lehen zurückzukehren. In seiner Abwesenheit wurde Burg Kuramoto von seinen Vertrauensmännern bewacht. Die Klarheit des Abendlichtes verhieß gutes Wetter, sodass der Kapitän des Schiffes ankündigte, man könne am nächsten Morgen auslaufen. Chong lud Fumiko ein, sie zu begleiten, damit diese endlich ihre Geburtsstadt wiedersehen konnte.

Der Zweimaster verließ den Hafen von Naha in Begleitung anderer Briggs. Aus der Ferne wirkten die Leute unter ihren bunt bemalten Sonnenschirmen, Familien und Händler, die gekommen waren, um beim Auslaufen des Segelschiffes dabei zu sein, wie eine Blumengirlande. Das Focksegel wurde gesetzt, und nur langsam nahm der Zweimaster Fahrt auf. Erst als das Großsegel aufgezogen werden konnte, legte das Schiff an Geschwindigkeit zu.

Hirara, ein Tiefseehafen an der Küste Miyakos, am Ende einer Bucht im Windschatten der Insel Irabu gelegen, war Zwischenstation. Am Ufer drängten sich einfache Behausungen, während auf dem Hügel die Burg Kuramoto und die Dächer benachbarter Herrensitze in Sicht kamen.

Der Zweimaster warf den Anker und war sofort umgeben von Kähnen. Auf der Brücke hatten sich Kulis versammelt, um beim Entladen zu helfen. Beamte in Dienstkleidung kamen an Bord, verneigten sich zur Begrüßung vor Kazutoshi und Chong, bevor sie die beiden auf eine Barkasse begleiteten. Ein Steg aus Planken erleichterte ihnen das Betreten des mit Steinen befestigten Kais. Dort standen schon Sänften für sie bereit. Dahinter präsentierte eine Reihe uniformierter Soldaten ihre Lanzen. Manche Boote im Hafen waren mit bunten Fahnen geschmückt. Chong setzte sich in die Sänfte, dann wurde der Vorhang zugezogen, und Kazutoshi nahm auf einem einfacheren Tragestuhl Platz.

Ein Hornsignal gab das Zeichen zum Aufbruch. Die Begleitmannschaft setzte sich in Bewegung und verteilte sich zu beiden Seiten des fürstlichen Zuges. Die Menschen auf den Straßen machten den Weg frei und neigten ehrerbietig die Köpfe. So bewegte sich der Tross in Richtung der Burg Kuramoto zu, eines terrassenförmig über drei Etagen angelegten Rundbaus, der zwischen den Wachtürmen einen Wehrgang hatte und um den eine zinnenbewehrte Mauer lief. Der Weg führte zunächst durch ein mächtiges Portal im Burgwall. Dahinter staffelten sich auf beiden Seiten der Straße rot gedeckte, kleine Pavillons und im gleichen Stil gebaute, größere Häuser. Bei genauerem Hinsehen war die Burg drei bis vier Mal so groß wie Kazutoshis Haus in Shuri.

Gemäß der Statuten von Satsuma trug Kazutoshi den Titel Oyako, Großer Fürst. Er begab sich sogleich mit seinen Staatsbediensteten in einen Saal, wo ihm seine Gesandten über die Lage auf den Inseln in seinem Hoheitsgebiet Bericht erstatteten. Der Saal war nach chinesischem Vorbild mit einem runden Tisch und mehreren Stühlen eingerichtet.

Unterdessen wurden Chong und Fumiko in das Innere der Burg geführt. Da gab es überall Fenster mit Klappläden und eine große Anzahl mit Tatami ausgelegter Zimmer, die durch Schiebetüren miteinander verbunden waren. Draußen vor den Fenstern wuchsen um das Gebäude herum Deigo, Palmenfarne und Bananenbäume. Chong und Fumiko nahmen ein Bad und ruhten dann gemeinsam.

Auch der von Satsuma eingesetzte Verwalter stattete Kazutoshi einen Besuch ab. In seinem Gürtel steckten gleich zwei Schwerter, ganz wie bei den Samurai von Shuri. Seine Entourage hatte er eigenhändig unter den einheimischen Offizieren ausgewählt, die bereits bei hohen Herren gearbeitet hatten.

Der Verwalter selbst war aus Satsuma und ein Samurai von niederem Rang, residierte jedoch nicht direkt auf dem Gelände der Burg, sondern hatte im Hafen von Hirara ein Verwaltungsbüro. Er wurde von zwei Ordonnanzen begleitet. Nachdem der Vertreter Satsumas den Fürsten begrüßt hatte, setzte er sich. Auf ein Handzeichen hin gab ihm sein Adjutant einen Gegenstand, der in roten Stoff eingeschlagen war.

»Anlässlich Eurer Hochzeit haben wir ein kleines Geschenk für Euch besorgt.«

Ohne das Paket eines Blickes zu würdigen, erklärte Kazutoshi: »Seine Majestät der König ist höchst beunruhigt über die Not, in der sich sein Volk befindet. In seinem Auftrag bin ich unterwegs.«

Der Verwalter gab sich den Anschein, den tieferen Sinn nicht verstanden zu haben: »Jaja. Das Leben ist niemals einfach für das normale Volk. Aber dieses Jahr werden die Zustände mit Sicherheit besser werden. Dank des guten Wetters gab es zwei, mancherorts sogar drei Ernten.«

»Umso besser. Die letzte Überprüfung liegt nun schon lange zurück. Ich bitte darum, die Sache genauer in Augenschein zu nehmen. Es ist unumgänglich, dass die Höhe der Abgaben angepasst wird. Sie werden diesbezüglich auch bald ein offizielles Dokument vom königlichen Hof erhalten.«

Der Mann aus Satsuma heuchelte schließlich Verständnis: »Das liegt ganz in Eurer Hand, schließlich seid Ihr der Herrscher hier. Wir werden selbstverständlich der Angelegenheit beiwohnen. Wem möchtet Ihr die Prüfung übertragen?«

»Mir selbst!«

Sein Gesprächspartner schien erstaunt. »Ich habe bereits in Shuri ein Jahr verbracht, bin jetzt seit zehn Monaten auf diesem Posten und habe es zeitlich nicht weiter als bis Irabu geschafft, was ja die nächstgelegene Insel ist. Wie wollt Ihr es bewerkstelligen, überall hinzureisen?«

Kazutoshi lachte lauthals: »Indem ich durch das Land fahre. Und wenn ich etwas Ungewöhnliches entdecke, dann werde ich Sie unverzüglich darüber in Kenntnis setzen. Sie sollten also vorbereitet sein.«

Der Verwalter hatte es jetzt eilig, sich zu verabschieden.

Ein Beamter, der bei dem Gespräch zugegen war, fragte: »Herr, werdet Ihr die Höhe der Tributzahlungen, die wir an Sumatra leisten müssen, neu verhandeln?«

Kazutoshi nickte bestätigend: »Früher war Miyako ein Paradies auf Erden. Man brachte zwei Reisernten ein und baute Hirse, Gerste, Weizen und Süßkartoffeln an. Bis nach China hatte sich die Qualität unseres Miyako-Shōfu herumgesprochen. Wenn unser Volk dennoch heutzutage in ärmlichen Verhältnissen lebt, dann wegen der horrenden Abgaben.«

»Aber der Gouverneur von Shuri wird nicht an den Zahlungen rütteln lassen.«

»Wenn wir ihnen genau aufzeigen können, wo die Schmerzgrenze liegt, dann können sie sich nicht weiter stur stellen.« Und im Aufstehen fügte er hinzu: »Meine Frau und ich, wir werden länger hierbleiben.«

Im Haus fand er Chong geschäftig vor, sie hatte die Räume gelüftet und war gerade dabei, Betttücher und Kleider auszupacken.

An den Wänden hatte sie auch schon einige Veränderungen vorgenommen, indem sie Kaligrafien einfach umgehängt hatte. Kazutoshi berichtete ihr über das Gespräch mit dem Verwalter.

»Habt Ihr eigentlich eine genaue Vorstellung von der Ursache der Probleme?«, erkundigte sich Chong.

»Nein, deswegen möchte ich mir ja auch erst einmal selbst ein Bild machen.«

Chong dachte einen Moment nach, bevor sie ausrief: »Warum geben wir nicht ein Fest?«

Ihr Mann verstand nicht, wie sie jetzt darauf kam.

»Ein Fest für die Alten«, fuhr sie fort. »Alte Leute sind eigentlich immer auf dem Laufenden. Sie wissen sogar darüber Bescheid, was in den Nachbardörfern passiert.«

»Eine hervorragende Idee«, fand Kazutoshi.

Er beauftragte seinen Sekretär, sich um diese Festivität zu kümmern. Da es ein schwieriges Unterfangen gewesen wäre, die Bewohner aller Inseln zu erreichen, beschloss man, sich zunächst auf die Einwohner Miyakos und der Insel Irabu zu beschränken.

Chong und Fumiko machten sich daran, den Hausangestellten und den Frauen der Beamten, die mithalfen, alles für das Bankett vorzubereiten, die nötigen Anweisungen zu geben. Es wurde Reisschnaps gebrannt, Fleischgerichte vom Kalb und vom Schwein wurden zubereitet und allerlei Kuchen gebacken. Im Hof errichtete man eine Vielzahl von Zelten, in denen auf Strohmatten Tische aufgestellt wurden. Vor jedem dieser Zelte stand ein Schild mit dem Namen eines Ortes, sodass die Eintreffenden wussten, an welchem Tisch sie Platz nehmen sollten, geordnet nach ihren Heimatdörfern.

An dem Festtag trafen vom frühen Morgen an die Gäste in großer Zahl ein. Manche gingen gebückt und legten alle paar Schritte eine Pause ein, oder sie ließen sich von einem Mann auf dem Rücken tragen. Andere hatten Lähmungen oder wackelten ununterbrochen mit dem Kopf, und einige wurden von ihren Kindern oder Enkelkindern hereingeführt. Mitten unter einem großen Sonnenschutzdach war eine Bühne errichtet, auf der die Hofmusiker saßen, und einige Auserwählte aus jedem Dorf sollten später dazu singen und tanzen. Man brachte Getränke und Platten voller Essen. Auch Nigori, ungefilterter Sake, wurde ausgeschenkt.

Zur Begrüßung verbeugten sich Kazutoshi und Chong an dem Tisch, an dem alle Dorfältesten versammelt waren. Katzutoshi sagte: »Ich bin Kazutoshi, der Fürst von Miyako. Bitte lasst uns die Gläser erheben, denn ich möchte mit euch auf ein langes Leben trinken!«

Die Eingeladenen lobten das Fürstenpaar dafür, dass sie sich für alte Leute interessierten. Dann begann die Vorführung mit einem Tanz, der eine Huldigung an das Alter war und von getragener Musik begleitet wurde. Beim darauf folgenden Stück wurden die Bewegungen ziemlich lebhaft. Die Tänzer schlugen kräftig ihre Trommeln, während sie riefen: »Eissa, Eissa!« Danach unternahmen es eine Shamisen und eine Trommel, durch ihre Töne Verbindung zu den Seelen der Verstorbenen aus den Dörfern herzustellen.

Diejenigen, die dazu in der Lage waren, beteiligten sich am Tanz, auch wenn sie manchmal etwas aus dem Takt gerieten. Kazutoshi suchte sich die rüstigsten Männer aus und lud sie zu sich auf das Podest der Ehrengäste. Höflich half er jedem Einzelnen, am Tisch Platz zu nehmen. Da sie sich offensichtlich in diesem Rahmen unwohl fühlten, verabschiedete Kazutoshi all seine hohen Beamten, bis auf einen. Chong war unterdessen unter den betagten Damen auf die Suche gegangen und hatte einige in die Burg gebeten.

Kazutoshi wandte sich an die Runde: »Ich bin da, um euch zuzuhören. Sagt mir, wie es in euren Dörfern aussieht. Sprecht bitte offen und ehrlich, denn ich möchte die Wahrheit erfahren. Wenn es Probleme gibt, dann ist jetzt der Zeitpunkt, darüber zu reden.« Die Alten schauten sich über ihre Teetassen hinweg an. Kazutoshi fuhr fort: »Seine Majestät hat mich geschickt, damit ich untersuche, wie eure Lebensbedingungen tatsächlich sind. Obwohl diese Provinz mein Lehen ist, bin ich nur mit Duldung des Daimyō von Satsuma hier, der uns alle am Gängelband führt. Helft mir, sagt mir, was in euren Dörfern passiert.«

»Ist es wahr, dass Eure Hoheit sich persönlich von den Zuständen überzeugen wollen?«, fragte ein Alter mit einem Haarknoten, weißem Bart und geradem Rücken.

»Ja, das ist auch der Grund für dieses Fest.«

Die Alten warfen sich noch einmal reihum Blicke zu, dann fasste sich der, der die Frage gestellt hatte, ein Herz: »Ich lebe in Uenomura, im Bezirk Miyako. Es gibt derartig viele Probleme bei uns, dass ich mich frage, wie es erst auf den Inseln weiter weg zugeht. In Kusukube ist es angeblich noch schlimmer!«

Kazutoshi hörte aufmerksam zu, während der Beamte neben ihm die Missstände mitschrieb.

»Mir bleibt ja nicht mehr so viel Zeit. Mein Leben ist fast vorbei«, fuhr der Beschwerdeführer fort, »aber ich würde mir für die Jungen wünschen, dass sie weniger Entbehrungen erleiden müssten. In Uenomura gedeiht der Reis sehr gut. Aber seitdem die Leute von Satsuma gekommen sind und sich die fruchtbarsten Äcker genommen haben … Ihre Ernte wird nicht in den offiziellen Registern geführt. Sie drücken sich vor der Abgabe, und so lastet alles auf unseren Schultern. Wir, die einheimischen Bauern, müssen an ihrer Stelle zahlen! Dazu kommt, dass sie sich die Hoheit über die Einfuhr von Waren gesichert haben und so jeden Preis verlangen können. Wisst Ihr, wie viele Tage ein junges Paar arbeiten muss, um sich einen einfachen Kessel kaufen zu können?«

Jetzt schaltete sich ein anderer ein: »In Tarama hat man anscheinend früher Hirse und Gerste angebaut, Getreide eben. Aber die Beamten aus Satsuma und ihre Helfershelfer verlangen, dass man Zuckerrohr anpflanzt. Seitdem ist der Preis für Zucker dermaßen gesunken, dass die Leute dort nicht wissen, wie sie über die Runden kommen sollen. Ihre Steuern müssen sie bar bezahlen, den eingeführten Reis können sie sich nicht leisten, und sie leben nur von Süßkartoffeln, heißt es.«

Zur gleichen Zeit befragte Chong, unterstützt von Fumiko, die ihr als Dolmetscherin diente, die Großmütter. Wegen ihres Dialektes waren diese schwer zu verstehen.

»Dass wir keine Zähne mehr haben, liegt nicht an unserem Alter … Schaut unsere Hände an! Keine Frau in Miyako hat glatte Hände. Tagein, tagaus reißen wir Pflanzenfasern mit unseren Fingern und Zähnen. Lebenslang müssen wir Bashōfu weben …«

Bashōfu, ein hochwertiger Stoff, musste von Ryūkyū als Tribut nach China und Satsuma wie eine Steuer entrichtet werden. Diese Webarbeit war eine Art Steuerabgabe der Inselbewohner, vor allem der Frauen. Gleich bei der Geburt wurde jedem Mädchen automatisch eine Kopfsteuer in Form von Bashōfu auferlegt. Der Stoff wurde erstaunlicherweise aus Bananenfasern hergestellt, eine Technik, die nur auf den Inseln bekannt war. Dazu brachten die Männer möglichst dünne Kochbananenblätter, die von den Frauen gekocht und anschließend in der Sonne getrocknet wurden. Mit den Schneidezähnen lösten sie daraufhin jeweils den Anfang einer Faser ab, damit sie die einzelnen Pflanzenfäden mit den Fingern nacheinander abziehen konnten. Danach wurden diese gefärbt, ausgespült und auf den Webstühlen zu Stoffen verwoben. Den fertigen Stoff spannte man auf ein großes Brett, legte eine Schablone darüber und bestrich das Gewebe mit einer klebrigen Flüssigkeit. Dann entfernte man die Schablone und bemalte die freien Stellen kunstvoll.

»Unsere Miyako-Shōfu ist nämlich viel widerstandsfähiger als Seide. Aber es braucht so viele Fasern für ein winziges Stück! Herrin, Ihr tragt ja gerade selbst so einen Stoff …«

Seit der Landnahme durch die Menschen aus Satsuma ging die ganze Produktion als Tributzahlung an die Besatzer. Nur die Adligen trugen noch Kleider aus diesem Stoff, da sie in den Familien noch über eine gewisse Zahl an Erbstücken verfügten.

»Während der Webarbeit singen wir das Bashōfu-Lied, in dem wir eine Strophe, die den Ianashi lobt, umgedichtet haben, sodass er geschmäht wird. Wir Frauen werden für die Machtgier unserer Männer bestraft …«, ergriff eine alte Frau nun das Wort, wobei sie ständig die Lücke, die durch das Fehlen ihrer Schneidezähne entstanden war, mit der Hand bedeckte.

Es war nämlich vor langen Jahren einmal eine Abordnung aus Ryūkyū auf der Rückfahrt von China in einen Taifun geraten. Das Boot war gesunken, aber es gelang einem Fischer, die Passagiere zu retten. Als Anerkennung seiner Verdienste beorderte ihn der König nach Shuri und übertrug ihm ein wichtiges Amt. Um dem König dafür zu danken, schenkte ihm die Frau des Fischers ein schönes Stück Shōfu-Tuch.

Der König nebst Gefolge war so begeistert davon, dass er festlegte, diese Art Stoff dürfe ausschließlich für den Hof hergestellt werden. Von da an waren die Leute aus Miyako gezwungen, die in ihrer Provinz anfallenden Steuern in Form von Shōfu an den Hof zu liefern.

»Bei uns sind schon etliche Mädchen direkt nach ihrer Geburt verschwunden. Die Väter haben die Babys mit ihren Zudecken erstickt, bevor sie sie mitten in der Nacht in irgendeinen Graben warfen. Und das alles nur, weil für die Kleinen ebenfalls Abgaben fällig geworden wären, sobald sie angefangen hätten zu laufen. Die Mütter hätten dann doppelt so viel weben müssen, und alle Familien sind sowieso schon verschuldet.«

Chong fiel es schwer, sich vorzustellen, dass auf dieser wunderschönen Insel die Frauen unter solch einer Last zu leiden hatten. Sie bat Fumiko, den Anwesenden das Folgende zu übersetzen: »Ich werde den Burgherrn darum bitten, dass er sich darum kümmert, dass das schlimme Gesetz der Kopfsteuer geändert wird. Eher werden wir nicht nach Uchina zurückkehren.«

Die älteren Frauen verbeugten sich vor ihr.

»Wenn das passiert, werden die Frauen auf den Inseln von Miyako Euch wie eine Göttin verehren.«

»Diejenigen, die aus Verbitterung am Webstuhl gestorben sind, und die Geister der toten Kleinkinder werden von ihrem Fluch erlöst werden und können in den Meerespalast zurückkehren.«

Nach dem Fest berichtete Chong Kazutoshi, was sie erfahren hatte. Das bestärkte ihn weiter darin, selbst genaue Nachforschungen anzustellen. Er durchforstete die Akten, die Steuerrollen sowie die Grundbucheinträge und beschloss, die am stärksten betroffenen Ländereien als Erstes zu überprüfen.

Die Nachbarinsel Irabu konnte man in einem knappen halben Tag erreichen, aber nach Tarama musste man einen Tag und eine Nacht allein für die Überfahrt rechnen. Alles in allem würde die Unternehmung ungefähr fünf Tage dauern. Kazutoshi wollte möglichst unauffällig vorgehen, damit die Beamten aus Satsuma nichts davon mitbekamen.

Als der Fürst sich auf den Weg machte, schlug Chong Fumiko vor, ihr Heimatdorf zu besuchen. Fumiko war überglücklich gewesen, den vertrauten Hafen zu sehen, sodass sie es nicht gewagt hatte, ein solches Ansinnen auch nur zu äußern.

»Ich weiß gar nicht, ob ich den Ort wiedererkennen würde …«

»Wo hast du denn gewohnt?«

»In Shimojicho. Das ist eine Burg am Meer, von wo aus man die Insel Kurima sieht. Ich weiß auch gar nicht, ob es dort noch Leute gibt, die ich von früher kenne.«

»Shimojicho, das ist nicht sehr weit. Wir werden uns morgen dorthin auf den Weg machen.«

Fumiko machte eine tiefe Verbeugung. In ihren alten, von vielen Falten umrahmten Augen standen die Tränen. »Ich würde gerne wissen, wo meine Eltern begraben sind ...«

Am nächsten Morgen standen zwei Tragestühle für sie bereit. Außerdem wurden sie noch von einem Beamten und zwei Dienern begleitet. So verließ die kleine Karawane die Burg und machte sich auf den Weg nach Shimojicho.

Hirse und Gerste färbten schon die Felder gelb, und es wehte ein angenehm frischer Wind. Auf der Insel Miyako gab es keine Erhöhung außer dem Hügel, auf dem die Burg stand. So waren die Voraussetzungen für Ackerbau ausgezeichnet. Sie kamen durch mehrere Dörfer, bis in der Ferne eine Bucht auftauchte. Diese zog sich tiefer und langgezogener in die Insel hinein als die von Hirara. Shimojichō lag am hintersten Ende des Einschnitts. Als Erstes fielen die steinernen Mauern und Häuser ins Auge, und der Ort schien kleiner zu sein als Hirara, jedoch nur unwesentlich. Der Beamte, der den kleinen Zug anführte, fragte Chong, ob sie gedenke, zur Befestigung von Shimojichō zu gehen. Chong verwies ihn an Fumiko.

Nach einem Augenblick erschien er wieder: »Wenn man von dem Ort aus genau gegenüber Kurima sieht, dann handelt es sich mit Sicherheit um Namimura.«

»Dann wenden wir uns direkt dorthin.«

Sie wurden über Felder getragen, auf einem Pfad zwischen den Ackerfurchen entlang, bevor sie zu einem etwas erhöht liegenden Wald kamen. In einiger Entfernung blitzte durch die Bäume das sonnenbeschienene Meer hervor. Das Wasser glitzerte im Licht der hoch stehenden Sonne. Der Führer hieß den Zug anhalten und begab sich allein zur Festung, um eine Unterkunft zu besorgen. Die Träger nutzten die Zeit zur Erholung, und Chong und Fumiko genossen die frische Luft.

Fumiko erinnerte sich, mit ihrem Vater damals zunächst nach Uchina gegangen zu sein, und dort war sie dann an einen Händler aus Fuchou verkauft worden. In Fuchou hatte sie als Dienerin für Kaufleute aus Ryūkyū gearbeitet, bevor sie schließlich an ein Freudenhaus weiterverkauft worden war.

Seit dem Morgen war Fumiko den Tränen nahe gewesen. Jetzt wanderte ihr Blick über steinerne Mauern und Hausdächer. An einer Ecke entdeckte sie einen Baum mit roten Blüten.

»Ach, der Deigo-Baum! Er steht immer noch da!«, rief sie und deutete mit dem Finger darauf. Gebannt machte sie sich zu Fuß zu der Ortschaft auf. Chong sah ihr schweigend nach. Der Beamte hatte nach dem Ortsvorsteher geschickt. Der Mann eilte in einem bunten Yukata herbei und verbeugte sich unterwürfig vor Chong: »Was für eine große Ehre, Euch empfangen zu dürfen.«

»Ich bin hier mit einer mir sehr wichtigen Person, die gerne das Dorf wiedersehen möchte, in dem sie geboren wurde. Wir werden nicht lange bleiben und möchten Ihnen so wenig wie möglich zur Last fallen.« Chong ließ den Beamten ihre Worte übersetzen.

»Wir haben ein ruhiges Haus, das wir Euch zur Verfügung stellen können.«

Chong verabschiedete sich für den Moment von ihrem Führer und den Trägern und folgte dem Ortsvorsteher in das Dorf. Die Zurückgebliebenen machten sich unterdessen daran, für ein Mittagessen zu sorgen. Die Gassen waren sauber und verlassen, aber hinter den Türen der Häuser vernahm man das Klackern der Webstühle. Als sie Fumiko eingeholt hatte, betraten die beiden neugierig eines der Häuser und trafen dort zwei webende Frauen an. Die beiden standen auf, um die Besucher willkommen zu heißen und zum Verweilen aufzufordern. Es war ein kleines Haus mit zwei Kammern und einer offenen Diele dazwischen. Fumiko, die eine der beiden Frauen näher betrachtete, rief aus: »Aber … Maai, bist du das?«

»Wer sind Sie?«, fragte die andere und betrachtete mit kaum verhohlener Neugier Fumikos faltiges Gesicht.

»Ich habe in dem Haus mit den Mandarinenbäumen gewohnt ...«, stotterte Fumiko. »Ich bin aber von dort als ganz junges Mädchen weggegangen.«

Maai öffnete langsam den Mund, dann nahm sie Fumikos Hände in die ihren. »Kaai? Bist du es wirklich? Das ist nicht zu glauben, aber wie man als Kind aussieht, das verliert sich nie ganz.«

»Das stimmt! Man hat mich damals Kaai genannt, das hatte ich ganz vergessen. Deine Mutter, das war doch die Yuta des Dorfes?«

»Jetzt bin ich die Yuta«, antwortete Maai.

Fumiko erinnerte sich noch daran, dass Maais Mutter eine angesehene Frau im Dorf gewesen war und in etwas besseren Verhältnissen gelebt hatte als die anderen. Eine Yuta war eine Art Wahrsagerin, in etwa wie eine Schamanin. Sie leitete alle Rituale im Dorf, ganz gleich, ob es sich dabei um private oder Gemeindeangelegenheiten handelte. Damit hatte sie eine bedeutende Rolle, die der des Dorfschulzen kaum nachstand.

Erst jetzt erinnerte sich Fumiko an Chong und drehte sich zu ihr um: »Ich habe eine Bekannte aus meiner Kindheit gefunden!«

»So viel habe ich verstanden. Ihr müsst euch eine Menge zu erzählen haben.«

Mittlerweile hatten die Diener das Mittagessen vorbereitet, sie brauchten nur noch Wasser für den Tee. Maai und Fumiko unterhielten sich eine ganze Weile etwas abseits von den anderen, bis Fumiko den Wunsch äußerte, den Friedhof zu besuchen. Chong hatte genug Einfühlungsvermögen, sie nicht zu begleiten.

Zwei Stunden später kam Fumiko mit rot geweinten Augen zurück. Sie sagte: »Ich würde gerne über Nacht hierbleiben.«

»Es ist nicht weit. Wir können auch noch öfter hierherkommen.«

»Der Grund ist, dass ich gerne ein Gebet hätte …«

Chong verstand, dass sie damit eine Gebetszeremonie, ein schamanisches Ritual, meinte. Bei dem Gedanken an ihre eigenen Eltern wurde ihr ganz wehmütig ums Herz. Sie hatte den Strand von Jangyeon vor Augen und den Weg aus gelbem Ton, auf dem sie zum Marktplatz von Hwangju gegangen war. Plötzlich hatte sie eine Eingebung und sagte zu Fumiko: »Dann machen wir es so. Ein Ritual wirkt besser, wenn es am Abend beginnt. Ich möchte auch für meine Eltern beten. Danach kehren wir zusammen zurück.«

Jetzt ließ sie den Beamten kommen, der sie begleitet hatte. Er erschien mit hochrotem Gesicht, da er beim Mittagessen dem Alkohol zu sehr zugesprochen hatte.

»Meine Tante«, erläuterte sie ihm, »wünscht eine Zeremonie für ihre Eltern abzuhalten. Wir werden also nicht vor morgen früh wieder abreisen.«

Bis der Abend kam, machte Fumiko mit ihrer Freundin Maai noch einen Gang durch das Dorf auf der Suche nach weiteren bekannten Gesichtern.

Für das Ritual waren keine großen Vorbereitungen nötig. Man benötigte nur etwas Geld, Räucherstäbchen, Papier und Kerzen. Natürlich war es Maai, die in ihrer Eigenschaft als Yuta die Zeremonie abhielt. Dabei wurden den Verstorbenen symbolisch Speisen und einfache Getränke dargeboten, in diesem Fall angerichtet auf einigen Servierplatten, an denen sich im Anschluss die dort Versammelten gütlich taten.

Bei Einbruch der Dämmerung zog sich Maai, bekleidet mit einer weißen Yukata und einem ebenso weißen Band im Haar, in ihr Heiligtum unter einem Strohdach im Hinterhof zurück, um sich für das Ritual zu reinigen. Die anderen warteten fast eine Stunde auf sie. Nach einem langen Gebet kam die Yuta wieder heraus und begab sich zu dem heiligen Baum des Dorfes. Es handelte sich dabei um den Deigo-Baum am Ortseingang, der Fumiko in Erinnerung gewesen war. Die Yuta, die unablässig Beschwörungsformeln murmelte, fiel alsbald in Trance. Sie ruckte und zuckte, als ob die Gottheit selbst in sie gefahren wäre. Dann taumelte sie auf ihr Haus zu. Die anwesenden Frauen hatten im Innenhof inzwischen Räucherstäbchen angebrannt und sie zusammen mit einer Schüssel frischem Wasser, gewaschenem Reis und zwei Kerzen auf den Hausaltar gestellt. Als die Yuta wieder erschien, breiteten sie Papier auf dem Boden aus, beschwerten es mit Steinen und legten schwelenden Weihrauch darauf. Sogleich sah sich die Yuta von weißem Rauch umgeben. Die Anwesenden beteten und rieben die Handflächen aneinander.

Die Priesterin, die sich inmitten der Weihrauchwolke um ihre eigene Achse drehte, rief Fumiko bei ihrem Mädchennamen: »Kaai, wo ist unsere Kaai?«

Die Frauen schoben Fumiko in den magischen Kreis, woraufhin diese sich dort hinkniete.

Maai weinte, während sie Fumiko über Wangen und Kopf strich: »Oh meine kleine, arme Kaai. Wie hast du nur in der Fremde leiden müssen! Du bist heimgekehrt, alt, ohne Mann, ohne Kinder! Als Mutter schmerzt mich das ungemein! Nachdem du weggegangen warst, hat sich dein Vater zu mir gesellt.«

Eine alte Frau bestätigte, die Stimme von Fumikos Mutter erkannt zu haben. Fumiko schluchzte laut auf, als sie das hörte.

Die Priesterin fuhr fort, mit ihr zu sprechen: »Nach meinem Tod bin ich nach Aushima Daushima gelangt. Auch dein Vater ist hier bei mir. Deine Tanten und Onkel, alle sind sie da. Mach dir um uns keine Sorgen. Hier gibt es keine Steuern, kein Reich und Arm, und wir haben Reis und Fleisch im Überfluss. Frauen haben die gleiche Stellung wie Männer. Sie werden von diesen nicht geschlagen, verletzt oder betrogen, sondern respektiert. Die Männer kommen sogar jeden Abend nach Hause …«

Aushima Daushima war die Bezeichnung für das Königreich über dem Meer, in dem die Seelen der Verstorbenen Zuflucht suchten. Man erzählte sich, dass einmal Fischer im Osten zwei Inseln am Horizont gesehen hätten. Sobald sich aber Lebewesen den Inseln näherten, würden sie sich entfernen und auflösen.

»Meine arme Kaai«, sprach die Yuta nun weiter, immer noch in Trance. »Die Zeit des Elends liegt hinter dir. Ich wünsche dir ein schönes Leben an der Seite der Frau des Fürsten. Wenn du wieder im Palast bist, dann opfere eine Ofenladung Reiskuchen und Kleidung für deine Eltern.«

Unter Tränen antwortete Fumiko: »Du kannst versichert sein, dass ich alles tun werde, worum du mich bittest. Ich werde dich ganz oft besuchen kommen.«

»Gehe nicht mehr in die Fremde. Bleibe hier, bis wir uns eines Tages in Aushima Daushima wiedersehen.«

Die Yuta fing wieder an zu tanzen und sich zu drehen. Eine Trommel begleitete ihre Verrenkungen. Nach einer Weile machte sie vor Chong halt, brach in Tränen aus und nahm deren Hand: »Wer ist denn das? Sollte dies etwa meine Tochter sein?«

Chong ließ sich in den Kreis hineinziehen. »Ja, Mama, ich bin es, deine Chong.«

Sie war automatisch in die Sprache ihrer Kindheit verfallen, Koreanisch, wie man es in Joseon sprach.

Die Priesterin jedoch fuhr im Miyako-Dialekt fort: »Im Jenseits höre ich, dass du in Uchina lebst, und ich bin hier durch die Gnade des Meeresgottes. Wie kam es dazu, dass du deinen Vater verlassen hast und hier in diesem Land lebst? Es ist sehr traurig, dich in der weiten Welt herumirren zu sehen …«

Tränenüberströmt fiel Chong der Yuta um den Hals. »Ich bin Lenka und nicht mehr Chong! Man hat mich ins Meer geworfen, und seitdem bin ich eine andere geworden. Mein Körper ist auch nicht mehr der, den du mir geschenkt hast, nur meine Seele habe ich behalten. Jetzt, da ich dich wiedergefunden habe, liebe Mutter, fällt aller Kummer von mir ab. Sag mir bitte nur, wie es meinem Vater geht, den ich zurückgelassen habe?«

Chongs fremde Sprache und die Miyako-Mundart der Yuta ergaben ein Wirrwarr aus Wortfetzen.

Die Priesterin war nun wieder deutlich zu hören: »Weine nicht, meine Tochter. Ich musste die Erde kurz nach deiner Geburt verlassen und vergaß das Diesseits, aber als ich dich jetzt sah, konnte ich meine Augen nicht von dir wenden. Mit deinem Lachen, aber auch mit deinen Tränen bist du deinem Vater so ähnlich! Von mir hast du jedoch die Hände und die Füße geerbt. Dein Vater hatte es so schwer, dich großzuziehen!« Die Priesterin schob Chongs Arm von sich und schrie förmlich, während sie sich von ihr löste: »Du bist jetzt eine Adlige geworden, eine Adlige in einem fremden Land! In Aushima Daushima gibt es nur Leute aus Uchina. Du wirst nicht lange in Gesellschaft deines Mannes sein. Danach musst du unbedingt dahin zurückgehen, wo du geboren wurdest. Die Ehren hier, zu was sind sie nütze? Bevor ich dich nun verlasse, möchte ich dich noch segnen.«

Chong streckte die Arme aus, aber die Yuta stieß sie brüsk zurück: »Ich gehe nun, meine Tochter. Das Leben ist ein Gewebe aus Enttäuschung und Sinnlosigkeit. Wenn dein Mann diese Welt vor dir verlässt, dann sei nicht traurig. Du wirst dafür am Ende in das Land zurückkehren, in dem deine Wurzeln liegen, und du wirst in deiner Heimat begraben werden.«

Chong verstand diese Weissagungen nur bruchstückhaft, aber sie hatte begriffen, dass ihr Mann wohl vor ihr sterben würde, was sie tief in ihr Innerstes verbannte. Auch würde sie eines Tages an ihren Heimatort zurückkehren.

Als Kazutoshi von seiner Reise zur Überprüfung der Inseln heimkam, es war gerade zu der Zeit, als die Abgaben und Steuern eingetrieben wurden, beschloss er, einen Bericht zu schreiben, den sowohl der König als auch der Gouverneur aus Satsuma erhalten sollten. In ausgewählt höflichem Ton kritisierte er die schlechte Amtsführung, unter der die Untertanen des Königreiches litten.

Danach ging er mit seiner Frau nach Kuramoto in Uenomura und beteiligte sich an den Erntearbeiten. Auf ganz Ryūkyū konnten die Landwirte zweimal im Jahr ernten, und zwar im Mai und Oktober. Deswegen waren auch die Steuerabgaben halbjährlich zu leisten. In Shuri gab es ein Erntefest, bei dem der König höchstpersönlich in Begleitung seiner Männer aufs Feld ging und zusammen mit den Bauern arbeitete, um anschließend gemeinsam mit ihnen zu essen. Während der Feldarbeit sang das Volk im Chor:

Ira Yoissa auf dem Berg Gara-Dake
Maunzt hinter mir:
Miau, miau
Hi-yo Ho-ka-ra ra-a-yot

Die Katzenmama
Ira Yoissa
Hat fünf Kinder geboren,
Aber man sagt, zu essen gab es nicht
Hi-yo Ho-ka-ra ra-a-yot

Weder feiner Reis,
Ira Yoissa,
Noch Fischsuppe
Bereiten ihr Freude,
Da sie ihre Kinder im Stich gelassen hat
Hi-yo Ho-ka-ra ra-a-yot

Das Volkslied über die Katzenmama handelte eigentlich von einer Frau, die Kinder hatte, sich aber wegen ihrer Schulden gezwungen sah, die Geliebte eines Yakuza zu werden. Chong hatte den Text im Dialekt der Insel von Fumiko gelernt. So konnte sie auf dem Feld in den Gesang der Arbeitenden einfallen.

Bei der Ernte mussten die reifen Reisähren abgeschnitten und in geordneten Garben entlang der Feldfurchen aufgestellt werden. Kazutoshi und die Mesashi der Kuramoto-Verwaltung hatten jeweils eine Furche übernommen. Von dort aus wurden die Garben zum Dreschplatz getragen. Dort wiederum standen einige Leute, die die Ährenbündel gegen einen Baumstumpf schlugen, bevor sie die dadurch gelösten Reiskörner mit großen Besen zusammenkehrten. Diese wurden dann an einem speziellen Ort einige Tage in der Sonne getrocknet, anschließend in Säcke gefüllt und gewogen. In Yakuso wurde jeder Sack unter Angabe der Lage des Feldes und des Namens des Bauern registriert und dann ins Lager gebracht.

Im Laufe des Jahres hatte Kazutoshi die Gegebenheiten an Ort und Stelle untersucht, ein neues Kataster samt Namensregister angefertigt und auf dieser Basis die Steuern eintreiben lassen. Das Volk, das seine Last deutlich vermindert sah, sang Lobeshymnen auf ihren Herrn. Der Verwalter mit seinen Beamten und die Gutsbesitzer aus Satsuma waren natürlich wütend, dass ihr bis dahin verbrieftes Recht der Steuerhoheit beschnitten worden war. Seitens des Hofes von Shuri erfolgte keinerlei Reaktion auf den Bericht. Im Oktober, gerade als die zweite Ernte eingebracht wurde, bestellte der König Kazutoshi nach Naha. Fumiko war schon eine ganze Weile früher dorthin zurückgekehrt.

Über ein halbes Jahr blieb Chong auf der Burg Kuramoto. Währenddessen besuchte sie sehr häufig die ländliche Bevölkerung der Inseln und sammelte Informationen über die aktuellen Zustände. Ihr lag es besonders am Herzen, die täglichen Webzeiten zu verkürzen, die für die Frauen so enorm anstrengend waren.

Noch bevor er eine Audienz beim König hatte, traf sich Kazutoshi mit den Ministern Oroku Ryōchū und Makishi Chōchū, setzte sie über die Lage in Kenntnis und bat sie um Unterstützung.

Dann kam der Tag der Audienz. Die drei warteten im Vorzimmer. Beim Läuten der Glocke erhoben sich alle, die Schiebetür glitt zur Seite, und der König erschien. Er nahm auf seinem Thron Platz.

Nachdem die Minister sich verbeugt und auf dem Boden niedergelassen hatten, ergriff zunächst Kazutoshi das Wort: »Eure Majestät, ich habe Euch einen Bericht über die im Lande erhobenen Steuern zukommen lassen und würde gerne Eure Weisungen erhalten.«

Der Monarch blieb eine Weile still, dann seufzte er: »Eure Darlegungen habe ich aufmerksam gelesen. Das Leben der Leute dort ist so gut beschrieben, dass ich das Gefühl hatte, alles selbst mit eigenen Augen gesehen zu haben. Aber ich fürchte die Reaktion Satsumas. In der Vergangenheit hat es schon einmal einen solchen Vorstoß gegeben, und ich war gezwungen, einen Unterhändler nach Kagoshima zu schicken.«

»Das ist schon zwei Jahre her«, warf Oroku ein. »Und wir erhielten nur die lapidare Antwort, dass das Gesetz unverändert bestehen bleiben würde. Entsendet dieses Mal auf alle Inseln Prüfer und lasst die genaue Lage untersuchen. Bestellt dann die örtlichen Beamten ein, ohne den Gouverneur von Satsuma in Shuri und dessen Verwaltungsbüros auf den Inseln vorab zu informieren. Dann können wir ihnen alle Unstimmigkeiten, die wir entdeckt haben werden, schwarz auf weiß unterbreiten. Der Gouverneur von Satsuma wird es nicht wagen, das Gegenteil zu behaupten.«

Kazutoshi fügte hinzu: »Die Amami-Inselgruppe gehört zwar nun zu Satsuma, aber die Einwohner sind nach wie vor Ihr Volk.

Lasst auch dort die Lage genau unter die Lupe nehmen und das Ergebnis Eurer Untersuchungen zusammen mit den anderen Unterlagen überreichen. Dann hat nach meinem Dafürhalten Satsuma keine andere Wahl, als die für Ryūkyū belastenden Vorschriften zu ändern.«

»Wenn das Eure einhellige Meinung ist, dann macht weiter, aber hängt es nicht an die große Glocke.«

Die drei Minister verließen den Saal. Anschließend gingen sie zum nördlichen Pavillon und wählten die königlichen Inspektoren aus, die auf die Inseln Yaeyama und Amami sowie in die Dörfer auf Uchina gesandt werden sollten. Allerdings war die zweite Ernte des Jahres bereits eingebracht worden, und so mussten sie bis zur nächsten warten. Akiyushi, der gerade in Shuri verweilte, um dem Neujahrsfest beizuwohnen, und der eigentlich im Begriff stand, weiter nach Luzon und Batavia zu fahren, murrte zunächst, ließ sich aber von seinem Bruder dazu überreden, eine Abordnung nach Yaeyama anzuführen.

Zur gleichen Zeit starb Dei Maki, Kazutoshis erste Ehefrau, auf dessen Stammsitz in Shuri. Chong hatte gerade das Zimmer betreten, um zusammen mit einer Dienerin die Kranke zu waschen, da sahen sie, dass Dei Makis Augen starr zur Decke gerichtet waren. Die Dienerin ließ Handtuch und Schüssel fallen, sodass sich das Wasser über den Boden ergoss, und aus der täglichen Reinigung wurde eine Totenwaschung. Die Verstorbene wurde in feinstes Leinen gekleidet, und die Bediensteten legten ihren Körper in einen reich verzierten Sarg. Die Trauerfeierlichkeiten dauerten drei Tage, in denen Kazutoshi, Chong und Yoshihiro kondolierende Besucher empfingen. Ganz Shuri kam, um der Fürstin die letzte Ehre zu erweisen. Die Königin sandte Balsam, Blumen und Seide. Wie es die Tradition verlangte, wurde die Tote verbrannt und die Urne mit ihrer Asche auf dem Familienfriedhof beigesetzt. Nach einundzwanzig Tagen Trauerzeit erklärte Kazutoshi schließlich Chong zu seiner Hauptfrau. Sein ältester Sohn Yoshihiro wurde gesetzlich Chongs Sohn und gleichzeitig der erste Erbe des Lehens.

Nach seiner Rückkehr aus Yaeyama berichtete Akiyushi niederdrückende Tatsachen, aber auch überraschende Neuigkeiten. Er hatte erfahren, dass es irgendwo ein riesiges Land gab, das sich Amerika nannte. Dem Vernehmen nach sollte es größer sein als Portugal, England und Frankreich zusammen. In diesem Land hatte man Gold entdeckt, und man holte sich chinesische Kulis, die in den Minen arbeiten sollten. Zahlreiche Bauern aus Kanton und Fuchou hatten sich schon auf den Weg gemacht. Die amerikanischen Schiffe, so wusste man, kamen über das große Meer, das sich hinter den Inseln von Ryūkyū erstreckte und Pazifik genannt wurde. Ihm war außerdem zu Ohren gekommen, dass chinesische Kulis, die auf einem Schiff namens *Robert Bowne* transportiert worden waren, dermaßen schlecht behandelt worden waren und kaum zu essen bekommen hatten, dass sie gemeutert, den Steuermann getötet und die anderen als Geiseln genommen hatten, noch bevor sie Ishigaki erreichten. Aber die Meuterer waren vom Gouverneur an Bord festgehalten worden. Einige Tage später waren englische und amerikanische Fregatten aufgetaucht, die die *Robert Bowne* in Grund und Boden schossen, aber auch den Hafen und die vor Anker liegenden Schiffe nicht verschonten. Die Rächer gingen nicht einmal an Land.

Etwa zehn Jahre zuvor, nach dem Opiumkrieg in China, waren französische und englische Fregatten nach Ryūkyū gekommen. Sie waren im Hafen von Naha vor Anker gegangen und hatten die Öffnung des Landes für den Handel und ein Aufenthaltsrecht für ihre Missionare verlangt, aber die Regierung in Shuri hatte ihnen damals trotzig widerstanden.

Die Berichte der Inspektoren, die zur Prüfung in die verschiedenen Regionen entsandt worden waren, trafen nach und nach ein. Kazutoshi sprach mit den anderen Ministern darüber und beschloss, heimlich die Verantwortlichen unter den örtlichen Beamten und Gutsbesitzern zum Schloss von Shuri rufen zu lassen. Außerdem leitete er den Bericht über den Zwischenfall auf Ishigaki weiter, den er von seinem Bruder erhalten hatte.

Einer der anwesenden Minister, Makishi Chōchū, sagte: »Wie wir alle wissen, ist letztes Jahr ein neuer Daimyō in Satsuma ernannt worden. Ich war bei den Feierlichkeiten anwesend. Gerüchten zufolge, soll er ein Befürworter der Öffnung des Tors nach dem Westen sein. Außerdem heißt es, er habe in Kagoshima eine Werft bauen lassen.«

Oroku ergänzte: »In dem Bericht steht, dass der Daimyō Shimazu Nariakira von allen bisherigen Daimyōs am stärksten der westlichen Technik zugetan ist. Seine direkten Vorfahren waren mit den Niederländern befreundet, weshalb er mehrere westliche Sprachen versteht. Diesmal haben wir eine bessere Verhandlungsposition, denn er braucht unsere Hilfe. Es wäre gut, wenn wir unsere Petition über die Steuer mit einer Eingabe auf eine Öffnung des Handels mit dem Westen verknüpfen würden und dem Daimyō überreichten.«

Oroku meinte, man müsse die Abgabenreform mit dem Austausch von Waren verbinden, denn Satsuma brauchte die Produkte aus Ryūkyū, um für eine Öffnung der Märkte gerüstet zu sein. Unter diesen Voraussetzungen könnte Ryūkyū eine Senkung der Tributzahlungen verlangen. Man könne auch den Vorfall mit den Amerikanern ins Feld führen, der den absoluten Willen der westlichen Länder erkennen lasse, Zugang zu den Häfen zu erhalten, und sei es mit Gewalt.

»Ich habe lediglich Bedenken wegen Zakimi Seihu, dem Staatsminister. Wird er nicht dagegen sein? Er hat sogar die Handelserlaubnis mit dem Westen widerrufen, die von Satsuma erteilt worden ist.« Kazutoshi sorgte sich, andere Parteien könnten Widerstand leisten.

»Herr Zakimi ist alt, sodass er bald von seinem Amt zurücktreten wird. Wir teilen dem König mit, in welcher neuen Lage Satsuma sich befindet, und fragen ihn, was seiner Meinung nach für Ryūkyū am vorteilhaftesten wäre«, meinte Onga Chōkō.

Ungefähr zur gleichen Zeit bestellten Kazutoshi und die beiden Minister alle Beamten zu sich, die das Volk durch die gnadenlose Anwendung der Gesetze von Satsuma zugrunde richteten. Sie hatten beschlossen, die Männer im Verlauf der Versammlung in Shuri zu bestrafen. Der Gouverneur, den sie davon in Kenntnis gesetzt hatten, wagte nicht zu widersprechen. Kazutoshi und die Minister richteten eine Eingabe an ihn, an den König und an den Daimyō in Satsuma, in der sie dafür plädierten, die Handelskammer von Ryūkyū zu modernisieren und dem Drängen des Auslands nach Öffnung der Häfen nachzukommen, um damit die geringeren Staatseinnahmen wieder auszugleichen. Satsuma schickte daraufhin einen höheren Beamten, der den Gouverneur seines Amtes erhob, aber die Steuersenkungen anerkannte. Der Königshof in Naha sah die Verantwortung dafür, dass die Misere so lange angehalten hatte, bei dem alten Staatsminister Zakimi Seihu und zwang ihn zum Rücktritt. Die Regierung in Satsuma zog anschließend weitere Konsequenzen: Sie ließ die beiden korruptesten Verwaltungsbeamten von Ryūkyū nach Satsuma bringen und hinrichten. Die Bestrafung der anderen Beamten, die die Gesetze zu ihrem Vorteil ausgelegt hatten, überließ die Satsuma-Regierung dem Königshof vor Ort. Im Gegenzug verlangte sie von den Händlern aus Ryūkyū, die in Fuchou und Keelung Vertretungen der Handelskammer unterhielten, dass sie ihnen beim Knüpfen von Handelsbeziehungen zu China halfen. Dafür wurden auch die Tributzahlungen vor der nächsten Erntezeit neu festgesetzt.

Kazutoshi und Chong kehrten nach Miyako zurück. Sie verbrachten auf Burg Kuramoto die Erntezeit und genossen es zu sehen, wie das Leben um sie herum nach langer Zeit wieder aufblühte. Das Volk atmete auf, da die Belastungen weniger groß waren als in den vergangenen Jahren. Sogar das lange vergessene Matsuri, das Erntedankfest, wurde wieder gefeiert. Dabei war Tauziehen ein beliebter Zeitvertreib, ein Wettbewerb, bei dem zwei konkurrierende Mannschaften an den beiden entgegengesetzten Enden eines dicken Seiles mit aller Macht zogen. Das Fürstenpaar machte tatkräftig dabei mit.

Nach dem langen erschöpfenden Tag nahmen die beiden ein Bad, tranken Sake, der aus dem frisch geschnittenen Getreide gebraut worden war, und schauten eine ganze Weile dem Mond zu, wie er am Himmel immer höher stieg. Auf dem ruhigen Meer spiegelte sich sein silberner Schein. Chong sang Lieder aus Ryūkyū und spielte dazu auf der Shamisen. Auch Kazutoshi stimmte mit ein.

»Ich wünschte, so ein Augenblick wie dieser würde nie vergehen.«

»Wovor hast du Angst?«, fragte Kazutoshi. »Kein Stein dieser Festung hat sich jemals bewegt, seit sie von unseren Vorfahren gebaut worden ist.«

»Ich weiß. Aber die Welt verändert sich so wie das Meer im Juniwind, und die Menschen sind gierig, zumindest die, die ich kennengelernt habe.«

Zu Neujahr kehrte das Paar nach Naha zurück. Die Minister und die Adligen begaben sich an den Hof, um dem König ihre Neujahrswünsche zu entbieten. Bei dem Empfang mit anschließendem Konzert konnte Chong als die nun rechtmäßige Ehefrau den Kimono in den Familienfarben tragen. Er war rot und verziert mit Stickereien, die graue Kraniche und Blumen darstellten.

In dem Jahr war es ihnen nicht möglich, nach Miyako zurückzukehren. Dies lag an einem Zwischenfall, der sich im Mai ereignete. Vor dem friedlichen Hafen von Naha lagen nur einige Boote und ein paar ausgediente Briggs der Marine, als eines Tages vier Kriegsschiffe mit schwarzen Aufbauten auftauchten und die Idylle störten. Die Leute aus Uchina hatten die Dampfer bereits sehr früh erspäht, da eine Menge Rauch von ihnen aufstieg. Bei der absoluten Windstille, die herrschte, hatten die fähigen Kanoniere ein leichtes Spiel, denn sie hatten ein freies Schussfeld und konnten jederzeit ihre Position ändern. Wie man später erfuhr, handelte es sich um einen gewissen Kapitän Perry, der mit vier Kreuzern des amerikanischen Flottenverbandes plötzlich aufgetaucht war. Weder der Königshof in Shuri noch die Satsuma-Regierung wussten Rat. Am Königshof war ja sogar das Tragen von Waffen verboten, und der Verwaltungsapparat bestand bloß aus ein paar Beamten und Samurai. In der Polizeistation am Hafen gab es gerade einmal ein paar Dutzend Soldaten mit Schwertern und Gewehren.

Als er keine Reaktion auf seine Kanonaden erhielt, befahl der Kapitän, mehrere Beiboote zu Wasser zu lassen, um an Land gehen zu können. Die Menschen am Hafen versteckten sich in ihren Läden, und in kürzester Zeit war keine Menschenseele mehr zu sehen. Die Adligen standen auf dem Burghügel und beobachten die Fremdlinge.

Kaum waren die Soldaten aus den Booten gestiegen, stellten sie sich in Reih und Glied auf. Jeder der Soldaten trug eine blaue Uniform mit Mütze, einen Tornister auf dem Rücken und ein Gewehr mit langem Lauf. Eine Einheit blieb am Hafen zurück, während zwei weitere, ohne auf Gegenwehr zu stoßen, direkt auf Schloss Shuri zumarschierten, als wüssten sie genau, wo ihr Ziel lag. Angesichts dieses forschen Auftretens wagte keiner, sie aufzuhalten oder auch nur zu fragen, wohin sie wollten. Kapitän Perry selbst befand sich unter ihnen, in blauer Jacke mit goldenen

Knöpfen und Sternen auf den Schulterklappen, weißer Hose und Admiralshut. Seine zwei Adjutanten, mit Säbel und Pistole bewaffnet, eskortierten ihn zu beiden Seiten. Im Takt des Gleichschritts wälzten sich die Soldaten unaufhaltsam näher wie eine riesige Welle, die die Uferböschung hinaufwogt.

Minister Makishi Chōchū bat sofort Bettelheim zu sich. Bettelheim war ein englischer Missionar, dem erlaubt worden war, sich in Kumemura niederzulassen, und zwar zu der Zeit, als die Briten auf einen Zugang zum Hafen gedrängt hatten. Der religiöse Mann, der den Chinesen im Dorf beibrachte, die Bibel in englischer Sprache zu lesen, hatte sich des Öfteren als nützlich erwiesen, wenn Europäer hier Station machten.

Als der Missionar in Schloss Shuri ankam, war Kapitän Perry gerade in der Nähe des Wachttors Shurei angelangt, das zunächst einmal nur die Grenze des königlichen Gebiets markierte. Die tatsächlichen Burgmauern und Höfe begannen erst hinter dem Tor Kankaimon, dem sogenannten Willkommenstor. Der zuständige Minister wartete bereits mit einigen unbewaffneten Hofsoldaten am Shurei-Tor auf Perry. Kurz vor dem Tor machten die Soldaten halt. Perry trat mit seinen Adjutanten vor die Reihen und blickte sich auffordernd um. Ein Chinese im Anzug trat vor. Perry sagte etwas zu ihm, woraufhin der Chinese übersetzte, er sei gekommen, König Shō Tai ein Freundschaftsschreiben seines Präsidenten Franklin Pierce zu übermitteln. Der Minister näherte sich gemeinsam mit Bettelheim den Amerikanern und verbeugte sich.

Nachdem Bettelheim erklärt hatte, wer er war, übernahm er die Vorstellung der beiden anderen. Er fügte hinzu: »Herr Makishi ist eine Art Minister des Inneren. Die Bevölkerung verfügt über keinerlei Waffen, da können Sie versichert sein.«

Dank des Missionars konnte der Kapitän sein Anliegen auf Englisch vorbringen: »Ich brauche in dieser Sache die Antwort des Königs des Landes.«

Bettelheim übersetzte dies für Makishi ins Ryūkyū-Japanische.

»Es ist nur sehr wenigen Personen gestattet, den Palast zu betreten. Ihre Soldaten werden draußen warten müssen«, antwortete Makishi.

Nach einigem Hin und Her ließ sich Perry darauf ein, nur von seinem Adjutanten und zwei weiteren Offizieren begleitet zu werden. Die vier Männer wurden zum Audienzsaal geführt. Auf dem Weg dorthin konnten sie sich selbst davon überzeugen, dass tatsächlich niemand, außer ein paar wenigen Samurai, Waffen trug. Die Minister und Fürsten, darunter auch Kazutoshi, waren zu dem Treffen hinzugerufen worden.

Als die amerikanische Delegation eintrat, verbeugte man sich. Nachdem alle Platz genommen hatten, eröffnete der Staatsminister die Verhandlungen: »Das Königreich von Ryūkyū hat immer ausgesprochen freundschaftliche Beziehungen zu China und Japan gepflegt, und wir haben die ersten Bande zu den Ländern Europas geknüpft. Warum kommen Sie mit Kriegsschiffen?«

»Wir kommen im Auftrag unseres Präsidenten, um eine offizielle Öffnung Ihrer Häfen für unsere Handelsschiffe zu fordern«, antwortete Perry. »Wir werden noch nach Edo weiterfahren und dasselbe vom Shōgun verlangen.«

»Was uns betrifft, so sehen wir uns nicht in der Lage, Eurem Gesuch sofort stattzugeben. Wir müssen einen Moment darüber nachdenken. «

»Ich gebe Ihnen zwei Tage«, drohte der Marinekapitän ohne Umschweife.

Im Verlauf der heftigen Diskussionen, an denen auch der von Satsuma geschickte Gouverneur teilnahm, kam man überein, dass man dem Ersuchen der Amerikaner teilweise stattgeben würde. Am nächsten Morgen wurde Perry in den Palast gebeten. Man teilte ihm mit, die Erlaubnis sei unter bestimmten Bedingungen erteilt. Die Schiffe aus Amerika dürften anlegen und, falls nötig, sich mit Wasser, Proviant und Holz versorgen. Im Anschluss daran machte sich der Flottenverband auf den Weg nach Japan, und der Gouverneur beeilte sich, dem Daimyō in Satsuma Meldung von dem Geschehen zu machen.

Die Verwaltung in Nagasaki hatte bereits im Jahr zuvor vom Gouverneur in Dejima, wo es eine Niederlassung der Niederländischen Ostindien-Kompanie gab, die Information erhalten, eine amerikanische Delegation sei unterwegs, um freien Zugang zu den Häfen zu fordern. Aber die Militärregierung des Shōgunats hatte dies nicht ernst genommen und auch niemanden darüber in Kenntnis gesetzt.

Damals waren Perrys Kriegsschiffe im Juli über Okinawa in Uraga eingetroffen und in der Bucht von Edo gelandet. Er hatte ein Schreiben des amerikanischen Präsidenten Fillmore dabei, in dem dieser um die Öffnung der japanischen Häfen ersuchte und um eine offizielle Bestätigung bat. Perry drohte jedoch mit Gewaltanwendung, sollte der Bitte nicht entsprochen werden. Als er keine Antwort erhielt, machte er unmissverständlich klar, er werde wiederkommen. Zu dieser Zeit waren England und Frankreich in den Krimkrieg verwickelt, und China war mit dem Taiping-Aufstand beschäftigt, sodass Amerika gezwungen war, durch eigene Unterhändler zum Ziel zu kommen.

Das Shōgunat hatte Ryūkyū, auf Betreiben des Daimyō Shimazu Nariakira hin, freundschaftliche Beziehungen und freien Handel mit Ausländern erlaubt. Eine missionarische Tätigkeit blieb jedoch ausgeschlossen. Der Königshof in Ryūkyū unterhielt offizielle Handelshäuser in China und trieb von dort aus Handel mit dem Westen. Auch in Luzon, Batavia, Singapur und Annam war es seit hundert Jahren für zivile Schiffe ohne Probleme möglich, direkten Kontakt mit europäischen Frachtern aufzunehmen. Tatsächlich hatte das Shōgunat Ryūkyū sogar das Mandat übertragen, in Handelsdingen gegenüber dem Westen als Stellvertreter für Satsuma aufzutreten.

Im darauffolgenden Jahr erschien Perry erneut in der Bucht von Kanagawa. Diesmal hatte er neun Kriegsschiffe dabei. Der Shōgun, der sich geweigert hatte, den Brief des amerikanischen Präsidenten zu beantworten, beugte sich schließlich vor der militärischen Übermacht. Im März unterzeichnete er einen Freundschaftsvertrag, der festlegte, die japanischen Häfen für Handelsschiffe, die unter amerikanischer Flagge fuhren, zu öffnen und die Vereinigten Staaten als Verbündete zu betrachten. Die Japaner wussten genau, dass in China der Opiumkrieg tobte und dass sie nicht in der Lage waren, den ihnen technisch überlegenen Europäern die Stirn zu bieten.

Auf seinem Rückweg machte Perry erneut Station in Naha. Da man über die Ereignisse in Japan informiert war, bereitete man ihm einen herzlichen Empfang, und König Shō Tai begrüßte ihn diesmal persönlich. Der Kommodore nahm seinen Hut ab, klemmte ihn sich unter den Arm und schlug militärisch die Hacken zusammen.

Der König verneigte sich ein Zoll weit mit einem strahlenden Lächeln. »Seien Sie herzlich willkommen in diesem fernen Land.«

»Der Vertrag ist unterzeichnet, also bin ich restlos zufrieden.«

Der König beschenkte ihn mit Lackarbeiten, Porzellan und Seide. Als Dank überreichte der Marinekapitän ein Paar goldverzierte Pistolen und ein Astrolabium. Der König lud Perry und seine Männer zum Tee und unterhielt sich mit ihnen eine Weile über Amerika, bevor er die Audienz beendete.

Am gleichen Tag gab Staatsminister Oroku ein Bankett zu Ehren der Amerikaner. Chong und die anderen Ministerfrauen hatten schon am Tag vor dem Vertragsabschluss begonnen, das Essen, vor allem landestypisches, vorzubereiten und den Dienern beim Tischdecken zu helfen. Den ganzen Abend über erfuhr der

Kapitän besondere Aufmerksamkeit, vor allem seitens der Damen. In seinem Einsatzbericht lobte er denn auch den vorzüglichen Empfang, mit dem man ihn beehrt hatte. Er vermerkte die zahlreichen Gänge, erlesenen alkoholischen Getränke, die Früchtevielfalt und die Kuchen. Abschließend unterstrich er noch die außerordentlich angenehme Atmosphäre der Abendgesellschaft.

Diese äußeren Umstände waren ausschlaggebend für Japans unumkehrbare Hinwendung zu einer Politik der Öffnung, führten jedoch zu Auseinandersetzungen im Inland: Der Shōgun verlor an Einfluss, und seine Feudalherren zogen ihren Vorteil daraus, indem sie ihre eigene Macht vergrößerten, während sich zugleich der Hofadel für eine Wiederherstellung des Kaisertums einsetzte. Shimazu Nariakira, der neue Daimyō von Satsuma, war ein weltoffener Mann, aber er stellte seine eigenen Interessen über die des Staates. Seiner Meinung nach hatten die Inseln von Ryūkyū alles, was man für einen Handelsplatz brauchte. Er plante, Amami als Basis für Geschäfte mit den Holländern und Ryūkyū als Zentrum des Handels mit den Franzosen aufzubauen. Zu diesem Zweck hatte er sogar vor, Waffen und Schiffe für Ryūkyū zu kaufen.

Als Kapitän Perry abreiste, begleitete ihn der Missionar Bettelheim, denn er wollte die Gelegenheit nutzen, in seine Heimat zurückzukehren. In den darauf folgenden fünf Jahren führten Chong und Kazutoshi ein friedliches Leben. Sie verbrachten ihre Zeit teilweise in Miyako und teilweise auf dem Anwesen in Shuri. Mit dem Aufblühen des Handels steuerten immer mehr ausländische Schiffe den Hafen von Naha an. Akiyushi kümmerte sich unter der Aufsicht von Makishi um den Export. Die beiden Brüder unterhielten Handelsbeziehungen mit Europa und kauften dort moderne Schiffe. Sie wurden von Vater Thomas unterstützt, einem Missionar, der normalerweise als Mittler zu den französischen Streitkräften in Indochina diente, sich aber auch beim Besuch zweier französischer Händler und eines Marineoffiziers in Ryūkyū als hilfreich herausstellte. Die beiden Besucher kamen an Bord eines Schiffes an, das über Hongkong und Formosa gekommen war. Am Ende der Verhandlungen lud Kazutoshi die Franzosen auf sein Herrenhaus in Shuri ein. Die beiden Kaufleute, der Offizier und Vater Thomas trafen in Tragstühlen dort ein, und der Missionar stellte die Gäste vor. Diese grüßten auf Französisch, wohingegen Chong zur Verwunderung aller die Höflichkeiten auf Englisch erwiderte.

Überrascht erkundigte sich einer der Franzosen, nämlich der aus der Handelsniederlassung in Hongkong: »Oh, Sie sprechen Englisch. Wo haben Sie die Sprache gelernt?«

Der Missionar murmelte auf Chinesisch: »Vielleicht von chinesischen Übersetzern?«

Dies veranlasste Chong, sich an Vater Thomas zu wenden und nun ebenfalls auf Chinesisch zu bemerken: »Die Leute aus Ryūkyū kennen im Gegensatz zu den Japanern andere Länder sehr gut.«

»Oh, là là, Vater, Sie sehen, die Gnädigste ist keine gewöhnliche Frau!«, rief der Franzose.

»Danke für das Kompliment«, sagte Chong, das Gesicht halb hinter ihrem Fächer verbergend. »Wir hier sind wie Fischer, die aufmerksam die Wolken betrachten. Man lernt viel von den Wolken und den Ausländern. In einem so kleinen Land muss man immer in die Ferne schauen.«

Kazutoshi hörte lächelnd zu.

Vater Thomas fragte Chong: »Gnädige Frau, ich bin als Dolmetscher hier … In welcher Sprache wünscht Ihr, dass wir uns unterhalten?«

»Mein Mann spricht auch Chinesisch. Wenn Sie unseren Gästen in dieser Hinsicht weiterhelfen könnten, dann wäre das wunderbar.«

Kazutoshi erwähnte die Besonderheiten des in Ryūkyū praktizierten Glaubens. Er erklärte, warum man auf den Dächern rot angemalte Figuren von Dämonen anbrachte und warum Löwen aus Stein die Eingänge flankierten. Während des Essens sprachen die Europäer den hochprozentigen Getränken zu, dem Sake und dem Awamori. Vor allem angewärmt war der Sake sehr stark.

»Selbst wenn Dampfschiffe leistungsfähiger und schneller sind, ohne einen Mechaniker wärt Ihr bei der kleinsten Störung verloren. Segelschiffe sind in Eurer Lage die bessere Alternative.«

»Benutzen Sie bei den Marinestreitkräften noch Segelschiffe?«

»In Frankreich? Natürlich! Das sind Klipper mit gepanzertem Oberdeck und fest verankerten Kanonen. Aber wir bekommen natürlich immer mehr dampfbetriebene Fregatten dazu.«

»Der Daimyō würde gerne nur solche Schiffe haben, aber wenn ich Sie so höre, dann ist das sinnlos, wenn man die Technik nicht beherrscht.«

»Mit Sicherheit. Besser wäre es, erst einmal westliche Segelschiffe zu kaufen. Schickt uns Eure Soldaten, und wir werden ihnen beibringen, solche Klipper zu steuern. Es wird dann immer noch früh genug sein, einen ersten Dampfer zu kaufen.«

»Mit einer teilweisen Veränderung allein wird sich der Zustand unserer Flotte wohl nicht grundlegend verbessern, da braucht es schon mehr ...«

Chong, die als aufmerksame Gastgeberin gerade angeordnet hatte, noch einmal Sake heiß zu machen, streute beiläufig ein: »Na ja ... aber ob sich die Welt dadurch zum Besseren verändert?«

Die Männer schauten sich wortlos gegenseitig an.

»In welcher Form würdet Ihr denn zahlen?«, erkundigte sich einer der Kaufleute.

»Das Gesetz verbietet, Edelmetalle wie Silber zu exportieren. Auch Kupfer darf nur in geringen Mengen ausgeführt werden.

Das Königreich Ryūkyū, das ja Miteigentümer der Schiffe würde, könnte auf keinen Fall alles in einem Betrag zahlen.«

»Macht Euch keine Sorgen. Wenn der Daimyō für regelmäßige Zahlungen bürgt, dann könntet Ihr die Raten auf mehrere Jahre verteilen. Gegebenenfalls den Vertrag sogar neu verhandeln. Aber auf jeden Fall muss eine Anzahlung in Form von Naturalien, Geld oder Kupfer erfolgen.«

»Welche Waren würden Sie denn bevorzugen?«

»Von China nehmen wir zum Beispiel Tee und Seide, von Indien Opium.«

»Der mit dem Daimyō geschlossene Vertrag untersagt Opium. Hier ist nicht nur der Gebrauch strikt untersagt, sondern auch der Anbau von Mohn. Dafür haben wir Zucker, Tee und Schwefel.«

»Lasst uns später noch einmal darauf zurückkommen.«

Nach dem Abendessen begab man sich in den Salon, wo Chong frisch gebrühten Kaffee servierte, ein Getränk, das in Ryūkyū, Kagoshima und Nagasaki gerade in Mode war. Das Gespräch wandte sich jetzt aktuellen Themen zu, wie zum Beispiel der Auflösung der ostindischen Handelsgesellschaft durch die Briten, die wild entschlossen waren, Indien ohne Mittelsmänner zu beherrschen, oder dem Vertrag von T'ientsin zwischen China und Europa. Auch das Handelsabkommen zwischen Amerika und Japan wurde diskutiert.

»Wir sind ein klitzekleines Land, eingezwängt zwischen dem Kontinent und Satsuma«, sagte Kazutoshi wehmütig. »Wir können nur hoffen, dass unser Beschützer Satsuma weiter an Macht gewinnt.«

»Empfehlt Eurer Majestät, auf Gott zu vertrauen«, schaltete sich nun Vater Thomas ein. »Es werden die Europäer sein, die Ryūkyū beschützen.«

»Aber wir haben schon unseren wahren Glauben. Seit mehr als tausend Jahren verehren wir und die Japaner Buddha. Geschäft und Religion zu vermischen würde nur zu heftigem Widerstand führen.«

»Warum sind eigentlich die westlichen Händler so erpicht darauf, uns zu christianisieren?«, wunderte sich Chong.

Vater Thomas blieb hartnäckig: »Eine Vereinigung der Herzen vereinfacht das Geschäft.«

»Mit der Zeit«, schloss Kazutoshi, »werden die Herzen sich vielleicht von selbst bekehren, wenn der Handel sich weiter so entwickelt.«

Sie wurden sich handelseinig und unterzeichneten einen Vertrag über die Lieferung eines Kriegsschiffes. Der Daimyō von Satsuma bezahlte seinen Teil der Forderung und stellte über den Rest eine Bürgschaft aus. Das Kriegsschiff sollte nach Naha geliefert werden.

Im September des gleichen Jahres erfuhr man, dass der Daimyō Shimazu Nariakira im Alter von einundfünfzig Jahren plötzlich verstorben war. Als die Neuigkeit Ryūkyū erreichte, hatte die Beisetzung schon stattgefunden. Das Königreich schickte trotzdem noch eine Gesandtschaft, um die Beileidsbekundungen zu überbringen.

Es fiel dann dem Halbbruder des verstorbenen Daimyō zu, die Herrschaft in Satsuma zu übernehmen. Hisamitsu vollzog eine komplette Kehrtwendung zu der Politik, die sein Vorgänger angestrebt hatte, und infolgedessen trat die frühere Führungsriege geschlossen von der Regierung zurück.

Auch in Ryūkyū wurde ein neuer Gouverneur ernannt, dazu ein neuer Kontrollbeamter. König Shō Tai wurde von den Veränderungen in Kenntnis gesetzt und genötigt, die Minister zu entlassen, die mit dem früheren Daimyō auf gutem Fuß gestanden hatten. Minister in den höchsten Ämtern wie Oroku Ryōchū, Onga Chōkō und Makishi Chōchū standen ganz oben auf der Liste, und auch Kazutoshi blieb nicht davon verschont. Der Gouverneur ließ die Genannten in ihren Häusern von Samurai festnehmen. Glücklicherweise war Akiyushi zu der Zeit im Ausland und fiel zudem unter ein Gesetz, wonach nicht mehrere Brüder einer Familie verhaftet werden durften.

Chong und Kazutoshi hatten keine Ahnung, was sich über ihnen zusammenbraute. Gegen Mittag des betreffenden Tages erschienen bewaffnete Samurai im Herrenhaus.

»Der Fürst von Miyako, Toyomioya Kazutoshi, wird ersucht, dem königlichen Befehl zu gehorchen!«, donnerten sie zur Begrüßung.

Kazutoshi musste vor Chong und seiner ganzen Familie niederknien und der Verlesung eines Erlasses zuhören, der ihn beschuldigte, gegen Handelsgesetze verstoßen und Steuern hinterzogen zu haben. Infolgedessen sei er zu inhaftieren.

Die Samurai stürzten sich auf ihn, um ihn zu fesseln, aber Chong stellte sich schützend vor ihren Mann. Sie schrie lauthals: »Wie könnt ihr es wagen, die Hand gegen einen Fürsten aus Ryūkyū zu erheben! Ihr kleinen Beamten aus Satsuma!«

»Dies ist ein königlicher Erlass!«, gab derjenige zurück, der den Befehl gegeben hatte.

Yoshihiro, der älteste Sohn Kazutoshis, versuchte, die weinende und wutschnaubende Chong zurückzuhalten: »Mutter, dies ist sicher ein Missverständnis. Wir werden dem König davon Mitteilung machen.«

Auch Kazutoshi versuchte, sie zu beruhigen: »Das ist alles ein Irrtum. Ich werde bald wieder zurück sein, sorge dich nicht.«

Fest verschnürt wurde der Fürst in einer schwarzen Sänfte, die Farbe sollte dem Delinquenten wohl schon ein Omen sein, Richtung Gefängnis abtransportiert, das etwas außerhalb von Shuri lag. Die Familie war am Boden zerstört.

Yoshihiro, der Erbe des Titels seines Vaters, war mittlerweile fünfundzwanzig Jahre alt, verheiratet und Vater zweier Töchter. Yutsao war zu diesem Zeitpunkt fünfzehn, und es war geplant, dass sie sich in ein bis zwei Jahren vermählen sollte. Aber zunächst einmal verwandte Kazutoshis Familie ihre gesamte Energie darauf, herauszufinden, was überhaupt vor sich ging. Chong schrieb an Akiyushi und informierte ihn darüber, was seinem Bruder widerfahren war. Sie beschwor ihn, so schnell wie möglich nach Naha zu kommen.

Neuer Staatsminister Ryūkyūs wurde Zakimi Kenji, der älteste Sohn des früheren Staatsministers Zakimi Seihu, und er besetzte alle wichtigen Positionen mit engen Vertrauten. Die Familien der inhaftierten Minister richteten ein Bittgesuch an den König, aber der Brief wurde abgefangen. Der alte Oroku Ryōchū, und Onga Chōkō starben infolge der Folter. Ihren Angehörigen war es nicht gestattet worden, die Gefangenen zu besuchen. Sie hatten noch nicht einmal das Recht, Trauerfeierlichkeiten abzuhalten, die eines Ministers würdig waren.

Erst einen Monat später wurde posthum offiziell das Urteil über Oroku Ryōtsū und Onga Chōkō gefällt. Wären sie noch am Leben gewesen, so hätten sie sich selbst durch Gift töten müssen. Was Makishi Chōchū und Toyomioya Kazutoshi betraf, so wurde entschieden, sie nach Satsuma zu überstellen.

Eines Morgens, Chong hatte gewartet, bis die Männer sich bei Hof versammelten, ersuchte sie um ein Gespräch mit der Mutter des Staatsministers. Sie kannte diese ein wenig, da sie ihr öfter Spezialitäten aus Miyako gebracht hatte. Erst nach einer längeren Wartezeit ließ die alte Dame bitten.

Chong wurde in die abseits gelegene Wohnung geführt, wo sie sich auf die Knie niederließ und sich tief verbeugte.

Die alte Dame empfing sie an einem Teetischchen sitzend: »Welcher gute Wind treibt Sie zu mir?«

»Ich würde gerne meinen Mann noch einmal sehen, bevor er nach Kagoshima gebracht wird. Ich bin gekommen, um Sie um diesen Gefallen zu bitten.«

Die alte Dame stieß einen Seufzer aus, dann klatschte sie in die Hände nach einem Diener. Bevor sie weitersprach, wartete sie, bis der Tee serviert war: »Ich weiß nicht, was in diesem Land vor sich geht. Jedes Mal, wenn der Daimyō in Satsuma wechselt, dann ändert sich so vieles in unserem kleinen Ryūkyū.«

»Wann werde ich meinen Mann denn wiedersehen? Und werde ich ihn überhaupt jemals wiedersehen? Er ist doch ein enger Verwandter des Königs. Geben Sie uns diese Gelegenheit, nur ein einziges Mal.«

»Ich verstehe Ihren Schmerz und werde mit dem Staatsminister sprechen. Aber machen Sie sich keine allzu großen Hoffnungen.«

Drei oder vier Tage später teilte ein Mitarbeiter Zakimis Chong mit, dass sie am Abend ihren Mann besuchen könne. Sie bereitete einen Teller mit Schweinefleisch, Beifußbrei und Reiskuchen vor. In Begleitung von Yoshihiro begab sie sich zum Gefängnis im Norden der Burganlage.

Am Eingangstor standen zwei Wachen, und Kazutoshis Sohn wandte sich mit den Worten an sie: »Ich bin Toyomioya Yoshihiro, und ich bin gekommen, meinen Vater zu sehen. Hat man euch darüber informiert?«

Die Wachen sprachen einen Moment miteinander, dann verschwand der flinkere von beiden in das Innere der Festung und kam nach einiger Zeit mit einem Vorgesetzten wieder. Dieser vergewisserte sich, dass es sich tatsächlich um die Frau und den Sohn des Fürsten handelte.

»Folgen Sie mir, die Beamten aus Satsuma dürfen uns nicht sehen.«

In einem Gang zeigte er auf die rechte Seite: »Er befindet sich ganz am Ende in der letzten Zelle.«

Sie kamen an mehreren Gelassen vorbei. Einige davon waren leer, in anderen ließ sich eine menschliche Gestalt erahnen. Im

Schatten des letzten Verlieses konnte man nur einen Umriss erkennen.

Chong warf sich gegen die Gitterstäbe: »Mein Liebster, ich bin da …«

Der Mann, der an der Wand kauerte, richtete sich auf. Er näherte sich und schob ihr eine vollkommen abgemagerte Hand durch die Gitterstäbe entgegen.

Chong hielt sie ganz fest und konnte nur mit äußerster Anstrengung die Tränen zurückhalten.

»Lenka, mir tut es leid. Man wird mich nach Kagoshima bringen, daran zweifle ich nicht. Aber ich habe nichts verbrochen. Ich werde mich reinwaschen.«

»Vater, der Onkel ist noch nicht wieder aus Luzon zurück. Man erwartet ihn in den nächsten Tagen.«

»Für ihn wäre es besser, nicht sofort wiederzukommen. Akiyushi war bei den Verhandlungen für den Kauf eines Kriegsschiffes dabei, es wäre besser beraten zu warten, bis sich der Sturm gelegt hat … Wenn ich länger fortbleibe, frage ihn in allen Dingen um Rat und schaue nach unserem Lehen in Miyako. Und vor allem: Kümmere dich um deine Mutter …«

»Wann wird man Euch mitnehmen?«, fragte Chong.

»Ich denke, sobald das Schiff aus Satsuma da ist ...«

»Verliert nicht den Mut! Ihr habt für das Volk die Steuerabgaben neu geregelt und auf Befehl des alten Daimyōs beim Schiffskauf geholfen. Sonst nichts. Ihr habt ein reines Gewissen vor dem König und dem Volk.«

Sie reichte das von ihr mitgebrachte Essen durch das Gitter, und Kazutoshi verschlang es gierig. Der Anblick trieb den beiden Besuchern Tränen des Mitleids in die Augen, die sie natürlich zu verbergen suchten.

Zehn Tage später ging das besagte Schiff in Naha vor Anker. Bewaffnete Samurai verteilten sich um das Gefängnis und brachten die Gefangenen zum Hafen. Nun kamen die Angeklagten auf Tragstühlen den Hügel herab, an Händen und Füßen gefesselt und einen mit Glöckchen versehenen hölzernen Schandkragen um den Hals. Ihre Familien hatten sich entlang des Weges postiert in der Hoffnung, zumindest noch einen letzten Blick auf ihre Lieben erhaschen zu können.

Chong erkannte ihren Mann auf dem zweiten Tragstuhl. Der mit Makishi Chōchū war schon an ihr vorbeigezogen. Dahinter kamen die Träger mit Iheya Oki, dem Lehnsherrn und Fürsten von Yayeyama. Eine Frau drängte sich an diese Gruppe heran und flehte, sie doch auch mitzunehmen. Ein Samurai stieß sie kräftig zurück, aber sie rappelte sich gleich wieder auf und schrie: »Tötet uns doch gleich hier!«

Der Samurai zückte sein Schwert und drang damit auf sie ein. Reglos sackte die Frau zu Boden.

Der Inspektor aus Satsuma, der mit seinem Pferd vorneweg geritten war, kam nach hinten und fragte seinen Samurai: »Was geht hier vor?«

»Ich habe eine Frau mit dem Rücken meines Schwertes geschlagen, sie hat den Zug behindert.«

Zuschauer wie Angeklagte atmeten bei diesen Worten erleichtert auf. Da befahl der Inspektor laut: »Wer Unruhe stiftet, ist ohne Zögern in Stücke zu hauen!«

Niemand wagte es daraufhin mehr, näher zu treten. Die Familie des Fürsten, seine Frau und sogar Fumiko und Roku begleiteten den Tross bis zum Hafen.

Die Gefangenen wurden in ein Beiboot gestoßen. Eine Menschenmenge blieb auf dem Kai zurück und sah ihnen nach, wie sie sich immer weiter entfernten. Manche winkten, andere schwenkten Taschentücher oder riefen noch etwas. Chong hatte den Kopf gesenkt und betete. Als sie wieder aufsah, hatte das Schiff schon Segel gesetzt und die Bucht verlassen.

»Ich werde Euch bald folgen«, murmelte sie und suchte mit den Augen den leeren Horizont ab.

Ein Monat verging. In Schloss Shuri war der Alltag wieder eingekehrt. Adlige wurden in Sänften hin und her getragen. Farbenfroh gekleidete Männer und Frauen waren auf dem Weg zu einer Teeparty oder zu einem Fest im Schlosspark.

Chong verbrachte die meiste Zeit des Tages allein in ihrem Zimmer. Sie hatte nur mit Yoshihiro und seiner Frau Kontakt, wenn diese mit Neuigkeiten kamen.

Eines Tages trat eine alte Dienerin auf Chong zu. Sie wischte sich Tränen aus den Augen.

»Was ist passiert?«, fragte Chong.

Die arme Frau konnte nur mit dem Kopf schütteln: »Nichts, Herrin, es ist nichts …«

»Wenn ich Yoshihiro frage, dann sagt er mir jedes Mal das Gleiche. Es gäbe nichts Neues! Ich sterbe vor Angst, so sprich doch!«

Die Hausangestellte antwortete kaum hörbar: »Herrin, verratet bitte den anderen nicht, dass ich geschwatzt habe. Die Diener der Nachbarn erzählen, die Frau von Iheya Oki habe sich erhängt, als sie erfuhr, dass ihr Mann sich bei Abfahrt des Schiffes ins Meer gestürzt habe …«

Dabei musste es sich um die Frau handeln, die beim Abtransport der Minister von dem Samurai einen Hieb erhalten hatte. Chong blieb stumm, aber Tränen rannen ihr über das Gesicht. Sie hob den Blick und ließ ihre Augen auf der Palme ruhen, die vor dem Fenster stand.

»Herrin, sorgt Euch nicht zu sehr, der Herr ist in Sicherheit«, stammelte die Alte wenig überzeugend.

Chong holte tief Luft. Dann sagte sie: »Bitte bringe Räucherwerk und Kerzen für die Frau von Iheya zu der Familie.«

»Aber es ist verboten, den Leuten etwas zu bringen, die …«

»Tu, was ich dir sage. Dies ist nur, um mein Beileid auszudrücken.«

Akiyushi kam zurück, nachdem er sich davon überzeugt hatte, dass es ungefährlich für ihn war. Chong, die sich bis dahin ganz gut gehalten hatte, merkte, wie ihre Kräfte schwanden. Sie hakte sich bei ihm unter: »Sagt mir, ob mein Mann am Leben ist. Sagt mir die Wahrheit!«

»Wir dürfen nicht den Mut verlieren. Mein Bruder lebt. Sie werden vor Jahresende über sein Schicksal entscheiden. Da er nicht der Hauptangeklagte ist und es nur noch zwei Überlebende gibt, wird man ihn begnadigen. Ich glaube fest daran.«

Aber beim Blick in Akiyushis düstere Miene fühlte Chong, dass dies nicht der Wahrheit entsprach. Sie vertraute ihm an, zu welchem Schluss sie während ihrer einsamen Stunden gelangt war: »Ich weiß, dass alle jetzt Beschuldigten politische Opfer sind. Makishi ist alt, er wird wahrscheinlich dieses Jahr sowieso nicht mehr überstehen. Mein Mann, selbst wenn er im Gefängnis so lange lebt … sie wollen seinen Kopf rollen sehen. Auf keinen Fall ist auf ein Exil zu hoffen. Er ist aus Sicht von Satsuma ein Fremder, und sie wollen keinen Ärger und kein Gerede mehr haben. Daher werden sie ihm befehlen, Seppuku zu begehen oder Gift zu nehmen. Ich werde nach Kagoshima fahren. Das wird wahrscheinlich das letzte Mal sein, dass ich ihn sehen werde. Und … wenn er stirbt, werde ich nicht hierher zurückkehren.«

Akiyushi antwortete ihr: »Ihr seid eine wichtige Persönlichkeit in der Familie Toyomioya. Yoshihiro wird seinem Vater nachfolgen, aber er ist noch jung, und Ihr müsst ihn noch bei der Führung des Hauses unterstützen.«

»Ihr wisst sehr wohl, dass ich von ganz unten komme und als Geisha gearbeitet habe. Ich bin nur seine Hauptfrau geworden, weil Dei Maki gestorben ist. Rechtmäßige Ehefrau, das war nie ein Titel, den ich angestrebt habe. Gerne hätte ich mein ganzes Leben an seiner Seite verbracht, aber das Schicksal wird darüber entscheiden. Ich werde meinem Mann folgen. Deshalb möchte ich Euch um einen Gefallen bitten.«

»Sprecht.«

»Nach dem Tod meines Mannes werde ich alles dafür tun, dass sein Körper in seine Heimat zurückkehren kann. Wählt einen guten Platz als letzte Ruhestätte für ihn aus. Versucht alles, damit er eines Tages rehabilitiert wird. Und zuletzt: Kümmert Euch darum, dass Yoshihiro seinen Titel und sein Lehen erhält.«

Akiyushi verneigte sich sehr tief vor Chong und schwor, ihre Wünsche zu respektieren: »Es versteht sich von selbst, dass es meine Pflicht ist, all das in Erfüllung gehen zu lassen.«

»Da wäre noch etwas, eine weitere Bitte. Yutsao wird nächstes Jahr sechzehn, also höchste Zeit, sie zu verheiraten. Sie ist nicht meine leibliche Tochter, aber ich habe geschworen, sie glücklich zu machen. Betrachtet sie bitte, als wäre sie Eure Nichte, und findet einen guten Ehemann für sie. Ich werde etwas Geld mitnehmen, gerade so viel, wie ich brauche, um zu Kazutoshi zu gelangen.«

»Aber Euch steht das Vermögen meines Bruders zu. Yoshihiro erbt ja den Titel und das Lehen.«

Chong verfolgte ganz andere Gedanken. »Wir sind jetzt acht Jahre verheiratet. Das Lehen hat gute Erträge abgeworfen, aber ich brauche nicht viel. Als ich nach Ryūkyū kam, hat eine kleine Summe ausgereicht, den *Meerespalast* zu eröffnen. Geld benötige ich also nur, um mich um Euren Bruder kümmern zu können. Könntet Ihr mir einen Wechsel ausstellen, den ich in Kagoshima einlösen kann? Ich bin inzwischen Mitte dreißig, und ich werde versuchen, fortan ein respektables Leben zu führen, wie es sich für die Frau eines Lehensherrn geziemt.«

Akiyushi standen Tränen in den Augen: »Wer könnte die Art und Weise vergessen, wie Ihr unser Volk behandelt habt? Ich werde alles tun, was in meiner Macht steht, um Eure Abreise und Euren Aufenthalt in Kagoshima so angenehm wie möglich zu machen. Aber sagt bitte nicht, dass Ihr nie mehr wiederkommt.«

Chong seufzte tief und schaute gedankenverloren eine ganze Weile durch das offene Fenster in den blauen Himmel.

Es war die Zeit der Taifune, und Chong musste sich noch einige lange Wochen gedulden. Erst im Herbst hatten sich die Wirbelstürme so weit gelegt, dass sie sich nach Kagoshima einschiffen konnte. Sie sagte weder Yoshihiro noch dessen Frau, dass es ein Abschied für immer sein würde. Dann besuchte sie Fumiko, Roku, Seri und Naba. Fumiko bat sie, Yutsao nach besten Kräften zu beschützen. Sie fragte Roku, ob er sie anstelle ihres Schwagers nach Satsuma begleiten würde, denn sie fürchtete, die Beamten dort würden unnötig auf Akiyushi aufmerksam gemacht. Alle im *Meerespalast* boten ihr Hilfe an. Fumiko bestand darauf, dass Roku alles stehen und liegen ließ und sich sofort um Chong kümmerte.

Akiyushi, der ja über ihren Entschluss Bescheid wusste, nicht mehr nach Ryūkyū zurückzukehren, sollte Kazutoshi etwas zustoßen, setzte alles daran, die Reise bestmöglich zu organisieren. Er traf Vorkehrungen, dass der Kapitän des Schiffes und ein Geschäftsmann mit Verbindungen zur ryūkyūischen Handelskammer in Kagoshima ihr zur Seite standen. Chong erklärte Yoshihiro und Yutsao, dass sie ihren Vater besuchen würde. Sie untersagte ihnen jedoch, mit zum Hafen zu kommen, um die Behörden nicht aufzuschrecken. Ein letztes Mal umarmte Chong die beiden, bevor sie das Anwesen verließ. Fumiko und Akiyushi erwarteten sie im Hafen. Beide wussten, dies war ein Abschied für immer.

Chong stand oben an Deck, und ihr Blick wanderte von den Häusern im Hafen, die wie Krabben aneinanderklebten, den Hügel hinauf zu Schloss Shuri mit seinem roten Dach. Sie dachte an all die Reisen ohne Wiederkehr. Der Weg, den sie bisher genommen hatte, schien wie ein Traum, dessen Spuren nach und nach verblassten, je weiter sie ihm folgte. Die Morgensonne verwischte die klare Linie des Horizonts, und das Schiff segelte einer ungewissen Zukunft entgegen. Ihr Herz schlug höher beim Anblick der Sonnenstrahlen, die das Wasser glitzern ließen. Chong richtete ihre Augen nach Norden, in die Ferne. Wieder stand ein Neuanfang bevor.

MAMA-SAN

Am fünften Tag erreichte das Schiff den Sund von Kagoshima, die Eingangspforte Satsumas. Es kämpfte sich langsam zwischen den Felseninseln vor der stürmischen Südküste hindurch, passierte Ibusuki und fuhr dann einen halben Tag lang in ruhigerem Gewässer weiter bis zum Hafen von Kagoshima. An Steuerbord erhob sich der Vulkan Sakurajima, dessen abgeplatteter Gipfel seine immerwährende Rauchwolke ausspuckte wie der Schlot eines riesigen Ozeandampfers. Je tiefer das Schiff in den Golf vordrang, desto öfter begegnete es europäischen Segelschiffen und Dampfern, die dort kreuzten oder vor Anker lagen.

Bei der Einfahrt in den Hafen näherte sich ein Boot, das den Schoner in das Hafenbecken lotste, welches allein japanischen Schiffen vorbehalten war. Im Gegensatz zu Naha war der Hafen von Kagoshima, der Hauptstadt Satsumas, mit zahlreichen Landungsbrücken ausgestattet, die das Anlegen vereinfachten. Zuerst wurden die Taue festgezurrt, dann konnten die Passagiere von Bord gehen, bevor das Entladen begann. Chong und ihre Begleiter warteten in der Kajüte des Kapitäns auf den Vertreter der ryūkyūischen Handelskammer, der sie in Empfang nehmen sollte.

Er kam auch unmittelbar nach dem Anlegen an Bord und begrüßte die junge Frau, zögerte dann aber weiterzusprechen. Chong ihrerseits wagte nicht, ihn direkt zu fragen, wie die Dinge standen. Es war dann der Kaufmann, den Akiyushi um Beistand für Chong gebeten hatte, der geradeheraus die Frage stellte: »Also, wie ist die Lage?«

»Makishi Chōchū … der Herr ist im Gefängnis gestorben.«

Chong schwieg beharrlich. Der andere hakte nach: »Und der Fürst Toyomioya?«

Wieder zögerte der Vertreter der Handelskammer, den Blick auf Chong gerichtet: »Ein amerikanischer Dolmetscher ist von einem Samurai getötet worden. Daher ist die Lage angespannt. Die niederen Samurai sagen nun, man müsse die Europäer verfolgen, ganz wie es der Kaiser wünscht. Vorher war es dank unserer Beziehungen noch möglich, den Fürsten im Gefängnis zu besuchen, aber das ist vorbei. Mit der Zeit werden sich die Dinge schon regeln …«

»Gnädige Frau, wir werden Euch erst einmal zu Eurer Unterkunft bringen. Wir finden schon noch einen Weg, wie Ihr Euren Gatten sehen könnt«, beruhigte der Kaufmann Chong. Gemeinsam gingen sie von Bord.

Die Straßen von Satsuma, die, wie in größeren Städten üblich, im Schachbrettmuster angeordnet waren, waren außerordentlich lang, sehr sauber und von zweistöckigen Häusern gesäumt. Im Erdgeschoss befanden sich meist Geschäfte, die oberen Geschosse waren mit kleinen Balkonen geschmückt. Dahinter standen dann in zweiter Reihe Wohnhäuser unterschiedlicher Bauart, deren Wände mal aus Holz, mal aus Stein bestanden. Ein Teil von ihnen war glatt verputzt, und der Putz war mit zierlichen Mustern bemalt.

Die Handelskammer von Ryūkyū lag nicht weit entfernt. Sie war in einem hohen Gebäude untergebracht, das von Lagerhäusern und Läden umgeben war. Ihr Führer brachte Chong und Roku zu einem dahinterliegenden, von Bäumen umstandenen Gästehaus. Chong wurde ein großes Zimmer im ersten Stock angewiesen, das durch eine bewegliche Wand in zwei Bereiche unterteilt war. Der Tatamiboden war nagelneu und verbreitete einen angenehmen Geruch nach Kräutern. Die hintere Wand war mit einer Zeichnung verziert, die auf ein Bambusrollo gemalt war. Auf einer Kommode stand eine jener bauchigen, großen Porzellanvasen, für die diese Gegend berühmt war. Öffnete man die Schiebefenster, fiel der Blick durch das Balkongeländer in den Garten und auf eine rote Hintertür in der Mitte eines Holzzaunes.

In diesem Augenblick trat eine Hausangestellte ein und brachte Tee. Sie verbeugte sich: »Herrin, ich stehe Euch zu Diensten.«

»Sind Sie aus Ryūkyū?«, fragte Chong.

»Meine Eltern waren aus Amami.«

»Gehörte denn die Insel Amami zum Königreich von Ryūkyū?«

Die Frau riss erstaunt die Augen auf: »Sagt so etwas bloß nie laut. Wenn das einem Kaisertreuen zu Ohren kommt, werdet Ihr schwer bestraft. Ich bin in Ibusuki geboren.«

Beim Plaudern mit der Dienerin erfuhr sie beiläufig, dass deren Mann im Gefängnis arbeitete.

»Wenn das so ist«, sagte Chong voller Hoffnung, »könnte er dann vielleicht Nachrichten für mich überbringen?«

»Natürlich, es bedarf nur etwas …«, antwortete die andere und machte eine Bewegung mit Daumen und Zeigefinger.

»Wann wäre das denn möglich?«

»Ein Brief kann abgefangen werden. Das wäre für alle Beteiligten zu riskant, aber eine mündliche Botschaft, das ist bestimmt machbar.«

Sie war am nächsten Tag nicht im Dienst, aber wenigstens in der Lage, ihren Mann zu überzeugen, umso mehr, als man ihr ein Goldstück zugesteckt hatte.

Am darauffolgenden Tag verließen Chong und Roku den Gasthof, geführt von der Dienerin. Sie wohnte allerdings recht weit entfernt vom Zentrum, weswegen sie durch eine Menge kleiner

Sträßchen kamen und an Reihen eng aneinandergereihter Häuser entlanggingen, bis die Frau schließlich eine Tür öffnete. Sie waren bei ihr zu Hause angelangt. Dort gab es einen Raum mit Holzdielen und zwei weitere mit Tatami ausgelegte Zimmer.

Die Frau flüsterte: »Er schläft. Er ist gerade von seiner Nachtwache heimgekehrt. Wir arbeiten beide zu völlig entgegengesetzten Zeiten … Warten wir ein bisschen, bis er aufwacht.«

Sie zogen sich in den Hauptraum zurück und harrten geduldig aus, bis Roku geflissentlich hustete. Der Schläfer, der sich im Halbschlaf von einer Seite auf die andere gedreht hatte, wachte dadurch endgültig auf. Als er die Fremden in seiner Wohnung entdeckte, stand er langsam auf: »Wer sind Sie?«

»Ich habe sie hierhergebracht«, sagte seine Frau.

Sie hielt ihm eine Schüssel mit frischem Wasser hin, die er in einem Zug austrank. Dann rülpste er lautstark und richtete sich die Uniform. Die Frau erklärte ihm den Wunsch ihrer Besucher.

Der Mann kratzte sich am Kopf und wollte wissen: »Gehört ihr zur Familie des Kerls, der vor Kurzem gestorben ist?«

»Nein, das war Makishi. Wir würden gerne Neuigkeiten über Toyomioya Kazutoshi erfahren und ihm eine Nachricht zukommen lassen.«

Seine Ehefrau zog das Goldstück hervor: »Du hast doch eine Menge guter Freunde im Gefängnis.«

»Und was wollen Sie ihm ausrichten?«

Es war wieder Roku, der antwortete: »Dass Dame Lenka hier ist, dass sie ihn gern besuchen möchte und dass sie alles Menschenmögliche unternehmen wird, um ihn zu sehen. Bringen Sie uns seine Antwort. Sie bekommen dann noch mehr von diesen Geldstücken.«

Ohne zu zögern, ging der Mann auf den Vorschlag ein: »Das scheint mir gar nicht so schwer zu sein. Solange man keinen Brief oder irgendwelche Sachen hineinschmuggeln soll.«

Chong schöpfte wieder Hoffnung, ihren Mann vielleicht bald schon sehen zu können. Die Kaufleute aus Ryūkyū versuchten währenddessen ihr Glück auf einem anderen Weg. Drei Tage später erschien die Dienerin mit ihrem Mann im Gästehaus, und Roku brachte sie zu Chong.

»Letzte Nacht hat es ein Freund von mir geschafft, mit Eurem Mann zu sprechen. Er hat ihm gesagt, dass Ihr hier seid.«

Chong konnte ihre Tränen nicht zurückhalten. »Und, was hat er gesagt?«, schluchzte sie. »Wie geht es ihm? Wann werden wir den Urteilsspruch erfahren?«

»Gnädige Frau, bitte eins nach dem anderen.« Der Gefängniswärter wartete, bis Chong die Fassung wiedergefunden hatte. »Als mein Kollege ihm gesagt hat, dass Ihr hier seid, da wollte er seine Pratze gar nicht mehr loslassen. Er hat angefangen zu flennen. Mein Kamerad hatte ganz schön Schiss, dass sein Chef etwas mitbekommt. Ihr Herr, der hat Schläge bekommen! Seitdem geht es ihm schlechter! Mein Freund meint, die werden das Urteil bald verkünden.«

Chong heulte auf und biss in ihr Taschentuch. Roku verbarg sein Gesicht in der Armbeuge und weinte.

»Isst er denn wenigstens?«

Die Frau des Wärters antwortete darauf für ihren Mann: »Die Handelskammer von Ryūkyū schickt ihm jeden Tag zwei Mahlzeiten.«

Auf diese Weise konnten alle zwei, drei Tage Nachrichten übermittelt werden. Es gab erste Anzeichen, dass es mit der Gesundheit des Fürsten immer weiter bergab ging, denn er konnte nur noch Suppe zu sich nehmen. Aufgrund der Vermittlungsanstrengungen des ryūkyūischen Kaufmanns und der Beamten der Handelskammer konnte durch die Familie Shimazu, eine der einflussreichsten Adelsfamilien Satsumas, schließlich ein Besuchsrecht für Chong erwirkt werden.

Spät am Abend wurde sie am Gefängnis vorstellig. Roku und ein Vertreter der Handelskammer begleiteten sie. Nachdem sie an der Tür eines Nebengebäudes Einlass gefunden hatten, wurden sie an einer Mauer entlanggeführt, bis sie ein isoliert stehendes Gebäude erreichten. Zwei Wächter hielten sie auf. Sie hatten Lanzen in den Händen und waren außerdem noch mit an der Seite herunterhängenden Schwertern bewaffnet. Der Vertreter der Handelskammer verhandelte einen Augenblick mit ihnen, dann gab einer der Wachmänner seinem Kollegen im Inneren des Baus ein Zeichen. Dieser öffnete die Tür, forderte Chong aber auf, ihrem Mann nichts vom Tod Makishis zu sagen.

Kazutoshi war am Ende eines Ganges im zweiten Stock eingekerkert. Öllampen verbreiteten ein mehr als dürftiges Licht. Der Wachposten zeigte auf eine Zelle, blieb selbst aber mit dem Beamten der Handelskammer am Anfang des Ganges stehen. Nach kurzem Zögern ließ Roku Chong allein weitergehen.

Sie hastete vorwärts und rief: »Ich bin es! Ich bin da!«

Kazutoshi schien auf den Besuch vorbereitet zu sein, denn er erwartete sie schon am Gitter. Chong verschlug es die Sprache, als sie sah, dass ihr Mann bis auf die Knochen abgemagert war. Das verfilzte Haar hing ihm weit über die Schultern, der Bart wucherte über den Mund, die Augen waren nur noch Höhlen, und seine Wangenknochen ragten aus dem eingefallenen Gesicht hervor. Er steckte die extrem langen und mageren Finger durch die Stäbe. Chong nahm seine Hände in ihre, aber sie spürte, wie kraftlos sie waren.

»Nur wegen mir hast du so große Sorgen. Wie geht es euch allen?«

»Wir denken sehr viel an Euch. Akiyushi hat alle Hebel in Bewegung gesetzt, damit ich hierherkommen konnte. Er wollte mich eigentlich begleiten, aber wir haben es ihm ausgeredet. Es wäre zu gefährlich für ihn gewesen …«

»Das hast du gut gemacht. Wenn du gehst, vergiss bitte nicht, bei Makishi vorbeizuschauen. Er ist unten.«

»Ja, ich werde bei ihm vorbeigehen. Man munkelt, das Urteil solle bald verkündet werden.«

Kazutoshi ließ ein kurzes, trockenes Lachen hören. »Die Stimmung am Gerichtshof hat sich um hundertachtzig Grad gedreht, der neue Daimyō will nun nichts mehr davon wissen, was sein Vorgänger gemacht hat! Was für eine Welt! Man schiebt die ganze Verantwortung auf das Volk von Ryūkyū ... Wir werden die Todesstrafe erhalten.«

»Sagt doch so etwas nicht«, flehte Chong inständig. »Verliert nicht den Mut! Der Hof von Shuri erwirkt bestimmt eine Strafminderung.«

Kazutoshi sprach jetzt ganz langsam: »Als Iheya Oki sich ins Meer gestürzt hat, da haben Makishi und ich begriffen, dass alles verloren ist. Du stehst hier direkt vor mir, aber dennoch kommt es mir so vor, als sähe ich dich nur im Traum. Wenn ich tot bin, dann verbrennt meinen Körper und vergrabt die Asche in Shuri. Kümmere dich mit Akiyushis Unterstützung um das Haus. Ich bin sicher, du machst das ganz hervorragend. Die letzten zehn Jahre mit dir waren die schönsten meines Lebens. Kehre in dein Heimatland zurück, wann immer du es wünschst. Wenn dann eines Tages deine Stunde schlägt, wirst du wieder mit mir vereint.«

Den Kopf in den knochigen Händen ihres Mannes vergraben, weinte Chong sich die Seele aus dem Leib. Sie stammelte: »Akiyushi wird sich gut um alles kümmern. Macht Euch darum keine Sorgen.«

»Ich muss ständig an mein Volk denken, das so sehr gelitten hat«, fuhr der Gefangene fort und strich ihr über das Haar. »Wir sehen uns wieder in Aushima Daushima, wo alle Toten aus Miyako hingehen. Dort gibt es keine mächtigen und keine unterdrückten Länder. Die ganze Welt lebt in Frieden.«

»Ja, in Aushima Daushima sind wir wieder vereint.«

Die Zeit, die ihnen für ihr Treffen zugestanden worden war, reichte gerade für den Austausch dieser wenigen Worte.

Zwei Tage später wurde das Todesurteil verkündet. Kazutoshi hatte aber die Möglichkeit, seine Ehre durch Seppuku zu retten. Die Vertretung Ryūkyūs wurde gebeten, einen Samurai aus der Familie des Verurteilten zu schicken. Dieser sollte Kazutoshi die letzten Minuten dadurch erleichtern, dass er ihm mit dem Schwert die Halsschlagader durchtrennte. Schließlich kam aber der Gefängnisdirektor zu dem Schluss, dass der Fürst zu schwach war, um sich selbst den Bauch aufzuschlitzen, und so griff man auf Gift zurück. Der Hauptverantwortliche der Anklage kam dem ausländischen Unterhändler noch insoweit entgegen, dass er der Familie des Delinquenten das Recht zugestand, den Toten standesgemäß und in Ehren zu bestatten. Schließlich war die Verurteilung des Gefangenen durch den obersten Gerichtshof von Satsuma nur erfolgt, um ein Exempel zu statuieren.

Am Nachmittag teilte man Chong mit, sie könne die sterblichen Überreste nun abholen. So begab sie sich mit Roku und den Leichenbestattern zum Tor des Gefängnisses.

Der Körper wurde ihr übergeben, eingewickelt in einen weißen Shōfu aus Ryūkyū. Man brachte ihn in einen großen Raum im Erdgeschoss der Handelskammer. Die Leichenwäscher wollten sich nun an die Arbeit machen, aber Chong bat sie, draußen zu warten, da sie sich selbst darum kümmern wollte. Als sie das Tuch anhob, erblickte sie als Erstes das Gesicht ihres Mannes. Chong atmete tief durch und musste mehrmals schlucken, bis sie sich wieder gefasst hatte. Das ausgemergelte Gesicht Kazutoshis war durch das Arsen schwarz geworden. Rote Flecken zeigten sich auf Hals und Brust, und ein feines Rinnsal getrockneten Blutes war ihm aus dem Mund gelaufen. Unterstützt von Roku, wusch sie den Toten ausgiebig mit einem sakegetränkten Handtuch. Dann tat sie etwas Reis in seinen Mund, zog ihm Kleider und frische Socken an und steckte schließlich den Jadering, den sie trug, an seinen Finger. Als er fertig hergerichtet war, bedeutete sie Roku zu gehen, damit sie noch einmal mit ihm allein sein konnte.

Lautlos zog Roku sich zurück. Daraufhin legte sich Chong neben ihren Mann, ohne ihn dabei aus den Augen zu lassen. Er hätte genauso gut ein Kranker sein können, der gerade schlief. Sie flüsterte: »Mein Liebster, bevor Ihr geht, werde ich Euch noch ein Lied aus Ryūkyū vorsingen.« Ganz leise sang sie für ihn:

Unter der Kiefer des Dorfes Onna,
Da steht ein Verbotsschild.
Aber die Liebe,
Wie könnte man sie verbieten?

Drei Mal sang Chong bedächtig diese Strophe. Dann blieb sie noch einen Moment neben seinem Körper liegen, bis sie endlich aufstand, seine Hände ineinanderlegte und ihn mit einem weißen Laken bedeckte. Sie ließ Roku und die Leichenbestatter herein, damit sie Kazutoshi in den Sarg betten konnten.

Briefe und Kondolenznachrichten trafen in dem Büro der Handelskammer ein. Die Verwaltung Satsumas schickte einen Mönch, der die Einäscherung auf dem Hof hinter dem Kuanyin-Tempel vollzog. Als das Feuer ausgegangen war, fand man kaum noch Überreste, gerade mal eine Handvoll Knochen.

Chong begleitete Roku zum Hafen, da dieser nach Naha zurückkehren würde, und übergab ihm die Urne mit Kazutoshis Asche.

An dem Morgen, an dem Chong nach Nagasaki aufbrach, traf sie sich mit dem Kaufmann, der ihr bislang zur Seite gestanden hatte, in der Handelskammer. Er verfasste für sie ein Empfehlungsschreiben, das Chong an einen Chinesen in Nagasaki verwies, und tauschte den Wechsel, den ihr Akiyushi gegeben hatte, in Silberstücke um. Die Handelskammer wiederum sorgte dafür, dass jemand Chong begleitete.

Die Reise von Kagoshima nach Nagasaki dauerte nur einen Tag. Eine Vielzahl kleiner Inseln schützte die Einfahrt in die Hafenanlagen. Die Stadt selbst lag eingeklemmt zwischen hohen Bergen. Das Wasser im Hafenbecken, von dem aus sich Anlegestege den Fluss hinauf ausbreiteten, war still wie ein See.

Nagasaki unterstand direkt der Verwaltung des Shōguns, Bakufu genannt, weswegen es ein noch größeres Handelszentrum war als Kagoshima. Wie Mücken umschwärmten kleine Boote die verschiedenen Schiffe, die im Hafen vor Anker lagen. Die künstliche Insel Dejima, die an die Holländer abgetreten worden war und auf der sich lange Zeit alle westlichen Ausländer hatten niederlassen müssen, bevor sie sich seit Kurzem vermehrt in einem Viertel im Zentrum des Hafens ansiedelten, sah aus wie ein riesiger, auf dem Wasser treibender Dampfer. Das chinesische Viertel, in dem hauptsächlich Emigranten aus Fuchou wohnten, erstreckte sich über einen Hügel in der Nähe des Shōfukuji-Tempels. Obwohl die Chinesen seit Jahrhunderten Zutritt zu Nagasaki hatten, verhielten sich die lokalen Autoritäten den Europäern gegenüber äußerst zurückweisend, um deren Christianisierungsbestrebungen entgegenzutreten. Die Stadt war hauptsächlich auf Hügeln erbaut, ebene Flächen gab es daher kaum. Die Hafenstraße, die sich der Rundung der Bucht angepasst hatte, verzweigte sich in ein kompliziertes Gewirr aus Gassen, in denen es von Menschen nur so wimmelte.

Chong und ihr Begleiter nahmen sich eine Rikscha, um zu der Adresse des Mannes zu gelangen, den ihr der Kaufmann in Kagoshima als vertrauenswürdig empfohlen hatte. Es handelte sich um einen Händler von Arzneipflanzen und Tee. Sein Haus war im gleichen Stil erbaut wie die anderen japanischen Häuser, es war ein Holzbau mit zwei Stockwerken. Am Kai hatte der Händler ein großes Lager und einen Laden. Kurz nachdem Chong den Dienern das Empfehlungsschreiben gegeben hatte, erschien auch schon der Hausherr.

Er verneigte sich ehrerbietig vor ihr und sagte: »Seien Sie herzlich willkommen. Mein Name ist Lin. Ich habe den Brief von Herrn Takara erhalten.«

Nachdem sein Auftrag nun beendet war, verabschiedete sich Chongs Begleiter, den die Handelskammer gestellt hatte, ohne sich länger aufzuhalten.

Der Salon erinnerte sie sehr an die Bauweise auf Formosa. Ein runder Tisch mit Stühlen darum und ein Boden aus Ziegelsteinen, den man betreten konnte, ohne die Schuhe auszuziehen. Trotz seines schlohweißen Haars war Herr Lin ein rüstiger Mann mit einer kräftigen Stimme. Er lud Chong ein, Tee mit ihm zu trinken.

»Ich bin erleichtert, Sie gefunden zu haben«, sagte sie auf Chinesisch.

Verunsichert fragte Herr Lin: »Kommen Sie vom Kontinent? Man hatte mir mitgeteilt, Sie seien die Witwe eines Fürsten aus Ryūkyū …«

»Nun, in Wirklichkeit bin ich aus Joseon, aber ich habe länger in Nanking gelebt.«

Herr Lin lächelte zufrieden: »Dann sind wir ja Landsleute. Die Kaufleute aus Ryūkyū kommen oft nach Kagoshima und Fuchou, und da wir dort auch regelmäßig hinfahren, treffen wir uns häufig. Meine Familie hat sich schon vor drei Generationen hier niedergelassen. Die Chinesen in Nagasaki kommen vor allem aus der Provinz Fukien. In seinem Brief bittet mich Herr Takara, Ihnen zu helfen. Was kann ich denn für Sie tun?«

Chong antwortete schlicht: »Ich habe einige Schicksalsschläge hinter mir. Auf den Inseln südlich von Japan habe ich mich nach einem Schiffbruch wiedergefunden. Dort habe ich dann meinen Mann kennengelernt. Er wurde in Satsuma hingerichtet, weil er versucht hat, Geschäfte mit Europäern zu machen. Ich möchte nicht sogleich nach Joseon zurückkehren. Die Zeit dafür ist noch nicht gekommen. Allerdings kann ich auch kein Handelshaus eröffnen, ganz ohne Verbindungen. Aber ich war in der Vergangenheit einmal Geisha, ich kann tanzen und musizieren. Wenn Sie mir helfen könnten, ein Haus zu eröffnen, in dem Geishas auftreten …«

»Das gefällt mir!«, rief Herr Lin fröhlich lachend aus. Und er erklärte ihr: »Zwischen Kaufleuten zählt das Vertrauen am meisten, und damit Vertrauen entsteht, muss man offen miteinander sein! Hier war es bislang so, dass die Europäer gezwungen waren, auf der Insel Dejima zu leben. Seit dem Handelsabkommen steht es ihnen aber auch frei, in dem Stadtviertel Oura in Yamanotechō zu wohnen. Das alte Chinesenviertel heißt Tōjinyashiki und ist seit Jahrhunderten ein Hafen für die Schiffe aus China. Den Chinesen, die in der Gunst der Beamten des Bakufu standen, wurde erlaubt, sich über die Grenzen des Tōjinyashiki-Viertels hinaus auszubreiten. So haben wir begonnen, Shinshi zu besiedeln und einen neuen Markt aufzubauen. Ich bin einer von sechsunddreißig Kuramushi, also Schatzmeistern, in Shinchi. Die Dinge entwickeln sich weiter. Übereilen Sie nichts, beobachten Sie zunächst die Lage. Sie dürfen gerne hier bei mir bleiben, fühlen Sie sich ganz zu Hause, als wären Sie bei Ihren Eltern. Hier gibt es Häuser mit Geishas wie Sand am Meer, davon einige so berühmt wie die in Edo oder Kyōto. Ich kenne ein paar Tayū, die in Tōjinyashiki gearbeitet haben, und werde sie Ihnen nach und nach vorstellen.«

»Was ist eine *Tayū?*«, fragte Chong.

»Das entspricht einer Lingchia in China, die beste Geisha des Hauses, die verantwortlich für die anderen ist.«

Herr Lin bot Chong an, einen kleinen Pavillon zu beziehen, der direkt hinter seinem Haus stand. Dann stellte er ihr seine Familie vor. Seine gesetzlich angetraute Ehefrau war eine nicht mehr ganz junge Chinesin, die aufgrund ihrer eingebundenen Füße einen trippelnden Gang hatte. Eine ziemlich großherzige Japanerin mit heiterer Stimme war seine Konkubine. Beide fühlten sich geschmeichelt, mit der Frau eines Fürsten zu tun zu haben, die obendrein noch Chinesisch sprach, weswegen sie Chong jeden Wunsch von den Augen ablasen. Sie stellten sogar eine alte Dienerin zu deren alleiniger Verfügung ab.

Eines Tages bat Herr Lin Chong um ihre Begleitung. Er hatte für sie eine zweite Rikscha bestellt. Nagasaki erstreckte sich von Nord nach Süd entlang des Flusses Urakami und seiner Mündung. Im Westen, auf der gegenüberliegenden Seite der Bucht, ragte der Berg Inashiyama hervor, und am östlichen Ende war die Stadt von hohen Hügeln umgeben wie von einem Wall. Der Nakajima, der kleine Bruder des Urakami, floss auf seinem Weg zum Meer mitten durch das Stadtzentrum, weshalb die Straßen durch zahlreiche Brücken verbunden waren. Auf der Nordseite des Flusses befanden sich direkt neben einer Brücke die Verwaltungsgebäude des Bakufu, am südlichen Ufer erstreckten sich die Ausländerviertel und die Lokale. Im Chinesenviertel kamen auf eine Fläche von dreihundert Ar fünftausend Händler und eine Polizeistation. Um das Viertel durch eines der beiden Tore betreten zu dürfen, hatte man früher einen von der chinesischen Handelskammer ausgestellten Ausweis benötigt. Seit der Handelsöffnung war dies überflüssig geworden, und jetzt waren das Shinchi- und das Tōjinyashikiviertel unmöglich zu trennen. Die Chinesen nannten diese Viertel von nun an nur noch den neuen und den alten Marktplatz. Außer Chinesen waren dort auch einheimische Händler, Soldaten und Geishas anzutreffen.

Ähnlich wie auf Dejima hatten Geishas in Tōjinyashiki eigentlich nicht das Recht, mehr als einen Tag zu verweilen, aber kontrolliert wurde selten, und so hatten sich einige dort niedergelassen, da dies als ein besseres Viertel galt. In Tōjinyashiki gab es Molen, sodass Schiffe anlegen konnten. Die Häuser waren durchweg zweistöckig, und die Straßen waren richtige Alleen, die mit Weiden und Bambus gesäumt waren, Pflanzen, die die Chinesen sehr schätzten. Auch eine Reihe von Teehäusern und Restaurants im kontinentalen Stil fand man dort.

Chong und ihr Beschützer betraten ein Teehaus. Dieses bestand aus mehreren durch Trennwände abgeteilten kleinen Zimmern.

»Ist Shoko-san noch nicht da?«, fragte Herr Lin den Besitzer.

»Sie hat Besuch«, antwortete dieser freundlich. »Ich werde Sie anmelden.«

Kurz darauf erschien der Diener in Begleitung einer Frau. Bekleidet war diese mit einem Kimono in schillernden Farben. Knalliges Rosa, Gelb und Blau, die Haare zum Knoten gebunden, dunkelrote Lippen und bis zum Hals weiß geschminkt, erstrahlte sie in vollem Glanz.

Chong verneigte sich vor der Geisha.

»Der Herr wünscht mich zu sprechen?«

»Ja, nehmen Sie bitte Platz. Gehen die Geschäfte zu Ihrer Zufriedenheit?«

Während sie sich niederließ, warf sie einen raschen Blick auf Chong.

»In Maruyama ist es gerade ein bisschen ruhig, und in Yoriai ist es wie ausgestorben.«

Es handelte sich dabei um die ältesten Vergnügungsviertel der Stadt. Herr Lin nickte und meinte: »Das kommt, weil man gerade erst aufgemacht hat. Im Frühjahr werden die Geschäfte aufflammen wie Feuer in trockenem Holz. Sie werden schon sehen.«

Dann wendete er sich Chong zu: »Stellen Sie sich bitte dieser adligen Dame vor. Sie kommt aus Ryūkyū.«

Die Geisha erhob sich und verbeugte sich höflich: »Ich heiße Shoko, gnädige Frau. Es ist mir eine Ehre.«

»Mein Name ist Toyomioya«, antwortete Chong.

»Die Dame möchte gerne etwas mit Ihnen plaudern«, fügte Herr Lin hinzu. »Ich lasse Sie jetzt alleine. Sagen Sie ihr bitte alles, was Sie wissen.«

Herr Lin ging. Shoko öffnete den Fächer, hob ihn bis zu den Wangen und bedachte ihre Besucherin mit einem einladenden Lächeln. Dieses Gesicht und die wachen Augen gefielen Chong, und so erwiderte sie das Lächeln.

»Für welches Haus arbeiten Sie?«, fragte Chong.

Shoko schien den Sinn dieser Frage nicht gleich zu verstehen, dann antwortete sie amüsiert: »Ah, früher war ichTayū in Maruyama, heute bin ich selbstständig. Ich vermittle Geishas.«

»Ich würde gerne ein Teehaus oder ein Lokal eröffnen. Wie muss ich da vorgehen?«

Offensichtlich war Shoko nicht erstaunt über diese direkt gestellte Frage. Im Gegenteil. Sie lächelte erneut: »Ich habe mich bereits gefragt, ob …«

»Was gefragt?«, staunte Chong.

»Als Herr Lin mich zu dem Gespräch mit Ihnen aufgefordert hat, da habe ich mich gefragt …«, etwas zögernd fuhr Shoko fort. »Man weiß es auf den ersten Blick, oder? Ich habe mich gefragt, ob ich es hier mit einer Mama-san zu tun habe.«

»Ich bin Lenka. Wie alt sind Sie?«

»Ich bin fünfundzwanzig.«

Für eine Geisha war das schon ein Alter, in dem man sich zur Ruhe setzte, obwohl Shoko noch sehr schön war, eigentlich erst jetzt voll erblüht. Chong vertraute ihr an: »Sie haben richtig vermutet. Ich war einmal Gesellschafterin auf dem Kontinent.«

Shokos Augen funkelten: »Gesang oder Tanz?«

»Ein Instrument, so ähnlich wie die Shamisen.«

»Wenn Sie aber geheiratet haben, warum wollen Sie dann in diese Welt zurück?«

»Mein Mann ist tot.«

»Haben Sie keine Kinder?«

»Mit Kindern wäre das viel zu kompliziert.«

Der Tee war noch nicht kalt, da verstanden sich die beiden Frauen schon hervorragend.

»Wie viel Personal?«, fragte Shoko.

»Drei oder vier, aber mit Ihren Fähigkeiten …«

Daraufhin sagte Shoko schnippisch: »Was sich heutzutage alles Tayū nennt … Die wahren Tayūs, so wie ich, wir nennen uns Oiran. Eine Oiran, das ist eine unabhängige Geisha, die daran gewöhnt ist, Gesellschaften zu geben. Ich nehme nur erfahrene Mädchen, auf der Stufe einer Magaki oder drüber. Anfängerinnen machen nur Probleme. Man braucht drei Mädchen für einen Tisch, und man kann zwei Gruppen gleichzeitig empfangen.«

»Das würde bedeuten, man bräuchte sechs …«

»Ja, das erscheint mir ausreichend. Aber es müssen sehr, sehr gute Mädchen sein. Wenn man einmal mehr Kunden hat, dann kann man immer noch kurzfristig welche zur Unterstützung aus Maruyama oder Yoriai holen.«

Chong seufzte: »Eine Sache lässt mir keine Ruhe. Singen, tanzen, Getränke reichen, das ist unsere Arbeit, aber wenn ein Kunde einmal mit einem der Mädchen schlafen möchte?«

»Mama-san, da brauchen Sie sich keine Sorgen zu machen. In Maruyama trennt man das strikt. In Yoriai erlaubt man manchmal beides zusammen. Die reine Prostitution findet man in Inasa, auf der anderen Seite der Bucht. Die Kundschaft ist also von Viertel zu Viertel unterschiedlich.«

Laut Shoko gab es in den Häusern in Maruyama, die vom Bakufu eine offizielle Erlaubnis hatten, die besten Geishas und die besten Restaurants. Ihre Kunden waren reiche Japaner, höherstehende Samurai oder Händler. Diese Geishas hatten auch das Recht, die chinesische oder europäische Handelszone zu betreten. Auch wenn Yoriai nicht so hoch angesehen war, so zog dieses Viertel dennoch junge Geishas an, die frisch vom Land kamen, Samurai der unteren Dienstgrade und natürlich ebenfalls Händler. In Inasa, etwas außerhalb des Zentrums von Nagasaki gelegen, gab es nichts außer einfachen Bordellen, die von Seeleuten und einfachen Händlern besucht wurden.

»Das heißt also, dass man sich in Maruyama niederlassen müsste.«

Shoko schüttelte den Kopf: »Nicht zwangsläufig, denke ich. Seit der Öffnung des Hafens sind viele Einschränkungen in Vierteln wie Tōjinyashiki oder Dejima gelockert worden. Wenn ein Haus Unterhaltung auf hohem Niveau bietet, dann spielt es keine Rolle, ob es sich in Maruyama oder Tōjinyashiki befindet. Nur in Vierteln wie Shinchi würde es nicht gerne gesehen werden. Versuchen wir es doch eher mit Tōjinyashiki, dort ist es sehr belebt. Wir streuen ein paar Gerüchte, dass die Mamasan eine Lingchia vom Kontinent ist, und unterschlagen die Ehefrau eines Adligen aus Ryūkyū. Dann bestehen wir auf Reservierungen, was ein guter Weg ist, sich unerwünschte Gäste vom Hals zu halten. Das Wichtigste aber ist der Koch, der muss Spitzenklasse sein. Natürlich auch die Geishas, die müssen untadelig sein.«

»Was die Geishas betrifft, so zähle ich auf Sie. Aber wo finde ich einen Koch?«

»Das dürfte auch kein großes Problem sein. Herr Lin kann uns da sicher helfen. Er treibt einen hervorragenden Küchenmeister auf, ehe drei Tage um sind.«

Shoko war die zweite Tochter eines Bauern in Yamaguchi, der mit zu vielen Töchtern gesegnet war. Im Alter von zwölf wurde sie in einer Stellung untergebracht, bei der sie kleine Kinder hüten musste. Eines Tages beschloss sie, lieber in einem Gasthaus zu arbeiten, um nicht mehr hungern zu müssen. Dort hatte sie sich um das Feuer zu kümmern, Geschirr abzuwaschen, den Gästen den Rücken zu schrubben und, wenn sie es wünschten, mit ihnen zu schlafen. Sie hatte eine weiße, zarte Haut und trotz ihres jungen Alters einen schon gut entwickelten Körper. Ein Reisender, der sie ausprobiert hatte, kam auf die Idee, sie zu verkaufen. Er schwärmte ihr von Kyōto vor, wo das Geld nur so auf der Straße läge. Begeistert folgte Shoko ihm, und der Fremde verkaufte sie sofort nach ihrer Ankunft an ein Okiya, ein Geishahaus.

Normalerweise brachte ein Vertrag mit einer Okiya achtzig Nyang für einen Zeitraum von sieben Jahren. Aber der Eigentümer des Etablissements erklärte dem Verkäufer, dass ein Mädchen vom Land und ohne Erfahrung gerade gut genug als Dienstmädchen sei. So musste dieser sich mit dreißig Nyang begnügen, womit er sich unverzüglich aus dem Staub machte. Was jedoch den Besitzer der Okiya nicht davon abhielt, dem Mädchen gegenüber zu behaupten, er habe achtzig Nyang für sie bezahlt. Mehrere Jahre harter Arbeit waren nötig, damit aus der Novizin eine Geisha wurde. Ihre Schulden hatten sich vermehrt, aber sie war mit ihren mittlerweile achtzehn Jahren und ihrer Ausstrahlung eine der gefragtesten Geishas in Kyōto.

Shoko hatte tanzen und singen gelernt, und die Chefs der besten Häuser wurden auf sie aufmerksam. Sie konnte sich nun auch der Verpflichtung entziehen, mit den Kunden schlafen zu müssen. Um aber eine formvollendete Geisha zu werden und sich die Haare hochstecken zu dürfen, wie es sonst nur Ehefrauen erlaubt war, musste sie einen Mann für die Mizuage finden, also die offizielle Entjungferung. Mehrere Männer buhlten um sie, denn sie war eine wunderschöne Trophäe, obwohl sie ihre Jungfräulichkeit schon vor einer Ewigkeit verloren hatte. Der Gewinner konnte sich trotzdem mit den Lorbeeren schmücken, sie zur Frau gemacht zu haben. Merkwürdigerweise war Shoko dann aufgrund der Tatsache, dass sie eine Geschlechtskrankheit bekam, zur Tayū geworden. In Kyōto erwischte es eine von zehn Personen. Die jungen Samurai der Stadt, die in einem Alter waren, in dem das Blut leicht in Wallung geriet, wechselten die Mädchen ununterbrochen. Der erkrankten Shoko begannen die Haare auszufallen, und sie hatte aufhören müssen zu arbeiten. Aber die Solidarität, die unter den Geishas herrschte, rettete sie. Ihre Kolleginnen brachten ihr Essen, chinesische Heilmittel und Aufbaupräparate. Die Krankheit schritt dadurch nicht weiter fort, die Haare wuchsen nach, und schließlich waren alle Symptome verschwunden. Ein geheiltes Mädchen war umso gefragter, als sie durch ihre Immunität an Wert gewonnen hatte. So kam es, dass Shoko Anspruch auf den Titel einer Tayū oder Oiran erheben konnte.

Als Oiran war Shoko in der Lage, ihre Schulden zurückzuzahlen und das Haus zu wechseln. Sie kam nach Maruyama und arbeitete danach auf eigene Rechnung auf der Insel Dejima und im Viertel Tōjinyashiki. Im Moment war sie selbstständig, und drei Geishas standen in ihren Diensten.

Chong fragte: »Shoko-san, entspricht es wirklich Ihrem Wunsch, dass wir zusammenarbeiten?«

Die Geisha dachte nur kurz nach, dann lächelte sie und sagte: »Sicher, mit einem guten Vertrag und einer Kopfpauschale pro Kunde.«

Chong stimmte ohne Zögern zu: »Eine Oiran hat eben ihren Preis! Sobald wir das Haus eröffnen, werden Sie die Besitzerin sein.«

»Aber nein! Die Mama-san, das sind Sie! Sie werden schon sehen, wie viel Sie zu tun haben!«

Herr Lin schlug Chong vor, zwei Häuser im Zentrum von Tojinyashiki zu besichtigen. Sie begannen mit einem älteren Objekt. Es lag an einem großen Marktplatz, an dem drei schön gestaltete Straßen zusammentrafen, die wiederum durch ein Netz an Gässchen verbunden waren. Diese waren gerade breit genug, um Kulis mit Tragestühlen Durchlass zu gewähren. Das Haus hatte zwei Stockwerke und verband durch den chinesischen Balkon und die hölzerne Veranda den kontinentalen mit dem japanischen Stil. Chong sagte sich, dass dies perfekt für einen Laden sei, aber kaum geeignet für ein Ryōtei, ein Restaurant mit Geishas. Trinken und sich in Gesellschaft von Frauen amüsieren, dazu brauchte man Örtlichkeiten, die nicht so auf dem Präsentierteller lagen, aber trotzdem nicht zu versteckt. Die zweite Adresse war in der Nähe des Tempels der Kuanyin. Es handelte sich um zwei miteinander verbundene Pavillons. Der eine hatte nur ein Erdgeschoss, der andere verfügte über zwei Etagen und einen Hof, in dem ein Deigobaum mit roten Blüten und in der Ecke zur Straße ein Kampferbaum standen. Was Chong aber vor allem gefiel, das waren die Azaleen, denn sie hatten einen satten, dunkelvioletten Farbton. Sie fühlte sich an ihre Kindheit erinnert, und zwar an die Azaleen in den Bergen, die sie oft gepflückt hatte. Wenn sie Wäsche im Fluss gewaschen hatte, dann hatten dunkelviolette Blüten auf dem munteren Wasser getanzt. Trotz des schlechten Zustands der Fenster und Türen, gefiel ihr dieses sonnendurchflutete, von Freude erfüllte, alte Gebäude.

»Das ist genau das, was ich suche.«

Herr Lin konnte die Wahl nicht nachvollziehen. »Denken Sie nicht, dass das Haus an dem Platz geeigneter ist? Dieses hier ist alt und liegt zu abgelegen …«

Chong sagte leise, während sie einen Azaleenzweig heranzog: »Der Garten gefällt mir außerordentlich. Türen und Fenster werden wir erneuern. Den Bodenbelag ebenfalls. Ein Speiselokal braucht etwas Ruhe.«

»Sie haben ohne Zweifel recht.«

Herr Lin heuerte einige Schreiner an, und schon nach zehn Tagen war das Haus ansprechend hergerichtet. Danach erneuerte man noch die Tatamimatten. Vor der Eröffnung brachten Chong, Shoko und die anderen Geishas alles noch einmal gründlich auf Hochglanz. Mit Leinenstreifen scheuerten sie den Holzboden und ließen ihn dann mit Perillaöl ein. Sie tauschten das Papier der Wände und Schiebetüren aus. Kurz, sie putzten und polierten zwei Tage lang, bis das Haus aussah wie ein Juwel.

Das Etablissement wurde *Lenkaya* getauft, das Haus von Lenka. Höchstpersönlich pinselte Herr Lin den Schriftzug in roter Tinte auf eine Tafel aus Wacholderholz. Neben dem Eingang stellte man eine steinerne Laterne auf, die am Abend angezündet werden sollte.

Shoko hatte ihre Schützlinge mitgebracht, die neunzehnjährige Hanako, die einundzwanzigjährige Kiku, die beide sehr erfahren in der Kunst des Tanzens waren, und den achtzehnjährigen Arai, ihren Burschen für alle Fälle.

Die Vermittler, die für die Okiyas arbeiteten, reisten umher, um in abgelegenen Orten auf dem Land oder in den Häfen nach jungen Mädchen zu suchen. Diese waren in der Regel zehn bis zwölf Jahre alt, gelegentlich auch einmal jünger, älter eher selten. Üblicherweise kümmerten sich die Oiran und die Gozen sehr fürsorglich um die ganz kleinen Mädchen. Sie wurden wie eigene Kinder behandelt, und man übertrug ihnen nur kleinere Aufgaben. Im Alter von zehn Jahren brachte man ihnen Lesen und Schreiben bei, ebenso wie das Kabuki-Spielen, das Waka-Singen und das Musizieren auf der Shamisen. Ein gut entwickeltes Mädchen konnte mit zwölf tanzen und singen. Wenn ein Kunde wünschte, dass sie ihre *Haare hochsteckte,* dann stand es der jungen Frau frei, sich im Register des Genban eintragen zu lassen, sobald sie ihre Jungfräulichkeit verloren hatte. Genban, das war das städtische Amt, das die Liste der Geishas führte, und eine Eintragung dort war für die Arbeit im Milieu unerlässlich. Nach drei weiteren Ausbildungsjahren konnte die Geisha dann in den Grad der Kamuro aufsteigen und mit sechzehn zur Magaki werden. Mit zwanzig, wenn sie sich als ganz besonders fähig erwies, wurde ihr der Titel Tayū verliehen. In den ganz großen Häusern, in denen bis zu dreihundert Geishas wohnten, gab es kaum mehr als fünfzehn Tayūs, und nur die begabtesten unter ihnen wurden Oiran oder Gozen. Also gehörte Shoko zu den besten unter den besten.

Chong stellte drei weitere Geishas an, die freiberuflich tätig waren. Auf Anraten von Shoko hatte sie von Anfang an die Geishas, die zu den Okiyas von Maruyama und Yoriai gehörten, nicht in Betracht gezogen. Diese würden keine frischen Gesichter für die Kundschaft sein, und da sie höhere Ränge einnahmen, wären sie auch nicht gerade billig. Außerdem stand zu befürchten, dass es Ärger mit den bisherigen Arbeitgebern geben würde. Beide Viertel florierten seit über hundert Jahren, allein dort lebten über achthundert eingetragene Geishas. Es gab jedoch eine Vielzahl von inoffiziellen Geishas und Prostituierten, über die sich die Besitzer der Okiyas beim Genban beklagten. Da keine Änderung eintrat, wandten sie sich schließlich direkt an die Beamten des Bakufu und baten um strengere Kontrollen der Schwarzarbeiterinnen. Diese würden ja keine Steuern bezahlen und Geschlechtskrankheiten verbreiten. Das war natürlich nicht von der Hand zu weisen: Bei Yunas, die in den öffentlichen Bädern arbeiteten; Meshimori-Onna, die in Gasthöfen den Gästen zu Willen waren; oder Wanderhuren, den Funamanjūs, die sich im Freien oder auf Booten prostituierten.

Nicht zu verwechseln waren diese jedoch mit den Unabhängigen, die sehr wohl im Genban eingetragen, aber nicht auf einen Bezirk oder eine Stadt festgelegt waren. Sie durften auch in Nagasaki ihrer Tätigkeit als Gesellschafterin nachgehen oder als Geisha auf Bestellung arbeiten, wenn sie sich in Ōsaka oder Kyōto das Recht dazu erworben hatten. Shoko hatte empfohlen, sich unter solchen umzusehen. Die Bewerberinnen mussten zunächst ihr Können als Tänzerin und Musikerin unter Beweis stellen.

Es war Herrn Lins Beziehungen zu verdanken, dass die Genehmigung, ein Ryōtei zu betreiben, so schnell erteilt wurde. Seit der Öffnung des Hafens für Ausländer war es generell einfacher geworden, so eine Lizenz zu bekommen, vor allem im Chinesenviertel.

Herrn Lin war es zudem gelungen, einen Spitzenkoch namens Nanlong aufzutreiben, der berühmt war für seine Spezialitäten aus Nagasaki. Er hatte lange Jahre auf einem Handelsschiff gearbeitet, das zwischen Nagasaki und Ningbo gependelt war. Shoko stellte noch zwei Küchenhilfen an, die ihm zur Hand gehen sollten. Aber eine davon schien ihr Kopfzerbrechen zu bereiten.

Chong verstand nicht, warum: »Wenn sie Ihnen nicht gefällt, dann nehmen wir sie nicht.«

»Es ist nur … Sie hat einen Nachteil …«

Chong verstand immer noch nicht.

»Sie hat eine Tochter.«

»Eine Tochter? Ein Sohn wäre vielleicht hinderlich, aber eine Tochter …«

»Die Sache ist die, es ist nicht ihre eigene …«

Chong dachte an Yutsao, die sie in Ryūkyū zurückgelassen hatte, und sagte: »Die beiden tun Ihnen leid, und Sie möchten sie bei uns aufnehmen, nicht wahr?«

»Sie treffen den Nagel auf den Kopf! Das Kind ist ein Ainoko …«

Chong verstand das Wort, Mischlinge hatten ja in Keelung, Tamsui und Singapur zum Stadtbild gehört.

»Wie alt ist das Mädchen?«

»Zehn angeblich.«

Chong verlangte die Frau zu sehen. Die Frau war ungefähr fünfunddreißig und alles an ihr, ihre Haltung und ihre schlanke Gestalt, ließ darauf schließen, dass sie unter Geishas gelebt hatte. Ihre Tochter hatte weiße Haut, eine schön geformte Nase und schwarze Haare. Das Mädchen saß artig in ihrem Yukata da und blickte Chong direkt in die Augen.

»Wo waren Sie bislang?«

Die Frau warf Shoko einen schnellen Blick zu und antwortete auf Chongs Frage: »Ich war Geisha in einem Haus in Yoriai, dann hat man mich in die Küche gesteckt …«

Wenn es einer Geisha bis zu einem gewissen Alter nicht gelungen war, ihre Schulden abzutragen, dann musste sie am Ende ihrer Karriere im Haushalt weiterarbeiten, indem sie die Wäsche machte oder in der Küche half. Manchmal vertrauten Geishas, die ein Kind bekommen hatten, ihre Sprösslinge gegen ein Entgelt diesen Frauen an.

»Und die leibliche Mutter?«

»Sie ist vor drei Jahren an Lungenentzündung gestorben«, antwortete Shoko an ihrer Stelle.

»Da ich die Kleine großgezogen habe, habe ich sie behalten. Sie ist zehn und im Einwohnerregister gemeldet, aber für die Eintragung in das Genban warten wir noch auf neue Weisung von der Stadtverwaltung. Sie ist intelligent und begreift schnell. Aufträge erledigt sie sehr gewissenhaft.

Chong wandte sich an das Mädchen: »Wie heißt du?«

»Kiri.«

»Hatte ich dir nicht gesagt, dass du diesen Namen nicht erwähnen sollst? … Nennen Sie sie bitte Umeko!«, rief die Frau aufgeregt dazwischen. »Und ich bin Obashi.«

»Kiri, das ist ein schöner Name«, sagte Chong zu der Kleinen. »Du magst diesen Namen lieber, oder?«

»Das ist der Name, den mein Vater mir gegeben hat«, erklärte das Mädchen.

Chong fragte nun bewusst streng: »Deine Mama ist tot, aber wo ist dein Vater?«

Kiri antwortete wie aus der Pistole geschossen, ohne im Geringsten verlegen zu sein: »Auf der anderen Seite des Meeres.«

»Würdest du auch gerne dorthin fahren?«

»Nein!« Sie schüttelte heftig den Kopf.

»Es ist gut. Würdest du dann vielleicht gerne lernen, wie man Shamisen spielt?«

Kiri nickte.

Schließlich war das Personal des *Lenkaya* komplett. Die Mama-san Lenka, die Oiran Shoko, die Geishas Hanako, Kiku, Tsunesaku, Chinen, Wakamatsu, der Küchenchef Nanlong und die Küchenhilfen Goura, Obashi, Kiri und Arai.

Zur Eröffnung hatte man die chinesischen Großgrundbesitzer, einflussreiche Händler des Viertels, die Beamten des Genban und die Besitzer der Teehäuser eingeladen. Herr Lin übernahm es, die Leute miteinander bekannt zu machen. Chong trug einen einfachen Kimono und war ungeschminkt. Sie verbeugte sich vor den Gästen und stellte sich vor, zunächst auf Chinesisch, danach auf Japanisch, gemischt mit Ryūkyū. Dass sie eine Lingchia vom Kontinent sei, hatte sich sofort wie ein Lauffeuer herumgesprochen, geschürt durch Herrn Lin und Shoko. Ebenso war durchgesickert, dass sie die Frau eines auf tragische Weise gestorbenen Adligen aus Ryūkyū gewesen war. Obwohl Chong über ihr Privatleben gern Stillschweigen bewahrt hätte, meinten Shoko und Herr Lin, es sei besser, ihre japanischen Verbindungen zu enthüllen. Viele Ryūkyūaner verkehrten in Kagoshima und Nagasaki, weshalb sie nicht wie Fremde behandelt wurden, und wenn es ihnen gelang, den Dialekt abzulegen, galten sie beinahe als Japaner. Allerdings sprachen die Bewohner der Insel Kyūshū selbst einen ausgeprägten

Dialekt und wurden in den Großstädten wie Kyōto oder Edo gerne dafür gehänselt. In Nagasaki wurde aber auch von vielen holländisch, englisch oder malaiisch gesprochen.

Das *Lenkaya* erfreute sich schnell einer großen Beliebtheit im chinesischen Viertel. Man ging dorthin wegen der exzellenten Küche und weil man beeindruckt war von den Darbietungen in Musik und Tanz. Wenn ein Kunde sich mit einer Geisha gut verstand und mehr von ihr wollte, dann schaute Chong geflissentlich darüber hinweg. Aber Shoko verzichtete nicht darauf, die Mädchen an die Hausregeln zu erinnern, die besagten, dass der Kunde beim ersten Besuch nur den Tanzvorführungen zuschauen, Musik hören und trinken durfte. Beim zweiten Mal hatte er das Recht, sich mit einer Geisha zu unterhalten, wenn er sich ausreichend in Unkosten stürzte, was hieß, dass er das ganze Lokal zu diesem Zweck mieten musste. Erst ab dem nächsten Besuch wurde so ein Gast dann als Stammkunde betrachtet. Sollte einer dieser Kunden einmal ein anderes Haus aufsuchen, so war es zum Beispiel im Viertel Maruyama üblich, dass die vernachlässigten Geishas verschiedene Vergeltungsmaßnahmen ergriffen. Sie versuchten, den Sünder auf frischer Tat zu ertappen, seine Kleidung zu beschädigen oder ihm einen Kübel Wasser über den Kopf zu schütten. In diesem Milieu gab es noch weitere Gebräuche. Ein ungeschriebenes Gesetz besagte, dass einem Mädchen, das ihresgleichen bestohlen, einer anderen den Geliebten ausgespannt oder Interna ausgeplaudert hatte, von den anderen die Haare abgeschnitten wurden.

Spätestens wenn um zwölf Uhr mittags die Kanonen im Hafen abgefeuert wurde, war es höchste Zeit für die Geishas aufzustehen, selbst wenn sie erst weit nach Tagesanbruch ins Bett gegangen waren. Dann hörte man eilige Schritte die Treppe aus dem ersten Stock herunterkommen. Das Haus war nach Süden ausgerichtet, und am Ende eines Ganges, der L-förmig nach Osten abknickte, schloss sich in der Ecke des Hofes ein Pavillon an, den Chong bezogen hatte. Zusammen mit Kiri, die ihr half, indem sie kleinere Botengänge erledigte. Vor ihr Fenster hatte sie Bambus pflanzen lassen, der sowohl an sonnigen Tagen wie auch in mondhellen Nächten den Schatten seiner Blätter auf die Papierfenster warf. Für kurze Zeit fiel am Morgen Licht herein, das aber von der Hofmauer bald beschattet wurde. An manchen Nachmittagen, wenn sie allein war und Shoko oder Tsunesaku kamen, um Kiri das Tanzen und das Spielen auf der Shamisen beizubringen, blieb sie ganz still in einer Ecke sitzen.

Patzte Kiri immer wieder an derselben Stelle, dann schimpfte Shoko gewaltig und drohte mit einem alten Bogen: »Mach deine Waden frei. Noch nie habe ich so einen Tollpatsch erlebt, du machst die ganze Zeit Fehler!«

Kiri hob den Tränen nahe ihren Kimono, um sich die Schläge mit dem Bogen abzuholen. Shoko fand immer irgendetwas auszusetzen. Eines Tages waren es die Strümpfe: »Schau doch nur deine Füße an, wie kann man nur so schmutzig sein? Wir sind doch keine Dirnen von der Straße. Wir sind Geishas, Künstlerinnen! Und du willst Künstlerin werden, wo du noch nicht einmal deine Wäsche sauber halten kannst? Zieh die sofort aus!«

Kiri hockte sich hin und zog die Socken aus.

Shoko nahm diese mit spitzen Fingern und hielt sie ihr unter die Nase: »Der Stolz der Geisha ist es, in jeder Lebenslage jadeweiße Strümpfe anzuhaben. Schau dir die Mädchen auf der Straße an, sie haben noch nicht einmal das Geld, sich welche zu kaufen, willst du so werden? Beiß hinein!«

Unter Tränen stopfte sich Kiri die Socken in den Mund. Shoko schlug ohne Zurückhaltung auf die Waden ein. Die Kleine mühte sich, nicht zu weinen, damit die Strümpfe nicht zu Boden fielen. Nach zehn Schlägen konnte sie es nicht länger ertragen, und sie fiel nach vorn. Shoko zog sie hoch, um weiterzumachen.

Da ging Chong dazwischen: »Das reicht jetzt! Ich bin ja auch mit schuld an dem Zustand der Strümpfe.«

Shoko schaute Chong missvergnügt an und bedeutete ihr mit dem Kinn, sich da nicht einzumischen. Tsunesaku gab Kiri einen Stoß in den Rücken: »Steh schnell auf. Wir werden deine Wäsche holen.«

Tsunesaku verließ eilig mit Kiri den Raum, und Shoko ließ endlich ihren Bogen sinken.

»Denken Sie nicht, dass Sie etwas zu hart sind?«, fragte Chong.

»Nicht im Geringsten, Mama-san. Sie hinkt hinterher. Mit dreizehn Jahren sollte sie eigentlich arbeiten können. Die Mädchen hier sind früher reif als anderswo. Wenn ein Kind wie Kiri nicht perfekt ist in der künstlerischen Darbietung, dann wird sie gezwungen sein, Blumen zu verkaufen oder als Betreuerin in einem öffentlichen Bad zu arbeiten. Sie ist ein hübsches Mädchen. Mit ihren seelenvollen Augen und ihrer fein geformten Nase wird sie die Samurai anziehen, die hinter Mestizen her sind. Ich habe es mit meinen fünfundzwanzig Jahren nicht geschafft, unter die Haube zu kommen. Kiri muss ihr Nest gemacht haben, bis sie höchstens zwanzig ist ...«

Chong verstand jetzt, dass Shoko ihre eigene Vergangenheit auf Kiri übertrug, zweifelte aber auch nicht daran, dass diese die Kleine liebte und nur das Beste für sie wollte. Shoko war eine herzensgute Person. Eine Weile später ermöglichte sie sogar ihrem Burschen Arai, sich selbstständig zu machen, indem sie ihm von ihrem Anteil aus dem Vertrag mit Chong etwas zur Finanzierung seines Essstandes dazugab. Seitdem verkaufte er bei der Shian-Brücke Alkohol, Yakitori, also Spezialitäten vom Grill wie Hühnerspieß mit Gemüse, und *Taiyaki,* Gebäck in Form eines Fisches. Der Name Shian – Brücke der Überlegung – stammte wohl daher, dass sie hinüber zu den Vierteln Maruyama und Yoriai führte und die Männer sich vor der Brücke überlegen sollten, ob sie hinübergingen oder lieber nicht. Anscheinend lief sein Geschäft ganz gut, denn Arai fand keine Zeit, seine Patronin zu besuchen, obwohl es von dort bis zur *Lenkaya* nicht sehr weit war.

»Aber Sie sind eine Oiran, die Kirschblüte, die Königin unter den Blumen!«

Empfänglich für diese Schmeichelei nahm Shoko eine Zigarette heraus, zündete sie an und tat einen tiefen Zug.

»Dieses Jahr erreiche ich die Altersgrenze. Die Kunden wissen das vielleicht nicht, aber da ich auf der Liste im Genban stehe, können sie es jederzeit in Erfahrung bringen, wenn sie nachsehen gehen. Wie nennt man eine Oiran auf dem Kontinent?«

»Lingchia oder besser Yelaihsiang.«

Shoko brach in Gelächter aus: »Yelaihsiang, Duft der Nacht, das ist eine gute Bezeichnung für jemanden mit einem schönen Gesicht, wie Sie es haben, aber für so jemanden wie mich hat das Leben nur Ohrfeigen übrig …«

»Wer hat denn für heute Abend reserviert?«

»Reeder aus Shanghai und ein paar ihrer Vertreter aus der Niederlassung hier.«

»Chinesen mögen die Erhu und die Shamisen. Wir müssen also auf jeden Fall heute Abend spielen.«

»Sie möchten zunächst über Geschäfte reden und dann ein Kabuki-Theater geboten bekommen. Mama-san, Sie werden sie begrüßen, und danach wird ihr Abend ohne Frage feuchtfröhlich werden. Ach ja, ein Englischlehrer und ein paar junge Samurai sind auch noch angemeldet. Tsunesaku wird sich um sie kümmern.«

Am Abend hielt eine Rikscha nach der anderen neben der roten Laterne. Sie brachten die japanischen Vertreter. Die Geschäftsleute aus Shanghai kamen zu Fuß, denn sie hatten ihre Unterkünfte in Tōjinyashiki. Shoko brachte die Gäste in den größten Raum, in der Mitte des Erdgeschosses. Die Männer erledigten rasch ihre Verhandlungen, dann wurde eine Schiebetür geöffnet, und die Geishas stellten sich vor. Daraufhin zogen sie sich in den Hintergrund zurück und begannen leise zu musizieren, während der Tisch gedeckt und das Essen aufgetragen wurde. Nach den ersten Gläsern wünschte die gesellige Runde die Mama-san zu sehen.

»Die Mama-san ist eine sehr zurückhaltende Person, aber da Sie spezielle Gäste sind, macht sie für Sie eine Ausnahme.«

Ein Japaner aus der Gruppe erklärte: »Ich habe sie einmal gesehen. Ihre Anmut hat mich tief berührt und die Art, wie sie Shamisen spielt.«

Shoko gab Chinen, die Shamisen gespielt hatte, ein Zeichen, Chong zu holen und vorzuwarnen. Und kurz darauf betrat Chong hinter der Botin das Zimmer. Sie trug einen ganz einfachen Kimono, ohne die für Geishas üblichen Stickereien, und sie war nicht geschminkt. Chong verneigte sich leicht und stellte sich vor. Die Gäste erwiderten die Verneigung. Suzuki, der japanische Dolmetscher, der die Gruppe begleitete, lud sie im Namen von Herrn Tang, einem der chinesischen Schiffseigner, ein, etwas mit ihnen zu trinken. Nach kurzem Zögern entschloss sich Chong, Platz zu nehmen. Sie bat Shoko, ihr einzuschenken. Alle hoben das Glas und leerten es auf einen Zug.

Chong gab ihr Glas zurück: »Da ich in Nanking gelebt habe, ist es für mich, als würde ich Landsleute sehen.«

»Wann haben Sie denn Nanking verlassen?«, fragte Herr Tang.

»Als der Kanonendonner von Chinchiang erklang.«

»Das war am Anfang des Opiumkriegs.«

»Ja, genau.«

Herr Tang fügte lächelnd hinzu: »Die Welt birgt immer wieder Überraschungen. Nichts ist endgültig. Man glaubte das Land schon verloren, aber in Wirklichkeit laufen die Geschäfte wie geschmiert.«

Der Dolmetscher Suzuki übersetzte ununterbrochen.

»Zugegeben, China hat eine Menge Rechte gegenüber den Europäern verloren. Das fing mit dem Vertrag von T'ianchin an und hört vorerst mit der Pekinger Konvention auf, aber zumindest haben wir nicht wie Hongkong unser Land ganz abgeben müssen.«

Ein Japaner erwiderte: »Na ja, unsere Handelskammer wird bald schließen, in China ist sie ohnehin schon abgeschafft worden. Der Warenaustausch mit dem Ausland ist so leicht geworden, dass er ohne Hilfe der Handelskammern reibungslos vonstattengeht, und per Gesetz dürfen sich japanische Beamte sowieso nicht in die Geldtransaktionen einmischen.«

»Diese Öffnung«, sagte Herr Tang, »ist wie Arsen. Mal wirkt sie wie Gift und mal wie Medizin. Aber im Moment verdanken wir ihr die Wiedergeburt des Handels!«

Chong sagte ruhig: »Die Öffnung hat uns viel Leid gebracht. Wie kommen wir wieder aus der Sache heraus?«

»Man muss mit denen weitermachen, die noch dazu in der Lage sind«, erläuterte Herr Tang, »oder wieder bei null anfangen. Jedenfalls muss man sich auf die richtige Seite schlagen und versuchen, alles hinter sich zu lassen, das zahlt sich langfristig immer aus.«

»Oiran«, forderte Chong Shoko auf, »füllen Sie bitte die Gläser unserer Gäste.«

Während Shoko die Bitte erfüllte, erkundigte sich Herr Tang: »Ich hörte Gerüchte, die Mama-san sei die Frau eines Adligen aus Ryūkyū gewesen. Habe ich Sie richtig verstanden, dass Sie Veränderungen nicht mögen?«

»Die Mächtigen ziehen immer ihren Vorteil daraus.«

Mit diesen Worten verabschiedete sich Chong und verließ die Gesellschaft.

Vom Flur aus hörte sie Musik, die Shamisen hallte am lautesten. Im ersten Stock schien getanzt zu werden. Die Laterne vom

Eingang beleuchtete die Treppe zum Obergeschoss, und man hörte die Gäste im Takt der Instrumente »Oi! oi! oi!« rufen. Chong zog ihre Getas an und trat in den Hof hinaus, um draußen etwas Luft zu schnappen. Plötzlich zuckte sie angesichts eines Schattens zusammen. »Wer … wer ist da?«

»Haben Sie keine Angst …«

Der Mann hatte Englisch gesprochen. Chongs Furcht verschwand sofort. Wer diese Sprache verwendete, konnte kein Geist sein.

»Ich bin gekommen mit Leute aus erste Stock«, fuhr er in gebrochenem Japanisch fort.

»Ich bin ein bisschen erschrocken. Ich bin Lenka, Besitzerin dieses Hauses«, begrüßte ihn Chong auf Englisch.

Im Schein der Laterne sah sie ihn nun deutlicher. Er trug die Uniform der niederländischen Marine, ein weißes Hemd und eine schwarze Hose.

»Oberleutnant zur See Hendrik Hellaste, ich bin hier, um Englisch zu unterrichten.« Er schien angenehm überrascht zu sein, auf eine Geisha zu treffen, die Englisch sprach, was an und für sich in den Vierteln Maruyama und Yoriai keine Seltenheit war.

»Stimmt etwas nicht?«

»Ich muss zu schnell getrunken haben. Mir brummt der Kopf, ich wollte nur eine Weile an die frische Luft.«

»Die jungen Menschen hierzulande trinken immer die ersten drei Gläser viel zu schnell, bevor sie dann erst richtig anfangen zu feiern.«

Chong verbeugte sich und ging zurück in ihren Pavillon. Dann machte sie Wasser heiß und bereitete sich einen Tee zu. Im hinteren Teil des Zimmers murmelte Kiri irgendetwas im Schlaf. Sie schien zu träumen. Musik und Tanz gingen noch eine ganze Weile weiter, auch nachdem Chong zu Bett gegangen war. Im Halbschlaf hörte sie, wie die Geishas den Gästen Gute Nacht sagten und sich schließlich entfernten.

Üblicherweise frühstückte Chong zur selben Zeit wie die Köche. Sie hatte ihr eigenes Tablett, Kiri und die Küchenhilfen aßen jedoch beide gemeinsam von ein und demselben. Nanlong zog es vor, allein zu essen, gesellte sich aber zu den Frauen, wenn diese darauf bestanden.

Was die Geishas betraf, so zogen sie das Onsen, das öffentliche Bad, dem Waschraum im Haus vor und gingen oft mit ihren Kosmetikköfferchen dorthin, nachdem sie gegen Mittag aufgestanden waren. Es hieß, sobald sich eine Geisha dort wasche, verwandle sich das heiße Wasser. Es verlöre den Schwefelgeruch, dufte lieblich und würde weißlich, als hätte man Mehl hineingetan. Auch Chong begleitete ihre Geishas ab und an zum öffentlichen Badehaus.

Beim Frühstück nach dem Abend mit den Reedern fragte sie: »Schlafen die anderen noch?«

»Shoko-san und Kiku-san sind nicht da«, verkündete die kleine Kiri munter.

Obashi warf ihrer Adoptivtochter einen vorwurfsvollen Blick zu: »Sie sind … zum Onsen des Viertels.«

Chong wollte schon rufen: »So früh?«, aber sie schwieg. Als sie den Tisch verließ, ordnete sie an: »Wenn die beiden zurück sind, dann richtet ihnen aus, dass sie bei mir vorbeischauen sollen.«

Gegen Mittag, als die anderen Geishas gerade herunterkamen, erschienen Shoko und Kiku im Yukata und ungeschminkt. Shoko streckte den Kopf durch die halb offene Tür: »Mama-san, Sie haben uns gesucht?«, fragte sie heiter.

»Kommt rein!«

Herausgerissen aus ihrer Partie Solitaire, Chong hatte gerade einen König zurückgewonnen, musterte sie die vor ihr sitzenden Mädchen.

Shoko fragte Chong mit lächelndem Gesicht: »Mama-san, sind Sie böse?«

»Ihr habt außerhalb geschlafen?«

»Nein … nicht wirklich … Wir sind nach Mitternacht weggegangen«, sagte Shoko. Sie war ganz schön in Bedrängnis, ihre Zunge wanderte nervös im Mund umher, sie saß zusammengesunken da, und ihr Lächeln war aufgesetzt.

»Ihr kennt die Regeln genauso gut wie ich. Mit wem wart ihr zusammen?«

»Mit Herrn Tang, er ist schon seit Langem ein Stammkunde, schon als ich für das *Hiketaya* in Maruyama gearbeitet habe. Er hat damals für die Handelskammer von Ningbo gearbeitet.«

Kiku sagte: »Ich bin mit dem Holländer gegangen. Shoko-san hat ihn mir empfohlen, es war das erste Mal.«

»Ich kenne Herrn Tang schon seit einer Ewigkeit«, fuhr Shoko fort. »Als ich zwanzig war, nach meiner Registrierung, da habe ich die Hälfte der Zeit mit ihm verbracht. Ich hatte Kiku gebeten, sich um den Mann vom Konsulat zu kümmern, der Englisch unterrichtet. Wenn er ein Stammkunde wird, dann könnte uns das sicher nützlich sein. Ich wollte Ihnen Bescheid geben und bin zu Ihnen gekommen, aber Sie haben bereits geschlafen …«

Chong beschloss, sie nicht länger zu tadeln: »Gut, einverstanden, aber ich möchte Kiku noch einmal daran erinnern, dass wir nicht mit Kunden schlafen, die zum ersten Mal da sind.«

Shoko kicherte albern: »Die Schüler dieses Mannes sind junge Samurai oder Söhne reicher Händler, die nicht nachrechnen, bevor sie Geld ausgeben. Er wird uns solche Leute bringen, machen Sie sich keine Sorgen.«

Chong erfuhr erst später am Tag, dass Shoko ein Kind mit Herrn Tang gehabt hatte. Trotz der Gefahr, sein Ansehen könne darunter leiden, hatte er den Mut gehabt, mit dem Neugeborenen auf das Meldeamt zu gehen und es registrieren zu lassen. So hatte er für das Kind eine Aufenthaltsgenehmigung in Nagasaki erhalten, und er hatte auch danach für Kost und Unterbringung gezahlt. Herr Tang liebte sein Kind. Zwei Mal im Jahr trafen er und Shoko sich in einem Gasthaus in Tōjinyashiki. Aber das Kind überlebte das zweite Lebensjahr nicht.

Daher drückte Chong bei Shoko bis zu Herrn Tangs Abreise in den darauffolgenden vier Wochen ein Auge zu, wenn sie in der Nacht ausblieb oder gar ein paar Tage auswärts verbrachte.

Eines Abends, kurz vor dem Essen, klopfte Obashi an Chongs Tür: »Mama-san, haben Sie Kiri mit einem Auftrag weggeschickt?«

»Nein, warum? Ist Kiri nicht zu Hause?«

»Sie ist rausgegangen, um sich die Marionetten anzuschauen. Ich dachte, sie wird bis zur Dämmerung schon wieder da sein, weil sie dann Hunger hat …«

Chong berichtete Shoko die Neuigkeiten: »Könntest du nachsehen, was passiert ist?«

»Diese Kleine macht uns immer Sorgen.«

Schon für den Abend zurechtgemacht und geschminkt, zog sich Shoko schnell um und verließ das Haus. Eine halbe Stunde später kam sie wieder. »Es scheint, sie haben in den Straßen engmaschig kontrolliert.«

Da eine Vielzahl an Geishas und Prostituierten nicht angemeldet war, wurde von Zeit zu Zeit solch eine Überprüfung durchgeführt. Man sperrte die ein, die keine Erlaubnis hatten. Von Anfang an waren Geishas beim Betreten der Insel Dejima von den holländischen Ärzten untersucht worden, seit einiger Zeit führte man nun regelmäßige Untersuchungen direkt im Genban durch. Kürzlich hatten russische Seeleute eine Unterkunft in Inasayama zugeteilt bekommen, direkt gegenüber der Hafenmeile mit den billigsten Bordellen. Drei russische Offiziere hatten daraufhin beim Genban von Maruyama eine Gesundheitsüberprüfung der Mädchen gefordert. Da diese nicht erfolgt war, hatten sie das

Kreisverwaltungsreferat von Nagasaki eingeschaltet, das nun, auch aufgrund von Klagen angesehener Okiyas, häufig Kontrollen im großen Stil durchführte. Der russische Kommodore Lilirew hatte außerdem die Erlaubnis bekommen, ein Kurheim für Seeleute zu eröffnen. Sobald russische Schiffe vor Anker lagen, durfte er dort auch Geishas auf Krankheiten untersuchen lassen. Vor diesem Hintergrund hatte das Genban das gesamte Personal eines Okiyas, ob Geisha, Dienstmädchen oder Koch, in seine Listen mit aufgenommen.

Chong begab sich in Begleitung von Shoko und Herrn Lin auf die Polizeistation des westlichen Viertels. Dazu überquerten sie die Shian-Brücke über den Urakami, passierten den Bezirk von Maruyama und kamen zum Nakajima, an dem sich an der Abzweigung zum Hafen die Polizeistation befand. Sie war von hohen Steinmauern umgeben, und vor dem Eingangstor hielten einige Soldaten Wache. Auf Nachfrage von Herrn Lin wies ein junger Soldat mit dem Kinn die Richtung. In einem großen Saal saßen Frauen in mehreren Reihen hintereinander. Davor war ein Absperrseil gespannt, das niemand überqueren durfte. Einige Polizisten patrouillierten durch die Reihen. Ein Beamter empfing die Familien und Besitzer der verhafteten Frauen, die vor seinem Tisch eine lange Schlange bildeten. Chong und Herr Lin stellten sich hinten an, aber Shoko drängte sich gleich zu dem Polizisten vor, der die Liste der eingesammelten Mädchen hatte.

»Dein Name?«, fragte der Beamte, ohne den Kopf zu heben.

»Shoko.«

Er schaute hoch. Man konnte eine der bekanntesten Oiran Nagasakis nicht einfach übergehen. »Worum geht es denn?«

»Könnte es sein, dass eines unserer Mädchen, das in unserem Auftrag unterwegs war, hierhergebracht worden ist?«

»Wie ist ihr Name?«

»Kiri.«

Er suchte auf seiner Liste, indem er mit dem Zeigefinger die Zeilen entlangfuhr. Nach einiger Zeit blieb der Finger an einem Eintrag hängen: »Aber warum hast du sie denn nicht angemeldet?«

»Sie ist doch erst elf Jahre alt, sie fängt gerade erst mit dem Lernen des Berufs an. Wer kommt schon auf die Idee, ein kleines Mädchen im Genban registrieren zu lassen?«

Trotz des Ansehens, das seine Gesprächspartnerin genoss, konnte der Polizist seine Verärgerung nicht verbergen. »Hast du denn nicht das Rundschreiben gelesen? Darin heißt es, dass jedes Mädchen, das in einem Okiya oder Ryōtei ansässig ist, dort auch gemeldet sein muss. Und jetzt geh, ich habe zu tun.«

»Es tut mir leid, aber wir haben das Schreiben nicht bekommen. Vielleicht, weil sich unser Haus im chinesischen Viertel befindet …«

»Und wie viele sind nicht angemeldet?«

»Sechs mit der Kleinen.«

Da schüttelte der Beamte sprachlos den Kopf: »Wenn das so ist, wird man die Genehmigung unverzüglich zurücknehmen! Das fällt nicht in meinen Aufgabenbereich, und da muss auch deine Mama-san kommen.«

Shoko täuschte einen Weinkrampf vor: »Bitte, seien Sie nachsichtig …«

Der Polizist senkte die Stimme: »Geht zu dem, der das Register führt. Dort müsst ihr zunächst ein Bußgeld zahlen. Dann versucht ihr, einen Gefallen vom Polizeipräsidenten, dem Machibugyō, zu erhalten.«

Während Shoko noch verhandelte, suchte Chong, vor der Absperrung stehend, die Reihen der Frauen ab. Diese winkten und riefen kreuz und quer zu denjenigen hinüber, die gekommen waren, sie abzuholen. Dadurch entstand ein Heidenlärm, der noch durch die Polizisten verstärkt wurde, die in dem Ansinnen,

Ordnung zu schaffen, Befehle brüllten. Mehr als die Hälfte der Anwesenden waren Mischlinge, ungefähr zwischen sechs und siebzehn Jahre alt. Chong schnürte es die Kehle zu. Schließlich gelang es ihr aber, Kiri zu entdecken. Diese versuchte dadurch auf sich aufmerksam zu machen, dass sie wild in der Luft herumfuchtelte. Sie war offensichtlich erschöpft und konnte nur schwer ihre Tränen zurückhalten. Chong bekam großes Mitleid mit ihr. Shoko kam und zupfte Chong am Ärmel, die ihr zeigte, wo sich Kiri befand.

»Ich weiß nicht, ob sie ihr etwas zu essen gegeben haben.«

»Suppe und Reis sind verteilt worden.«

»Wir hätten ihr etwas zu essen mitbringen sollen.«

»Machen Sie sich keine zu großen Sorgen. Morgen wird man sie freilassen.«

Shoko ging allein zum Genban in Maruyama, um das Bußgeld zu bezahlen. Chong und Herr Lin wollten in Tōjinyashiki auf sie warten. Auf dem Rückweg wandte Chong sich an Herrn Lin: »Dort waren ja eine Menge kleiner Mädchen. Vor allem Mestizen. Sie sind mit Sicherheit von ihren Müttern ausgesetzt worden. Ich möchte ihnen gerne helfen.«

»Nun, das ist keine so einfache Sache. Viele der jüngeren Mädchen sind mit Sicherheit schon als Kamuro-Lehrling irgendwo untergebracht, aber es gibt eine Menge Straßenkinder. Diese Stadt ist direkt dem Bakufu unterstellt, was die Situation schlimmer macht, als es bei einem Lehen wie Satsuma oder Chōshū der Fall ist. Ein Daimyō würde sich darum kümmern. Man müsste eben Geld sammeln, um solchen Kindern zu helfen. Anders schafft man es nicht, das Problem zu lösen.«

»Wenn Sie den Polizeipräsidenten aufsuchen, dann teilen Sie ihm doch meinen Wunsch mit.«

»Aber erst müssen wir das Problem mit unseren Frauen lösen, die keine Registrierung haben. Ihnen könnte das Gewerberecht entzogen werden. Wahrscheinlich müssen Sie mit den Geishas zur

Polizei gehen und eine schriftliche Erklärung abgeben«, antwortete er. »Um den Schutz der Kleinen kümmern wir uns danach.«

Shoko kam zurück und teilte mit, dass das *Lenkaya* nicht für alle Zeiten schließen müsste. Allerdings werde für einen Zeitraum von einem Monat eine Zwangspause auferlegt. Dazu war für die sechs nicht gemeldeten Geishas eine Geldstrafe zu zahlen. Tsunesaku, Chinen und Wakamatsu wurden in die Liste der Geishas eingetragen, der Koch und die zwei Küchenhelferinnen samt Kiri auf die der Angestellten.

»Früher gab es damit nie ein Problem«, entschuldigte sich Shoko. »Aber es ist wahr, ich hätte vom Inkrafttreten der Verordnung wissen müssen. Ich bitte Sie um Verzeihung, das ist alles meine Schuld.«

»Reden wir nicht mehr darüber«, beendete Chong das Ganze. »Morgen früh holen wir jedenfalls erst einmal Kiri ab.«

Einen ganzen Monat lang verdienten die Mädchen des *Lenkaya* keinen Fen. Dafür konnten sie sich ausruhen und den Anfängerinnen wie Hanako, Kiku und Kiri Unterricht im Musizieren und Tanzen geben.

Chong ging zusammen mit Herrn Lin zum Polizeipräsidenten. Dieser hielt sich gerade wie ein Samurai und hatte einen durchdringenden Blick, aber er begrüßte sie freundlich. Chong erwiderte den Gruß nach allen Regeln der Kunst, und in Sachen Ehrerbietungsbezeugung war sie durch eine gute Schule gegangen. Der hohe Beamte war über den Grund des Kommens informiert worden, da Herr Lin bei ihm bereits seine Petition eingereicht hatte.

»Das Problem der verlassenen Mestizenkinder beschäftigt uns wirklich sehr. Sie kommen vom Kontinent, soweit ich weiß?«

Herr Lin antwortete für Chong: »Die gnädige Frau ist aus Nanking, aber sie war kürzlich in Ryūkyū.«

Chong zögerte nicht, ihre Identität preiszugeben: »Mein Mann war der Fürst von Miyako, Toyomioya Kazutoshi.«

Der Polizeichef verbeugte sich erneut: »Wie kommt es, dass Sie hier gelandet sind?«

»Nach dem Tod von Nariakira, dem Daimyō von Satsuma, wurde mein Mann zum Tode verurteilt und hingerichtet.«

»Ich weiß, was geschehen ist«, sagte der Polizeipräsident nickend. »Selbst in den Reihen der Beamten des Bakufu haben viele diese Verurteilung bedauert. Ich kann mir vorstellen, dass dies Grund genug war, dort wegzugehen.«

»Ich hatte die Absicht, in mein Heimatland zurückzukehren und dann …«

»Gnädige Frau, Sie können bei Ihrem Projekt mit meiner Unterstützung rechnen. Ich werde dem Genban mitteilen, dass man die Okiyabesitzer zu Spenden für das Kinderheim aufrufen sollte. Und meinen Vorgesetzten werde ich auch von Ihrem Vorhaben in Kenntnis setzen.«

Herr Lin seinerseits versprach eine Beteiligung der chinesischen Händler.

Weder Chong noch Herr Lin hatten damit gerechnet, dass die Angelegenheit so reibungslos genehmigt werden würde. Ein paar Tage später trafen sich die Mama-sans und die Kaufleute aus Tojinyashiki. Am Ende fassten sie den Beschluss, das Waisenhaus auf einem leeren Grundstück in der Nähe des Shōfukuji-Tempels zu errichten. Dies war einer der ersten Tempel, der bei der Ansiedlung der Chinesen in Nagasaki erbaut worden war.

Chong und Herr Lin opferten beide viel ihrer Zeit, um die Bauarbeiten zu überwachen und Personal anzuwerben. Natürlich mussten auch betroffene Kinder ausfindig gemacht werden.

Eines Tages meldete Kiku Chong einen Besucher. Sie wollte gerade ausgehen, als ein stattlicher Europäer hereingeführt wurde. Der Mann grüßte, wobei er sich auf eine Art und Weise verbeugte, dass es aussah, als fürchte er, die Decke fiele ihm gleich auf den Kopf.

»Gnädige Frau, wie geht es Ihnen?«

Chong erkannte nun, dass es sich um den holländischen Oberleutnant zur See und Englischlehrer Hendrik Hellaste handelte, mit dem Kiku geschlafen hatte. Diesmal trug er keine Offiziersuniform, sondern ein schwarzes Hemd und eine blaue Hose. Sie hieß ihn willkommen, aber da sie gerade auf dem Sprung war, wollte sie sich auf kein längeres Gespräch einlassen.

»Ich habe ihm schon erklärt, dass wir diesen Monat keine Gäste empfangen dürfen«, versicherte Kiku.

Trotzdem bat Chong den Gast, Platz zu nehmen.

»Ich möchte ... Ihnen jemanden vorstellen«, sagte Hendrik zögernd. »Senshin, kommen Sie herein!«

Chong sah einen Mann auftauchen, dessen Schädel nach Art der Mönche rasiert war. Er hatte blasse Wangen und wässrige Augen. Sie war überrascht, wie sehr dieser Mittvierziger Kazutoshi ähnelte.

Er setzte sich auf das Kissen, das Chong ihm hingeschoben hatte, und stellte sich vor: »Ich bin hocherfreut, Sie kennenzulernen. Ich heiße Senshin.«

»Ich bin Lenka.« Da Chong den Grund seines Besuches nicht kannte, wartete sie ab.

Es war aber Hendrik, der das Schweigen brach: »Senshin ist im Holländischen sehr bewandert.«

Der Mann stellte bescheiden klar: »Aber nicht doch ... ich bin nur ein suchender Mönch.«

Chong fiel auf, dass auch seine Art zu sprechen der ihres Mannes glich, wenn er in dem, was er sagte, nicht ganz ernst genommen werden wollte. Daher fragte sie: »Aus welchem Grund sind Sie denn nun eigentlich gekommen? Sie müssen wissen, dass wir momentan niemanden bedienen dürfen.«

»Ich bin nur gekommen, um Ihren Tee zu probieren.« Dann setzte er unvermittelt hinzu: »Ich habe Ihren Ehemann gekannt.«

»Wirklich? Sie haben ihn gekannt?«

»Toyomioya war ein Opfer der politischen Irrungen des Bakufu.« Sodann begann er zu erzählen. Er wusste ganz genau, warum der Fürst verurteilt und in Kagoshima hingerichtet worden war. Daran erinnert zu werden trieb Chong die Tränen in die Augen. »Das Bakufu ist leider zu spät um interne Verbesserungen bemüht, damit es den ausländischen Armeen etwas entgegenzusetzen hat. Es ist aber leider so, dass es sich dabei nicht im Mindesten um das Wohlergehen der Bevölkerung kümmert. Es werden dem Beamtenapparat weiter unschuldige Menschen zum Opfer fallen, wenn es keine Reform von unten gibt.«

An die Mama-san gerichtet, fragte Hendrik: »Sie bauen doch gerade ein Heim für ausgesetzte Kinder, oder?«

»Woher wissen Sie das denn?«

»Ich wohne in Shōfukuji. Ich sah die Baustelle auf der Lichtung unterhalb des Tempels.« Senshin erkundigte sich nun seinerseits bei Chong: »Warum bleiben Sie überhaupt in Nagasaki?«

»Die Hochzeit mit Toyomioya hat mich aus meiner gesellschaftlichen Stellung gerissen«, antwortete Chong wahrheitsgetreu. »Hier bin ich wieder an dem Platz, an den ich gehöre. Ich erinnere mich an ein Lied aus Formosa, das heißt: *Geh weg und kehre nicht wieder dorthin zurück, wo deine Vergangenheit liegt …*«

Senshin murmelte: »Das Lied könnte für mich geschrieben worden sein.«

Chong gab ihr Vorhaben auf auszugehen. Sie rief Shoko und trug ihr auf, etwas zum Trinken zu bringen. Shoko verschwand, ohne zu verstehen, woher Chongs Sinneswandel kam. Aber die Yelaihsiang hatte bestimmt einen guten Grund, warum sie diese unvorhergesehenen Gäste bewirtete.

»Jesus sagt, dass man Bettler bei sich aufnehmen soll«, erklärte Hendrik lächelnd.

Auch Senshin zitierte aus der Bibel: »Sondern wenn du ein Mahl machst, so lade die Armen, die Krüppel, die Lahmen, die Blinden, so bist du selig, denn sie haben's dir nicht zu vergelten, es wird dir aber vergolten werden in der Auferstehung der Gerechten.«

Chong fragte den Mönch: »Sie sind ein Christ?«

Senshin antwortete herzhaft lachend: »Ich habe zwar das Aussehen eines buddhistischen Mönches, aber ich glaube längst nicht mehr an Buddha. Was die Christen betrifft, ihre Nächstenliebe praktizieren sie nur unter ihresgleichen. In Japan, China, Indien und Annam benutzen sie ihre Religion nur, um die Bevölkerung zu täuschen.«

In der Küche begann das Personal, sich den Mund darüber zu zerreißen, dass die Mama-san Männer in ihrem Zimmer empfing, was niemals zuvor passiert war:

»Will unsere Mama-san eine Mizuage veranstalten?«

»Nun, vielleicht sucht sie wegen des Gewerbeverbots einen Liebhaber, der ihr Gesellschaft leistet.«

Aber Nanlong, der damit beschäftigt war, Appetithappen zuzubereiten, drohte mit dem Holzlöffel und herrschte die Hausangestellten an: »Wie könnt ihr es wagen, so über unsere Mama-san zu sprechen? Ich verstehe jetzt, warum ihr hier seid, ihr verdient gar keine bessere Arbeit als Küchenarbeit!«

Shoko fügte hinzu: »Eben. Was soll sie mit einer Mizuage?«

Als Reaktion auf Nanlongs Tadel streckten Goura und Obashi ihm die Zunge heraus, wagten es aber nicht, weiter despektierliche Bemerkungen zu machen. Shoko war zwar der festen Überzeugung, ihre Mama-san sei die beste Yelaihsiang überhaupt, fragte sich aber dennoch, was in sie gefahren war. Der Holländer war weder vermögend noch mächtig, sondern ein ganz normaler

Kunde, der bestenfalls ein paar Samurai mitbringen konnte. Bei dem Mönch war die Sache noch rätselhafter. Er sah so bedürftig aus, als würde er mit Mühe auf drei Mahlzeiten am Tag kommen, geschweige denn, dass er es sich leisten konnte, ein Restaurant zu besuchen.

Shoko brachte zusammen mit Kiku den Tisch mit dem Essen hinein, und sie stellten sich kurz vor. Dann schenkten sie den Männern nach. Chong erhob ihr Glas und leerte es ebenso wie ihre Gäste, in einem Zug. Sie lud Shoko ein mitzutrinken.

»Möchten Sie wissen, warum ich schon am helllichten Tag Alkohol trinke?«

»Es wird wie in dem Lied sein«, antwortete die Gefragte zwinkernd. »Auch heute soll es in Nagasaki regnen. Der Himmel ist verhangen, vielleicht kommt der Regen ein bisschen später oder erst am Abend … Solch ein trüber Tag lädt zum Trinken ein, nicht wahr?«

»Weil der Mönch Senshin gekommen ist, um mir Gesellschaft zu leisten. Wie hätte ich da *Nein* sagen können?«

»Ein Eremit wie ich würde es niemals wagen, einer Frau wie Ihnen Gesellschaft zu leisten, wenn er nicht eine enge Herzensfreundschaft mit Ihrem verstorbenen Gemahl gehabt hätte. Herr Lin hat mir von Ihnen erzählt.«

Da schaltete sich Henrik ein: »Es war Senshin, der mir Japanisch beigebracht hat.«

»Woher sind Sie eigentlich ursprünglich?«, fragte Chong den Mönch.

»Aus Ōsaka, aber es ist schon lange her, dass ich dieser Stadt den Rücken gekehrt habe.«

Chong forderte Shoko auf, ein Lied zu singen, was diese zur Begleitung der Shamisen tat:

Nennen Sie mich
Landstreicher
Spätherbst im Nieselregen

Sehnsucht nach Heimat
Verlorene Nabelschnur und
Tränen am letzten Tag des Jahres.

Nach dem Lied herrschte eine Weile Stille. Ein kräftiger Wind wehte und presste die Bambusstängel von draußen gegen das Fenster. Chong streckte ihre Hand über das Tischchen und gab Shoko ein Zeichen, ihr das Instrument herüberzureichen. Daraufhin gab Chong eine Ballade aus Ryūkyū zum Besten, und Kiku führte einen Kabuki-Tanz vor.

So verging die Zeit mit Singen, Trinken und Tanzen. Plötzlich rief jemand: »Aber mein Meister Ōshio Heihachirō, was ist mit dem ganzem Geld passiert, das Sie den Armen gegeben haben?« Es war Senshins Stimme.

»Shoko-san, die Nacht bricht herein«, sagte Chong. »Bringen Sie Regenschirme für unsere Gäste, und zünden Sie draußen die Laterne an.« Sie hatte die ersten Regentropfen fallen hören.

Shoko und Kiku brachten die beiden betrunkenen Herren zur Tür, während Chong sich zurückzog. Der Himmel war mit schwarzen Wolken bedeckt.

Als die Eröffnung des Kinderheims näher rückte, stellte Chong Betreuungspersonal ein. Sie fing mit sechs Frauen an, die in Maruyama und Yoriai schon als Kindermädchen oder Küchenhelferinnen gearbeitet hatten. Chong versuchte, auch Geishas mit ins Boot zu holen, die doch am Nachmittag etwas von ihrer Zeit opfern konnten, bevor sie ihrer nächtlichen Tätigkeit nachgingen. Bald konnte man daran denken, die Pforten zu öffnen. Mithilfe des Genban und der Polizei wurden Straßenkinder aufgelesen und hergebracht. Waren die Kinder über zehn Jahre alt, dann vermittelte sie das Genban als Dienstboten in Gewerbebetriebe. Auch Kinder von Geishas wurden aufgenommen, wenn ihre Mütter das wollten und eine niedrige Gebühr dafür zahlten. Bald lebten ungefähr sechzig Kinder in der Einrichtung. Es fanden sich Spender in den ausländischen Konsulaten und Handelskammern, auch Großhändler, Geishas und Prostituierte gaben Geld. Durch dieses Engagement wurde Chong bald eine geachtete Mama-san in Nagasaki.

Es sollte auch eine Einweihungsfeier geben. Der Tempel von Shōfukuji eignete sich dafür, da es dort einen Hof gab, der groß genug war, um die zahlreichen Gäste zu empfangen. Chong bat Herrn Lin, den Superior um seine Zustimmung zu bitten. Letzterer sagte erfreut zu, und so suchte Chong den ehrwürdigen Priester persönlich auf.

Hinter dem Kinderheim war ein dicht bewaldeter Hügel. Von dort aus sah man schon das rote Eingangstor des Tempels mit seinem Ziegeldach und den steilen Stufen davor. Trat man hindurch, gelangte man auf einen großen, von Nord nach Süd ausgerichteten Hof. Jenseits des Platzes erhob sich in der Mitte die Halle mit dem Buddha. Dahinter konnte man die grauen Wände eines Gebäudes erkennen, das im Schatten eines Waldes stand und von einer Steinmauer umgeben war. Chong wollte gerade umkehren, als sie plötzlich eine bekannte Stimme vernahm.

»Was führt Sie hierher?« Es war Senshin.

»Ah, hier wohnen Sie«, begrüßte ihn Chong.

»Eine karge Behausung, aber kommen Sie bitte herein.«

»Nun, ich kam her, den Superior zu besuchen …«

»Er ist einen Moment weg, aber er wird bald wieder zurück sein.«

Chong zog ihre Schuhe aus und stieg auf die Holzplattform.

»Könnte ich in der Zwischenzeit vielleicht eine Tasse Tee von Ihnen bekommen?«

In seinem kleinen Zimmer stand an einer Wand ein niedriger Tisch, auf dem einige Bücher und Teeutensilien lagen. Senshin gab einige Kohlen in das Feuerbecken, setzte einen Wasserkessel auf und fragte: »Wie sind Sie eigentlich auf die Idee gekommen, dieses Kinderheim zu gründen? In Nagasaki hat noch niemand an so etwas in der Art gedacht.«

»Weil ich in jungen Jahren in derselben Situation war wie diese Kinder hier. Mit fünfzehn hat man mich dann verkauft. Bevor ich die Frau von Kazutoshi wurde, habe ich in Singapur gelebt. Dort habe ich eine Krippe für Mischlingskinder aufgebaut.«

»Ja, auch ich habe diese verkauften Mädchen in Singapur, Batavia und Luzon gesehen. Bald wird sich dieser Markt bis Europa ausdehnen.« Senshin reichte ihr eine Tasse Tee und nahm selbst einen Schluck. Plötzlich gestand er: »Übrigens, mein richtiger Name ist Hashimoto Keisuke. Diesen Namen kennen nur wenige, die mir nahestehen, da ich vom Bakufu gesucht werde …«

Chong fragte gedämpft: »Wessen beschuldigt man Sie?«

»Die Armen verteidigt zu haben, so wie Sie.«

Schritte im Hof kündigten das Erscheinen des Klostervorstehers an. Chong setzte ihre Teetasse ab und raunte Senshin zu: »Kommen Sie uns einmal abends besuchen. Dann können wir in Ruhe etwas miteinander trinken.«

»Sie haben derzeit viel zu tun. Ich werde nach der Eröffnungszeremonie des Kinderheims bei Gelegenheit vorbeikommen«, antwortete Senshin und verneigte sich leicht zum Abschied von ihr.

Die Einweihungsfeier ging ohne große Vorkommnisse vonstatten. Die Stadtväter hatten sich auserbeten, sie so einfach wie möglich zu halten, keinen Alkohol, keine auffälligen Kimonos, und so teilten sich die Eingeladenen nur eine einfache Reissuppe und ein paar Reiskuchen.

Im August ereignete sich in Nagasaki etwas, das unangenehme Auswirkungen haben sollte. Die Ausländer sahen sich nämlich ihrer Bewegungsfreiheit innerhalb der Stadt beraubt. Auslöser waren vier englische Reiter, die die Unverfrorenheit besessen hatten, an Shimazu Hisamitsu, dem Daimyō von Satsuma, vorbeizureiten, ohne abzusteigen. Daraufhin hatte einer der Samurai aus dessen Begleitschutz das Schwert gezogen, einem der Unverschämten den Kopf abgeschlagen und zwei weitere verwundet. Das Vereinigte Königreich hatte natürlich unverzüglich Wiedergutmachung gefordert. Das Bakufu hatte diese zwar anerkannt, aber der Herrscher von Satsuma weigerte sich zu bezahlen. Die Spannungen nahmen zu. Erst einige Kanonenschüsse der britischen Marine auf Kagoshima bewogen besagten Herrn, die Zahlung zu leisten und den heißblütigen Samurai vor Gericht zu stellen. Genau in diesem Augenblick griff ein japanisches Schiff einen englischen Frachter in Chōshū an, woraufhin die Verbündeten der Briten – Franzosen, Amerikaner und Holländer – als Vergeltungsmaßnahme Shimonoseki unter Beschuss nahmen. Die Stimmung wurde beklemmend, der Handel brach ein, und der Beamtenapparat des Bakufu fragte sich, wie es mit dem Land weitergehen sollte. In Nagasaki wurden Ausländer von nun an auf Schritt und Tritt überwacht. Aber die Einwohner waren keineswegs einverstanden mit der Vorgehensweise des Bakufu, und sie entzogen den Beamten zunehmend das Vertrauen. Daraufhin empfahlen die Berater des Kaisers, das Bakufu gänzlich abzuschaffen und sich dem Westen zu öffnen, damit das Land am wirtschaftlichen Aufschwung teilhaben könnte.

So war die Lage, als Chong eines Nachts wach wurde. Es musste jemand vorsichtig am Tor geklopft haben, denn es war ein anderes Geräusch gewesen als das unregelmäßige Klackern des Bambusses, wenn dieser vom Wind gebeugt ans Fenster pochte. Das Etablissement hatte längst geschlossen, und das Licht vor dem Haus war bereits gelöscht. Chong war gerade eingeschlafen. Wieder drang das Klopfen an ihr Ohr.

Chong lief im Yukata zur Tür. Feiner Regen peitschte ihr entgegen. »Wer … ist da?«, fragte sie leise.

»Ich bin es, Senshin.«

Ohne zu zögern, öffnete Chong das Tor. Der Mann schwankte, und seine Kleider waren durchnässt. Mit der rechten Hand stützte er den Ellenbogen seines anderen Arms, während er gleichzeitig verstohlen über die Schulter blickte. Schnell zog Chong das Tor wieder zu. Im Kerzenlicht untersuchte sie seinen blutüberströmten Arm.

»Ich habe Glück gehabt«, ächzte er und ließ sich auf den Tatami sinken. Seine Wunde schien in der Tat nicht tief zu sein. Chong weckte Kiri, die nebenan schlief, und trug ihr auf, Sake aus der Küche zu holen. Dann reinigte sie die Verletzung mit dem Alkohol. Senshin biss die Zähne aufeinander. Aus einem Stück Baumwolle schnitt sie einen provisorischen Verband, bis der Arzt sich das ansehen konnte. Senshin schlüpfte in den frischen Yukata, den sie ihm gab. Kiri wurde beauftragt, ihm etwas zu essen zu bringen, möglichst ohne die Küchenfrauen zu wecken.

»Was ist passiert?«, fragte Chong, wobei sie sich zwang, ruhig zu bleiben.

»Jemand hatte es wohl auf mich abgesehen.« Senshin seufzte tief.

Nach einigen Gläsern warmen Sake schien er sich gesammelt zu haben und erzählte, was geschehen war.

Chong erfuhr, dass Senshin auf dem Rückweg von einem Essen mit Hendrik gewesen war, als er angegriffen worden war. In diesen angespannten Zeiten kam es immer wieder vor, dass Samurai, die gegen eine Öffnung des Landes waren, Leute attackierten, die sich ihrer Meinung nach zu sehr für europäische Wissenschaften interessierten. Es war schon zu vorgerückter Stunde, und keine Menschenseele war mehr auf der Straße. Er hatte gerade die Shian-Brücke hinter sich gelassen und die dem Tempel zustrebende Straße überquert, als er spürte, dass ihm jemand folgte. Da er Ungutes ahnte, beschleunigte er seinen Schritt. Daraufhin hörte er nichts weiter und fiel wieder in sein normales Tempo. Als er gerade in eine Gasse von Wohnhäusern unterhalb des Tempels einbiegen wollte, tauchte plötzlich ein Schatten auf, zog das Schwert und ging auf ihn los. Senshin hatte versucht, der Klinge auszuweichen, indem er sich wegduckte, und leicht verletzt hatte er sich, als er in die kleinen Gässchen stürzte, die er wie seine Westentasche kannte. In einem kleinen Bambuswäldchen hatte er sich niedergekauert. Er hütete sich davor, wieder zum Tempel zurückzugehen, auch wenn sein Angreifer anscheinend die Suche aufgegeben hatte und verschwunden war. Da war ihm das nahe gelegene *Lenkaya* eingefallen. Sicherheitshalber hatte er einen großen Umweg gemacht. Sein Angreifer schien ihm wenig ortskundig, obwohl er durchaus vom Bakufu geschickt worden sein konnte, und es wäre für ihn ein Leichtes gewesen, ihn am Tempel abzupassen. Vielleicht war es aber auch das Mitglied eines Geheimbundes gewesen, das Senshins wahre Identität kannte. Für ihn war es jedenfalls höchste Zeit, Nagasaki zu verlassen. An jenem Abend erzählte Senshin erstmals mehr über seine Vergangenheit und sein Leben als Mönch.

Senshin stammte aus einer Kaufmannsfamilie in Ōsaka, und sein Vater hatte ihn genötigt, ein Studium zu absolvieren. Als junger Mann hatten ihn die wissenschaftlichen Erkenntnisse fasziniert, die von den Holländern im Land verbreitet wurden und überall sehr gefragt waren. Dann hatte in Ōsaka und Edo eine Reihe von Bauern zusammen mit kleineren Händlern eine Protestbewegung gegründet, die für bessere Lebensbedingungen eintrat. Diese Bewegung namens Yonaoshi, *Für eine neue Welt,* war eine Folge der herrschenden Hungersnot und der lastenden

Steuern, die von den Feudalherren willkürlich festgesetzt wurden, die noch dazu die Getreidepreise zu ihrem Vorteil manipulierten. Das Volk wollte Reformen. Der Aufstand zog weite Kreise. Auch Hashimoto Keisuke hatte an der Seite von Ōshio Heihachirō teilgenommen, der sein ganzes Vermögen den Armen gab und das Volk zum Widerstand aufrief. Doch dann gingen Häuser in Flammen auf, und man ging von annähernd tausend Aufrührern aus, und das zu einem Zeitpunkt, als das Bakufu sich ernsthaft für die Anliegen der kleinen Leute zu interessieren begann. Plötzlich wurden auch noch Kanonen gestohlen, und die Behörde ging mit Waffengewalt gegen die Aufständischen vor. Die Bewegung konnte nicht lange standhalten und war bald zerschlagen, sodass den Rädelsführern nichts anderes übrig blieb, als aus Ōsaka zu fliehen. Ein Freund Hashimotos beging Selbstmord, und Ōshio Heihachirō war auf der Flucht vor der Polizei. Verfolgt von den Konservativen, wählte auch Takano Chōei, ein Arzt und Übersetzer wissenschaftlicher Abhandlungen aus dem Englischen, den Freitod.

Nach diesen tragischen Ereignissen war Hashimoto Keisuke lange Zeit ziellos herumgeirrt. Er floh auf die südliche Insel Kyūshū und wanderte zwischen Yamaguchi, Kuramoto, Kagoshima und Nagasaki umher, wo er in Tempeln Unterschlupf fand, indem er sich Senshin nannte. So lernte er Händler aus Ryūkyū kennen mit guten Kontakten zu Chinesen. In Nagasaki traf er dann zum ersten Mal Holländer und knüpfte engere Bande zu Christen, die ihren Glauben nicht offen praktizierten. So lernte er auch Herrn Lin kennen, der mit Siebold, einem holländischen Arzt, befreundet war. Takano Chōei, den Hashimoto sehr geschätzt hatte, war ein Schüler Siebolds gewesen. Herr Lin erinnerte sich gut an eine Begegnung mit Siebold, da dieser öfter den Dejima-Bezirk verließ, um sich um Schwerkranke zu kümmern. Chinesen aus dem Tojinyashiki-Viertel pflegten gute Beziehungen zu Holländern, was zu gegenseitigen Einladungen führte. Herr Lin hatte Hashimoto in einem Kloster in Nagasaki kennengelernt, wo dieser sich mehrere Monate aufgehalten hatte. Obwohl Herr Lin der Ältere war, hatte er großen Respekt vor dem Mönch und nannte ihn *Reverend Senshin*.

»Ruhen Sie doch einen Moment aus«, schlug ihm Chong vor, als er geendet hatte. »Ich werde über Sie wachen.« Entschlossen, ihn zu beschützen, verschwamm sogar für einen Moment die Realität vor ihren Augen, und sie bildete sich ein, Kazutoshi zu sehen, der aus seinem Gefängnis ausgebrochen war.

Am nächsten Morgen nahm sie den Bediensteten das Versprechen ab, nach außen hin nichts von Senshins Anwesenheit verlauten zu lassen. Ein chinesischer Arzt, für den Herr Lin bürgte, untersuchte den Verletzten. Er stellte fest, dass er nicht genäht werden musste, und verordnete eine Salbe, mit deren Hilfe die Wunde innerhalb von zwei Wochen verheilt sein sollte.

Herr Lin warnte den Flüchtigen: »Denken Sie nicht daran, nach Shōfukuji zurückzukehren. Im Moment sind sowohl die Beamten des Bakufu als auch die Samurai im Krieg.«

»Bleiben Sie doch hier, bis wieder Ruhe eingekehrt ist«, schlug Chong vor.

»Ich denke, es ist Zeit, dass ich nach Kansai zurückkehre«, antwortete Senshin. »Das Volk muss sich vereinigen und sich gegen das Bakufu erheben …« Er war wieder zu Hashimoto Keisuke geworden.

»Und wenn Sie zunächst mit einem unserer Schiffe nach Shanghai oder Batavia gehen?«, schlug Herr Lin vor.

Senshin schüttelte den Kopf. »Ich darf keine Zeit verlieren.«

Herr Lin übernahm es daher, sich über die aktuelle Lage zu informieren, damit sie ihn zu einem günstigen Zeitpunkt aus Nagasaki heraus und in Sicherheit bringen konnten.

Mit ihren neununddreißig Jahren sah Chong immer noch aus wie fünfundzwanzig. Nur die kleinen Fältchen um die Augen verrieten ihr wahres Alter. Was Hashimoto betraf, so ging er auf die fünfzig zu, ein Alter, in dem man den Ratschluss des Himmels erwartet, wie ein chinesisches Sprichwort sagt. Er war entschlossen, den Traum zu verwirklichen, den sein Meister Ōshio so lange Zeit gehegt hatte. Obwohl er wieder genesen war, blieb er noch im *Lenkaya*.

Als er sich schon mehr als zwanzig Tage bei ihr versteckt hatte, richtete Chong ihm zu Ehren ein Tablett mit Sake an. Es regnete, und die Kunden blieben aus, sodass die Geishas die Kimonos wieder ausgezogen hatten. Sie hatten schon einige Gläser geleert, und der Alkohol war ihnen zu Kopf gestiegen.

Hashimoto, der Chong nachschenkte, sagte: »Es gibt ein Haiku, das spricht davon, dass ein Bett am Morgen kalt ist.«

»Ein anderes«, fiel Chong ihm ins Wort, »sagt: Wenn man zu zweit ist, dann fühlt man sich immer gut, auch wenn es draußen friert.« Dann fragte sie ihn, die Augen bescheiden niedergeschlagen: »Es ist schon länger her, dass Sie mit einer Frau geschlafen haben, oder?«

Hashimoto setzte das Glas ab: »Ein, zwei Mal in Ōsaka, als ich jung war, und dann noch einmal in einer Herberge, im Rausch …« Er schaute Chong direkt in die Augen, dann wandte er sich mit hölzernem Lachen ab: »Seltsamerweise konnte ich bei diesen wenigen Gelegenheiten die ganze Nacht nicht schlafen. Ich sah die Brände wieder, die Straßen von Ōsaka, den Meister Ōshio, der im Flammenmeer stand und mit den Armen um sich schlug … Auch meinen alten Kameraden Takano Chōei, der sich mit einem Dolch in den Hals stach … Seither habe ich die Frauen gemieden.«

Chong rollte einen Futon aus, nahm Hashimotos Hand und zog ihn zu sich.

»Da Sie ja Senshin sind, müssen Sie Ihr Schicksal selbst in die Hand nehmen und sich von der Vergangenheit befreien. Man muss im Jetzt leben.«

Hashimoto streckte sich aus, stocksteif. Als Chong sich neben ihn legte, rückte er ein bisschen zur Seite, zog sich aber in sich zurück. Chong ließ ein Bein unter seine Yukata gleiten, streichelte seine Brust und vergrub die Finger in seinem Brusthaar. Er drehte sich zu ihr um, streckte eine Hand aus und strich sanft über ihre Brüste. Die Mama-san hatte seit mehreren Jahren keinen Mann mehr so nahe an sich herangelassen. Ihr Herz klopfte, ja sie war sogar etwas kurzatmig. Aber im nächsten Moment rollte Hashimoto sich auf die Seite, plötzlich bewegungslos.

Chong wartete, den Kopf auf seinen Arm gelegt. Sie hörte seinen Atem. »Was ist mit dir?«

Anstatt zu antworten, starrte Hashimoto zur Decke. Der Regen draußen hatte noch nicht nachgelassen. »Es ist … ich habe vergessen, wie es geht«, flüsterte er.

Chong spürte, dass er sie trotzdem begehrte. Hashimoto wandte sich ihr wieder zu, legte sich auf sie, drang in sie ein, bewegte sich langsam, als würde er im Dunkeln tappen. Chong berührte ihn behutsam, ließ ihre Hände vom Hals bis zu den Lenden wandern, sehr sanft, damit er nicht zu schnell kam.

Unter dem Personal des *Lenkaya* war es natürlich Shoko, die als Erste die Veränderung bei ihr bemerkte. Eines Morgens war Chong in die Küche gekommen, um eine Miso-Suppe für ihren Mönch zu holen.

Shoko saß allein am Tisch und aß. »Mama-san, wollen Sie mit mir frühstücken?«

Chong überhörte diese Frage und wandte sich stattdessen an die Köche: »Wenn ihr noch keine Miso-Suppe zubereitet habt, dann lasst es gut sein. Ich werde mich darum kümmern.«

Die Blicke der erstaunten Shoko und des Küchenpersonals trafen sich, bevor sich aller Augen auf die Mama-san richteten, die sich in der Küche zu schaffen machte.

Shoko wagte es, einen Scherz zu machen: »Diese Damen sind eifersüchtig auf Sie, sie denken, Sie haben einen Geliebten.«

»Unsere Oiran scheint sich ja bestens damit auszukennen, dass eine Dörrpflaume noch einmal blühen kann.« Und mit diesen Worten schwebte Chong davon, ein Frühstückstablett in den Händen.

»Umso besser, wenn die Mama-san gute Laune hat«, bemerkte Nanlong.

Shoko ging, um etwas aus ihrem Zimmer zu holen. Als sie mit einem kleinen, quadratischen roten Kästchen wieder zurückkam, streckte Obashi ihr eine Hand entgegen: »Puder? Gib bitte mir was davon. Ich habe schon lange nichts mehr aufgetragen.«

»Hände weg. Ich will es der Mama-san geben.«

»Darf ich nicht wenigstens mal reingucken? Du kannst mich nicht einfach links liegen lassen«, meckerte Obashi und machte einen Schmollmund.

Inzwischen waren die Geishas aufgestanden, hatten gefrühstückt und wollten sich gerade plaudernd auf den Weg zum Onsen machen, als Chong mit Kiri, die das Tablett trug, wieder erschien. Chong grüßte sie und trug Obashi auf, Wasser für ein Bad zu erhitzen.

Shoko nutzte die Gelegenheit und gab ihr das rote Kästchen: »Das ist Moschus, Mama-san. Sie geben davon auf ein Stövchen, wenn Ihr Geliebter zu Ihnen kommt. Der Geruch wird alle Kräfte wiederbringen.«

Chong gab lächelnd die Schachtel an Shoko zurück: »Heben Sie sich das für Herrn Tang auf. Uns reicht es, zusammen Tee zu trinken. Senshin ist ein Mönch, er wird bald wieder gehen.«

Einige Tage später brachte Herr Lin Neuigkeiten aus der Welt: »Auf dem Kontinent ist der Taiping-Aufstand zur Gänze niedergeschlagen worden. Der Lehensherr von Chōshū baut sich eine Armee nach westlichem Vorbild auf, um sich gegen das Bakufu zu erheben. Gleichzeitig bereitet sich das Bakufu darauf vor, mit einer Einheit Samurai die Intellektuellen verschwinden zu lassen, die für eine Öffnung sind.«

Hashimoto meinte: »Damit ist das Bakufu zum Feind aller geworden.«

»Aber wir wissen immer noch nicht, wer Sie angegriffen hat. Um nach Ōsaka zu kommen, ist das Boot das sicherste Verkehrsmittel.«

Hashimoto stimmte durch ein Nicken diesem Angebot zu. Weitere fünf Tage blieb er noch im *Lenkaya,* während Herr Lin sich um eine Fahrgelegenheit kümmerte. Die letzte Nacht verbrachte Hashimoto damit, Chong ausgewählte Haikus vorzutragen.

Im Morgengrauen kam Herr Lin, um den Verfolgten mit einer Rikscha abzuholen. Chong hatte bereits einen Rucksack für Hashimoto mit Essen und Kleidung bereitgestellt.

Mit dem Rucksack auf der Schulter wandte er sich nach Chong um, die schweigend hinter ihm herkam: »Ich danke Ihnen vielmals und kann Ihnen nur wünschen, dass Sie Ihre Heimat wohlbehalten erreichen.«

»Geben Sie gut auf sich acht!«

Chong blieb unter dem Torbogen stehen. In dem Moment, als es hieß, in die Rikscha einzusteigen, besann sich Hashimoto noch einmal und kam zu ihr zurückgelaufen: »Ich hoffe, dass wir uns in diesem Leben wiedersehen …«

»Beeilen Sie sich«, antwortete sie ihm.

Zuerst entschwand das Gefährt ihren Blicken, und sie konnte nur noch das Fußgetrappel des Rikschaläufers hören. Dann wurde auch dies immer leiser, bis um sie her sich die Stille ausbreitete.

Im Jahr darauf verbündeten sich die Bezirksregierungen von Satsuma und Chōshū gegen das Bakufu. Die Aufstände wurden zahlreicher, bis die kaiserliche Macht wiederhergestellt war. Nagasaki geriet nacheinander unter die direkte Herrschaft des Shōguns, dann in den Einflussbereich Satsumas und schließlich unter die Kontrolle der Aufständischen. Aber, wer auch immer das Sagen hatte, griff in der Regel rigide durch und ließ keinen Ungehorsam zu. Demokratie war nur noch Gegenstand theoretischer Betrachtungen in intellektuellen Kreisen.

Hashimoto kam in dem Jahr nach Nagasaki zurück, in dem Kaiser Meiji den Thron bestieg. Es war ihm zusammen mit seinen Verbündeten gelungen, einiges für die Bauern zu erreichen. Und obwohl sie sich ursprünglich feindlich gegenüberstanden, gingen die kaiserlichen Truppen und das Bakufu mittlerweile gemeinsam gegen Intellektuelle vor, um den Volksaufstand zu stoppen und deren Anführer zu ergreifen.

Den Polizisten, die hinter Hashimoto her waren, war es gelungen, seine Identität zu lüften, und sie hatten erfahren, dass er entweder in Chōshū oder in Satsuma sein musste.

Chong hatte in der Zwischenzeit die freien Momente bei den Kindern verbracht. Eines Tages, sie genoss gerade die Sonne, kam Herr Lin und gab ihr ein Zeichen mitzukommen. Sie verließ die Waisenkrippe und folgte ihm den steilen Weg zum Nakajima hinab.

Erst dort verlangsamte er seine Schritte. »Wir können im Gehen miteinander reden. Der Mönch Senshin ist wieder da.«

»Ach ja?«, hauchte Chong. »Seit wann denn?«

»Seit gestern Abend. Ich habe ihn bis Kōfukuji begleitet.«

Kōfukuji war eine Einsiedelei hoch über dem Fluss Nakajima.

»Er muss mit zu mir kommen!«

»Auf keinen Fall!«, schrie Herr Lin sofort. »Alle Welt weiß, dass Senshin niemand anderes als Hashimoto Keisuke ist, der Führer des Volksaufstandes der Yonaoshi. Das Bakufu wird Ihnen das nie verzeihen. Vor ein paar Tagen schon war jemand bei mir und in Shōfukuji, und das waren ohne Zweifel Polizisten.«

Chong aber wusste, warum der Mönch nach Nagasaki zurückgekommen war, allen Gefahren zum Trotz.

»Heute Abend werde ich Sie abholen«, sagte Herr Lin.

»Aber wird mein Besuch nicht ein Risiko für ihn darstellen?«

»Er wird nicht von hier weggehen, ohne Sie zuvor gesehen zu haben. Überreden Sie ihn, morgen ein Schiff nach Hongkong oder Shanghai zu nehmen.«

Als sie ins *Lenkaya* zurückgekehrt war, packte Chong ein paar Kleider zusammen, legte etwas Geld bereit und bat Nanlong, Reiskuchen zu backen. Das restliche Personal war damit beschäftigt, sich um Kunden zu kümmern.

Gegen Mitternacht kam Herr Lin. Sie folgte ihm, beladen mit einem kleinen Bündel. Er ging ein Stück vorweg, sie folgte in einigem Abstand. Sie schlugen nicht den direkten Weg ein, sondern vertrauten auf Schleichwege. Aus Furcht, einer der Läufer könnte plaudern, hatten sie sich keine Rikscha genommen. Die Entfernung zwischen Tōjinyashiki und Kōfukuji war nicht gering.

Innerhalb der Umfriedung des Klosters war kein Licht zu sehen. In der Dunkelheit wirkte das Hauptgebäude unheimlich groß. Dahinter wand sich ein stark ansteigender, kurviger Pfad an der Flanke des Berges Heito bis zu einer Einsiedelei hinauf. Als sie noch eine letzte Treppe vor sich hatten, zog Herr Lin, der ein paar Stufen voraus war, Chong plötzlich in ein kleines Wäldchen neben dem Weg. Zwei schwer atmende Schatten kamen den Berg herunter. Sie gingen geradewegs an ihren Köpfen vorbei.

Bis der Klang der Schritte nicht mehr zu hören war, blieben Herr Lin und Chong in ihrem Versteck. Dann erhoben sie sich gleichzeitig, doch Chong stürzte voran. Sie bog um die Ecke und erreichte einen Hof mit einem kleinen Pavillon, dessen Tür sperrangelweit aufstand, ebenso wie die des nächsten Raumes. Chong zitterte, sie faltete die Hände und sackte noch im Hof zusammen. Herr Lin kam und stieg, sich nach allen Seiten umsehend, die letzten Stufen hinauf, dann zündete er ein Streichholz an. Im flackernden Licht tauchte kurz ein Körper in einem Mönchsgewand auf, dann war es wieder dunkel. Herr Lin sprang über den Reglosen hinweg und holte aus dem hinteren Raum eine Kerze. Der junge Mönch, der im Licht der Kerze vor ihm lag, hatte einen Schwertstreich über den Rücken bekommen. Die Tatamimatte um ihn herum war mit seinem Blut getränkt. Und auch Hashimoto war erstochen worden. Sie fanden ihn im Nebenraum, die Augen weit aufgerissen, und ein riesiger roter Fleck hatte sich über die linke Seite seines Gewandes ausgebreitet. Herr Lin schloss ihm die Lider. Als er sie rief, rappelte Chong sich auf und stolperte hinein zu ihm. Sie hob Senshins Kopf an und bettete ihn in ihren Schoß. Dann weinte sie lautlos.

Später erfuhr Chong, dass die Mönche des Tempels von Kōfukuji den Tod der beiden bei der Polizeistation gemeldet hatten, bevor sie die Körper verbrannten. Die Tatsache allerdings, dass sie Hashimotos Leiche dort hatte zurücklassen müssen, quälte Chong lange Zeit.

Nach dem Meuchelmord an Hashimoto begannen die Armeen von Satsuma und Chōshū mit Nachdruck, die Beamten des Bakufu zu jagen, während diese damit beschäftigt waren, die Aufstände in Kobe, Ōsaka, Nagoya, Edo und Yokohama niederzuschlagen. Schließlich verstärkten sie die Reihen des Kaisers. Denn der Shōgun Tokugawa Yoshinobu, der unzufrieden damit war, dass er aus seinen Ländereien vertrieben worden war, zog gegen ihn in einen Krieg, der achtzehn Monate dauern sollte. Am Ende gelang es dem Kaiser, die Armee des Shōguns aufzureiben. Dann verkündete er jedoch und verriet damit die Hoffnungen seines Volkes, dass zukünftig die Macht wieder beim Daimyō, den Lehensherren und den Samurai liegen solle.

Taifune und Regengüsse fegten über Nagasaki hinweg, aber im Bereich der Politik blieb im Grunde genommen alles beim Alten.

DAS LÄCHELN

An diesem Tag schneite es im Überfluss.

Der Winter war hart im Königreich Joseon. Ohne Unterlass blies ein bitterkalter Wind. Die Kälte wollte einfach nicht weichen, und allmählich verloren die Menschen den Glauben daran, es könnte noch eine andere Jahreszeit geben. An ein deutlich milderes Klima in Nagasaki gewöhnt, wich Kiri den ganzen Tag lang nicht vom Ofen.

Der Westwind brachte Berge von Schnee, die den Hafen von Incheon unter sich bedeckten. Schon bei Tagesanbruch hatte man die Öllampen angezündet. Auf den Straßen gab es keine Fußgänger und keine Rikschas, dafür Schneewehen in rauen Mengen. An diesem Abend kam nicht ein einziger Geschäftsreisender aus Hanyang, der Hauptstadt. Lediglich einige wenige Gäste waren anwesend, die für längere Zeit Quartier bezogen hatten. Kiri ließ trotzdem ihr Gasthaus geöffnet, bis der letzte Zug aus Hanyang in Incheon angekommen sein musste

Kiri hatte Arai noch in Nagasaki geheiratet. Shokos früherer Angestellter hatte irgendwann ein kleines Geschäft in der Stadt eröffnet. Man bekam dort alles, was man brauchte. Kiri, die damals noch recht jung war, fing an, ihn *Bruder* zu nennen. Sie war in den Meiji-Jahren Geisha geworden und hatte es bis zum Titel einer Magaki gebracht. Aufgezogen von Obashi, die sie für ihre Mutter hielt, oblag ihre Erziehung jedoch Chong. Als diese sechzig Jahre alt wurde, vermachte sie Shoko das Haus. Das übrige Personal wurde freigestellt. Manche von ihnen gingen zu einer anderen Okiya, einige wechselten aber auch den Beruf. Über die Jahre hinweg war der eine oder andere krank geworden und gestorben. Shoko aber war niemals von Chongs Seite gewichen, die als Mama-san hohes Ansehen in Nagasaki genoss. Das Bakufu und sogar das Genban des Maruyama-Viertels holten sich gelegentlich Rat bei ihr. Das Waisenhaus hatte Chong Missionaren anvertraut, die sich in der Stadt niedergelassen hatten. Sie selbst zog in ein kleines Haus im Shinchi-Viertel. Als Kiri zwanzig war, hatte Chong sie aus dem Register streichen lassen, damit sie Arai heiraten konnte. Obwohl sie Mestizin war, hatte Kiri die schwarzen Haare und die großen, dunklen Augen der Frauen aus dem Süden. In ihrer Unerfahrenheit wollte sie eigentlich Geisha bleiben mit dem Ziel, eines Tages Tayū zu werden, aber Chong konnte sie zur Vernunft bringen.

Zwei Jahre nachdem die Japaner sich mit Waffengewalt Zutritt zum Königreich Joseon verschafft hatten, gingen Arai und Kiri dorthin. Arai hatte sein Geschäft verloren, da er sich von einem windigen Freund hatte überreden lassen, sein Geld in einer Fabrik für Fischpaste anzulegen, die in Konkurs ging. Auf der Suche nach Arbeit hörte er dann davon, dass Joseon eine wahre Goldgrube sei. Er drängte Kiri und flehte sie an, alles zu verkaufen und ihn dorthin zu begleiten. Kiri sprach darüber mit der Person, die ihr zur zweiten Mutter geworden war: Chong vergoss heiße Tränen, als sie davon hörte. Kiri hatte zwar gewusst, dass die Witwe des Fürsten von Ryūkyū aus Joseon stammte, doch sie hatte nicht geahnt, dass es ihr brennendster Wunsch war, eines Tages in ihre Heimat zurückzukehren.

»Auch ich werde alles hier ins Reine bringen und mit euch fahren«, erklärte Chong.

Kiri überbrachte Arai die Neuigkeiten, der sich in seinem Plan bestärkt sah. Und so kam es, dass sie in Begleitung von Chong aufbrachen.

Alle vierzehn Tage ging ein Transportschiff von Shimonoseki nach Incheon ab. Auch Militärschiffe fuhren in regelmäßigen Abständen dorthin. In Chemulpo, wie der Hafen von Incheon vor der Öffnung des Landes hieß, lebten zunächst dreihundert Japaner, dann waren es fünfhundert. Im Verlauf mehrerer Jahre wurde die Stadt durch den Zuzug asiatischer und westlicher Händler genauso bedeutend wie Nagasaki.

Die Japaner in Incheon waren hauptsächlich aus Kyūshū. Kiri und ihr Mann trafen jedoch auch Leute aus Nagasaki, Fukuoka, Kuramoto, Saga, Yamaguchi und Hiroshima. Chinesen, Japaner und Europäer lebten friedlich nebeneinander, eine jede Volksgruppe in ihrem Viertel. Was sie alle miteinander verband, war, dass sie sehr hart arbeiteten. Arai ließ ein großes Gebäude bauen, um einen Gasthof daraus zu machen. Kiri hätte lieber ein Restaurant mit Geishas aus Nagasaki eröffnet, aber die Mama-san wollte einen friedlichen Lebensabend genießen. In dem Maße, in dem die Stadt wuchs, schossen Herbergen wie Pilze aus dem Erdboden, aber nur zwei oder drei wurden gut geführt.

Nach einiger Zeit wollte dann Chong endlich Hwangju, ihr Heimatdorf, besuchen. Arai kümmerte sich um die Organisation der Reise. Er wandte sich zu diesem Zweck an die Vereinigung der Handelsreisenden, zu denen er gute Beziehungen unterhielt.

Die Fahrt von Incheon nach Haeju ging zügig und problemlos vonstatten. Schon zwei Wochen später war Chong wieder zurück, das Gesicht sonnengebräunt. Sie hatte in dem Dorf weder die Gräber ihrer Eltern gefunden noch Menschen getroffen, die sie gekannt hatten. Allerdings hatte sie eine kleine Tafel von dort mitgebracht von der Art, wie man sie in Tempeln für die Verstorbenen aufstellte. Darauf stand ihr Name geschrieben, Shim Chong. Auf diese Weise erfuhr Kiri, wie Mama-san einmal mit richtigem Namen geheißen hatte. Von da an verbrachte Chong, soweit es ihr Alter zuließ, die Zeit damit, auf Kiris Kinder aufzupassen, und verließ kaum mehr das Haus.

Der chinesisch-japanische Krieg erwies sich als äußerst einträglich für Arai. Im Hafen von Incheon riss der Strom der Schiffe, zivil wie militärisch, nicht ab. Jede Schenke war voller Soldaten. Sobald wieder Frieden herrschte, zogen sich die einflussreichen, chinesischen Kaufleute zurück und überließen das Feld den kleineren Händlern.

Schließlich wurde Chong siebzig und äußerte den Wunsch, sich an einen Ort zurückzuziehen, an dem sie ganz für sich sein konnte, weit weg von jeglichem Trubel. Daraufhin engagierte Arai Zimmerleute, die am südlichen Hang des Berges Moonhak die *Yeonhwaam,* die Einsiedelei der Lotosblüte, errichteten. Eine schon etwas ältere, sittsame Frau aus Joseon, die als Gesellschafterin und Haushelferin fungieren sollte, wurde in Chongs Nähe untergebracht, und ein alter Mönch namens Mangak wurde beauftragt, sich um das Haus und den Raum mit der Buddhafigur zu kümmern. Die Dorfbewohner nannten Shim Chong den *Bodhisattwa von Yeonhwa*.

Dann wurde Joseon japanisch, und Incheon war ein Hafen wie Nagasaki oder Yokohama. Als zwei russische Kriegsschiffe durch Kanonenangriffe versenkt wurden, jubelten die Einwohner des japanischen Viertels. Japan hatte an allen Fronten gesiegt, gegen die Chinesen ebenso wie gegen die Russen, deren baltische Flotte im Pazifik vernichtend geschlagen worden war. Die Sicherheitsbeamten der chinesischen Botschaft ließen ihre Langsäbel, die sie sonst so stolz präsentierten, achtlos an der Seite baumeln.

Arai kaufte mehrere Häuser, vergrößerte den Gasthof und eröffnete ein Restaurant. Kiri aber vergaß nie, dass sie ihr großes Vermögen einzig und allein Chong zu verdanken hatte, und sie besuchte sie alle zehn Tage in der Einsiedelei. Arai, obwohl er sehr beschäftigt war, unternahm alle zwei Monate die Reise dorthin und brachte Chong von seinen besten Speisen mit.

Eines Tages döste Kiri neben dem Ofen, als ein Bediensteter des Gasthauses sie weckte mit der Nachricht, ein Mönch verlange sie zu sehen. Kiri bekam Herzklopfen. Sie erkannte in dem schneebedeckten Mann, der im Eingang stand, Mangak. Eine Welle der Angst brandete über sie hinweg. In der letzten Zeit hatte Chong immer wieder kleinere gesundheitliche Probleme gehabt. Sie würde bald ihren achtzigsten Geburtstag feiern.

»Geht es um meine Mutter?«

Der Mönch senkte den Kopf.

Kiri brach sofort auf, einen Arzt zu holen. Dazu machte sie eigens einen Umweg über das japanische Viertel. Wäre irgendjemand sonst bei ihm erschienen, der Heilkundige hätte sich bei dem herrschenden Wetter sicher geweigert, die beschwerliche Reise auf sich zu nehmen. Aber es handelte sich um die Frau von Arai, einem der reichsten Japaner am Ort.

Sie kamen gegen neun Uhr abends bei der Einsiedelei an, und noch immer schneite es. Auf dem Weg zum Haus glitten sie mehrfach aus und stürzten hin.

Chong, die zu schlafen schien, wandte ihnen dennoch den Kopf zu, als sie eintraten. Wahrscheinlich hatte sie den kalten Luftzug gespürt. Seit sie hier in der Einsiedelei wohnte, trug sie normalerweise ihre Haare zu Zöpfen geflochten, die dann mit einer Schmucknadel hochgesteckt waren, wie es in Joseon üblich war. Heute jedoch hatte ihre Gesellschafterin die Haare nur mit einem weißen Band gefasst, um sie etwas zu bändigen.

»Kiri, du bist hier!«, murmelte Chong glücklich.

Der Arzt hörte ihre Atmung ab und maß die Temperatur, bevor er ihr eine Spritze gab. Als er fertig war, folgte ihm Kiri aus dem Zimmer.

»Sie ist in einem hohen Alter und sehr schwach«, raunte er ihr zu und wiegte den Kopf hin und her. »Ich wage es nicht, eine Prognose abzugeben.«

Kiri hatte die Hoffnung, Chong werde wieder auf die Beine kommen, dank der westlichen Medizin, deren Einsatz sie noch nie zuvor erlebt hatte. Der Arzt hatte die Injektion jedoch nur gegeben, um den Schein zu wahren. Immerhin konnte das herzstärkende Mittel für kurze Zeit noch einmal für eine Verbesserung sorgen. Als Kiri in das Zimmer zurückkam, schien Chong klarer im Kopf zu sein, denn sie bat um Tee. Kiri machte ihr also Tee und flößte ihn Chong mit einem Löffel ein. Der Tee tat ihr gut.

»Früher, da lebte in einem Dorf an einem Fluss einmal ein sehr schönes Mädchen. Da sie weder Vater und Mutter noch Brüder oder Schwestern hatte, beschloss sie zu heiraten. Ihr Ehemann zeichnete sich dadurch aus, dass er buddhistische Sutren beten konnte. Viele Männer hatten sich um ihre Gunst gestritten. Aber sie hatte ihn erwählt, und so hatte er für sie beide die heiligen Formeln gesprochen. Kaum dass sie mit dem jungen Mann vermählt war, wurde sie am ganzen Körper krank und starb alsbald. Ihr Körper zerfiel zu goldenem Staub. Einige Tage später kam ein Zen-Mönch in das Dorf und erklärte, sie sei die Wiedergeburt des Bodhisattwa Avalokiteshevara gewesen. Diese Frau sei nur für eine bestimmte Zeit auf diese Welt gekommen, um uns Erleuchtung zu bringen. Darüber, dass es im Leben wichtigere Dinge gibt als die Ehe und dass eine Verbindung zwischen Mann und Frau vergänglich ist.«

Chong hatte langsam und abgehackt gesprochen. Kiri bat sie, doch etwas auszuruhen.

»Der Weg ist lang«, fuhr die Siechende jedoch fort. »Füge niemals in deinem Leben jemand anderem ein Leid zu.«

Aus einer Tasche ihres Gewandes holte sie einen Gegenstand hervor und gab ihn Kiri. Es war das Täfelchen, das sie aus Hwangju mitgebracht hatte. Obwohl die Tinte schon vergilbt war, konnte man den Namen noch entziffern.

Chong flüsterte: »Wenn ich tot bin, dann verbrenne diese Tafel zusammen mit meinem Körper und wirf die Asche ins Meer …«

Shim Chong schloss die Augen. Um ihre faltigen Lippen herum erschien ein Lächeln. Es war das blasse Lächeln eines Menschen, der viel geweint hatte.

GLOSSAR

Amah:	Dienerin, Rufname einer Figur im Buch
Amoy:	Das heutige Xiamen, eine Küstenstadt im Südosten Chinas
Bakufu (jap.):	Der Beamtenapparat der Militärregierung in der späten Shōgun-Zeit
Baozu (chin.):	Pauschale, die an den Besitzer eines Freudenhauses zu entrichten ist, um ein Mädchen für einen Tag freizukaufen
Bashōfu (jap.):	Feiner Stoff, gewoben aus den Fasern von Bananenblättern
Bodhisattwa Avalokiteshvara:	Buddha des Mitgefühls
Boyi (chin.):	Chinesischer Tee von sehr hoher Qualität
Daimyō (jap.):	Vom Shōgun eingesetzter Fürst über ein Lehen
Erhu (chin.):	Zweisaitiges, chinesisches Streichinstrument (Röhrengeige)
Fen (chin.):	Chinesische Geldeinheit
Formosa (Ort):	Das heutige Taiwan
Futon (jap.):	Matratze zum Schlafen, die tagsüber aufgerollt wird

Genban (jap.): Städtische Registerstelle, ähnlich dem Einwohnermeldeamt

Geomungo (kor.): Sechssaitiges, koreanisches Zupfinstrument

Getas (jap.): Japanische Holzsandalen, bestehend aus einer Holzplatte mit Zehenriemen, unter der zwei Querhölzer angebracht sind, die für einen etwas erhöhten Stand sorgen

Gongfu (chin.): Chinesischer Tee, der auf eine besondere Art zubereitet wird

Gozen (jap.): Respektvolle Anrede für Frauen von hohem Ansehen

Gurkha: Aus Indien stammende Soldaten in der britischen Armee

Haiku (jap.): Japanisches Gedicht, bei dem siebzehn Silben auf drei Verse verteilt werden

Hakama (jap.): Traditionelle japanische Hose, weit, lang und mit Falten vorne in der Mitte

Hanbok (kor.): Koreanisches Festkleid

Hanyang (Ort): Ehemaliger Name Seouls

Haori (jap.): Jacke mit weiten Ärmeln, die unter dem Kimono getragen wird

Hwachia (chin.): Bedeutet so viel wie Blume des Hauses. Titel, den die beste Gesellschafterin des Hauses verliehen bekommt

Joseon (kor.): Epoche in Korea (1392–1910), benannt nach der gleichnamigen Dynastie

Kabuki (jap.): In Japan beheimatete Form des Theaters, in der es festgelegte Charaktere gibt, die Gesang, Pantomime und Tanz aufführen

Kaoli (chin.): Chinesischer Name für Korea

Kaoliang (chin.): Aus Sorgho (Mohrenhirse) hergestellter Alkohol

Kokyū (jap.):	Japanische Langhalslaute, die mit einem Bogen gestrichen wird
Kut (kor.):	Schamanisches Ritual, um mit den Toten in Kontakt zu treten
Lingchia (chin.):	Steht den Gesellschafterinnen eines Freudenhauses vor.
Li Po (chin.):	Auch Li Bai genannt, der bedeutendste Dichter Chinas in der Tang-Zeit
Longching (chin.):	Beliebter chinesischer grüner Tee
Magaki (jap.):	Geisha von mittlerem Rang
Matsuri (jap.):	Erntedankfest
Miso (jap.):	Gewürz aus Sojabohnen, das in Suppen verwendet wird
Nagagi (jap.):	Langer japanischer Mantel mit weiten Ärmeln
Nyang (kor.):	Geldeinheit aus der Joseon-Zeit
Oiran (jap.):	Geisha von hohem Rang
Okami (jap.):	Verantwortliche Geisha in einem Geishahaus
Onsen (jap.):	Öffentliche Badeanstalt
Oolong (chin.):	Chinesische Teemischung
P'ip'a (chin.):	Chinesische Form der Laute
Ryokan (jap.):	Traditionelles japanisches Gasthaus
Ryōtei (jap.):	Speiselokal oder Teesalon mit Geishas
Ryūka (jap.):	Lied aus Ryūkyū
Ryūkyū (Ort):	Heute zu Japan gehörende Inselgruppe mit der Hauptinsel Okinawa, zur Zeit des Buchs ein Königreich unter Verwaltung des japanischen Hauses Shimazu in Satsuma
Sake (jap.):	Reiswein, 15–20% Alkohol
Sashimi (jap.):	Feine Scheiben aus rohem Fisch
Satsuma (Ort):	Lehen der japanischen Adelsfamilie Shimazu um das heutige Kagoshima (Japan) herum; hatte in Ryūkyū einen eigenen Vasallenstaat

Seppuku (jap.):	Rituelle Selbsttötung der Samurai
Shakyamuni:	Ein Name Buddhas
Shamisen (jap.):	Japanische Form der Laute
Shōchū (chin./jap.):	Branntwein aus Gerste, Kartoffeln oder Reis
Shōfu (jap.):	Feiner Stoff aus Bananenfasern (siehe Bashōfu)
Shōgun:	Anführer der Samurai und Chef der Militärregierung
Shumachia (chin.):	Haus, in dem Menschenhandel betrieben wird, auch: eine Familie, die Menschenhandel betreibt
Shurite (jap.):	Japanische Kampfsportart, Form des Karate
Soba (jap.):	Buchweizennudeln
Soju (kor.):	Reis- oder Kartoffelschnaps (siehe Shōchū)
Tofu:	Quarkähnliche Speise aus Sojabohnenteig
Yelaihsiang (chin.):	Bedeutet so viel wie »Duft der Nacht«. Erste unter den Gesellschafterinnen eines Freudenhauses
Yukata (jap.):	Kimono aus einfacher Baumwolle
Yuta (jap.):	Schamanische Priesterin

HWANG SOK-YONG, geb. 1943, wurde mit zahlreichen nationalen und internationalen Literaturpreisen ausgezeichnet. Sein Werk ist in Teilen auch in Deutschland bekannt. Während der Militärdiktatur infolge unerlaubter Reisen in den Norden kurzzeitig interniert, gilt er heute als wichtiger Vertreter Koreas und fungierte als Unterhändler seines Landes in Nordkorea.